[제 8 판]

생활과 법률

임 윤 수 · 원 영 철

三 英 社

제8판을 내면서

생활과 법률(제8판)은 현대인이 일상생활에서 발생하는 각종 법률문제를 반드시 알아야 할 기본적인 법률지식이라고 하겠다. 따라서 법의 기초이론을 바탕으로 기본 3법인 헌법 · 민법 · 형법에 대한 내용을 이론과 더불어 사례를 제시함으로써 학생은 물론 일반인도 쉽게 이해할 수 있도록 내용을 정확하고 자세하게 서술하였다.

우리나라는 정치 · 경제 · 사회 및 문화적으로 급격한 변화를 경험하였으나, 전통적 국민법의식 수준과 오늘날의 법의식 수준 간에 상당한 차이를 보이고 있다. 그동안 우리나라 사람들은 '유전무죄(有錢無罪) 무전유죄(無錢有罪)'라고 하여 법에 대한 부정적 인식이 많았다.

오늘날 법과 관련된 생활도 급속도로 변화하고 있다. 따라서 우리 사회는 올바른 법의식의 함양을 통해 법적 소양과 법적 문제의 해결능력이 요청되고 있다. 이번에 출간되는 제8판은 법의 일반이론과 헌법 · 민법 · 형법 등 기본 3법의 법률 개정 내용 및 판례 동향을 반영하였다.

생활과 법률(제8판)을 출간하면서 유의한 점은 기존에 출판된 생활과 법률에 관한 책들의 대부분이 이론에 치중한 교과서 중심이거나 또는 생활법률에 관한 실무전문가들이 어렵고 난해하게 기술한 것들로 양극화된 현상을 보이는 것이 대부분이다. 생활과 법률(제8판)에서는 이러한 양극화된 단점을 보완하고자 기본적인 이론을 체계적으로 정립함과 더불어 관련 부분마다 사례를 쉽게 서술함으로써 독자들이 쉽게 이해할 수 있도록 노력하였다.

끝으로 생활과 법률(제8판)이 보다 성숙한 내용으로 독자들에게 다가갈 수 있도록 출간을 지원해 주신 고성익 사장님께 감사드리며, 편집부 여러분의 노고에 진심으로 고마움을 전한다.

2025년 2월

임윤수 · 원영철

머 리 말

우리의 일상생활은 대부분 법에 의해 규율되고 있지만, 우리는 이를 인식하지 못하고 살아가고 있을 뿐이다. 즉, 무수한 법규범 속에서 생활하고 있지만 어떤 기회에 부딪쳐 법을 인식하기 전까지는 법의 존재를 잊어버리고 살아가고 있다. 특히 오늘날과 같이 사회가 복잡해지고 다양화됨에 따라 복잡한 사회현상이 나타나고 있으며, 수많은 법적 문제에 부딪치게 된다.

그동안 우리 법학강의는 개념법학적 강의에 치중해 왔던 것이 사실이었다. 그러나 이제 생활법학 쪽으로 시선을 돌려야 하고 그러한 노력들이 많이 나타나고 있다. 이 점을 고려하여 생활을 위주로 한 생활법학을 강의하고자 이 책을 엮게 되었다. 그러다 보니 중요한 것을 빼 놓은 것도 있고, 走馬看山格으로 스쳐간 것도 많이 있다. 그러나 한 가지 기대가 있다. 그것은 바로 이 책이 법학의 기초적 이론과 함께 일상생활에서 일어날 수 있는 재미있는 사례들을 예로 들고 있는 바, 이를 통해 법학에 대한 흥미와 학습동기가 자극되어 교육효과가 제고되기를 바라는 마음이다.

이 책의 출간에 있어서 많은 분들의 성원과 격려가 있었다. 먼저 헌법과 소송법, 사법특별법 분야의 법무법인 주성의 강대식 박사, 형법 분야에 충청대학 김용희 교수, 상법 분야에 윤민원 박사, 민법 분야에 윤상덕 박사, 행정법 분야에 이동훈 선생 등이 판례와 자료를 정리하여 집필에 많은 도움을 주었다. 모든 분들에게 감사의 뜻을 전하며, 앞으로 커다란 학문적 성과가 있기를 바란다. 그리고 이 책의 출판을 기꺼이 맡아주신 도서출판 삼영사 고덕환 사장님과 편집부 여러분의 노고에 감사드린다.

2009년 8월 1일

저 자 씀

차 례

제1편 법의 일반이론

제1장 법의 본질과 연원

제2장 법의 분류와 효력

제2편 기본 3법

제1장 헌 법

제1편

법의 일반이론

제 1 장 법의 본질과 연원

제 1 절 사회와 사회규범

Ⅰ. 법교육의 필요성

인간의 사회생활관계는 매우 복잡하고 다양하여 종교, 관습, 도덕, 법 등 각종 사회규범에 의하여 규제되고 있는데, 과거 고대사회에서는 맹목적 신앙심과 결부된 미풍양속 내지 관습 등에 의해 규율되었으므로 법의 대상이 되는 사회생활관계, 즉 법률관계가 비교적 적었다. 그러나 인간생활관계가 복잡해지고, 사회가 발달하여 법률제도가 완비되어감에 따라 법률관계의 범위는 점차로 증가하였고, 오늘날에는 인간의 사회생활관계 대부분이 법률관계로 되어있다.

일상생활의 거의 모든 것이 법과 관련되어 있고, 궁극적으로는 법적 문제가 되고 있으며, 법적 해결을 요구하고 있다. 그럼에도 불구하고 우리는 법을 생활관계나 이해관계를 조정하거나 사회질서를 유지하기 위해서 꼭 필요한 존재라고 생각하기는 커녕, 권력자가 법 위에 군림하거나 법을 지배·억압의 도구로 이용함으로써 '약자에 강하고 강자에 약한 법' 또는 '강자를 위한 법'이라는 법에 대한 막연한 두려움, 그리고 주변에서 법 지식을 악용하여 사리사욕을 도모하고 남을 못살게 구는 사람이나 사례를 무수히 목격했기 때문에 법에 대한 혐오와 경시라는 피해의식 일변도의 태도를 보여주고 있다. 특히 걱정스러운 것은 그동안 우리나라 사람들은 법에 대한 인식이 그다지 좋지 않았다. 예컨대, '유전무죄(有錢無罪) 무전유죄(無錢有罪)', 즉 '돈이 있으면 처벌받지 않고 돈이 없으면 죄를 처벌받는다'는 것과 같이 부정적인 법의식을 갖고 있었다.

그러나 우리는 법이 어느 정도 사회적 이익을 정당하게 조정하고 인간의 존엄성을 보호해 주는 역할을 도모하는 한, 이제까지의 법에 대한 그릇된 사고를 건전한 방향으로 전환하는 올바른 법의식의 함양이 중요하다. 이제 법은 지배자의 억압의 도구가 아니라, 사회질서를 세우고 공동선을 지향하는 인류의 지혜이자 인간이성의 최고의 산물인 동시에 분쟁을 해결하는 최후의 수단이기 때문에 그만큼 법교육이 필요하다.

요컨대, 민주주의 사회는 법치주의의 실현을 전제로 할 때 그 존립이 가능하고, 민주주의를 발전시키기 위한 핵심적 요소가 민주적 법질서이다. 이러한 민주적 법질서가 제대로 유지되기 위해서는 자유민주주의 사회를 구성하는 시민의 기본적 자질로서 법적 소양과 법적 문제의 해결능력을 요청하고 있으며, 이런 점에서 법교육이 필요한 것이다.

Ⅱ. 인간과 사회생활

1. 인간의 특징과 사회생활

인간이 다른 동물과 비교되는 특징에는 신체적 특징, 문화적 특징, 사회적 특징 등이 있지만 그 중에서도 가장 두드러진 특징은 사회적 특징이다. 즉, 다른 동물의 집단생활은 대부분 본능적 충동에 따라 이루어지는 군집생활인데 반하여, 인간의 집단생활은 이성에 의한 판단력, 목적의식 및 사회규범에 따라 이루어지는 사회생활을 한다는 점이다.

그래서 인간을 '사회적 동물'(Zoon politicon)이라고 하는데, 이 말은 그리스의 철학자 아리스토텔레스(Aristoteles, 384~322 B.C.)가 "인간은 사회적 동물이며, 사회생활을 할 수 없는 자는 신이 아니면 악마"라고 한 것에서 유래되었다. 즉, 인간은 혼자서 생활을 영위할 수 없고, 다른 사람과 어울려 공동생활을 해야만 비로소 인간으로서 생존, 성장, 발전할 수 있음을 강조한 말이다. 사람이 서로 받쳐주고 있는 형상을 문자화한 '인'(人)이라는 한자도 이런 의미에서 이해할 수 있을 것이다.

독일의 법학자 기이르케(Otto Friedrich von Gierke, 1841~1921)는 인간이 사회 속에서 삶을 영위한다는 점, 즉 인간의 사회성을 간파하여, "사람이 사람인 까닭은 사람과 사람과의 결합에 있다"고 하였다. 이와 같이 사람은 서로 결합하여 집단을 이루며 생활하는데, 이와 같은 집단을 사회라고 하고, 그 집단적 인 공동생활을 사회생활이라 한다.

그러면 왜 인간은 집단적 공동생활을 하는가? 즉, 공동생활을 하게 되면 그 공동생활을 유지시켜 나가기 위해 구성원 각자에게 일정한 구속이 따르는데, 그럼에도 불구하고 인간이 공동생활을 하는 이유는 어디에 있는 것인가?

이에 대해서는 인간의 본성에서 유래한다거나, 맹수나 외부위험으로부터의 침해를 공동으로 대처하기 위한 것이라고 하는 경우도 있으나, 그것은 옳지 못한 생각이라고 보며, 결국 인간이 공동생활을 하는 것은 인간의 생활을 향상시키기 위한 것이라고 볼 수 있다. 즉, 공동생활은 자급자족의 생활형태가 아니고 분업생활의 형태인데, 이러한 생활 형태에서의 구성원은 각자가 최대한으로 재능을 발휘할 수 있으므로 능률성을 높이고 상호보완적 관계를 형성함으로써 인간의 생활을 향상시킬 수 있기 때문이다.

사례연구 1 **가상적 표류인, 로빈슨 크루소(Robinson Crusoe)**

1719년 영국작가 디포(Daniel Defoe)가 지은 소설인 "요크출신인 로빈슨 크루소의 생애와 이상하고 놀라운 모험"은 무인도에서 5년간 지낸 일이 있는 스코틀랜드의 선원 셀커크를 모델로 한 가공적인 무인도생활의 체험담이다. 집을 떠나 선원이 된 청년 로빈슨 크루소가 항해하던 중, 배가 난파되어 홀로 떠내려 가다가 무인도에 도착한 뒤, 갖은 모험을 겪으면서 24년간이나 살아간다는 것을 내용으로 하고 있다. 이 소설처럼 인간이 오랫동안 고립되어 살아간다면 인간이 인간일 수 있겠는가?

≫ 사람의 가장 큰 특징 중 하나는 바로 '사회적 동물'이다. 이 말은 두 사람 이상이 모여 살 때 비로소 인간다운 생활을 할 수 있다는 의미일 것이다. 인간은 가상적 표류인인 로빈슨 크루소와 같이 고립된 존재로서 생활하는 것이 아닐 뿐만 아니라 독립하여 존재할 수도 없는 것이다. 즉, 인간은 혼자서 생활을 영위할 수 없고, 다른 사람과 어울려 공동생활을 해야만 비로소 인간으로서 생존, 성장, 발전할 수 있다. 인간이 사회 속에서 삶을 영위한다는 점을 간파하여 영국의 역사법학파의 대가인 비노그라도프(Paul Gavilovitch Vinogradoff, 1854~1925)는 "사람의 사회적 교섭은 자연 스스로가 명하는 것이다"고 하였으며, 하이데거(Martin Heidegger, 1889~1976)는 "사람의 존재가치는 개인과의 공존에 있다"고 하였다.

2. 일상생활과 법

사람은 사회에서 태어나, 사회에서 생활하다가, 사회에서 생을 마치는데, 그 과정 속에서 구체적으로 어떤 법률관계가 있을 수 있는지를 살펴보자. 즉, A가 어느 시골에서 태어나 자라다가 대학에 입학하고, 취직을 해서 돈을 벌고, 결혼을 하여 아이를 낳고 생활하다가 X선거구에서 국회의원으로 당선되어 열심히 주민을 위해 봉사하다가 사망하였다고 하면 어떤 법률관계가 기본적으로 있을 수 있는가?

먼저, A가 태어남에 따라 부모형제들 간에 신분법적 관계가 발생하고, 대학생활을 위해 전셋방을 얻었다고 하면 민사법상의 임대차계약관계가 성립하게 되고, 학교를 오가기 위해 버스를 타면 상법상 운송계약관계가 성립되고, 열심히 공부를 하여 취직을 하면 근로계약을 체결하게 됨으로 노동법의 적용을 받게 된다. 또한, 결혼을 하면 민법상 혼인관계가 발생하고, 아이를 낳으면 다시 신분법적 관계가 발생하고, 국회의원에 입후보하기 위해서는 선거법이 적용되며, 국회의원으로 당선되면 여러 가지 특권이 인정될 수 있고, 사망하게 되면 권리와 의무도 없어지게 된다.

이와 같이 우리의 일상생활은 대부분 법에 의해 규율되고 있지만, 우리는 이를 인식하지 못하고 살아가고 있을 뿐이다. 마치, 우리는 수많은 전파가 오가는 공간 속에서 살고 있으면서도 라디오나 텔레비전, 휴대전화 등을 켰을 때 비로소 전파의 존재를 인식할 수 있는 것처럼 사회에서 무수한 법규범 속에서 살고 있으면서도 어떤 기회에 부딪쳐 법을 인식하기 전까지는 법의 존재를 잊어버리고 살아가는 것과 같다.

법은 우리의 일상생활에만 미치는 것이 아니라, 지방자치단체, 그 국가, 국제사회에서도 법이 존재한다. 그리고 20세기에 들어와 복지국가를 지향하는 현대사회의 이상은 행정의 범위를 더욱 넓게 만들었고 이에 따라 법의 영역도 확대되고 있다. 또한, 사회는 끊임없이 변하여 새로운 문제를 야기하고 있는데, 예컨대 노동문제, 인구문제, 환경문제, 인권문제, 범죄문제 등이 발생하여 법 이외의 문제로 해결되기도 하지만 궁극적으로는 법적 문제가 되고, 법적 해결을 요구하고 있다.

요컨대, 오늘날과 같이 사회가 복잡해지고 다양화됨에 따라 복잡한 사회현상이 나타나고 있는데, 우리는 이와 같은 사실의 근본적 문제를 철저히 연구하여, 이의 해결을 위해 노력해야 할 것이며, 종국에는 '공동의 선'에 의한 법규범의 정립을 통해 문제를 해결해야 할 것이다.

Ⅲ. 사회규범

1. 사회규범의 필요성

우리 인간의 사회공동생활이 원활하게 영위되고, 평화롭게 발전되기 위해서는 일정한 '질서'가 필요하다. 그런데 인간은 더 많은 재산과 권력을 갖고 싶어 하고, 좀 더 편하고 안락해지기를 원하는 마음을 누구나 다 갖고 있다. 이와 같이 인간의 욕망은 무한하기 때문에 거기서 파생되는 분쟁이 있을 수 있으며, 질서는 무너지게 된다.

인간의 행동을 규율하기 위해서는 반드시 객관적인 규칙이 필요하다. 만약 인간에게 객관적 규칙이 없다면, 우리 사회는 홉스(Thomas Hobbes, 1588~1679)가 말한 것처럼 "만인의 만인에 대한 투쟁상태"가 되어 약육강식만이 지배하는 동물의 세계와 다를 바가 없게 된다.

따라서 인간은 사회생활을 하고, 그 사회생활을 유지·발전시키기 위해서는 일정한 질서가 필요하며, 그 질서는 일정한 규범에 의해 유지·발전된다. 영국의 비노그라도프가 "바둑이나 테니스와 같은 경기를 위하여 사회적으로 결합할 때에도 일정한 규칙에 따라야 하는데, 하물며 국가사회에서는 더 말할 나위가 없다"고 설명하는 바와 같이, 국내사회든 국제사회든 질서유지를 위해서는 일정한 규칙, 즉 사회규범이 필요하다.

2. 사회규범의 의의와 유형

그렇다면 사회규범이란 무엇인가? 칸트는 자연과 사회의 이원론적 세계관에 입각하여, 존재와 당위라고 하는 두 개의 범주에 의하여 자연법칙과 사회규칙(사회규범)의 특수성을 구별하고 있다. 여기서, 자연법칙이란 자연계를 지배하는 원리, 즉 자연의 세계는 항상 변하지만 인간의 의사와는 관계없이 일정한 질서가 유지된다는 것을 말하는 것이다. 반면에 사회규범은 사회 구성원들의 공동의 동의에 따라 만들어진 사회 질서의 기준을 말하는 것으로, 예를 들면 종교, 관습, 도덕, 법 등과 같이 사회생활을 방해하는 행위를 금지하거나 필요한 것을 요구하는 것과 같이 당위의 법칙을 말한다.

모든 사회에 적용될 수 있는 법에 관한 격언 중의 하나는 '사회가 있는 곳에 법이 있다'는 말이다. 여기서 말하는 '법'이란 사회규범을 뜻하는 것으로, 우리가 살고 있는 사회에는 종교, 관습, 도덕, 법 등 여러 가지 사회규범이 있다. 이런 사회규범 중에 법의 존재는 그만큼 중요한 것으로, 사람이 둘 이상 모여 살다가 보면 서로 이해관계가 충돌하게 마련이고, 이들 이해관계의 충돌을 적절히 조절하고 질서를 유지하기 위해서는 국가권력에 기초한 강제력 있는 법의 존재를 반드시 필요로 한다.

사례연구 2 | 자연법칙과 사회규범

칸트는 자연과 사회의 이원론적 세계관에 입각하여, 규범을 존재와 당위라고 하는 두 개의 범주로 구별하고 있다. 첫째, 태양은 동쪽에서 떠서 서쪽으로 진다거나, 물은 위에서 아래로 흐른다는 것은 무엇이고, 둘째, 종교, 관습, 도덕, 법 등과 같이 사회생활을 방해하는 행위를 금지하거나 필요한 것을 요구하는 것은 무엇을 의미하는가?

≫ 칸트는 규범을 존재와 당위라고 하는 두 개의 범주에 의하여 자연법칙과 사회규칙(사회규범)의 특수성을 구별하고 있다. 여기서, 자연법칙이란 자연계를 지배하는 원리, 즉 자연의 세계는 항상 변하지만 인간의 의사와는 관계없이 일정한 질서가 유지된다는 것을 말하는 것이고, 사회규범은 사회 구성원들의 공동의 동의에 따라 만들어진 사회 질서의 기준을 말한다. 따라서 전자는 자연법칙이고, 후자는 사회규범을 말한다. 법은 사회규범 중의 하나이다.

제2절 법의 개념과 이념

Ⅰ. 법의 개념

법학을 공부하기 시작하면서 가장 먼저 봉착하는 난관은 '법이란 무엇인가' 하는 문제이다. 그러나 이 문제는 법학의 최초의 문제이자, 최후의 문제인 것으로 그 완전한 정의를 내리기란 곤란한 문제이며, 영원히 해결할 수 없는 문제인지도 모른다. 그래서 칸트(Immanuel Kant, 1724~1804)가 "법학자들은 끊임없이 법의 정의가 무엇인가를 찾고 있다"고 말한 것은 이를 단적으로 말해주고 있다.

법이라는 단어는 라틴어의 'jus', 독일어의 'Recht', 프랑스어의 'droit' 등으로 이들은 모두 '옳은 것', 즉 정의를 뜻하는 것이며, 영어의 'law'는 '정하여진 것', 즉, 계율이라는 의미를 가지고 있다. 또한, 한자의 '법'은 물 '수'(水)와 갈 '거'(去)를 합한 것으로 '치수'(治水), '다스림', 즉 물이 자연의 이치에 따라 위에서 아래로 물이 흘러가듯 모든 일이나 분쟁을 순리에 맞게 처리한다는 뜻이기도 하다. 그런데 '법'(法)은 한(漢)나라 이전의 고문에는 '灋'이었다. 이것은 '수'(水), '치'(廌) 및 '거'(去)를 합친 것인 바, '수'는 어떤 그릇에 담겨도 평평한 것처럼 공평의 의미가 있고, '치'는 전설 속의 동물로서 죄의 유무를 가릴 수 있는 성스러운 동물이므로 인간에게 죄가 있느냐 없느냐 하는 것을 뜻하고, '거'는 악을 제거한다는 의미에서 사용하였다고 한다.

사례연구 3 눈을 가린 정의의 여신 디케(Dike)

그리스신화에 나오는 정의의 여신 디케는 한 손에는 저울을, 한 손에는 칼을 쥐고 있고, 옳고 그름, 선과 악을 정확하게 판별해야 할 정의의 여신상은 안대로 두 눈을 가리고 있는데, 이는 무엇을 의미하는가?

≫ 여기서 저울은 개인 간의 권리관계 분쟁을 해결하는 것을 의미하기 때문에 민사사건과 관련이 있고, 칼은 사회질서를 파괴하는 자에 대한 제재를 뜻하므로 형사사건과 관련이 있다. 두 눈을 안대로 가리고 있는 것은 정의를 실현하기 위해서는 '법'(法)의 '수'(水)와 같이 모든 사람에 평등하고 공평하게 적용되어야 한다는 의미이다.

이와 같이 여러 가지 뜻을 가지고 있는 법의 완전한 정의를 찾기는 매우 어렵기 때문에 법의 특징은 어떤 것이 있느냐에 대한 해답을 제시함으로써 법의 윤곽을 이해할 수밖에 없다.

법의 특징으로는 법은 행위규범이고, 사회규범이며, 강행규범이다. 따라서 이와 같은 특징으로 법에 대한 정의를 내리면, 법이란 "사회공동생활에 있어서 행위의 준칙으로서 국가에 의해 강행되는 사회규범"이라고 할 수 있고, 이를 나누어 설명하면 다음과 같다.

1. 행위준칙으로서의 법

법의 대상이 되는 것은 인간의 행위이다. 즉, 법은 인간이 사회공동생활을 영위하는데 있어서 '해야 되는 행위'와 '해서는 안 되는 행위'를 정하는 것이다. 여기서 인간의 '행위'란 행위자의 의사결정에 의하여 행하는 신체적 동작 내지 태도를 말한다.

그러므로 마음 속으로 의사결정을 하였다고 하더라도 그 의사가 외부로 나타나지 않는 한 그것은 법의 대상이 되지 않는다. 또, 의사의 객관화라고 할 수 없는 반사운동이나 절대적 강제 하의 동작·태도는 형법상의 행위가 아니다.

그러나 그 의사결정이 외부적으로 나타나는 이상, 그 행위가 작위이든 부작위이든 이를 묻지 않고 법의 규율대상이 된다. 여기서 '작위'란 외부에 어떤 변화를 가져오게 하는 적극적 행위, 예컨대 돈을 지불하는 행위, 타인을 칼로 찌르는 행위 등을 말하고, '부작위'란 어떤 행위를 해야 할 책임이 있는 자가 어떤 결과의 발생을 목적으로 아무 것도 하지 않는 것, 예컨대 어머니가 어린 아이에게 젖을 먹이지 않음으로써 죽게 하는 것, 물에 빠진 사람을 구해야 함에도 불구하고 구조하지 않는 것, 세금을 내지 않는 것 등을 말한다.

요컨대, 법은 일정한 행위를 해야 하고, 또 하지 않아야 할 행위의 준칙이라 할 수 있다.

사례연구 4 **부작위범**

야구선수인 김홈런과 수영선수인 김물개는 부모의 유산문제로 사이가 좋지 않은 이복형제간이다. 어느 날 김홈런이 술에 취해 비틀거리다가 발을 헛디뎌 저수지에 빠지게 되었다. 마침, 그곳을 지나가던 김물개는 김홈런의 살려달라는 애원에도 불구하고 못 본 체하고 그냥 지나쳤고, 마침내 김홈런은 익사하였다. 김물개는 형사책임이 있는가?

≫ 부작위범이란 부작위(소극적 동작)에 의한 범죄, 즉 법규범이 요구하는 일정한 행위를 이행하지 않으므로써 성립하는 범죄를 말한다. 다만, 형법상 부작위라 함은 '아무것도 하지 않는다'는 것이 아니라 '무엇인가를 하지 않는 것', 즉, 기대된 작위를 하지 않는 것이다. 부작위범이 성립하기 위해서는 행

위자에게 먼저 어떤 의무가 전제되어야 한다. 이를 작위의무라고 하고, 그 내용은 결과나 위험을 방지할 의무를 말한다. 김물개는 김홈런에게 닥친 목전의 위험을 방지해야 할 의무, 즉 형법 제271조 제1항이 전제하는 긴급구조의무를 위반하고 있다. 따라서, 김물개가 김홈런을 구조하는데 별 위험이 없으면서 구조의무를 이행하지 않았기 때문에 유기죄가 성립되고, 형법 제271조 제4항에 따라 2년 이상의 유기징역에 처해지게 된다(대판 1992. 2. 11. 91도2951). 다만, 조상대대로 원수지간으로 지내온 이웃 사람 중 한명이 강물에 빠졌을 경우, 이를 목격한 사람은 구조행위를 하지 않더라도 친족간이 아니므로 구조의무가 없다.

2. 사회규범으로서의 법

법은 자연법칙이 아닌 사회규범의 하나이다. 사회적 존재인 인간이 평온하게 살아가고, 전체 사회가 조화롭게 유지되려면 사회 구성원 모두가 지켜야할 질서가 있어야 한다. 그런데 이와 같은 질서의 기준과 내용을 개개인이 마음대로 정할 수 없으므로, 사회구성원들의 공동의 동의에 따라 만들어진 사회질서의 기준을 사회규범이라 하고, 법은 종교, 도덕, 관습과 같이 사회규범의 하나에 속한다.

따라서, 사회규범의 하나인 법은 과거에 종교, 관습, 도덕과 함께 미분화 상태에서 함께 존재하다가, 인간의 생활이 복잡해지고 개인의식이 고양됨에 따라 분화해 나가게 되었으며, 법은 인간이 사회질서를 유지하기 위해 지켜야 할 사회규범 중의 하나이다.

3. 강제규범으로서의 법

법은 국가권력에 의해 강행되는 사회규범이다. 즉, 법은 국가권력에 의하여 그 준수가 강제되는 것이다. 이러한 강제성의 여부가 법의 본질에 속하는가에 관하여는 여러 가지 견해가 있다. 즉, 강제성이 필요 없다고 하는 강제성 불요설과 강제성이 필요하다는 강제성 요소설이 있는데, 후자는 다시 '사실상 강제되어야 한다'는 물리적 강제설과 '강제의 실현여부와는 관계없이 강제되어야 한다'는 규범적 · 당위적 강제를 말하는 규범적 강제설로 나누어진다. 생각건대, 법은 위반에 대해 제재 · 강제가 따라야 하지만, 사실상 제재가 따르지 않는다고 해서 법이 아니라고 할 수는 없다. 따라서 법은 강제성을 요소로 하는가에 대해서는 '강제되어야 한다'는 규범적 · 당위적 강제로 보아야 할 것이다.

한편, 종교, 관습, 도덕 등은 사회규범으로서 인류가 준수해야 할 것이기는 하지만, 이것을 위반해도 특정한 외부적 압력을 받지 않고, 각자의 양심 등에 맡겨질 뿐이며 양심의 가책 등을 느낄 뿐이다. 그러나 법규범은 시대와 국가에 따라서 각각 다르게 나타나지만, 법은 국가권력에 의해 강행되므로 법규범을 위반하는 자에 대해서는 국가권력에 의해 일정한 제재가 따른다. 예를 들면, 위법행위에 대해서 형벌이 내려지고, 불법행위에 대해서는 손해배상 내지 강제집행이 내려지는 것이다. 이러한 의미에서 독일의 법학자 예링(Rudolf von Jhering; 1818~1892)은 "법적 강제가 없는 법규는 타지 않는 불, 비치지 않는 등불과도 같다"고 하였으며, 칸트(Immanuel Kant, 1724~1804)는 "법과 강제기능은 동일하다"고 하였다.

이와 같이 사회규범에는 종교, 관습, 도덕, 법 등 여러 가지가 있으나, 종교, 관습, 도덕 등은 강제성이 없으므로, 사회질서를 유지하기 위해서는 국가권력으로부터 그 강행이 보장되는 법의 위치가 그만큼 높다 할 것이다.

사례연구 5 법의 본질과 강제성

대한민국 초대 대통령이었던 이승만 대통령이 국제법 분야로 박사학위를 받을 때 미국의 프린스턴대학교 총장이 바로 민족자결주의를 외친 미국 윌슨 대통령이었다. 윌슨 총장이 베푼 리셉션에서 이승만 대통령은 윌슨 총장에게 등록금을 돌려 달라고 농담을 건넸다. "그게 무슨 소리냐"는 윌슨 총장의 물음에 이승만 대통령은 "세상에 존재하지도 않는 법을 가르쳤으니 등록금을 돌려 주십시요!"라고 하였다고 한다. 혹자는 국제법에는 강제성이 없으므로 위반의 경우에도 제재를 가할 방법이 없다고 하는데, 과연 국제법은 법으로서의 성질을 가지고 있는가?

≫ 본문에서 설명한 바와 같이 국제법도 위반에 대해 제재 · 강제가 따라야 하지만, 사실상 제재가 따르지 않는다고 해서 법이 아니라고 할 수는 없다. 따라서 국제법은 강제성을 요소로 하는가에 대해서는 '강제되어야 한다'는 규범적 · 당위적 강제로 보아야 할 것이다. 우리는 이라크가 쿠웨이트를 무력 침공한 사례와 같이 센세이션한 사건만을 생각하고, 국제법이 잘 지켜지지 않는다고 생각하고 있으나, 이런 사건이 있을 때에 비난할 수 있는 그 자체가 국제법이 이를 금지하고 있기 때문이다. 만약 국제법이 없다면, 또 국

제법이 법이 아니라면 위법의 근거와 비난의 근거를 상실하게 되는 것이다. 또한, 국제사회에도 위반국에 대한 통상제재(경제봉쇄), 국제사법법원 등을 통해 제한적이기는 하지만, 그 나름대로 위반자를 처벌하고 있다.

Ⅱ. 법의 이념

1. 법의 이념이란?

법의 이념은 가치판단의 기준이며 법 형성의 기본원리로, 법이라는 사회규범을 제정하게 된 근본적인 사명을 말한다. 즉, 법에 의해서 실현하려고 하는 공동생활의 실천목표를 말한다.

법의 이념에 대해서는 과거부터 많은 법학자들이 여러 가지로 설명하여 왔다. 이에 대하여 가장 총체적이고 다면적으로 설명한 학자는 독일의 법학자 라드브루흐인데, 그는 "법의 이념은 정의와 합목적성, 법적 안정성에 가치를 두고 있다"고 하였다.

(1) 정 의

정의는 법이 추구하는 궁극적인 이념으로서 진선미(眞善美)와 같이 인간생활 최고의 궁극적이고 절대적인 가치를 말하고, 정의의 구체적인 내용은 시대와 민족, 국가에 따라 다르다.

아리스토텔레스는 법의 이념으로서의 정의를 '사회생활을 영위하고 있는 각인의 이해를 균등히 하는 것'이라고 하고, 이것을 '평균적 정의'와 '배분적 정의'로 구별하였다. 평균적 정의는 모든 것을 동등하게 취급하는 것으로 계약당사자가 대등한 입장에서 자유롭게 계약조건을 결정하는 것, 모든 선거권자에게 1표의 투표권을 주는 것 등과 같이 급부와 반대급부, 범죄와 형벌의 균등을 도모하는 원리이며, 그 적용에 있어서는 가치 차이를 문제시하지 않는다. 이에 반하여 배분적 정의는 각인의 재능과 가치 또는 능력과 공헌도에 따라서 명예 및 재화를 공정히 분배하는 것을 뜻하는 것으로, 부자에게 세율을 높이고, 기여상속인에 대하여 기여분의 고려를 하는 것이 이에 속한다.

법은 정의와 합치될 때 더욱 가치가 있는 것이다. 정의는 법의 중요한 이념이고, 법은 정의를 실현하는 수단이 되는 것이다. 따라서 정의의 테두리를 벗어난 입법은 가치가 없는 것이다. 정의는 최종적 가치로서의 위치에 자리하고, 법의 최종 목적은 정의의 실현에 있다.

정의와 관련된 법언(法諺)에는 '세상이 망해도 정의를 세우라', '정의만이 통치의 기초다' 등이 있다.

사례연구 6 **배분적 정의**

김평등은 애완견을 키우고 있었는데, 며칠 전 새끼를 낳았다. 그런데 어떤 강아지는 유난히 작고 허약해 보였고, 어미가 젖을 줄 때에도 다른 강아지에 밀려 젖을 먹지 못하였다. 그래서 김평등은 그 새끼 강아지에게 먼저 젖을 주고 극진히 보살핀 결과 다른 강아지처럼 튼튼하게 성장하였다. 김평등은 어떤 정의 관념을 가진 것일까?

≫ 정의는 '평균적 정의'와 '배분적 정의'로 나눌 수 있는데, 김평등은 유권자에게 1인 1투표 부여, 범죄와 형벌, 손해와 배상 등과 같이 모든 것을 동등하게 취급하는 평균적 정의에 입각한 것이 아니다. 즉, 여자에게 생리휴가를 주는 것, 회사에 큰 이익을 가져다 준 사원에게 성과급을 지급하는 것, 만 19세(만 19세에 도달하는 해의 1월 1일, 청소년보호법 제2조 제1호) 미만 미성년자의 유흥주점 출입을 금하는 것과 같이 각인의 재능과 가치 또는 능력과 공헌도에 따라 명예와 재화를 분배하는 배분적 정의에 의한 것이다.

(2) 합목적성

법의 합목적성이란 법이 따라야 할 기준으로, 사회가 추구하는 가치나 목적 실현에 부합하도록 하는 것을 말한다. 즉, 국가와 사회가 전체적으로 어떤 가치를 추구하는 것이 이상적인가를 예상하고, 그것에 맞추어 방향을 설정하는 것을 말한다. 따라서 국가의 법질서가 어떤 표준에 의하여 구체적으로 제정되고 시행되는가를 결정하는 실질적 기준이 된다.

합목적성은 그 시대의 가치관에 따라 다르게 나타나는 상대적인 것이기 때문에 그 의미도 시대의 가치관에 따라 다르게 표현되고 있다. 예컨대 자유주의 국가에서는 개인의 자유에 최상의 가치를 두고 있고, 전체주의 국가는 민족이나 국가와 같은 단체에 최상의 가치를 두며, 현대국가는 개인의 이익과 사회의 이익을 조화시켜 공공복리의 증진을 지향하고 있다.

합목적성과 관련된 법언(法諺)에는 '국민이 원하는 것이 곧 법이다', '민중의 행복이 최고의 법률이다' 등이 있다.

(3) 법적 안정성

법적 안정성이란 인간이 법에 따라 안심하고 생활할 수 있는 환경, 즉 법질서가 동요됨이 없이 어느 행위가 옳고, 어떠한 권리가 보호되며, 어떠한 경우에 어떠한 책임이 추궁되느냐 하는 것이 일반인에게 확실히 알려져 있어서 사람들이 법의 권위를 믿고 안심하고 행동할 수 있는 상태를 말한다. 법적 안정성이 결여되면 사회질서는 혼란에 빠질 수밖에 없고, 법은 사회질서를 유지하기 위하여 인간이 만든 제도적 장치를 의미하는 것이기 때문에 법에는 안정성이 있어야 한다. 소크라테스가 '악법도 법이다'라고 말하면서 독배를 마신 것은 법적 안정성을 강조했기 때문이다.

법이 안정성을 갖기 위해서는 첫째, 법의 내용이 명확해야 하고, 둘째, 법의 내용이 실현 가능해야 하며, 셋째, 법의 내용이 함부로 변동되지 않아야 하고, 넷째, 법의 내용이 국민의 법의식 수준에 합치되어야 한다.

법적 안정성과 관련된 법언(法諺)에는 '정의(법)의 극치는 부정의(불법)의 극치이다', '권리 위에 잠자는 자는 보호받지 못 한다', '정의롭지 못한 법이 무질서보다 낫다' 등이 있다.

2. 법 이념간의 상호관계

법의 이념은 정의, 합목적성, 법적 안정성 등을 들 수 있는데, 이는 올바른 법체계를 정립하고 안정적인 사회질서를 확립하기 위해서 꼭 필요한 요소들이다. 그러나 법의 이념간의 충돌 즉 상호간에 모순되는 경우가 있다.

예컨대, 일제 강점기 때에 반민족 행위자에 대한 처벌이나 친일 행위자 후손의 재산권 박탈 등을 위한 소급 입법은 정의를 실현할 수 있지만 법적 안정성은 침해된다. 검사가 범죄자를 공소 제기할 수 없는 공소시효제도, 일정한 사실상태가 오랜 기간 동안 계속됨으로써 권리가 취득·소멸하게 되는 취득시효와 소멸시효 제도 등은 법적 안정성을 달성할 수 있지만 정의 관념에는 부합하지 않는다. 또한, 유태인을 박해하게 되었던 나치의 법률은 합목적성에는 부합할 수 있을지 모르나 정의롭지 못한 법률이다.

결국 정의와 합목적성, 법적 안정성은 서로 추구하는 것이 다르기 때문에

서로 모순된다 하더라도 법이 추구할 당위의 목표이므로 이들 상호간에 조화를 이루도록 하는 것이 법의 이념인 동시에 법이 추구해 나가야 할 과제라 할 수 있다.

사례연구 7 **법 이념 간의 충돌 문제**

제2차 세계대전 당시 레지스탕스를 소탕하는 임무를 맡고 수많은 프랑스인을 고문·살해했던 '뚜비에'는 1947년 국가 반역죄로 사형선고를 받고 복역 중 탈출하였고 20년이 지난 1967년 시효가 완성되었다. 그러나 피해자 유족들은 1964년에 제정된 X법을 근거로 1973년 뚜비에를 다시 고소하였고, 결국 뚜비에는 1994년 '반인도적 범죄' 혐의로 종신형이 선고되었는데, 이는 법의 이념인 법적 안정을 해치게 되는 것은 아닌가?

≫ 공소시효란 경찰 또는 검사가 수사에 착수하여 공소를 제기할 수 있는 기간을 말하는데, 공소시효가 지나면 더 이상 공소를 제기할 수 없으므로 처벌도 불가능하다. 다만 법률불소급의 원칙도 반인도적 범죄행위에 대해 단죄를 내린다고 하는 공익적 필요성에 의해 그 예외를 인정할 수 있다. 예컨대 인도에 관한 죄, 평화에 관한 죄 등 전쟁범죄는 많은 사람들의 기본적 인권을 말살하는 반인륜적 범죄이므로 시효를 두지 말자는 주장이 제기되어 입법화되고 있다. 12·12 군사쿠테타에 대해 시효를 정지시키도록 한 '5·18민주화운동에 관한 특별법'도 그러한 예의 하나이다. 다만, 이러한 법률은 법의 이념 중 정의를 구현할 수 있지만 법적 안정성을 해치게 된다.

제3절 법과 다른 사회규범

법과 도덕, 종교, 관습 등과 같은 사회규범은 원래 혼재하여 미분화된 상태에서 사회공동생활의 질서유지에 기여해 왔다. 즉 고대의 미개사회에서는 인간의 생활이 단순하고, 교통의 범위가 좁았기 때문에 인간관계도 극히 단순하였다. 다만, 미개사회도 사회이므로 그 사회에도 법이 존재하였던 바, 그 사회인의 행동을 통제하여온 것은 종교상의 맹목적 신앙심과 결부된 미풍양속 내지 관습의 힘이었다.

우리나라의 씨족사회시대에서도 그 사회를 통제하여 왔던 힘은 종교적 색채가 강한 주술적 규범이었고, '토테미즘'의 금기 그 자체였다. 그러나 사회규모가 확대되고, 경제생활이 복잡해짐에 따라 단순한 관습만으로는 공동생활의 질서를 유지하기 어렵게 되자, 명백한 규범의식으로서의 준칙이 필요하게 되었고, 여기서 관습으로부터 도덕이 분화되어 나가게 되었다. 그러나 관습과 도덕을 무시하거나 위반하는 자가 나타나게 됨에 따라 처음에는 피해자가 가해자에 대해 직접적으로 실력행사를 하는 것이 인정되었으나, 점차 사회규범을 위반하는 자에 대해 일정한 재판을 통해 제재를 가하게 됨으로써 법과 도덕이 분화하게 되었다.

Ⅰ. 법과 도덕

1. 서 설

도덕의 어원은 그리스어인 에토스(Ethos), 라틴어인 모레스(Mores), 독일어인 지테(Sitte)로서, 이것은 모두 관습을 의미하였고, 도덕의 기초가 되었다. 이와 같은 관습으로부터 사회규모가 확대되고 경제생활이 점차 복잡해짐에 따라 도덕과 법이 분화하여 나오게 된 것이다. 따라서 법과 도덕은 모두 인간의 행위규범으로서 그 근원이나 원천에 있어서 상호 밀접한 관련이 있을 뿐만 아니라 내용면에서도 중복되며, 효력 면에 있어서도 상호 보완관계에 있으므로 서로 뗄 내야 뗄 수 없는 긴밀한 관계에 있다.

다만, '법은 도덕의 최소한'이라는 예리네크(G. Jellinek)의 말이나, '법은 도덕의 최대한'이라는 슈몰러(Schmoller)의 말처럼 어느 범위에 있어서는 법과 도덕이 중복되고 일치하는 경우가 많으므로 그 구별이 쉽지 않은 것이 사실이다.

이와 같이 법과 도덕과의 구별 및 관계에 대한 문제는 법학에 있어서 가장 어려운 문제로, 예링은 "법과 도덕과의 관계는 법철학에 있어서의 케이프 혼(Cape Horn)"이라고 표현하여 이 문제의 어려움을 잘 지적하고 있다. 법과 도덕은 어떤 차이점이 있으며, 어떤 관련성이 있는가 하는 문제는 그 동안 학자들 간에 많은 논의가 되어 왔고, 그렇게 간단한 문제가 아니지만, 법과 도덕에 관한 학설을 고찰해봄으로써 양자 간의 차이점과 관련성을 살펴보기로 한다.

2. 법과 도덕의 구별기준

(1) 법의 외면성과 도덕의 내면성

슈타믈러(Rodolf Stammler, 1856~1938)와 라드브루흐(Gustav Radbruch, 1878~1949)는 법과 도덕을 그 규율하는 내용에 따라 구분하였던 바, 법은 외면적 행위를 규율하는 것이고, 도덕은 내면적 양심을 규율하는 것이라고 주장하였다. 즉, 슈타믈러는 설혹 내심에 국가에 대한 위험한 사상을 가지고 있다고 하더라도 이를 실행하지 않으면 처벌할 수 없다고 하였고, 라드브루흐도 법은 내면을 주시하면서도 그 관심방향은 외부에 두고, 반대로 도덕은 외면을 주시하면서도 그 관심방향은 내부에 두고 있다는 절충적 입장을 취하였다.

이와 같은 학설들에 의하면, 법은 인간의 외면적 결과를 중시하는 반면, 도덕은 인간의 내면적 의도나 동기가 핵심적 요소라는 것이다. 따라서 법은 아무리 의도적으로 범죄를 하려고 해도 불능범인 경우에는 처벌하지 않는다. 불능범은 범인이 의도한 행위가 모두 실현되어도 의도한 결과가 발생할 수 없는 경우로, 미신범이 그 대표적인 예이다. 그러므로 법은 인간의 행위가 외부로 나타났을 때 비로소 법의 지배를 받게 되는 것이다. 일찍이 로마의 법학자들이 "누구나 생각하는 것만으로는 벌을 받지 않는다(cogitationis poenam nemo meretur)"라고 한 것이나, 독일의 격언 중에 "사상에는 세금이 붙지 않는다(Gedanken sind zollfrei)"라고 한 것도 바로 그러한 의미이다.

그러나 이와 같이 법은 외면성이고, 도덕은 내면성이라는 구별은 절대적인 것이 아니다. 즉, 법은 외면성을 가지지만 인간의 내면적 행위에 대하여 등한시하는 것은 아니며, 도덕 역시 외면적 행위에 관심을 갖지 않는 것은 아니다. 예를 들어, 형법 제13조에는 "죄의 성립요소인 사실을 인식하지 못한 행위는 벌하지 아니한다. 단, 법률에 특별한 규정이 있는 경우에는 예외로 한다."고 규정하고 있듯이 범죄를 저지를 의사, 즉 범의(犯意)가 있는 경우에만 처벌의 대상이 되는 것이다. 따라서 형사책임의 존재를 결정하는 경우, 인간의 내면적 의사가 중요한 표준이 되는 것이다. 또한, 도덕에 있어서도 타인의 물건을 훔치는 행위를 하였을 때에는 도덕에 반하는 것이므로 도덕은 단지 내면적인 의사만을 규율한다고 할 수 없다.

사례연구 8 **불능범**

A남은 미술학도인데, 같은 학과의 B녀에게 반하였고, 마침내 용기를 내어 데이트를 신청하였으나 거절당하였다. 평소 내성적 성격이었던 A는 모욕을 당했다고 생각하고, 그녀를 저주의 방법으로 죽이기로 마음먹었다. 그녀의 얼굴을 그려 벽에 걸어놓고 매일 화살로 쏘았다. 같은 학과 C가 그 광경을 목격하고 B에게 이 사실을 알리자, B는 시름시름 앓다가 마침내 사망하였는데, A는 형법상 죄가 되는가?

≫ 저주나 기도에 의한 살인, 소위 미신적 방법에 의한 살인이 가능한가에 대해서는 학자들 간에 의견이 나뉘어진다. 피해자가 가해자에 의하여 저주받았음을 알게 되어 정신적 충격을 받아 사망한 경우에는 저주와 사망 간에 소위 인과관계가 있다고 보아 살인죄가 성립된다고 하는 학자들도 있으나, 대부분의 학자들은 이 경우에 형법상의 의미 있는 인과관계가 없다고 보아 살인죄의 성립을 부정하고 있다. 우리 형법 제27조에는 "실행의 수단 또는 대상의 착오로 인하여 결과의 발생이 불가능하더라도 위험성이 있는 때에는 처벌한다. 단, 형을 감경 또는 면제할 수 있다."고 규정하고 있는데, 여기서, '위험성'의 판단은 행위 당시에 인식한 사정을 놓고, 이것이 객관적으로 일반인의 판단으로 보아 결과발생의 가능성이 있느냐를 따져야 한다(대판 1978. 3. 28).

(2) 법의 타율성과 도덕의 자율성

칸트(I. Kant)는 법은 타율성을 갖는 규범이며, 도덕은 자율성을 갖는 규범이라고 주장하였다. 즉, 법은 외부에서 강요하기 때문에 지키는 것과 같이 그 효력의 보장을 외부적 강제에 두고 있는 반면에, 도덕은 외부에서 강요하지 않더라도 스스로의 자율에 의하여 실천하는 것과 같이 그 효력의 보장을 내부적 양심에 두고 있다는 차이점이 있다. 따라서 법은 억지로라도 준수해야 하지만, 도덕은 스스로 준수하게 된다.

그러나 법과 도덕을 타율성과 자율성으로 구분하는 것은 절대적 구분이 아니며, 그 구분이 반드시 명확한 것도 아니다. 예컨대, 버스 안에서 노인에게 자리를 양보하는 행위도 어떤 경우에는 외부적 강요에 의해 행해지는 경우도 있을 수 있으므로, 법과 도덕은 다 같이 외부에서 강요되는 것이라고도 할 수 있다. 또한, 법적 의무도 자신이 의욕을 가지고 실행한다면 자율성을 부정할 수 없을 것이고, 도덕도 그 실효성이 있기 위해서는 타율성을 전혀 부정할 수는 없는 것이다.

(3) 법의 양면성과 도덕의 일면성

법과 도덕은 그것이 관여하는 측면에 따라 법은 양면성이고, 도덕은 일면성이라고 한다. 즉, 법은 국가와 국민, 권리와 의무, 채권과 채무와 같이 대립되는 양면을 가진 사회사실을 규제하는 것인 반면에, 도덕은 의무에 대응하는 권리를 요구할 수 없다는 점에서 일면성을 갖는 규범이라고 한다. 예컨대, 민법 제974조 및 제975조에는 직계혈족 또는 그 배우자간, 기타 혈족 간(생계를 같이하는 경우에 한한다)에는 부양을 받을 자가 자기의 자력 또는 근로에 의하여 생활을 유지할 수 없는 경우에, 부양의 의무가 있다고 규정하고 있는 바, 자식에게는 부양할 의무가 있고, 동시에 부모는 자식에 대하여 부양을 청구할 권리가 있다. 즉, 법은 법률상의 의무에 대응하는 권리가 있다는 것이다. 반면에 도덕은 '이웃을 사랑하라', '형제간에 의좋게 지내라'는 도덕적 의무를 가지게 되지만, 그렇다고 이웃을 사랑하라거나, 형제간에 의좋게 지내라고 타인에게 요구할 권리는 없다.

그러나 법은 양면성이요, 도덕은 일면성이라는 이와 같은 구별도 절대적인 것은 아닌 바, 예컨대 법에 규정되어 있는 병역의 의무나 조세의 의무는 의무만 있고 권리는 없기 때문이다.

(4) 법의 강제성과 도덕의 비강제성

법과 도덕은 강제성의 유무에 따라 법은 강제성이고, 도덕은 비강제성이라고 한다. 즉, 법은 국가의 질서와 국민의 복지를 직접적인 목적으로 하고 있기 때문에 국가는 강제수단을 가지고 법을 유지한다. 따라서, 일정한 범죄에 대하여 형벌을 가하고, 채무를 임의로 이행하지 않는 경우에는 강제집행을 하게 된다. 칸트(I. Kant)가 "법과 강제기능은 동일하다."고 한 것이나, 예링(Jhering)이 "법적 강제가 없는 법규는 타지 않는 불, 비치지 않는 등불과도 같다."고 말한 것은 법의 강제성을 단적으로 말해 주는 것이다. 반면에 도덕은 위반사실에 대해 사회적 비난이 있을 수 있으나, 권력적 강제는 불가능한 것과 같이 도덕규범의 유지력과 제재가 개인적일 뿐 강제력은 없다.

다만, 법은 강제력이 있고 도덕은 강제력이 없다고 하는데, 우리는 강제가 두려워서 법을 지킬 것이 아니라 법을 지키지 않으면 안 된다는 의무의식에서 법을 지키는 준법정신이 필요할 것이다.

3. 법과 도덕과의 관련성

법과 도덕은 위에서 살펴보았듯이 어디에 중점을 두느냐에 따라 구별이 어느 정도 가능하지만 절대적 구별은 될 수 없다. 즉, 법과 도덕은 상호관련성을 많이 내포하고 있는 바, 그것은 다음과 같다.

첫째, 법과 도덕은 상호 중복되는 영역이 많다. 법과 도덕은 각자의 순수한 영역이 있는 경우도 많지만, 선한 것으로서 우리에게 요구하는 도덕 중에는 이를 법으로써 강제해도 좋은 경우가 많고, 또 악한 것으로 우리에게 금지하고 있는 도덕 중에는 법이 이를 강제하는 경우가 많은 것과 같이 법과 도덕은 상호 중복되는 경우가 많다. 예컨대, 만 19세에 성년이 된다거나 생활의 근거가 되는 곳을 주소로 한다고 하는 것 등은 순수한 법의 영역이고, 약자를 도우라, 형제간에 의좋게 지내라 등은 순수한 도덕의 영역이다. 그러나 형법상 처벌되는 범죄인 살인, 강도 등은 도덕적으로도 금지되고, 신의성실의 원칙과 같은 도덕적 의무가 민법상의 내용으로 규정되어 있으며(민법 제2조), 노인을 공경하는 것과 같은 도덕적 의무는 노인복지법을 만들게 되었듯이 법과 도덕은 상호 중복되는 경우가 많다.

사례연구 9 **법과 도덕의 문제에 있어서 상황윤리**

서부개척 시절 인디언들은 그들의 삶의 터전은 물론 무고한 생명까지 빼앗기는 경우가 많았다. 자녀 세 명을 둔 인디언의 한 어머니는 백인 병사를 피해 숲속으로 숨어 들어왔는데, 마침 백인병사가 그곳을 지나가고 있을 때 한 살된 아이가 울게 되었고, 가족 모두가 몰살당할 처지에 놓이게 되었다. 어머니는 그 아이의 입을 막아 결국 사망하게 함으로써 형법을 위반하게 되었는데, 이를 어떻게 평가해야 하는가?

≫ 법과 도덕은 상호 중복되는 경우가 많다. 상황윤리란 보편적·절대적 원리의 윤리규범을 따지기보다는 그 상황에 따라서는 어쩔 수 없다는 것, 즉 자기행위에 대하여 자기 합리화하는 것을 말한다. 상황윤리적 관점에서 보면 형법을 위반해도 좋다는 결론을 낼 수 있기 때문에 어머니의 행위는 윤리적으로 정당화될 수 있다. 그러나 이러한 상황윤리는 법에 대한 예외를 지나치게 강조한 것이며, 윤리적으로 비난받지 않는다고 하여 형법상의 살인죄의 책임이 없는 것은 아니다.

둘째, 법과 도덕은 상호전화되는 경우가 많다. 즉, 법이 도덕으로 전화되는 경우가 있는데, 이것은 법이 제정되어 오랫동안 준수되다 보면 도덕적 내용의 형성이나 가치판단에 영향을 주기 때문이다. 예컨대, 자동차의 우측통행과 같은 법규정은 원래 도덕과는 전혀 관계가 없는 임의적 결정이었으나, 오랜 세월 동안 사회생활 속에서 뿌리를 내리게 되어 이런 법규칙을 지키지 않으면 도덕적으로도 비난을 받게 되는 교통도덕으로 전화되었다. 라드브루흐가 '도덕의 왕국으로의 법의 귀화'라고 하는 말은 이것을 단적으로 설명해 주고 있다. 또한, 반대로 도덕이 법으로 전화되는 경우도 많은 바, 신의성실의 원칙이나, 선량한 풍속 등은 도덕적 색채가 강한 것이지만, 이것에 대한 법적 규제의 필요성이 인정되면서 민법상 관련규정을 두게 되었다.

셋째, 법과 도덕은 효력 면에서 상호부조를 한다. 즉, 법과 도덕은 규범의 효력이라고 하는 점에서 상호부조하여 사회생활의 질서를 유지하고, 사회적 가치의 실현에 봉사한다고 하는 공통의 사명을 가진다. 법은 사회규범인 도덕규범 중에서 특히 사회질서의 유지를 위해 반드시 필요하다고 인정되는 것에 대하여 강제력으로 그 실효성을 부여한다. 즉, 법은 강제력을 가지고 도덕의 효력을 뒷받침한다. 그러나 강제력의 발동만으로 실효성이 보장되는 것은 아니다. 사형과 같이 아무리 엄한 형벌을 가한다 해도 살인, 강간 등과 같은 범죄의 억제효과는 별로 없으며, 또 교묘하게 법망을 빠져나가는 자도 있다. 이러한 경우, 법의 효력의 지주로서 의지할 수 있는 것은 강제나 제재가 두려워서 법을 지키는 것이 아니라, "법은 지키지 않으면 안 된다."는 의무의식에서 법을 지키는 준법정신이다. 준법정신은 하나의 도덕률이고, 법 그 자체는 아닌 것으로, 도덕률이 법의 효력을 궁극적으로 뒷받침하는 것이다. 예리네크(G. Jellinek)가 '법은 도덕의 최소한'이라고 한 것이나, 슈몰러(Schmoller)가 '법은 도덕의 최대한'이라고 말한 것은 양자의 밀접한 관련성을 잘 표현해주고 있다.

사례연구 10 **법과 예의**

A목사는 B에게 "교회 안에서는 모자를 벗어라"고 하였으나, B가 이에 응하지 않자, 언쟁이 벌어지게 되었고, A는 B를 지구대에 신고하였다. A목사는 어떤 법관념을 가졌을까?

≫ 교회 안에서 예배를 보기 위해서는 일정한 질서에 따르는 것이 일반적

의무로 볼 수 있다. 그러나 만약 B가 원형탈모증에 걸려 머리가 보기 흉하게 된 것과 같이 일정한 사정이 있는 경우는 미리 양해를 구하거나 남에게 피해를 주지 않도록 해야 하는 것이 예의라고 본다. 위와 같은 사례를 그 자체로만 본다면, 법적 사항이 아닌 도덕의 문제를 법으로 확대한 것이므로 옳지 않다고 본다. 그러나 A의 요구에 대해 B가 반발하여 소란을 피운 경우라면 B는 종교행사방해죄에 해당되어 3년 이하의 징역 또는 500만원 이하의 벌금에 처해지게 된다(형법 제158조).

4. 도덕에 반하는 법의 문제

'악법도 법인가'라는 말과 같이 도덕에 반하는 법을 생각할 수 있다. 이것을 우리가 어떻게 받아들여야 할 것인가에 대해서는 학자들 간에 많은 논의가 있으나, 악법은 법이 되어서는 안 되고, 악법은 법으로서의 가치가 없다. 다만, 법치국가에서 아무리 악법이라 할지라도 국가권력에 의해 그 악법이 강행된다면 이를 법으로 인정하지 않을 수 없고, 법을 위반한 국민은 처벌을 받게 된다.

그런데 악법의 기준을 무엇으로 정할 수 있느냐 하는 문제는 그 시대와 장소, 각자의 인생관, 가치관, 세계관에 따라 달라질 수 있으므로 쉽게 정의를 내릴 수 없다. 다만, 어떤 법이 국민의 도덕관념에 현저하게 반하는 경우에는 그 법이 오래가지 못하는 것이 역사의 진리였다.

사례연구 11 **'악법도 법인가'의 문제**

소크라테스는 '악법도 법이다'라면서 독배를 마시고 죽음을 택했는데, 이는 어떤 의미가 있고, 도덕 내지 정의에 반하는 법을 어떻게 보아야 하며, 우리는 어떠한 행동을 해야 하는가?

≫ 소크라테스는 아무리 악법일지라도 조국의 법에 따르겠다고 말하면서, 도망치라는 권유도 물리치고 사약을 마셨다. 소크라테스는 당시 극도의 가치상대주의에 빠져있던 소피스트를 반대하고 절대적 진리탐구를 위해 평생을 바쳤으며, 자신의 절대적 진리를 굽히지 않았다. 만약 하나의 법이 잘못되었다고 도망갔다면 절대적 진리를 포기하는 결과가 되기 때문에 '악법도 법이다'는 말을 남기며 독배를 마심으로써 자신의 신념을 지킨 것이다.

도덕에 반하는 법에 대하여 자연법적 입장에서 본다면, 법은 보다 궁극적인 도덕에 기초하고 이에 합치되어야 법으로서 효력을 갖는다고 생각하므로

'악법은 법이 아니다'라고 할 수 있으며, 이 악법에 저항해야 한다. 그러나 법실증주의적 입장에서 법을 국가권력자의 의사에서 나오는 힘으로 본다면, 아무리 악법이라 할지라도 그것이 국가권력에 의해 강행될 경우에 이를 법으로서 인정하지 않을 수 없게 되며, 국민은 이를 위반해서는 안된다. 또한, 악법인 경우에는 이에 대한 개선의지나 저항의식을 가져야 한다. 다만, 우리 헌법 전문에 '… 불의에 항거한 4·19 …'라는 표현을 통해 저항권을 간접적으로 인정하고 있지만, 저항의식보다 개선의지가 앞서야 한다고 생각된다.

Ⅱ. 법과 관습

1. 관습의 의의

관습이란 특정범위의 사람들이 사회생활에 있어 동일한 행위를 장기간 반복함으로써 어느 정도 그 사람들을 구속하기에 이른 사회규범을 말한다. 예컨대, 정월 초하루가 되면 설빔을 차려입고, 세배를 하고, 맛있는 음식을 먹고 즐기는데, 그것이 오랫동안 반복되어 관습으로 된 경우라든지, 금전소비대차에 있어서 이자에 관한 약정이 없는 경우도 대체로 한 달마다 이자를 주는 것도 일종의 거래관습이라고 볼 수 있다.

한편, 사회에서 스스로 발생하는 일정한 관행이 오랜 기간 동안 지속되어 단순한 예의적 또는 도덕적인 규범으로서 지켜질 뿐만 아니라, 사회의 법적 확신에 의하여 사회구성원의 사회생활을 규율하게 된 것을 관습법이라고 한다. 따라서, 관습으로서 행하여지고 있는 사항에 관하여 규범의 측면이 아닌 행위의 측면으로 본 것을 '관행'이라 하고, 관습에 이르지는 않았으나 얼마 동안 되풀이하여 반복된 사례들을 '관례'라 하며, 익혀진 버릇과 같이 반복행위를 '습관'이라 한다.

사례연구 12 음주운전과 습관

음주운전은 자신의 고귀한 생명뿐만 아니라 무고한 타인의 생명도 앗아갈 수 있으므로 가정파괴범이라고도 한다. 자동차를 끔찍이 아끼는 차사랑 씨는 제약회사 영업사원이다. 직업상 거래처 사람들과 회식이 많은데, 자동차를 그대로 두고 가면 밤새 누가 와서 자동차에 흠집이라도 낼까봐, 술을 마시고도 자동차를 운전하는 습관이 있다. 음주운전자는 어떠한 처벌을 받게 되는가?

≫ 도로교통법 제44조 제1항에는 "누구든지 술에 취한 상태에서 자동차 등, 노면전차 또는 자전거를 운전하여서는 아니 된다."고 규정하고 있고, 2회 이상 위반한 사람으로서 다시 술에 취한 상태에서 자동차 등 또는 노면전차를 운전한 사람은 1년 이상 3년 이하의 징역이나 500만원 이상 1천만원 이하의 벌금에 처하도록 규정하고 있고(같은 법 제148조의2 제1항 제1호), 혈중알콜농도에 따라 징역과 벌금을 달리 규정하고 있다(같은 법 제148조의2 제2항 제1호~제3호). 또한, 차의 운전 등 교통으로 인하여 사람을 사상하거나 물건을 손괴한 경우에는 그 차의 운전자나 그 밖의 승무원은 즉시 정차하여 사상자를 구호하는 등 필요한 조치, 피해자에게 인적 사항을 제공하는 등의 조치를 하여야 하고(같은 법 제54조 제1항 제1호 및 제2호), 이를 위반할 경우, 5년 이하의 징역이나 1천 500만원 이하의 벌금에 처하도록 규정하고 있다(같은 법 제148조).

2. 법과 관습의 구별기준

(1) 성립기반에 있어서의 차이점

관습은 소위 세간이라고 칭하여지는 비조직적 사회를 기반으로 임의적이고 자발적인 모방에 의해 성립하는 규범인데 반하여, 법은 철저한 조직적 사회를 기반으로 성립하는 규범이다. 그러나 사회의 조직화는 법의 성립요건으로 필요한 것이 아닐 뿐만 아니라, 기숙사 내에서의 복장의 통일과 같이 조직화된 사회에서 조직의 힘에 의해 관습이 발생하는 경우도 적지 않기 때문에 올바른 구별이라고 할 수 없다.

(2) 강제성의 유·무의 차이점

법은 강제성을 갖는 규범이며, 관습은 강제성이 없는 규범이다. 또한, 법은 조직적 국가권력이 실천을 보장하며, 이에 위반하는 경우에는 국가적 제재를 받는 반면, 관습은 특정범위의 사람들이 그것을 지키고 따라야 한다는 공통의식을 갖게 되며, 이를 위반하는 경우에 그들로부터 비난이라는 사회적 제재를 받게 된다. 그러나 관습에도 강제를 수반하는 경우가 있기 때문에 그와 같은 구별이 반드시 정당하다고는 볼 수 없다.

3. 법과 관습의 관련성

법은 관습을 기반으로 하여 만들어지는 경우가 많다. 즉, 관습은 오랫동안 이어져 내려온 생활질서이므로 사회의 합리적 가치를 반영하게 되는데, 법은 이 사회의 합리적 가치요소를 반영하여 만들어지고 있다. 예컨대, 민법 제103조에 "선량한 풍속 기타 사회질서에 위반한 사항을 내용으로 하는 법률행위는 무효로 한다."고 규정한 것이 그 단적인 예이다.

그러나 "가정의례에 관한 법률"과 같이 관습의 지지를 받지 못하는 법은 그 실효성을 잃고 만다. 따라서 가정의례에 관하여 어느 선에서 법으로 규제할 수 있는가를 적정하게 정하여 그에 위반하면 철저히 처벌하고, 그 밖의 범위는 관습과 도덕에 맡겨 두는 법문화와 관습문화의 정착이 절실히 요청된다.

사례연구 13 분묘기지권

A는 조상의 분묘가 10개나 있는 선산을 정성스럽게 가꾸어 왔으나, 사업 하던 아들이 부도를 내게 되자 할 수 없이 B에게 "분묘는 철거하지 않는다."는 조건을 붙여 선산을 팔았다. B는 다시 C에게 팔았는데, 어느 날 C가 A를 찾아와서 "분묘를 철거하지 않는다는 조건은 B와 한 것이므로 나와는 아무런 관련이 없다."고 하며 분묘를 철거하라고 하는데, A는 분묘를 철거해야 하는가?

≫ 분묘기지권이란 타인의 토지에 분묘를 설치하는 경우, 일정한 조건하에 철거하지 않아도 되는 권리를 말한다. 이것은 우리 민족의 미덕 중에 하나인 조상숭배라는 전통적 윤리관에서 비롯된 것으로, 법원의 판례가 창설한 일종의 관습법상의 물권이다. 분묘물권이 성립하는 경우로는 첫째, 토지소유자의 승낙을 얻어 분묘를 설치한 경우, 둘째, 토지소유자의 승낙이 없어도 분묘를 설치한지 20년이 넘고 그 동안 토지소유자의 철거요구가 없었던 경우, 셋째, 자기의 소유일 때, 분묘가 설치되었다가 토지를 처분하면서 분묘는 철거하지 않는다는 특약이 있었던 경우 등이다. 분묘물권이 성립되면, 분묘 그 자체와 제사를 지낼 수 있는 최소한의 면적에 대해서는 철거의무가 없다.

Ⅲ. 법과 종교

1. 종교의 의의

종교란 초감각적 본체로서의 무한자, 절대자, 신에의 귀의를 본질로 하는 인간의 생활현상을 말하며, 천지, 우주, 사회에 대하여 일정한 태도를 가지고 생활할 것을 요구하는 생활방식에 관한 사회규범이다. '신은 존재할지 모른다'는 막연한 가능성과 '모든 사람은 죽는다'는 확실한 사실이 결부된 종교적 심리가 이 세상에 가치체계를 성립시키고, 질서를 유지하는 데 결정적인 역할을 한다.

원시시대로부터 중세시대에 이르기까지 종교규범은 법규범으로서의 기능을 해왔다. 즉, 고대 유태인에게는 예언자를 통해 그들에게 일러주는 신의 계시가 곧 그들의 사회생활규범이었고, 모세 5경은 그들의 신앙의 근원이었으며, 중세시대에서도 교회법이 유럽사회를 지배하였다. 우리나라에서도 신라시대 화랑도의 세속오계, 소도 등이 그러한 예이다. 그러나 근대국가 성립 초기에 있어서 교회의 권위와 결부된 국가권력의 압력에 대한 투쟁을 통하여 종교의 자유를 획득하였고, 정교분리의 원칙이 확립됨에 따라 점차로 종교규범과 법규범은 분화하게 되었다.

2. 법과 종교의 구별기준

(1) 법의 강제성과 종교의 비강제성

법은 개개인이 준수여부를 결정하는 것이 아니라, 국가권력에 의해 강제되고, 그 위반에 대해서 일정한 제재가 따르는 규범인 반면, 종교는 신앙심을 바탕으로 준수여부가 결정되며, 강제성이 없다.

(2) 법의 외면성과 종교의 내면성

법은 신앙의 자유를 인정하는 것이기는 하지만 외면적 결과를 중시하는 외면적 규범인 반면에, 종교는 각자의 관념의 기초인 양심의 자유에 의해 성립한다는 의미에서 내면적 규범이라 할 수 있다.

(3) 법의 양면성과 종교의 일면성

법은 국가와 국민, 권리와 의무, 채권과 채무와 같이 대립되는 양면성을 가지는 규범인 반면에, 종교는 신을 대상으로 하여 신에 대한 봉사라는 일방통행적 일면성을 가지는 규범이다.

3. 법과 종교의 관련성

법과 종교는 어느 정도 구별이 가능하지만 절대적 구별은 될 수 없고, 상호 관련성을 많이 내포하고 있다. 예를 들면, 유태인들의 신앙의 근원이었던 모세 5경 중, 10계명에는 '살인하지 말라', '남의 물건을 훔치지 말라', '거짓증언을 하지 말라'고 되어 있는 바, 이는 법규범에서도 살인죄, 절도죄, 위증죄 등으로 각각 처벌하도록 되어 있다.

또한, 법과 종교는 내용면에서도 일치하는 경우가 있다. 예컨대, 증인, 감정인 등의 선서제도, 대통령 취임선서 등과 같이 실정법에서 그 실효성을 확보하기 위하여 종교적 감정을 이용하는 경우 등을 들 수 있다.

따라서 법과 종교는 전혀 다른 사회규범이 아니라, 사회에 대해 일정한 태도를 가지고 생활할 것을 요구하는 생활방식에 관한 사회규범으로, 사회의 정의나 평화를 실현하려는 공통의 목적을 가지고 있기 때문에 양자 간의 조화가 필요하다.

사례연구 14 **설교방해죄**

목사 다미션은 "2030년 12월 30일 지구의 종말이 오고, 그때에는 성령을 받은 신도만이 들림 된다."고 설교하였다. 목사의 종말론에 대하여 신도들은 지지파, 중립파, 반대파로 나뉘게 되었고, 어느 날 반대파에서는 "다미선 목사는 이단이다."는 요지의 유인물을 돌리게 되었으며, 차츰 중도파까지 교회를 떠나게 되었다. 다미선 목사가 반대파를 상대로 고소하는 경우, 어떻게 될 것인가?

≫ 우리 헌법 제20조에는 종교의 자유를 인정하고, 국교(國敎)의 부정과 정교분리(政敎分離)의 원칙을 규정하고 있다. 종교의 자유는 신앙의 자유, 종교적 행위의 자유 및 종교적 집회·결사의 자유의 세 가지 요소를 내용으로 하고 있으며, 형법에서는 예배, 설교 등 종교적 행사의 자유를 방해하는 행위에 대해 처벌하고 있다. 여기서 '방해'란 언어, 거동, 폭행, 협박 등 수단과 방법을 가리지 않으며, 종교적 행사의 진행뿐만 아니라 직전의 행위까지 처벌된다. 다만, 위의 사례와 같이 다미선 목사를 반대하고 유인물을 배포한 것에

불과한 것이며, 예배나 설교의 방해, 목사의 업무를 방해하는 행위로 나가지 않는 한 설교방해죄, 예배방해죄가 성립되지 않는다.

제 4 절 성문법과 불문법

Ⅰ. 성문법의 의의와 장 · 단점

1. 성문법의 의의

성문법이란 문자로 작성되고 일정한 형식과 절차에 따라 제정 · 공포되는 법을 말한다. 일반적으로 성문법을 '문장으로 된 법규'라고 하는 경우가 있으나, 이것은 판례법과 같이 문서로 기록된 것이 있기 때문에 올바른 정의가 아니다.

우리나라는 성문법주의 국가로서 가장 중요한 법원을 성문법으로 하고 있으며, 성문법으로는 성문헌법, 법률, 명령, 자치법규(조례, 규칙) 등이 있다.

2. 성문법의 장 · 단점

성문법은 다음과 같은 장 · 단점을 갖고 있다.

먼저, 성문법의 장점으로는 첫째, 불문법에 비하여 법의 의미와 내용이 명확하다는 점, 둘째, 법을 통일적으로 정비하기가 용이하다는 점, 셋째, 법적 안정성을 도모할 수 있다는 점 등을 들 수 있다.

그러나 단점으로는 첫째, 문장의 형식으로 이루어짐에 따라 문장이 갖는 성질상의 불완전성으로 말미암아 법규의 진정한 내용을 알기가 곤란하다고 하는 점, 둘째, 법이 문자나 문장으로 표현되기 때문에 법의 경직화 내지 고정화를 가져오게 됨에 따라 유동적 사회현상에 적응하기 어렵다는 점, 셋째, 법의 성립과정에서 사회적 필요 내지 국민의 확신을 무시하고 입법자의 자의 또는 정당간의 타협에 의해 탄생할 소지가 많아 법만능사상에 빠지기 쉽다는 점 등을 지적할 수 있다.

그러나 이상과 같은 성문법의 단점에도 불구하고 질서의 명확화라는 관점에서 대부분의 국가들이 성문법주의를 채택하고 있으며, 불문법주의 국가들도 기술적 법 분야 및 형법분야를 중심으로 성문법적 규범들의 중요성이 더해가고 있다.

Ⅱ. 성문법의 종류

1. 헌 법

헌법(Constitution; Verfassung)이라 함은 국가의 통치조직, 통치작용의 원칙을 정하고, 국민의 기본권을 보장하는 국가의 근본법(최고법)을 말하며, 그 내용이 문장의 형식으로 제정·공포되어 있을 때에 이것을 성문헌법이라 한다. 헌법은 관습법, 판례법 등 불문법의 형식으로 존재할 수도 있고, 반대로 성문법의 형식으로 존재할 수도 있는데, 헌법이라는 명칭을 가진 성문법전, 즉 헌법전이라고 하는 하나의 법전형식을 갖추고 있는 것을 형식적 의미의 헌법이라 한다. 불문법국가인 영국 등을 제외한 세계의 대부분의 국가들이 성문헌법을 가지고 있으며, 세계 최초의 성문헌법은 1776년 버지니아헌법이다.

헌법은 성문법원 중에서 국가의 최고법·근본법으로서 하위의 법인 법률, 명령, 조례, 규칙 등은 헌법을 위반할 수 없으며, 헌법에 위반된 법률, 명령, 조례, 규칙 등의 효력을 부인하는 제도로 위헌법률심사제도(헌법 제107조 제1항) 및 명령·규칙 심사권(헌법 제107조 제2항) 등을 두고 있다.

우리나라는 성문헌법 국가로서 대한민국헌법은 1948년 7월 17일 공포되어 시행되었고, 현재까지 9차례에 걸쳐 개정되어, 1988년 2월 25일부터 제6공화국헌법이 시행되었다. 이 헌법에는 전문과, 제1장 총강, 제2장 국민의 권리와 의무, 제3장 국회, 제4장 정부, 제5장 법원, 제6장 헌법재판소, 제7장 선거관리, 제8장 지방자치, 제9장 경제, 제10장 헌법개정 등 본문 130조와 부칙으로 구성되어 있다.

사례연구 15 위헌법률심사제도

A는 매일 도박을 하고 술만 마시면 아내인 B를 구타하였다. 결국 참을 수 없었던 B는 친정으로 가버렸다. 설(명절)이 되었는데도 아내가 돌아오지 않

자, 아내를 데리러 처가에 온 A는 장인·장모로부터 심한 꾸중을 듣게 되자 술기운에 엽총으로 장인을 살해하였다. A는 형법상 존속살해죄는 보통살인죄보다 형이 가중되어 있기 때문에 헌법 제11조의 평등권에 위배된다고 주장하고자 하는데, 이는 정당한가?

≫ A는 형법상의 존속살해죄가 헌법상의 평등권을 위반하였다고 위헌법률심판을 제기할 수 있다. 위헌법률심판권이란 법률이 헌법에 위반되는 여부가 재판의 전제가 되는 경우에 법원의 제청에 의하여 헌법재판소가 심판하여 위헌법률의 효력을 부인할 수 있는 권한을 말한다. 위헌판정을 받은 법률 또는 법률사항은 그 결정이 있는 날로부터 효력을 상실한다.

한편, 형법은 살인의 대상이 '자기 또는 배우자의 직계존속'인 경우에는 보통살인보다 무거운 형벌을 과하고 있어 우리 헌법 제11조의 평등권을 위반하는 것이 아닌가에 대한 논란이 오래 전부터 제기되어왔다. 존속살해죄의 가중처벌을 합헌이라고 하는 이유는 자식의 부모에 대한 도덕적 의무를 근거로 자식의 패륜성을 비난하기 위한 것이라고 하고 있으며, 반면에 위헌론은 합헌론의 주장이 봉건사회에서나 통용되는 시대착오적 발상이며 평등권을 기초로 하는 근대법의 원리에 반하는 것이라고 주장한다. 과거의 형법에서는 존속살인죄에 대해 사형 또는 무기징역에 처하도록 규정하고 있었으나, 위헌성 논란 등에 의해 형량을 낮추게 되었고(개정 1995. 12. 29.), 현재 헌법재판소에서는 존속살인죄에 대한 가중 처벌을 위법으로 보지 않고 있으므로 A의 주장은 이유없다.

2. 법 률

법률은 입법권을 가지고 있는 국회의 의결에 의해 제정된 법규범을 말하며, 법에 있어서 가장 중추적 역할을 하고 있다. 현대법치주의 국가에서는 국민의 권리·의무에 관한 중요한 사항을 법률로 정하도록 하고 있는데, 이를 입법사항이라 한다. 즉, 국민에 대한 권리의 제한이나 의무의 부과는 반드시 법률에 의하지 않으면 안되고, 헌법에서는 특히, 국적에 관한 사항, 조세의 종목과 세율, 근로조건 등에 대하여 반드시 법률로 규정하도록 하고 있다.

법률의 효력은 최고법·근본법인 헌법보다는 하위에 있으나, 명령, 자치법규(조례, 규칙)보다는 상위에 있기 때문에 명령 등이 법률의 내용을 위반할 수 없으며, 이때에는 그 위반의 한도 내에서 효력이 부인된다. 법률은 헌법의 하위규범으로서 그 효력이 헌법에는 미치지 못하지만, 법률상호간의 관계에 있어서는 원칙적으로 우열이 없다. 다만, 규범간의 내용에 상호모순이 있을 때에는 신법이 구법에 우선하며(신법 우선의 원칙), 또 일반법과 특별법의 관계에 있을 때에는 특별법이 일반법보다 우선하여 적용된다(특별법 우선의 원칙).

법률을 제정 · 개정하기 위해서는 다음과 같은 절차를 거쳐야 한다.

첫째, 법률안 제안권자인 국회의원 또는 정부가 국회법이 정하는 바에 따라 법률안을 제출하고, 둘째, 국회의장은 동 법률안을 소관 상임위원회에 회부하여 동 위원회에서 재적의원 과반수의 출석과 출석의원 과반수의 찬성을 거쳐 본회의에 상정된다. 셋째, 본회의에 제출된 법률안에 대하여 헌법 또는 법률에 특별한 규정이 없는 한, 재적의원 과반수의 출석과 출석의원 과반수의 찬성으로 의결된다. 넷째, 국회에서 의결된 법률안은 정부에 이송되어 15일 이내에 대통령이 이를 공포해야 한다. 그러나 법률은 공포와 동시에 효력을 가지는 것이 아니고, 특별한 규정이 없는 한 공포한 날로부터 20일을 경과함으로써 효력을 발생하게 된다.

현대법치주의 국가에서는 국민의 권리 · 의무에 관한 중요한 사항을 법률로 정하도록 하고 있는데, 이를 입법사항이라 한다. 즉, 국민에 대한 권리의 제한이나 의무의 부과는 반드시 법률에 의하지 않으면 안되고, 헌법에서는 특히, 국적에 관한 사항, 조세의 종목과 세율, 근로조건 등에 대하여 반드시 법률로 규정하도록 하고 있다.

사례연구 16 대통령의 법률안거부권

대통령 김소신은 S당 소속으로 대통령에 입후보하여 당선되었으나 S당의 정책노선과 갈등을 빚게 되었고 급기야 S당을 탈당하였다. 그런데, 국회에서 S당의 주도 하에 국회의원 전원 찬성으로 X법을 의결하였으나 일부조항은 대통령 김소신의 생각과는 배치되는 내용을 담고 있어 일부조항만을 수정하여 재의를 요구하고자 하는데, 이는 가능한가?

≫ 대통령은 국회에서 의결되어 정부에 이송되어 온 법률안에 대하여 이의가 있을 때에는 이의서를 붙여 국회의 재의를 요구하는 제도가 있는데, 이는 대한민국 헌법 제53조가 규정하고 있는 대통령의 입법부 견제장치의 핵심 중 핵심인 법률안 거부권이라 한다. 대통령이 국회에서 의결된 법률안에 대하여 이의가 있을 때에는 국무회의의 심의를 거쳐 법률안이 정부에 이송된

후 15일 이내에 이의서를 붙여 국회로 환부하고, 그 재의를 요구할 수 있는데, 이를 환부거부라고 한다. 다만, 대통령은 법률안의 일부에 대하여 또는 법률안을 수정하여 재의를 요구할 수 없도록 하고 있다(헌법 제53조 제3항). 따라서 대통령 김소신은 일부조항만을 수정하여 재의를 요구할 수 없다. 한편, 우리나라는 건국 이후 1948년 9월 30일 이승만 대통령이 양곡매입법안에 대해 처음으로 거부권을 행사하였으나, 같은 대통령제를 채택하고 있는 미국에 비해 상대적으로 거부권 행사 사례가 적은 편으로, 미국의 경우 루스벨트 대통령은 재임 기간 12년 중 635회나 거부권을 행사하기도 하였다.

3. 명 령

명령이란 국회의 의결을 거치지 않고 대통령 이하의 행정기관이 제정한 법규를 말한다. 명령은 법률과의 형식적 효력 면에 있어서 하위에 있기 때문에 명령에 의하여 헌법 또는 법률은 개폐되지 않는다. 다만, 예외적으로 대통령의 긴급재정경제처분 · 명령권, 긴급명령권은 법률과 동일한 효력을 갖는다.

헌법 제76조 제1항에는 "대통령은 내란 · 외환 · 천재 · 지변 또는 중대한 재정 · 경제상의 위기에 있어서, 국가의 안전보장 또는 공공의 안녕질서를 유지하기 위하여 긴급한 조치가 필요하고, 국회의 집회를 기다릴 여유가 없을 때에 한하여 최소한으로 필요한 재정 · 경제상의 처분을 하거나 이에 관하여 법률의 효력을 갖는 명령을 발할 수 있다."(대통령의 긴급재정경제처분 · 명령권)고 규정하고 있다. 또한, 동조 제2항에는 "대통령은 국가의 안위에 관계되는 중대한 교전상태에 있어서 국가를 보위하기 위하여 긴급한 조치가 필요하고, 국회의 집회가 불가능한 때에 한하여 법률의 효력을 가지는 명령을 발할 수 있다."(대통령의 긴급명령권)고 규정하고 있다. 이 긴급명령권은 제1공화국헌법과 제3공화국헌법에 규정하고 있던 것을 부활시킨 것으로, 제4공화국의 긴급조치권이나 제5공화국의 비상조치권이 헌법을 정지하는 권한까지 갖는데 반하여, 제6공화국의 긴급재정경제처분 · 명령권 및 긴급명령권은 법률대체적인 효력을 가지는데 불과하므로 훨씬 약화되었다고 할 수 있다.

명령은 관점에 따라 여러 가지로 분류되는바, 권한의 소재(제정권자)를 표준으로 대통령령, 총리령, 부령으로 분류된다. 또한 ① 수권의 근거를 표준으로 하여 직권명령과 위임명령으로, ② 법률에 대한 관계를 표준으로 하여 위임명령, 독립명령으로, ③ 규정사항의 내용을 표준으로 하여 위임명령과 집행명령(시행령, 시행규칙) 등으로 각각 분류된다.

사례연구 17 **명령의 확대경향**

우리나라 헌법은 '국가가 국회에서 만든 법에 의해 다스려져야 한다'는 법치주의를 기본원리로 하고 있다. 그런데 우리나라에는 약 4,000여개의 법령이 있는데, 법치주의 원리와는 달리 예전에 비해 행정부에서 만든 법인 명령의 범위가 늘어나고 있는데, 그 이유는 무엇인가?

≫ 근대국가는 법치주의의 요청에 따라 법률이 법의 존재형식으로서 우월한 지위를 차지하게 되어 명령의 범위는 좁았다. 그러나 현대에 와서 행정이 거대화·전문화됨에 따라 상대적으로 국회가 약화되고, 행정부가 관장하는 방대한 기술적·전문적 사항의 전부를 국회가 입법하기 어렵게 되어 행정부가 명령을 제정하는 것으로 이를 충족시키게 됨으로써 명령이 중요한 법의 존재형식이 되었다. 한편, 대통령령은 대통령이 법률에서 구체적으로 그 범위를 정하여 위임받은 사항과 법률을 집행하기 위하여 필요한 사항에 관하여 발하는 명령으로, 여기에는 위임명령과 집행명령이 있다. 집행명령은 법률을 집행하는데 있어서 필요한 절차를 규정하기 위하여 대통령, 국무총리 또는 행정각부의 장이 발하는 명령으로, 보통 '… 법 시행령' 또는 '…법 시행규칙'이라는 이름으로 제정되고 있다.

4. 자치법규

(1) 의 의

자치법규란 지방자치단체가 법령이나 명령이 위임하는 사항에 대하여 자치권의 범위 내에서 지방자치단체의 조직, 사무 및 주민의 권리·의무에 관하여 제정한 법규를 말하며, 이와 같은 권능을 자치입법권이라 한다.

우리나라 헌법 제117조 제1항에서도 "지방자치단체는 주민의 복리에 관한 사무를 처리하고 재산을 관리하며, 법령의 범위 안에서 자치에 관한 규정을 제정할 수 있다."고 하여 지방자치단체에 자치입법권을 부여하고 있다.

이러한 지방자치단체의 자치법은 국가법에 대응하는 것으로 그 지방자치단체의 지역 내에서만 적용되는 지방법이다. 따라서 자치법규는 국가법인 법률이나 명령을 위반할 수 없다. 또한, 자치법이 국가의 법원으로 인정되는 것은 그 지방자치단체가 국가행정조직의 일부를 구성하고 있기 때문이며, 이런 뜻에서 회사나 노동조합 등의 정관 내지 노동협약 등은 자치법규에 속하지 않는다.

(2) 종 류

자치법규는 조례와 규칙 등 두 가지가 있다. 조례는 지방자치단체가 법령의 범위 안에서 그 사무에 관하여 지방의회의 의결을 거쳐 제정하는 자치법규이며, 규칙은 지방자치단체의 장이 법령 또는 조례의 범위 내에서 그 권한에 속하는 사무에 관하여 제정한 자치법규를 말한다. 그런데 제4공화국헌법(유신헌법)에서는 부칙 제10조에 의해 지방의회의 구성이 조국통일의 날까지 불가능했으므로, 그 당시에는 조례의 제정이 지방자치단체의 장에 의하여 제정되었다.

한편, 현재 지방자치단체로는 ① 특별시와 광역시, 특별자치시, 특별자치도 ② 시와 군 및 구 등 크게 2종류가 있다(지방자치법 제2조).

사례연구 18 민사책임을 규정한 조례

겨울이면 눈이 내려 아름답기도 하지만, 길거리마다 눈을 치우지 않음으로서 낙상 사고가 많이 발생하였다. 그래서 국회에서는 X법을 제정하여 건축물 관리자가 건축물 주변의 눈과 얼음을 치우도록 의무화함과 동시에 구체적인 내용은 지방자치단체의 조례로 정하도록 위임하였다. 그런데 어느 날 S시에 거주하는 김낙상 할아버지가 건물 앞 보도를 걷다가 치우지 않은 눈과 얼음에 미끄러져 전치 8주의 부상을 입었다. 이런 경우, 김할아버지는 누구에게 보상을 받아야 하는가?

≫ 자연재해대책법 제27조(건축물관리자의 제설책임) 제1항에는 "건축물의 소유자·점유자 또는 관리자로서 그 건축물에 대한 관리 책임이 있는 자(이하 "건축물관리자"라 한다)는 관리하고 있는 건축물 주변의 보도(步道), 이면도로, 보행자 전용도로, 시설물의 지붕(대통령령으로 정하는 시설물의 지붕으로 한정한다)에 대한 제설·제빙 작업을 하여야 한다."고 규정하고 있고, 같은 조 제2항에는 "건축물관리자의 구체적 제설·제빙 책임 범위 등에 관하여 필요한 사항은 해당 지방자치단체의 조례로 정한다."고 규정하고 있다. 각 지방자치단체가 같은 법을 기초로 '눈치우기' 조례가 제정되었다면 집 주변보도의 눈을 치우지 않아 발생한 안전사고나 재해에 대해 건축물 관리자에게 민사상 책임을 물을 수 있다. 따라서 김낙상 할아버지는 S시에 위와 같은 조례가 제정되어 있다면 건축물 관리자에게 일정범위 내에서 손해배상을 받을 수 있다.

Ⅲ. 불문법의 의의와 장 · 단점

1. 불문법의 의의

불문법(Unwritten Law)이란 성문화되지 않고, 일정한 절차에 따라 제정 · 공포되지 아니한 법규를 말하며, 비제정법이라고도 한다. 그러므로 불문법 중에서 판례법과 같은 것은 문서로 기록되어 있는 것이지만, 일정한 기관에 의해 제정 · 공포되지 않았다는 점에서 불문법에 속한다.

법의 존재형식을 역사적으로 보면, 불문법이 성문법보다 먼저 발달하였지만, 사회가 복잡하고 경제가 눈부시게 발전함에 따라 오늘날에는 질서의 명확화라는 요청에서 성문법의 중요성이 더해지고 있고, 대부분의 국가들도 성문법주의를 채택하고 있다. 그러나 성문법만으로는 모든 생활관계를 다 규율할 수 없을 뿐만 아니라, 성문법으로 규율하기가 적당치 못한 분야도 있으므로 불문법의 중요성을 간과할 수 없다.

2. 불문법의 장 · 단점

불문법은 다음과 같은 장 · 단점을 가지고 있다.

먼저, 불문법의 장점으로는 첫째, 문장의 형식으로 법이 고정되어 있지 않음으로써 유동적 사회현상에 탄력적으로 적응하기 쉽다는 점, 둘째, 법의 성립과정에서 입법자의 자의 또는 정당간의 타협에 의해 법이 탄생하는 것이 아니라, 사회적 필요 내지 국민의 확신에 따라 법이 성립될 수 있다는 점 등을 들 수 있다.

반면에 불문법의 단점으로는 첫째, 국가에 존재하는 법을 통일적으로 정비하기가 곤란하다는 점, 둘째, 법적 질서의 안정성에 문제가 있을 수 있다는 점, 셋째, 법의 존재여부가 명확하지 않아 법을 적용할 때에 법 발견의 어려움이 있다는 점 등을 들 수 있다. 특히, 관습법은 법의 성립시기가 애매하고, 법이 성립하였다 하더라도 그 내용이 불명확하며, 법이 성립하는 데에 많은 시간이 걸린다는 단점을 가지고 있다.

다만, 이러한 불문법의 단점들은 상대적인 것으로 불문법주의를 채택하고 있는 미국이나 영국과 같은 국가들이 훌륭한 법전통을 유지하고 있다는 것은 오히려 법을 적용하며, 그것을 적용받는 구성원들의 운영여하에 따라서는 이러한 단점들이 어느 정도 극복될 수 있는 것이라 할 수 있다. 또한, 영미에 있어서 판례법이 전혀 글로 쓰는 것이 아니라고 이해한다면 이는 잘못된 인식이다. 어느 면에서는 많은 사건의 판결을 판례집으로 발간하여 더 성문화한다고도 볼 수 있으며, 어느 면에서는 '생활 속의 법'(law of action)으로 큰 장점을 가지고 있다.

불문법주의는 미국, 영국 또는 영국의 식민지배를 받았던 나라 등이 주로 채택하고 있는데, 우리나라에서는 성문법주의를 원칙으로 하고, 불문법은 성문법에 대한 보충적 효력을 갖도록 하고 있다.

불문법으로는 다음과 같이 관습법, 판례법, 조리 등이 있다.

Ⅳ. 불문법의 종류

1. 관습법

(1) 의 의

관습법(Customary Law, Gewohnheitsrecht)이란 사회에서 스스로 발생하는 일정한 관행이 오랜 기간 동안 지속되어 단순한 예의적 또는 도덕적인 규범으로서 지켜질 뿐만 아니라, 사회의 법적 확신에 의하여 사회구성원의 사회생활을 규율하게 된 법을 말한다.

인간이 영위하는 사회생활에는 여러 가지의 생활관습이 발생하게 되는데, 그 관습 전체가 관습법이 되는 것은 아니다. 즉, 관습 중에서도 사회적 · 경제적 요인에 의하여 법질서의 구성부분이 될 만큼 통용되거나, 가치를 가지고 있는 관습만이 법적 구속력을 갖게 되어 관습법이 되는 것이다. 따라서 아직 법질서의 구성부분이 될 만큼 발전하지 못하고 다만 사회생활 가운데 단순한 사실로만 행해지고 있는 관습을 '사실인 관습'이라고 한다. 또한, 관습으로서 행하여지고 있는 사항에 관하여 규범의 측면이 아닌 행위의 측면으로 본 것을 '관행'이라 하고, 관습에 이르지는 않았으나 얼마 동안 되풀이하여 반복된 사례들을 '관례'라고 한다.

(2) 관습법의 성립요건

관습법이 성립하기 위해서는 다음의 여러 요건이 갖추어져야 한다.

첫째, 일정한 관행이 존재해야 한다. 즉, 관습법이 성립하기 위해서는 오랜 세월을 두고 계속되는 관행이 존재해야 한다.

둘째, 국민이 관습의 가치에 대한 법적 확신이 필요하다. 즉, 국민이 그 관습에 대하여 단순한 도덕적 내지 종교적인 규범이 아니라, 법규범으로서의 의식을 가지고 지키는 경우라야 관습법이 성립될 수 있다. 국민간에 이러한 법적 가치가 있다는 확신이 없는 관습은 '사실인 관습'에 지나지 않는다.

셋째, 선량한 풍속 기타 사회질서를 위반하지 않아야 한다. 여기서 선량한 풍속이란 사회의 일반적 도덕관을 말하며, 선량한 풍속도 넓은 의미에서 사회질서에 포함된다. 법은 국가사회의 질서유지 및 그 발전을 목적으로 하고 있기 때문에 관습이 법적 효력을 갖는 관습법으로 성립하기 위해서는 사회질서를 위반해서는 안 된다. 우리 민법 제103조에서도 "선량한 풍속 기타 사회질서에 위반한 사항을 내용으로 하는 법률행위는 무효로 한다."고 규정하고 있다.

사례연구 19 사회질서에 반하는 법률행위

우리는 속칭, 고스톱이란 도박 등으로 인하여 패가망신하는 경우를 종종 볼 수 있다. A는 소문난 고스톱꾼 이었으나 "마음을 잡고 포장마차를 운영하면서 열심히 살아가겠다."고 말하면서 친구인 B에게 500만원을 빌렸다. 그러나 제 버릇 뭐 못준다고 그 돈을 노름으로 날렸는데, B는 노름에 사용된 500만원을 받을 수 있는가?

≫ 윤리적 질서에 반하는 행위(예컨대, 첩계약 등), 개인의 자유를 매우 심하게 제한하는 행위(예컨대, 인신매매 등), 생존의 기초가 되는 재산의 처분(장차 취득하게 될 전재산을 양도하겠다는 것 등), 범죄 기타 부정행위를 권하거나 가담하는 행위(예컨대, 도박 등) 등은 사회질서를 위반하는 행위로 이와 같은 계약은 무효이다. 따라서, 도박자금을 빌려주는 계약은 무효가 된다. 다만, 사례와 같이 B는 A가 한 말을 믿고 빌려준 것이기 때문에 설령 그 돈이 사회질서를 위반하는 데에 사용되었다 하더라도 받을 수 있다. 그리고 B가 법적으로 보호받아야 하는 이유는 차용증이나 각서를 받아두었기 때문은 아니다.

(3) 관습법의 효력

관습법의 효력에 관한 문제는 '관습법과 사실인 관습과의 관계'와 '관습법과 성문법과의 관계'로 나타난다.

(가) 관습법과 사실인 관습과의 관계 : 관습법과 사실인 관습은 다음과 같이 구별되는 관계에 있다.

첫째, 관습법은 법규범이기 때문에 당사자의 의사와는 관계없이 법적 구속력을 갖는다. 그러나 우리 민법 제106조에 "법령 중의 선량한 풍속 기타 사회질서에 관계없는 규정과 다른 관습이 있는 경우에, 당사자의 의사가 명확하지 아니한 때에는 그 관습에 의한다."고 규정하여, 사실인 관습은 다만 당사자의 의사가 불명확한 때에만 법률행위의 내용을 결정하는 법적 구속력이 있는 표준이 됨을 인정하고 있다.

둘째, 민사소송법 제393조에는 "상고는 판결에 영향을 미친 헌법 · 법률 · 명령 또는 규칙의 위반이 있음을 이유로 하는 때에 한하여 이를 할 수 있다."고 규정하여, 법원의 판결이 관습법에 위반한 때에는 법의 적용에 하자가 있는 것으로 되어 상고이유가 될 수 있지만, 사실인 관습은 법원에서 이를 인정하지 않고 판결을 내려도 상고이유가 되지 못한다.

셋째, 상법 제1조에는 "상사에 관하여 본법에 규정이 없으면 상관습법에 의하고, 상관습법이 없으면 민법의 규정에 의한다."고 규정하여, 상관습법은 민법에 대하여 우선적 효력을 인정하고 있는데, 이것을 특별법 우선의 원칙이라 한다. 따라서, 상관습법은 민법상의 강행규범을 위반하는 경우라도 법적 구속력이 인정되지만, 사실인 상관습은 그러하지 아니한다.

(나) 관습법과 성문법과의 관계 : 성문법주의를 채택하고 있는 우리나라도 관습법의 법원성을 인정하고 있지만, 그 효력에 관하여는 성문법에 대한 보충적 효력을 인정하는 것이 원칙이다. 우리 민법 제1조에는 "민사에 관하여 법률에 특별한 규정이 없으면 관습법에 의하고 …"라고 규정하고 있으며, 우리 상법 제1조에서도 "상사에 관하여 본법에 규정이 없으면 상관습법에 의하고 …"라고 규정하여 관습법은 단지 성문법이 없는 경우에 한하여 보충적으로 효력이 인정되고 있을 뿐이다. 그런데 상관습법은 성문 상법에 대하여 보충적 효력이 인정되고 있지만, 사실인 상관습은 그러하지 아니한다.

또한, 관습법은 성문법인 법률을 개폐하는 경우가 있다. 즉, 성문법규의 내용과 모순 내지 저촉되는 관습법이 성립하여 기존법규를 개폐할 수 없다는 것이 통설이지만, 우리 민법 제185조와 같이 물권에 관한 관습법은 성문법과 대등한 효력을 인정하여 민법 제1조의 예외를 인정하는 경우가 있듯이 실제로는 성문법과 모순되는 관습법이 효력을 발휘하는 경우가 있다.

(4) 관습법의 법원성

원칙적으로 불문법주의를 채택한 국가에서는 관습법을 법의 존재형식으로 인정할 수 있으나, 성문법주의를 채택하는 국가에서도 관습법을 법의 존재형식으로 인정할 수 있는가?

여기에 대해서는 성문법을 만들 때, 현실에서 일어날 수 있는 모든 사항을 예상하여 그것을 규율하는 법규가 마련되어야 하지만, 유동적 사회생활관계 모두를 규율하기란 불가능에 가깝기 때문에 관습법은 그만큼 중요한 위치를 차지하고 있으며, 성문법주의를 채택하고 있는 국가들도 개별법규를 통하여 관습법의 법원성을 인정하고 있다.

다만, 형법의 기본원리인 죄형법정주의, 즉 인간의 신체구속을 내용으로 하는 형법은 어떠한 것이 죄가 되며, 그 죄에 대해서는 어떠한 형벌을 내릴 것인가에 대해 미리 법으로 정해 놓아야 한다고 하는 원칙에 따라 관습형법은 인정되고 있지 않기 때문에 형법과 같은 분야에서는 원칙적으로 관습법의 법원성이 부인된다.

2. 판례법

(1) 의 의

판례법(case law, Fallrecht)이란 법원이 동일한 사건에 대해 동일한 판결을 되풀이함에 따라서 법으로서의 역할을 하게 된 것을 말한다. 즉, 판례는 어떤 법률문제에 대한 법원의 선언이고, 개별적 사건에 대한 법규의 적용을 말하며, 이와 같이 내려진 판결례는 유사한 사건에 반복됨으로써 그 판결에 법적 규범력을 갖게 되는데, 이것을 판례법이라 한다.

법원은 구체적인 사건에 관하여 판단을 내리게 되며, 재판은 그 재판에서 밝혀진 구체적인 판단으로서만 구속력을 갖게 되는 것이다. 그러나 재판은 구체적인 판단이라 하더라도 그 사실에 관한 법률적 판단을 하는 것이므로, 그

것에 의하여 다소간의 추상적 이론이나 법칙이 표시된다.

판결, 판례, 판례법이라는 말은 반드시 엄격히 구분하여 사용되고 있지는 않지만, 대체적으로 하나 하나의 재판을 판결이라 하고, 그것에 의하여 밝혀진 이론·법칙 또는 규범을 판례라고 부르며, 판례를 법원으로 보는 때에 판례법이라고 하는 것이 적당하다고 본다.

한편, 관습법은 동일한 행위가 관행적으로 장기간에 걸쳐 계속되어야 하며, 관행에 대한 사회의 법적 확신이 있어야 하는 반면, 판례법은 한번의 행위(판결)로서 충분하며, 국가기관인 법원의 행위 자체에 내포된 강제력의 소산이라는 점에서 차이가 있다.

(2) 판례법의 법원성

판례법이 법의 존재형식이 될 수 있는가에 대해서는 영미법계 국가와 대륙법계 국가가 각각 다르다.

(가) 영미법계 국가 : 영미법계 국가인 영국은 보통법(Common Law) 대부분이 판례의 축적으로 되어 있고, 상급법원의 판결례는 그 이후 그 법원이나 하급법원에서 동일한 또는 비슷한 사건의 판결을 내릴 때에 그 선례로써 구속성을 가지고 있기 때문에 동일취지의 판결이 반복됨으로써 판례법이 형성된 것이다. 미국에 있어서는 연방대법원이 헌법상 위헌법령심사권을 가지고 있기 때문에 그 판례가 최고 권위있는 판례법이 된 것이다. 오늘날 영국과 미국 등과 같은 영미법계 국가들에 있어서는 판례법이 그 국가들의 법체계에 근간을 이루고 있으며, 판례법은 주요한 법원이 되고 있다.

(나) 대륙법계 국가 : 유럽대륙 여러 국가나 또 이 대륙법을 계수한 일본, 우리나라 등에 있어서는 성문법주의가 발달하여 순전히 법전주의에 입각한 결과, 판례는 법원에 대하여 법적 구속력을 갖지 못하는 것이 원칙으로 되어 있다. 따라서 하급법원은 상급법원의 판례와 다르게 판결할 수 있고, 또 법원은 자기가 내린 종전의 판례와도 다른 판결을 내릴 수 있으므로, 일반적으로 대륙법계 국가에서는 판례법의 법원성을 인정하고 있지 않다.

우리나라 법원조직법 제8조에는 "상급법원의 판결에 있어서 판단은 당해 사건에 관하여 하급심을 기속한다."고 규정하고 있지만, 이는 상급법원의 법령에 관한 판단이 하급심을 구속하는 것은 오직 당해사건에 한정되는 것이며, 일반적으로 하급심을 구속하는 효력이 없다는 것을 의미하기 때문에 판례의 법원성은 부인된다. 그러나 대법원의 판결에서 판시한 법령의 해석은 당해 사건에 관하여 하급심을 기속하며, 또한 대법원의 선결례를 변경하고자 할 때에는 대법원의 합의부에서 처리하도록 되어 있다는 점에서 판례는 어느 정도 구속력을 갖는다고 보아야 할 것이다. 다만, 형법의 영역에서는 죄형법정주의 원리에 따라 판례의 법원성이 부인되는 것은 당연하다.

3. 조 리

(1) 의 의

조리(nature of things; Natur der Sache)란 사람의 건전한 상식으로 판단할 수 있는 사물의 이치를 말한다. 대법원에서도 조리란 '사물의 도리에 따르는 이치'라고 판시한 바 있다. 조리는 이성에 의하여 승인된 사회생활의 원리로서 경험법칙, 사회통념, 선량한 풍속, 사회질서, 신의성실, 정의, 형평 등으로 표현되기도 한다.

우리의 이상은 우리의 사회생활관계를 조리에 맞는 것으로 하는 데에 있다고 할 수 있으므로, 성문법은 조리를 구체화한 것으로 무엇이 조리냐에 관한 하나의 형식적 기준이라고도 할 수 있다.

(2) 조리의 법원성

조리가 법원성을 가지는가에 대해서는 부인론과 긍정론이 있다.

조리의 법원성을 부인하는 견해는 조리가 사회생활관계를 규율하는 법규범의 흠결을 보충할 해석상 또는 재판상의 궁극적 표준이 되는데 그치며, 법적용상 일종의 이념에 불과하기 때문에 법 그 자체로는 볼 수 없다는 것이다.

반면에 조리의 법원성을 긍정하는 견해는 법관이 구체적 사건에 대하여 성문법 규정이나 관습법이 없을 경우에, 법이 없다는 것을 이유로 재판을 거부할 수 없으며, 이때에는 부득이하게 건전한 상식에 의해 무엇이 법인가를 판단하여 재판할 수밖에 없으므로 조리를 하나의 법규범으로 인정해야 한다고 주장한다.

스위스 민법 제1조 제2항은 "사건에 적용할 수 있는 성문규범이 없는 때에는 법관은 관습법에 의하여 재판하여야 한다. 그 점에 관한 관습법이 존재하지 않을 때에는 법관은 만약 자기가 입법자라면 제정하였을 것이라는 규범에 따라서 재판하여야 한다. 그러한 경우에는 법관은 법학설과 선례에 의하여 확립된 견해에 의거해야 한다."고 규정하고 있으며, 우리 민법 제1조에도 "민사에 관하여 법률의 규정이 없으면 관습법에 의하고, 관습법이 없으면 조리에 의한다."고 규정함으로써 법의 결여 시에는 조리에 따라 재판하여야 한다는 원칙을 명문화하여 조리가 직접 민사법원의 하나임을 인정하고 있다. 다만, 형법의 영역에서는 죄형법정주의 원리에 따라 조리의 법원성이 당연히 부인된다.

요컨대, 현대사회는 법률을 아무리 정밀하게 규율해도 유동적 생활관계 모두를 규율할 수는 없고, 그렇다고 해서 법관이 '법률의 부재'를 이유로 재판을 거부할 수 없다는 점에서 볼 때, 조리는 법의 최후의 보충적 법원이라 할 수 있다.

제2장 법의 분류와 효력

제 1 절 법의 분류

법은 복잡한 사회생활관계를 규율하는 것이므로, 그 사회생활관계에 따라 법적 체제도 아주 복잡하다. 따라서 법의 체계를 간단·명확하게 설명한다는 것은 어려운 일이 아닐 수 없으며, 법은 그 분류의 기준과 목적에 따라 다양하게 나타난다.

Ⅰ. 국내법과 국제법

1. 의 의

국내법은 국가, 공공단체 및 사인간의 법률관계를 규율하는 국내사회의 법을 말하며, 원칙적으로 그 국가의 영역과 국민에 대해서만 효력이 미친다. 반면에, 국제법은 국가, 국제조직 및 개인을 규율하는 국제사회의 법으로 국제조약과 국제관습법 등이 있다. 국제법에 대하여 과거에는 '국가간을 규율하는 법'이라고 하였으나, 국제사회의 조직화와 긴밀화로 일정한 범위 내에서 국제조직과 개인도 국제법의 주체가 되었다.

국제법은 주권국가간의 법으로써 그들 간의 합의에 의해 성립되고 그 합의에 참여하지 않은 국가에 대해서는 법으로서의 효력을 갖지 않는다. 이것이 주권국가에 의해 이루어지는 국제사회의 법으로서 국제법이 갖는 기본적인 성질이며, 조직성·통일성을 갖는 국내법과 다른 점이다. 국제법은 국제조약과 국제관습법 등의 형식으로 존재한다.

사례연구 20 **국제법의 분권적 성질**

국내법에서는 A와 B 간에 다툼이 발생하면 어느 한쪽의 청구에 의해서도 법원에서 재판이 진행되는데, 국제사회에서도 X국과 Y국 간에 분쟁이 발생하면 어느 한쪽의 청구만으로도 재판이 진행될 수 있는가?

≫ 미국의 국제정치학자인 모오겐소(H. Morgenthau) 교수는 국제법은 법의 정립 · 적용 · 집행면에 있어 국내법과 현격한 차이가 있는데, 이러한 국제법의 성격을 '분권적 성격'이라고 하였다. 예컨대, 국제법은 국내법과 같이 권력적으로 분쟁을 재판에 의하여 해결하는 체제가 없다. 즉, 제2차 세계대전 이후 국제연합에는 국제사법법원이 설치되어 있으나 일반국제법상 재판의 의무가 확립된 것은 아니고, 국가가 사전 또는 사후에 분쟁을 재판에 부탁할 것을 합의하지 않는 한, 원칙적으로 국제재판은 행해지지 않는다.

2. 국내법과 국제법과의 관계

국제법과 국내법이 서로 저촉(충돌)되는 경우, 예컨대 X국은 Y국과 군대의 주둔을 인정하는 A조약을 체결하고 동 조약에 기초하여 B특별법을 제정하였으나, B특별법을 개정하여 A조약과 상충된 경우에는 어떻게 해결할 것인가?

이론적으로는 이원론과 일원론(국내법 우위의 일원론과 국제법 우위의 일원론)이 있으나, 그 우열을 가리는 것은 각 학설 간에 여러 비판을 받을 수 있기 때문에, 이론적 구별을 유보한 채, 실제는 어떻게 되는지를 살펴보아야 한다. 먼저 국제법(국제사회) 질서 하에서 국내법의 위치는 항상 국제법이 우선한다. 반면에 국내법(국내사회) 질서 하에서 국제법의 위치는 각국마다 다르게 나타나는데, 우리나라 헌법 제6조 제1항의 규정에는 "헌법에 의해 체결 · 공포된 조약과 일반적으로 승인된 국제법규는 국내법과 동일한 효력을 가진다."고 규정하고 있고, 대체로 헌법〉국제법 = 법률〉명령의 순이며, 법률과 국제법과의 관계에서는 최종적으로 '신법우선의 원칙' 또는 '특별법 우선의 원칙'에 의하여 해결될 수 있다고 본다.

사례연구 21 **국제법의 국내적 효력**

대한민국 주재 한 외교관이 음주사고를 내고 뺑소니를 쳤을 때 국내법은 도로교통법에 따라 처벌되지만 국제법에서는 외교사절의 특권과 면책이 인정되어 처벌할 수 없게 되는데, 이와 같이 국제법과 국내법이 서로 저촉(충돌)

되는 경우에는 어떻게 해결할 것인가?

≫ 국제법과 국내법이 서로 저촉(충돌)되는 경우에는 이론적 측면과 실제적 측면으로 살펴 볼 수 있다. 먼저, 이론적으로는 이원론과 일원론(국내법 우위의 일원론과 국제법 우위의 일원론)이 있으나, 그 우열을 가리는 것은 각 학설간에 여러 비판을 받을 수 있다. 실제적 측면에서는 첫째, 국제법(국제사회) 질서 하에서 국내법의 위치, 둘째, 국내법 질서 하에서 국제법(국제사회)의 위치로 나누어 살펴볼 수 있다. 전자의 경우는 항상 국제법이 우선한다. 즉, 국제법 질서 하에서 각국은 국내법을 이유로 국제법의 무효를 주장할 수 없다는 것이 확립된 국제법의 원칙이다. 후자의 경우는 각국마다 다르다. 즉, 헌법〉 국제법〉 법률의 순으로 하는 국가도 있고, 우리나라 헌법 제6조 제1항의 규정과 같이 헌법〉국제법 = 법률〉명령의 순인 경우도 있다. 이 경우, 법률과 국제법과의 관계에서는 최종적으로 '신법우선의 원칙' 또는 '특별법 우선의 원칙'에 의하여 해결될 수 있다고 본다.

Ⅱ. 공법 · 사법 · 사회법

1. 공법 · 사법 · 사회법의 구별

공법 · 사법 · 사회법 등으로 구별하는 것은 법이 규율하는 그 대상인 생활의 실체에 따른 분류이다. 법을 공법(Public Law, Recht)과 사법(Private Law, Privatrecht)으로 분류하는 것은 역사적으로 볼 때, 근대에서 출발한 것이 아니라 일찍이 로마법에 기원을 두고 있는 전통적인 방법이다. 로마인들이 법을 이와 같이 구분한 것은 공법관계를 법의 영역에서 재외하기 위한 것이었는 바, 공적인 내용의 조직에 관한 것을 공법이라 하였고, 개인의 이해관계에 관한 것을 사법이라고 보았다.

그러나 이와 같은 구별은 법 자체의 본질적 · 절대적인 것에 기인하는 것이 아니라, 특정한 정치 · 경제 · 사회적 여건에 따라 구별되는 편의적 · 상대적인 것에 불과하다. 오스틴(J. Austin)이나 켈젠(H. Kelsen) 등과 같이 공 · 사법의 구별을 부인하는 학자들도 있으나, 법을 공 · 사법으로 분류하는 것은 로마법 이래의 전통적인 분류방법이었으며, 시대에 따라 공 · 사법의 어느 한쪽이 다른 한쪽보다 강조되는 경향을 보여 왔다. 즉, 19세기의 자유방임주의시대에서는 국가의 간섭을 최소한으로 줄이고, 개인의 자유가 최대한 인정되었으며, 계약자유의 원칙, 소유권절대의 원칙, 과실책임의 원칙 등 근대 민법의 3대원리가 적용되는 등 사법 분야가 확대되었다.

그러나 20세기에 들어와서 부의 불평등 등 자본주의의 모순이 나타나고 복지국가사상이 대두됨에 따라 사적 자치의 영역이 점차 제한되고 공법영역이 점차로 확대되는 이른바 '사법의 공법화 현상'이 대두되었으며, 일정한 분야에서는 공법과 사법의 중간영역이라 할 수 있는 사회법이 새롭게 등장하게 되었다.

2. 공법과 사법의 구별기준에 관한 학설

(1) 이익설

로마법시대의 통설이었던 이익설은 로마의 울피아누스(Ulpianus)가 "공법은 로마 자신을 위하여 존재하는 법이고, 사법은 각 개인의 이익을 위하여 존재하는 법"이라고 한 말에 기원을 둔 것으로, 공법과 사법의 구별을 법이 보호하는 이익을 기준으로 하여, 공법은 공익의 보호를 목적으로 하는 법이며, 사법은 사익을 목적으로 하는 법이라고 한다.

그러나 이 설의 내용이 되고 있는 공익과 사익의 구별이 명확하지 않고, 법익이 공법과 사법 가운데 어느 한쪽에 반드시 명확하게 속하는 것이 아니라는 난점이 있다. 예컨대, 타인을 폭행하는 자를 처벌하는 것은 사회의 질서유지라는 법익을 보호하는 것이며, 이러한 범죄와 처벌에 관해 규정하고 있는 형법은 공법이지만, 그것은 동시에 사인의 신체, 즉 사익의 보호를 목적으로 한다. 따라서, 공익과 사익을 기준으로 공법과 사법으로 구별하는 것은 타당하지 못하다.

(2) 법률주체설

법률주체설은 예리네크(Jellinek)에 의해 주장된 것으로, 공법과 사법의 구별을 법률관계의 주체를 기준으로 하여, 공법은 국가 기타의 공공단체 상호 간의 관계, 또는 국가·공공단체와 개인 간의 관계를 규율하는 법이며, 사법은 사인상호간의 관계를 규율하는 법이라고 한다.

그러나 국가 또는 공공단체가 건물을 임대차한다든지, 물품을 구입하는 경우 등은 사인과 대등한 입장에서 법률행위를 하는 것이므로 사법이어야 함에도 불구하고 공법으로 보게 된다는 데에 이 학설의 난점이 있다.

(3) 법률관계설

법률관계설은 공법과 사법의 구별을 법이 규율하는 법률관계가 평등관계에 있느냐의 여부를 기준으로 하여, 공법은 불평등관계, 즉 지배복종관계를 규율하는 법이고, 사법은 대등한 법률관계를 규율하는 법이라고 하며, 이를 성질설이라고도 한다.

그러나 이 설에 따르면 국가 간의 평등관계를 규율하는 국제법이 사법으로 되고, 민법의 친족관계는 평등관계가 아니므로 공법이라고 하지 않을 수 없으므로 이 학설도 옳지 못하다.

(4) 생활관계설

생활관계설은 공법과 사법의 구별을 사람의 생활관계를 기준으로 하여, 공법은 국가생활관계를 규율하는 법이고, 사법은 사회생활관계를 규율하는 법이라고 한다. 즉, 공법은 국가권력이 지배하는 정치적 생활관계를 규율하는 반면에, 사법은 국가권력이 개입하지 않는 사적·경제적·가족적 생활관계를 규율하는 법이다. 따라서 이론적 모순이 비교적 적은 이 생활관계설이 오늘날 통설이 되고 있다.

3. 사회법

(1) 의 의

사회법(Social Law, Sozialrecht)이란 인간의 사법적 생활관계에 있어서 경제적인 약자를 보호할 목적으로 공법적인 통제를 가하여 사인의 실질적 평등을 실현하려고 하는 법을 말한다. 따라서 사회법은 라드브루흐(G. Radbruch)가 말하는 바와 같이 공법도 사법도 아닌 중간적인 성격을 가지고 있는 '새로운 제3의 법'이라고 할 수 있다.

개인주의와 자유 및 평등사상을 기본이념으로 하는 근대 시민사회는 20세기에 들어와 예상하지 못했던 새로운 사회적 모순에 직면하게 되었다. 즉, 계약자유의 원칙이란 미명 하에 경제적 강자에 의한 일방적인 계약조건이 성립됨으로써 사실상 계약의 부자유를 가져오게 되었고, 소유권절대의 원칙에 따라 생산수단과 부를 소유한 자본가계급과 이를 소유하지 못한 노동자계급이 탄생하여 양자 간의 대립이 심화되었으며, 과실책임의 원칙에 따라 사용자를 위하여 일하게 되는 피용자인 근로자가 제3자에 대한 책임을 져야 하는 현실적 모순을 가져오게 되었다.

따라서 20세기에 들어와서 국가는 사회정책적 견지에서 계약자유의 원칙이 계약공정의 원칙으로, 소유권절대의 원칙이 소유권상대의 원칙으로, 과실책임의 원칙이 무과실책임으로 수정되는 등 자유주의적 사법원리의 수정이 불가피하게 되었다.

결국 근대 시민법질서하의 자유방임주의를 배제하고 국가적 통제와 간섭 하에 시민생활의 실질적 평등을 구현하여 개인의 생존권을 확보하고자 하는 사상이 나타나게 되었다. 이러한 생존권사상에 기초하여 근대시민법의 원리를 수정하고자 하는 새로운 법사상을 사회법사상이라고 하며, 이러한 사상에 기초한 법을 사회법이라고 한다.

여기에 결정적인 이념을 제공해 준 것이 1919년 독일의 바이마르헌법인데, 동법 제151조에는 인간다운 생활을 보장하고, 제153조에는 재산권은 의무를 수반한다는 규정으로, 이와 같은 바이마르헌법의 내용은 사회국가원리를 제공하여 주고, 사회법 발달에 많은 영향을 미쳤다.

사회법에 속하는 것으로는 아래와 같이 노동법, 경제법, 사회보장법 등이 있다.

(2) 종 류

(가) 노동법 : 노동법은 먼저, 직접 국가가 근로조건의 최저기준을 정하는 등 계약내용에 개입하고 사적 자치를 일정 한도에서 배제함을 내용으로 하고 있는 법으로 근로기준법, 직업안정법 등과 같은 개별적 근로관계법이 있고, 노동자의 단결을 허용하고 이를 적극적으로 보호·조장함으로써 사용자와의 대등한 교섭력을 갖도록 하여 노사간의 실질적 평등을 실현하고자 함을 내용으로 하고 있는 법으로 노동조합 및 노동관계조정법, 노동위원회법, 근로자참여 및 협력증진에 관한 법률 등과 같은 집단적 근로관계법이 있다.

(나) 경제법: 경제법(Wirtschaftrecht)은 국민경제의 균형 있는 발전과 그 수급관계의 조정을 목적으로 하여 사적 경제활동에 대한 국가의 통제를 규정하고 있는 법을 말하며, 독과점 횡포 등 불공정행위를 규제·조정하여 균형있는 국민경제발전을 꾀한다. 따라서 전술한 노동법이 근로자의 생활을 보호하기 위한 근로자의 법인데 반하여, 경제법은 기업가의 과도한 경제적 활동을

통제하기 위한 기업가의 법이라고 할 수 있다.

주요한 경제법으로는 부정경쟁방지 및 영업비밀보호에 관한 법률, 대외무역법, 소비자기본법, 물가안정에 관한 법률 등이 있다.

사례연구 22 매점매석행위에 대한 처벌

김허생은 마을 사또에게 1만냥을 빌려 그 돈으로 전국에 있는 과일을 닥치는 대로 사들임으로써 마침내 과일 품귀현상이 벌어졌다. 김허생은 과일이 썩어 나가는데도 과일을 팔지 않고 있다가, 10배의 이윤이 남을 수 있게 되자 이를 시장에 내다 팔아 많은 돈을 벌었다. 현재에도 이와 같이 과일을 비롯한 고추, 마늘, 양파 등을 매점매석하여 돈을 벌 수 있는가?

≫ 현대의 각국은 국민경제의 균형있는 발전과 그 수급관계의 조정을 목적으로 하여 사적 경제활동에 대한 국가의 통제를 규정하고 있는 경제법을 두고 있으며, 물가안정에 관한 법률도 그 예에 속한다. 동법 제7조에는 "사업자는 폭리를 목적으로 물품을 매점하거나 판매를 기피하는 행위로서 기획재정부장관이 물가의 안정을 저해할 우려가 있다고 인정하여 매점매석행위로 지정한 행위를 하여서는 아니 된다(1995. 1. 5 본조개정)."고 규정하고 있으며, 이에 대한 위반행위에 대해서는 2년 이하의 징역 또는 5천만원 이하의 벌금에 처하도록 하고 있다(동법 제26조, 1995. 1. 5 본조개정). 다만, 시장에서 판매하던 상품의 잔품을 자가용 기타 목적으로 일시 자가에 저장하였다면 이는 소정의 축적이라고 볼 수 없다(대판 1953. 7. 14).

(다) 사회보장법: 사회보장법(Social Security, Soziale Sicherung)이란 국가 또는 공법인이 주체가 되어 개인을 생활위협으로부터 보호하는 것을 제1차적인 목적으로 제공되는 급여관계를 규율하는 법체계라고 할 수 있다. 즉, 사회의 연대책임 하에 모든 국민의 기본적인 생계·보건·안전 등을 보장하기 위하여 만들어진 법이다.

주요한 사회복지법으로는 사회보장기본법, 사회복지사업법, 국민기초생활보장법, 아동복지법, 노인복지법, 장애인복지법, 국민연금법, 국민건강보험법 등이 있다.

Ⅲ. 일반법과 특별법

1. 의의와 구별기준

(1) 의 의

일반법과 특별법의 구별은 법의 효력이 미치는 범위가 일반적으로 적용되는가 아니면 특수적인 것에 국한되는가 하는 것에 따른 분류이다. 일반법(General Law, Gemeingültiges Recht)이란 사람·장소·사항 등에 관하여 그 효력에 특수한 제한이 없이 일반적으로 적용되는 법을 말하며, 특별법(Special Law, Spezialrecht)이란 그 효력이 특정한 사람·장소·사항에만 미치는 법을 말한다.

(2) 구별기준

(가) 사람을 기준으로 한 구별: 법의 효력이 전 국민에 미치는 법을 일반법이라 하고, 어떤 특정한 직업·신분을 가진 사람에게만 미치는 법을 특별법이라 한다. 예컨대, 민법, 형법 등은 전 국민에게 적용되므로 일반법이지만, 군형법·국가공무원법·소년법·외국인토지법 등은 특수한 직업·신분, 즉 군인·국가공무원·만 19세 미만의 소년·외국인에게만 적용되므로 특별법이다.

(나) 지역을 기준으로 한 구별 : 법의 효력이 국가의 전 영역에 걸쳐서 미치는 법을 일반법이라 하고, 그 국가영역의 일부지역에만 미치는 법을 특별법이라 한다. 예컨대, 민법, 형법, 상법 등은 일반법에 해당하지만, 각 도·시·군의 조례나 규칙같은 것은 특별법으로 각 지방자치단체의 관할구역 내에서만 그 효력이 미친다.

(다) 사항을 기준으로 한 구별 : 법의 효력이 어떤 사항 전반에 걸쳐서 미치는 법을 일반법이라 하고, 특정한 사항에 대해서만 미치는 법을 특별법이라 한다. 예컨대, 민법은 민사에 관한 일반법이고, 상법은 민사관계 중에서 특히 상사에 관한 사항에 대해서만 효력이 미치는 민사특별법이다.

2. 구별의 상대성

일반법과 특별법은 일단 사람·지역·사항을 기준으로 구별할 수는 있지만, 절대적인 구별이 아니라 상대적 구별에 지나지 않는다. 즉, 상법은 민법에 대해서는 특별법이지만, 보험업법・은행법에 대해서는 일반법의 관계에 놓인다. 또한, 동일한 법령 중의 규정 상호간에도 일반법적 규정과 특별법적 규정이 존재하는 경우도 있는데, 예컨대, 형법 제250조 제1항은 일반살인죄로 일반법적 규정인 반면, 동조 제2항은 존속살인죄로 특별법적 규정이다. 또한, 채권의 소멸시효는 10년으로 하고 있으나, 음식료, 음식점, 여관비 등 특별한 채권은 소멸시효가 단축된다(민법 제162조 내지 제164조).

사례연구 23 채권의 소멸시효

김착해는 S대학 앞에서 식당을 경영하는 마음씨 좋은 주인인데, S대학에 다니는 법학과 3학년인 박주당이 밤만 되면 친구들을 데려와 술과 안주를 시켜 먹고 외상을 하곤 하였다. 학생의 외상술값으로는 너무 지나쳐 70만원이 되었는데, 김착해는 채권의 소멸시효는 10년이나 되고, 학생 신분에 돈이 어디 있겠는가 하여 졸업 후에는 직장을 구할테니 그때 가서 받겠다고 생각하고 있는데, 이는 법률적으로 가능한가?

≫ 동일한 법령 중의 규정 상호간에도 일반법적 규정과 특별법적 규정이 존재하는 경우가 있다. 민법 제162조 제1항에는 "채권은 10년간 행사하지 않으면 소멸시효가 완성된다."고 하여 채권에 대한 일반소멸시효를 규정하고 있지만, 이자, 부양료, 급료, 사용료 등을 목적으로 하는 채권과 같이 소멸시효가 3년인 경우가 있고(동법 제163조), 여관, 음식료 등의 채권과 같이 소멸시효가 1년인 경우도 있다(동법 제164조). 따라서 김착해가 박주당에게 1년 동안 외상값을 갚으라고 하지 않은 경우에는 받을 수 없게 된다. 단, 1년이 경과하기 하루 전이라도 박주당에게 외상값을 갚으라고 하였다면 시효의 중단으로 인하여 그때부터 다시 1년간 소멸시효가 연장된다.

3. 특별법 우선의 원칙

특별법 우선의 원칙이란 동일한 사항에 일반법과 특별법이 있는 경우에는 특별법이 일반법에 우선하여 적용된다는 원칙을 말한다. 즉, 일반법과 특별법이 서로 저촉되는 경우에는 특별법에 의해야 하며, 일반법은 특별법에 규정되어 있지 않은 것을 보충하는 의미에서 적용된다.

일반법과 특별법의 구별이 절대적 구분이 아닌 상대적 구별임에도 불구하고, 양법을 구별하는 실익은 위와 같이 법적용상의 원칙과 관련된 사항, 즉 특별법이 일반법에 우선한다는 점에 있고 그 밖에 법해석상의 원칙과 관련된 사항으로서, 일반법은 넓게 해석하고, 특별법은 좁게 해석해야 한다는 점에 있다.

사례연구 24 특별법 우선의 원칙

김도주는 비가 오는 새벽길을 운전하다가 술에 취해 무단 횡단하던 이횡단을 치었다. 김도주는 이횡단을 구호하지 않고 도주하였으며, 결국 이횡단은 사망하였다. 김도주는 택시운전사 이모범의 신고로 이틀 만에 검거되었는데, 김도주에게는 어떤 법이 적용되는가?

≫ 형법 제268조(업무상과실 · 중과실 치상죄)에는 업무상 과실 또는 중대한 과실로 인하여 사람을 사상(死傷)에 이르게 한 자는 5년 이하의 금고형이나 2천만원 이하의 벌금형에 처하도록 규정하고 있어 김도주에게 동법이 적용될 경우 비교적 지은 죄에 비해 가벼운 금고형이나 벌금형도 가능하다. 그러나 위와 같은 사건은 교통사고를 내고도 피해자를 구호하지 않고 도주한 행위이므로 일반법인 형법이 적용되지 않고 특별법인 “특정범죄 가중처벌 등에 관한 법률”이 적용되어 피해자를 사망에 이르게 하고 도주하거나, 도주 후에 피해자가 사망한 경우에는 무기 또는 5년 이상의 징역의 무거운 처벌을 받게 된다. 한편, 피해자를 상해에 이르게 한 경우에는 1년 이상의 유기징역 또는 500만원 이상 3천만원 이하의 벌금에 처한다(제5조의3 제1항 제1호 및 제2호).

Ⅳ. 강행법과 임의법

강행법과 임의법의 구별은 법의 적용이 절대적이냐 임의적이냐 하는 것, 즉 당사자의 의사에 의하여 법의 적용을 배제할 수 있느냐의 여부에 따른 분류이다. 강행법은 당사자의 의사와 관계없이 적용되는 법을 말하는데, 헌법, 행정법, 형법, 소송법 등 공법은 대부분 강행법의 성질을 갖는다. 이에 대하여 임의법은 당사자의 의사에 따라 그 적용이 배제될 수 있는 법을 말하는데, 임의법은 민법 중에서 계약에 관한 모든 규정과 상법 중에 상행위에 관한 규정 등에서 많이 볼 수 있다.

법조문상으로 보면, 민법 제5조 제1항에서 “미성년자가 법률행위를 함에는 법정대리인의 동의를 얻어야 한다.”는 규정이나, 동법 제17조 제1항에서 “제한능력자가 속임수로써 자기를 능력자로 믿게 한 경우에는 그 행위를 취소할 수 없다"는 규정의 예와 같이 '… 하여야 한다' 또는 '… 하지 못 한다'는 것이 강행규범이다. 반면에 민법 제468조 제1항 전단에 "당사자의 특별한 의사표시가 없으면 변제기 전이라도 채무자는 변제할 수 있다."는 규정이나 동법 제473조 전단에 "변제비용은 다른 의사표시가 없으면 채무자의 부담으로 한다."와 같이 '… 당사자의 특별한 의사표시가 없으면 …' 또는 '… 다른 의사표시가 없으면…'이라고 규정한 예가 임의법인 것이다.

이와 같이 강행법과 임의법은 법의 효력이 비교적 강제성을 가진 것인가, 아니면 당사자의 의사를 보충하는 성질의 것이냐를 표준으로 한 구별이다. 그러나 임의법도 일단 당사자의 의사에 의하여 법을 적용하기로 한 경우에는 법으로서 강제되는 것이므로, 이 점에 있어서는 강행법과 다를 바가 없다. 다만, 당사자가 미리 반대의 의사표시를 함으로써 그 적용을 면할 수 있다는 점에서 강행법과 구별된다.

한편, 고대나 중세에 있어서는 공법체계뿐만 아니라 사법체계에서도 강행법적 성격이 강했으나, 근대에 와서는 개인주의적 자유주의의 정신 아래 임의법의 영역이 크게 확장되었고, 오늘날에 와서는 여러 가지 사회정책적 필요에 의하여 다시 임의법의 영역이 축소되고 강행법의 영역이 확대되고 있는 추세이다.

사례연구 25 **미성년자의 행위능력**

만 18세인 대학생 A는 H자동차 영업소를 방문하여 성년으로 위조된 주민등록증을 제시하면서 영업사원 B대리와 부모의 동의없이 자동차를 24개월 할부로 구입하는 계약을 체결하였다. 학교 때문에 부모와 떨어져 살던 A는 이 사실을 알게 된 부모로부터 꾸중을 듣고 일주일 만에 계약관계를 해소하고자 하는데, 이는 가능한가?

≫ 만 19세가 되어야 성년이 되므로, A는 법정대리인의 동의없이 계약을 체결할 수 없다. 강행규범인 민법 제5조 제1항 및 제2항에는 '미성년자가 법률행위를 함에는 법정대리인의 동의를 얻어야 하고, 이를 위반한 행위는 취소할 수 있다'고 규정하고 있으나, 동법 제17조 제1항에서 "제한능력자가 속임수로써 자기를 능력자로 믿게 한 경우에는 그 행위를 취소할 수 없다"고 규정하고 있다. 위의 조항들은 강행규범이므로 제한능력자(A)가 속임수로써 능력자로 믿게 한 때에는 무능력자(A)도, 법정대리인(부모)도 그 행위를 취소하

지 못한다. 미성년자가 속임수로써 법정대리인의 동의가 있는 것으로 믿게 한 때에도 마찬가지이다.

사례연구 26 **강행법과 특별법과의 효력순위**

A국은 이웃에 있는 B국이 약소국이므로 '보호해 준다'는 것을 명목으로 국내문제 간섭, 외교권 박탈 등이 포함되는 X조약(특별국제조약)을 체결하였다. 그런데 Y조약(일반국제조약)에는 특별법의 성립 자체를 부인하는 강행법규가 존재하는 경우가 있는데, 이와 같이 일반국제조약에 규정되어 있는 강행법규가 위의 사례와 같은 특별법(특별국제조약)에 우선하는가?

≫국제법은 임의법적 성질을 갖는 것이 보통이지만, 제2차 세계대전 이후 강행법규를 인정할 것인가의 여부가 대두하였다. 즉, 국가가 타국에 예속되는 것과 같은 내용의 조약도 국가 간의 합의(조약)만 있으면 유효한 것으로 되었던 전통국제법에 대한 비판이 나타나고, 인권의 존중, 무력행사의 제한 등 인류의 생존과 직결되는 기본원칙이 여러 민족 간에 규범의식으로 점차 싹트게 되었다. 조약법에 관한 비엔나협약 제53조는 "조약은 그 체결 시에 일반국제법의 강행규범에 저촉되고 있으면 무효이다."고 규정하고 있으며, 대체로 침략전쟁과 집단살해, 기본적 인권의 침해를 금지하는 법원칙을 강행규범이라 하고, 그 밖에 국내문제불간섭의 의무, 주권평등, 민족자결의 원칙, UN헌장 전문 및 제1조, 제2조 등을 더 들기도 한다. 따라서 일반국제법인 Y조약의 강행법규는 특별국제법인 X조약에 우선한다.

V. 고유법과 계수법

고유법과 계수법의 구별은 법이 형성되는 자료를 표준으로 한 분류이다. 즉, 고유법은 그 국가 안에서 고유한 관습이나 도덕 기타 사회적 여러 조건을 실체로 하여 형성·발전한 법을 말하는 반면, 계수법은 어떤 국가와 민족이 역사적 발전과정 속에서 다른 국가와 민족의 법률제도나 법률사상을 계수하여 형성된 법을 말한다. 이 계수의 기본이 되는 법을 모법(母法)이라 하고, 계수한 법을 자법(子法)이라고 한다.

계수법에는 입법적 계수법과 관습적 계수법의 두 가지 종류가 있는데, 전자는 한 국가가 입법수단으로서 외국법의 법체계를 채용하는 것을 말하고, 후자는 타국의 법체계가 자국에 들어와서 관습법으로서 행해지는 법을 말한다. 또한, 입법적 계수법은 직접계수법과 간접계수법의 두 가지 종류가 있는데, 전자는 외국법을 그대로 번역하여 자국법으로 적용하고 있는 법이고, 후자는 외국의 법제를 모법으로 해서 자국의 특수한 사정을 고려하여 만든 법이다.

고유법과 계수법은 법이 형성되는 자료를 기준으로 구별할 수는 있지만, 절대적이 아니라 상대적이다. 이는 계수법도 오랜 세월이 흘러 국민 속에 융화되면, 계수법의 성질은 상실되고 고유법의 성질을 갖게 되기 때문이다. 즉, 우리나라도 과거에는 중국법을 많이 계수하였고, 20세기에 들어와서는 독일·프랑스 등 대륙법을 많이 계수하였으며, 해방 이후에는 영미법도 많이 계수하여 우리의 법규범으로 승화하여 고유법으로 발전시켜 가고 있다.

제2절 법의 실질적 효력

I. 의 의

법의 실질적 효력은 "법은 왜 효력이 있는가", "법이 현실사회에서 실현되는 것은 무엇 때문인가", 하는 것을 말한다. 이와 같은 법의 실질적 효력은 "법규범이 국민의식에 합치하고 있는가"라고 하는 구체적 타당성의 문제와 "규범이 현재 사실대로 실현되고 있는 상태인가" 하는 사실적 실효성의 문제가 서로 합치될 때, 법의 효력이 충분히 발휘될 수 있다.

법규범은 행위규범과 강제규범의 2중 구조로 되어 있는데, 행위규범적 측면은 법의 규범적 타당성을 요구하는 것이고, 강제규범적 측면은 법의 사실적 실효성을 뒷받침해 주는 것이라고 볼 수 있다. 즉, "살인하지 말라"는 행위규범이 있음에도 불구하고 살인행위가 발생하는 경우, 이에 대하여 강제규범으로서 적절한 처벌이 뒤따르게 함으로써 실효성을 확보한다고 하겠다. 법의 효력은 이와 같은 타당성과 실효성이 확보될 때에 완전한 것이 된다.

Ⅱ. 법의 타당성과 실효성

1. 법의 타당성

법의 타당성이란 행위규범으로서 법이 사실로서 실현되지 않으면 아니 된다는 당위성을 말하는 것이다. 행위규범으로서의 법은 사람에게 명령이나 금지의 형식을 통하여 행위의 준칙을 제공한다. 즉, 법은 행위규범으로서 사람에게 '무엇을 하라'는 작위의무(명령)를 부과하거나, '무엇을 하지마라'는 부작위의무(금지)를 명하고 있다. 예컨대 "계약은 성실히 이행하여야 한다."고 의무를 명하거나, "사람의 명예를 훼손해서는 안된다."고 금지를 명한다. 그러나 현실적으로 그러한 명령이나 금지는 늘 지켜지는 것이 아니라, 침해되거나 무시되기도 하는 것이므로 행위규범으로서 법이 요구하는 것은 현실적으로 그 규정이 실현되어야 한다는 것이다.

이와 같이 법 자체가 실현되어야 한다는 당위성의 요구가 바로 법의 타당성인 것이다. 법이 실효성을 갖는 것은 법의 타당성을 바탕으로 하기 때문에, 법의 타당성이 결여된 법은 악법으로 법의 실효성에 거부감을 갖게 된다. 독일 나치정권의 폭정을 경험한 라드브루흐는 '악법에 복종하는 것은 범죄행위'라고 하였고, 나치정권의 독재로 수난을 당한 철학자 야스퍼스는 '나치스의 악법에 복종한 독일국민 전체가 전범자'라고 하였다. 법의 효력으로서 타당성만 강조하게 되면 악법은 법으로서의 효력을 가질 수 없고, 이러한 악법에 대항하는 저항권이 인정된다.

2. 법의 실효성

법의 실효성이란 법관을 수범자로 하는 강제규범으로서 법이 국가권력(공권력)에 의하여 규범의 의미 · 내용대로 현실적으로 실현되는 상태를 말한다. 즉, 구체적으로 일정한 작위 · 부작위를 명령 · 금지하는 행위규범에 위반한 사실이 현실적으로 발생하면 그 위반자에 대하여 그 행위의 효력을 인정하지 않거나 손해를 배상하게 하거나 형벌을 가하거나 강제집행을 하여 강제규범을 적용 · 실현시키는 것을 말한다. 따라서 원칙적으로 법의 실현은 국가권력(공권력)에 의하여야 한다.

다만, 특별한 경우에는 정당방위, 긴급피난, 자력구제가 예외적으로 허용되는 경우가 있다. 법의 실효성을 강조하는 입장에서는 강제력을 수반하지 않거나 벌칙 등의 조항이 없는 법은 실질적으로 법이라고 볼 수 없다는 결론에 도달하게 된다.

제3절 법의 형식적 효력

법은 "법규범이 국민의식에 합치하고 있는가"라고 하는 구체적 타당성의 문제와 "규범이 현재 사실대로 실현되고 있는 상태인가" 하는 사실적 실효성의 문제가 서로 합치될 때, 법의 효력이 충분히 발휘될 수 있다. 그러나 이와 같은 실질적 효력 이외에도 실정법은 시간적 · 공간적 · 인적으로 어떠한 한계 하에서 그 효력을 가질 수밖에 없다. 예컨대, 고조선시대의 8조금법이 오늘날에는 효력이 없고, 독일에서 제정된 법이 우리나라에서는 그 효력이 없으며, 우리나라에 거주하는 외국인에 대해서는 우리나라의 법이 일정한 경우에 배제되고 있다. 이와 같이 실정법은 시간적 · 공간적 · 인적으로 어떠한 한계성을 갖는데, 이를 법의 형식적 효력이라 한다.

Ⅰ. 법의 시간적 효력

1. 법의 시행과 폐지

(1) 법의 시행

법은 그 시행일로부터 폐지하는 날까지 효력을 갖는다. 시행일로부터 폐지일까지를 시행기간 또는 유효기간이라고 한다. 법은 이 기간 내에 발생한 사항에 대해서만 적용되고, 그 기간 외에 대해서는 적용되지 않는다는 것이 원칙이다.

모든 법은 시행과 더불어 그 효력이 발생하는데, 그러면 법은 언제 시행되는가?

관습법과 같은 법은 성문법처럼 시행일을 정할 수 없으므로 성립과 동시에 효력이 발생한다. 즉, 관습법은 성립이 언제 되었는지를 알 수 없으므로 성립과 동시에 효력이 발생하되, 그것은 중요한 판례에 의해 확인되거나 관계정부기관의 해석을 거쳐 확립되는 것이 보통이다. 그러나 일반적으로 성문법과 같은 것은 성립과 동시에 효력이 발생하는 것은 아니다. 반드시 일정한 절차를 거쳐 공표해야 하는데, 이와 같이 성립된 법을 공표하는 행위가 '공포'이다. 이와 같은 공포는 법의 시행에 앞서 그 법률의 내용을 국민에게 알리기 위한 것이며, 공포를 할 때 국가의 법령과 조약의 경우는 관보에 게재해야 하며, 조례, 규칙 등은 당해 지방자치단체의 공보나 신문에 게시하거나 게재해야 한다.

시행일에 대해서는 법의 부칙에서 정하는 것이 보통인데, 특별한 규정이 없는 한, '공포한 날'로부터 20일이 경과한 후에 효력이 발생한다. 여기서 '공포한 날'이라 함은 그 법령을 게재한 관보 또는 신문이 발행된 날을 의미하며, '관보가 발행된 날'에 대해서는 중앙관보보급소에서 일반국민이 최초로 구독하여 볼 수 있는 상태, 즉 최초구독시설이 통설 및 판례의 입장이다.

법의 시행과 공포는 구별되어야 하는 바, 공포일로부터 시행일 사이에 설정된 일정한 기간을 주지기간이라 한다. 법의 제정 또는 공포와 동시에 시행하게 될 경우, 법정책상 여러 가지 폐단이 있으므로 법은 그 시행에 앞서 그 법률의 존재를 국민에게 알리기 위해 공포를 하고, 공포와 시행일 사이에 주지기간을 두는 것이 보통이다. 우리 구민법은 1958년 2월 22일에 공포되어 1960년 1월 1일에 시행되었으므로 거의 2년간의 주지기간을 두었다. 이는 민법이 재산 및 가족생활에 걸쳐 중요한 법률이므로, 일반국민에게 충분한 주지기간을 줄 필요가 있었기 때문이다.

사례연구 27 **법의 시간적 효력**

제주도에 사는 A는 생계유지를 위해 2025년 1월 유선업을 시작하였는데, 2025년 3월 1일에 '유선업을 경영하고자 하는 자는 관할경찰서장의 허가를 받도록 하고, 만약 허가없이 유선업을 경영하는 자는 200만원 이하의 벌금 또는 구류에 처한다'는 X법을 제정하면서 '동법은 공포일로부터 시행한다'고 하였다. 동법의 내용을 알지 못했던 A는 3월 2일 영업을 한 행위가 적발되어 입건되었다. 그런데 관보는 X법은 동년 3월 2일 인쇄 완료되어 3월 3일 6시에 중앙관보보급소에 배달되었다. A의 입건행위는 적법한가?

>> 법의 시행일에 대해서는 법의 부칙에서 정하는 것이 보통인데, 특별한 규정이 없는 한, '공포한 날'로부터 20일 경과 후에 효력이 발생한다. 여기서, '공포한 날'이란 '그 법령을 게재한 관보 또는 신문이 발행된 날'이며, '발행된 날'이란 관보일자설, 인쇄완료시설, 최초구독시설, 지방배포시설 등의 학설이 있는데, 중앙관보보급소에서 일반국민이 최초로 구독하여 볼 수 있는 상태, 즉 최초구독시설이 통설 및 판례의 입장이다. 따라서 A의 3월 2일 영업행위에 대한 입건행위는 위법이다.

(2) 법의 폐지

법의 폐지란 법이 가지고 있는 구속력을 소멸시키는 것을 말하며, 명시적 폐지와 묵시적 폐지가 있다.

명시적 폐지란 법문에 그 폐지의 뜻을 명확히 규정함으로써 폐지하는 것을 말한다. 이와 같은 명시적 폐지는 몇 가지 형태가 있는데, 첫째, 법령에 스스로 법의 효력 존속기간을 정해 놓고 그 존속기간의 종료와 더불어 법령은 당연히 폐지되는 경우가 있다. 이와 같이 어떤 법령이 스스로의 존속기간을 미리 정해 놓은 법령을 한시법이라 한다.

사례연구 28 한시법의 효력

정부에서는 대가뭄으로 인해 쌀 생산이 급격히 감소하게 되자, 매점매석을 단속하기 위해 2024년 1월부터 1년간 시행되는 '쌀 암거래 단속법'을 제정하여 시행하게 되었다. 여주에 거주하는 A는 동법의 유효기간 만료 10일 전에 쌀을 내다 팔아 큰 돈을 벌게 되었다. A가 유효기간 중에 한 행위를 유효기간이 끝난 2025년 1월에도 처벌할 수 있는가?

>> '쌀 암거래 단속법'은 미리 유효기간을 정해놓은 법이므로 한시법에 속한다. 그런데 문제는 유효기간 중에 있었던 위법행위를 유효기간 경과 후에도 그 한시법으로 처벌할 수 있느냐는 점이다. 이에 대하여 우리나라에서는 추급효부정설이 다수설인데, 이 설의 논거는 형법 제1조 제2항의 신법주의의 예외를 인정할 법적 근거가 없고, 그럼에도 불구하고 추급효를 인정하는 것은 죄형법정주의에 반한다는 점 등이다. 따라서 시행기간 만료 후에는 유효기간 전의 위반행위를 처벌할 수 없다고 보아야 한다(다수설의 입장). 그러나 대법원에서는 "… 시행당시 행해진 위반행위에 대한 가벌성을 소멸시킬 이유가 없으며, 그 폐지 이후에도 행위 당시 시행되던 법에 따라 처벌되어야

한다."고 판시한 바 있다(대판 1988. 3. 22, 87 도 2678). 그러므로 이와 같은 문제점의 해결방법으로는 한시법을 제정할 때, 법의 효력기간이 종료된다 하더라도 법의 존속기간 중에 발생한 사건에 대해서는 효력이 미친다는 규정을 두는 것과 같은 입법적 고려가 필요하다고 본다.

둘째, 법의 개정을 통해 폐지되는 경우가 있다. 즉, 법이 개정됨에 따라 신법의 규정에 의해 구법의 일부 또는 전부가 폐지되는 경우로, 구법의 일부만이 폐지되는 경우에는 폐지되지 않은 부분이 신법과 병존하여 효력을 갖는 것은 물론이다.

묵시적 폐지란 법문에 그 폐지의 뜻을 명확히 규정하지 않고 폐지하는 것을 말한다. 이와 같은 묵시적 폐지는 몇 가지 형태가 있는데, 첫째, "신법은 구법을 개폐한다."(Lex posterior derogat legi priori)는 원칙과 "일반적 신법은 특별적 구법을 개폐하지 못한다."(Lex posterior penerulis non derogat legi priori speciali)는 원칙의 적용으로 인하여 법이 폐지되는 경우가 있다. 동일한 사항에 대하여 신법과 구법이 모순·저촉될 때에는 그 저촉의 한도에서 구법은 묵시적으로 당연히 폐지된다. 또한, 일반법의 변경에 의하여 기존의 특별법은 영향을 받지 않는데, 그 이유는 특별법은 일반적 사항에서 특수한 사항을 가려내어 그것에 관하여 어느 면에서 특별히 취급한다는 것을 목적으로 하고 있으므로 일반법에 우선하여 적용하지 않으면 안되기 때문이다. 둘째, 목적사항의 소멸로 인하여 법이 자연히 폐지되는 경우를 말한다. 즉, 처음부터 일정한 조건의 성취, 목적의 달성을 위하여 제정된 법은 그 조건의 성취, 목적사항의 달성으로 당연히 폐지된다.

사례연구 29 **목적달성으로 인한 법의 폐지**

국토교통부 장관 A는 중동에서 전쟁이 발발하자 원유수급에 차질을 초래할 것을 우려하여 에너지 대책의 일환으로 "2025년 3월 1일부터 전쟁이 종식될 때까지" 5부제 운행을 실시하도록 하는 자동차운행제한 처분을 X부 공고 12호로 공표하였다. 어느 날 B는 중동전쟁이 끝났다는 보도를 접하고 5부제 해당일 새벽에 운전하여 피서를 가던 중 공고 12호 위반으로 단속되었고, A 장관도 전쟁이 끝났지만 마침 여름 휴가철이 되자 교통난 해소를 위해 자동차운행제한처분을 그대로 유지하려고 하는데, 이와 같은 B에 대한 적발행위와 국토교통부 장관 A의 행위는 타당한가?

≫ 설문의 경우는 묵시적 폐지로 전쟁이 끝남에 따라 처분의 목적이 달성됨과 동시에 해제조건이 성취된 것이다. 결국 설문의 처분은 실효사유의 발생으로 국토교통부 장관의 별도의 의사표시의 유무와 관계없이 전쟁이 종료된 시점에서 당연히 실효된다. 새로운 목적을 위해 자동차운행제한처분의 효력을 그대로 유지할 수 없으며, 교통난 해소를 위한 자동차운행제한처분은 따로 이루어져야 한다.

2. 법률불소급의 원칙

(1) 의 의

법률불소급의 원칙이라 함은 법의 효력은 그 시행기간 중에 발생한 사항에 대해서만 적용되고 그 시행 이전에 발생한 사항에 대해서는 적용되지 않는다는 원칙을 말한다. 이러한 원칙이 인정되는 이유는 법의 소급효를 인정하여 그 시행 이전의 사항에 대해서도 신법을 적용한다면 법적 안정성을 해치고 국민에게 불안감과 법에 대한 불신감을 일으키게 할 염려가 있으며, 나아가 구법에 의하여 발생한 법률관계, 특히 기득권을 보호하기 위한 것이다.

예컨대, A라는 사람이 B라는 사람에게 돈을 빌려 주고 그에 따라 채권을 가지고 있는데, 법률의 제정 또는 개정으로 그러한 종류의 채권·채무관계를 인정하지 않는 것으로 하면 A가 가지고 있던 채권은 소멸하게 되어 부당하게 권리를 침해받는 결과가 된다. 따라서 이러한 불합리를 구제하고, 기득권을 존중하기 위하여 법률불소급의 원칙을 적용함으로써 그 법률 이전에 성립한 권리·의무관계는 그대로 유지되고 A의 권리는 보호받게 되는 것이다.

다만, 이 원칙은 법률 본래의 성질에서 나온 것이 아니라, 법적 안정성과 기득권 존중을 위해 법적용상의 원칙에 불과한 것이다.

(2) 내 용

(가) 죄형법정주의 : 죄형법정주의란 어떤 행위가 범죄가 되고, 그 범죄에 대해서 어떤 형벌을 부과할 것인가 하는 것을 미리 성문의 법률로 규정해 놓아야 한다는 원칙을 말한다(자세한 내용은 제2편 제2장 제1절 Ⅱ. 죄형법정주의, p. 198 참조).

사례연구 30 **죄형법정주의**

김시위는 '한미 FTA 저지 범국민운동본부'가 2007년 6월 29일에 주최한 '한미 FTA 저지를 위한 범국민 총궐기대회'의 참가자들과 공모하여 약 3시간 가량 종로1가 로터리, 세종로 로터리 등 차도의 모든 차선(차도 전체)을 점거한 채 집회 및 행진을 함으로서 교통을 방해하여 형법 제185조에 따라 벌금 100만원의 형을 선고받았다. 이에 김시위는 형법 제185조가 죄형법정주의의 명확성의 원칙에 위반한다고 주장하고 있는데, 이는 정당한가?

≫ 형법 제185조는 "육로, 수로 또는 교량을 손괴 또는 불통하게 하거나 기타 방법으로 교통을 방해한 자는 10년 이하의 징역 또는 1,500만 원 이하의 벌금에 처한다"고 규정하고 있다. 교통 방해의 유형 및 기준 등을 입법자가 일일이 세분하여 구체적으로 한정한다는 것은 입법 기술 상 불가능하거나 현저히 곤란하므로 위와 같은 예시적 입법형식은 그 필요성이 인정된다. 또한 '기타의 방법'에 의한 교통방해는 육로 등을 손괴하거나 불통하게 하는 행위에 준하여 의도적 또는 직접적으로 교통을 방해하는 것을 의미하므로 그 의미가 불명확하다고 볼 수 없다(헌재 2010. 3. 25. 2009헌가2).

(나) 기득권 존중의 원칙 : 기득권 존중의 원칙은 이미 폐지된 구법에 의하여 생긴 권리, 즉 기득권은 신법에 의해 변경 · 소멸시킬 수 없다는 원칙을 말한다. 이 원칙은 역사적으로는 주로 개인의 재산권에 대하여 주장하여 왔던 것이었으나, 오늘날에 있어서는 절대적인 것은 아니다. 그러나 법적 안정성을 위하여, 일단 부여된 기득권은 존중되도록 노력하여야 할 것이다.

(3) 예 외

이러한 법률불소급의 원칙도 절대적인 것은 아니다. 즉, ① 국민이 소급입법을 예상할 수 있거나 법적 상태가 불확실하고 혼란스러웠거나 하여 보호할 만한 신뢰의 이익이 적은 경우, ② 소급입법에 의한 당사자의 손실이 없거나 아주 경미한 경우, ③ 신뢰보호의 요청에 우선하는 심히 중대한 공익상의 사유가 소급입법을 정당화 하는 경우 등은 그 예외가 인정된다.

개별 법률에도 법률불소급의 원칙에 대한 예외를 두고 있다. 즉, 민법 부칙 제2조 전단에는 "이 법은 특별한 규정이 있는 경우를 제외하고는 이 법 시행 전에 생긴 사항에 대하여도 이를 적용한다."고 규정하고 있다. 또한 형법 제1조 제2항에는 "범죄 후 법률의 변경에 의하여 그 행위가 범죄를 구성하지 아니하거나 형이 구법보다 경한 때에는 신법에 의한다."고 규정하고 있는데, 이 규정은 형벌불소급의 원칙이 범인에게 불이익하게 소급되는 것을 금지하는 것이 본래의 뜻이기 때문에 소급하는 것이 오히려 이익이 될 때는 소급하도록 한 것이다.

이 밖에도, 반민주행위자 공민권제한법(4 · 19 후의 입법), 부정선거관련자처벌법, 정치활동정화법, 부정축재자처리법(5 · 16 후의 입법), 정치풍토쇄신법(10 · 26 이후 입법), 「5 · 18 민주화운동 등에 관한 특별법」 등의 소급입법이 있다.

사례연구 31 법률불소급의 원칙의 예외

친일 행위자인 이매국은 일제의 불법적 국권침탈과 민족말살정책에 적극 협조한 대가로 남작 작위를 받았다. 그런데 최근 친일행위의 대가로 받은 재산에 대해 후손들의 재산권을 박탈할 수 있는 소급입법 Y법이 제정됨에 따라 이매국의 손자 며느리 김뻔뻔의 재산은 몰수되었다. 그러자 김뻔뻔은 이를 되찾기 위한 소송을 제기하였는데, 이를 어떻게 평가해야 하는가?

≫ 2001년 친일 행위의 대가로 남작 작위를 받은 이매국의 손자 며느리가 시할아버지의 재산을 되찾기 위해 소송을 제기하였다. 법원에서는 그 동안 친일파의 재산에 대한 소유권을 인정해 주던 기존의 입장과는 달리, 우리 헌법 전문에 "… 3 · 1운동으로 건립된 대한민국 임시정부의 법통을 계승하고 …"라는 점을 근거로 친일·반민족 행위자의 재산 보호는 정의에 어긋난다고 판결하였다. 이와 같은 판결은 정의의 실현이라는 목적은 달성되었지만, 그 동안 친일파의 재산에 대한 소유권을 인정해 주던 기존의 입장을 고려할 때에는 법적 안정성이 침해된 것으로 볼 수 있다. 법률불소급의 원칙도 신뢰보호의 요청에 우선하는 심히 중대한 공익상의 사유가 소급입법을 정당화하는 경우에는 예외가 될 수 있다.

3. 경과법

법령이 개정 · 폐지되는 경우에는 구법 시행시의 사항에 대해서는 구법을 적용하고, 신법 시행 후의 사항에 대해서는 신법을 적용하는 것이 원칙이다. 그러나 구법의 적용기간에 발생한 사항이 신법 적용기간까지 계속하여 진행되는 경우에는 구법을 적용할 것인가, 아니면 신법을 적용할 것인가가 문제가 되는데, 이의 해결을 위해 만들어진 법을 경과법이라고 한다. 경과법은 법령의 부칙에 규정하는 것이 보통인데, 특히 시행법, 시행령 등을 제정하여 규정하는 경우도 있다.

시행법을 만드는 경우, 그 내용은 대체로 ① 구법과 신법의 적용에 관한 시간적 한계, ② 종전의 법령의 효력에 관한 조치, ③ 종전의 법령 아래서 발생한 상태를 일정한 제한 아래 또는 잠정적으로 승인하는 것, ④ 신법의 최초의 적용에 관한 특례조치, ⑤ 행정기관의 신설 · 개폐의 경우의 기관, 직원의 경과조치, ⑥ 법인, 단체의 재산처분 · 조직변경 등의 조치 등 여러 가지가 있다. 상법시행법 제4조 제1항이 "상법시행 당시 구법의 규정에 의한 소멸시효기간을 경과하지 아니한 권리에는 상법의 시효에 관한 규정을 적용한다."고 규정한 것은 경과법의 한 예이며, 이와 같이 경과법은 신법 · 구법시대를 연결하는 시제법으로서 양법간의 조화를 꾀하는 것이 그 목적이다.

Ⅱ. 법의 장소적 효력

1. 원 칙

법의 장소적 효력이란 법이 어떠한 지역적 범위에서 적용될 것인가 하는 법의 공간적 효력을 말한다. 한 나라의 법은 원칙적으로 그 국가의 전영역에 걸쳐 적용된다. 즉, 법의 장소적 효력은 자국의 영역 안에서만 미치고, 그 영역 밖에는 미치지 않는다는 것이 원칙이다.

국가의 영역은 국가의 영토고권이 배타적으로 행사되는 공간을 말하며, 영토, 영해, 영공 등을 포함하고 있으므로 법은 그 나라의 영역 내에 거주하는 사람이라면 내국인, 외국인을 막론하고 모든 사람에게 적용된다.

사례연구 32 영토고권

1960년 이스라엘은 유태인에 대한 잔혹한 반인륜적 범죄행위를 저지른 독일의 게슈타포의 유태인과장이었던 아돌프 아이히만(Otto Adolf Eichmann)을 아르헨티나로부터 몰래 납치하였고, 아이히만은 예루살렘지방법원에서 사형이 언도되어 교수형이 집행되었다. 그의 주검은 화장되었으며, 성스러운 유태인의 땅을 사탄의 재로 더럽히지 않겠다는 이스라엘에 의해 재를 지중해에 뿌렸다. 여기에서 아이히만을 아르헨티나로부터 몰래 납치한 이스라엘의 행위는 국제법을 위반한 것인가?

≫ 예루살렘지방법원에서는 '설사 연행에 불법이 있다하더라도 그것은 연행방법에 대한 것이지 재판관할권에 영향을 주지 않는다'고 하였으나, UN 안전보장이사회에서는 국가가 영역 내의 모든 사람과 사물에 대해 행사하는 배타적 권리인 영토고권(영토주권)을 위반하였으므로 이스라엘에 대해 적절한 배상을 하도록 권고한 바 있다(Otto Adolf Eichmann 사건, 1960).

사례연구 33 대한민국 법령의 북한 적용문제

대한민국(남한) 국민인 김한국은 북한지역인 개성공단에서 사업을 하고 있는 사장인데, 북한지역에서 말다툼 끝에 상해죄를 범한 경우에 대한민국(남한) 혹은 북한의 형법 중 어느 법에 의하여 처벌을 받게 되는가?

≫ 대한민국헌법 제3조에는 "대한민국의 영토는 한반도와 그의 부속도서로 한다"고 규정되어 있고, 대법원 판결(1961. 9. 28)에서도 '북한지역은 대한민국의 영토의 일부로서, 이 지역에는 대한민국의 주권이 미친다'고 판시한 바 있다. 따라서 김한국은 대한민국의 법을 적용받는다. 한편 북한지역도 우리의 영역이지만, 법이 국가권력(공권력)에 의하여 규범의 의미·내용대로 현실적으로 실현되는 상태인 법의 실효성이 없을 뿐이다.

2. 예 외

한 나라의 법은 원칙적으로 그 국가의 전 영역에 걸쳐 적용되지만, 다음과 같은 예외가 있다.

첫째, 외국에 의한 점령지역이나 조차지, 영사재판권 행사지역 등에 대해서는 자국법의 효력이 미치지 아니한다. 예컨대, 제2차 세계대전 당시 독일이 점령한 폴란드 내의 경우, 1898년의 중국과 영국의 조약에 의한 홍콩의 조차지와 같은 경우, 그리고 1842년 청나라의 아편전쟁 후, 청나라와 영국간에 체결된 남경조약에 의해 청나라에 거주하고 있는 영국인에 대하여 그 본국의 영사 등이 재판하게 된 경우 등이 있다.

둘째, 군함, 공선 그리고 군용·공용의 항공기 등은 자국영토의 일부로 보고 있기 때문에 자국 영역 내에 있는 외국의 군함·공선 또는 군용·공용의 항공기 안에서는 자국법의 효력이 미치지 않으며, 반대로 공해상에 있거나 외국영역 내에 있는 자국의 군함·공선 또는 군용·공용의 항공기 안에서는 자국법이 적용된다.

셋째, 지방자치단체가 제정한 자치법규, 즉 조례나 규칙 등은 국가의 전영역에 효력이 미치는 것이 아니라, 그 제정 목적상 그 지방에 한하여 적용된다.

넷째, 법의 제정목적이 특정한 지역을 대상으로 하는 경우에는 그 지역에 대해서만 효력을 미친다. 예컨대, 「도시계획법」은 도시지역에 한하여 적용되고, 「농지개혁법」은 경제상 용도지역이 농지에 한하여 적용됨으로 도시지역에는 적용되지 않는다.

다섯째, 자국민이 외국에 있더라도 참정권, 청원권, 병역의무, 친족·상속권, 자국 외교사절이 타국에 거주하고 있는 경우 등에 대해서는 자국법이 적용된다.

Ⅲ. 법의 인적 효력

1. 원 칙

법의 인적 효력이란 누가 법의 적용을 받으며, 또 누가 법의 적용으로부터 제외되는가 하는 것을 말한다. 법의 장소적 효력에 의하면 법은 그 나라 전 영역에 걸쳐 그 효력이 미치는 것이 원칙이지만, 그 법의 효력이 그 나라에 거주하는 외국인에게 전적으로 미치는가, 또는 외국에 거주하는 자국민에게도 전적으로 미치는가가 문제된다.

이에 관해서는 종래로부터 속인주의와 속지주의가 대립하고 있다.

속인주의란 한 나라의 법은 그 사람의 국적을 기준으로 그가 자국 내에 있던지, 아니면 외국에 있던지를 묻지 않고 항상 본국법에 따르게 하는 입법주의를 말하며, 대인고권의 요청에서 비롯된 것이다. 16세기 프랑스의 다르장뜨래(d'Argentre), 17세기 폴란드학파 등에 의하여 주장되었다.

속지주의란 한 나라의 법은 국가의 영역을 기준으로 그 영역 내에 거주하는 사람이 내국인인지, 아니면 외국인인지를 묻지 않고 항상 절대적으로 적용된다는 입법주의를 말하며, 영토고권의 요청에서 비롯되었다. 주로 19세기 후반 이탈리아학파 등에 의하여 주장되었다.

그런데 이와 같은 법의 인적 효력문제에 있어서는 자국 내에 거주하는 외국인에게 거주국의 법을 적용하려는 속지주의와 외국인의 본국법을 적용하려는 속인주의가 충돌될 때, 어느 주의를 적용시킬 것인가가 문제된다. 예컨대, A국이 속지주의를 채용하고 있는 법에 따라 자국 내에 거주하는 B국의 국민에게 자국의 법을 적용하려고 하고, B국은 속인주의를 채용하고 있는 법에 따라 A국에 있는 자국민에 대하여 본국법을 적용하려고 하는 경우에 양국의 법이 충돌되는 일이 발생된다. 이것을 법률의 저촉이라고 하며, 이 저촉을 해결하고 섭외적 법률관계에 관한 준거법을 지정하기 위하여 국제사법을 두고 있다.

이런 문제는 역사적으로 볼 때, 속인주의에서 속지주의로 발달해왔으며, 다시 오늘날에 있어서 대부분의 세계 각국은 양 주의를 병행하는 절충주의를 채택하고 있는 실정이다. 즉, 오늘날 각국은 신분관계에 대하여는 속인주의를 원칙으로 하고 속지주의를 예외로 하며, 다시 재산관계에 대하여는 속지주의를 원칙으로 하고 속인주의를 예외로 하는 입법을 취하고 있다.

다만, 오늘날 국제사회에는 영토고권이 대인고권에 우선한다는 원칙(속지주의 우선의 원칙)이 확립되어 있는데, 국가상호 간의 영역을 존중한다는 의미에서 속지주의가 원칙적으로 적용되며, 이에 따른 불편이나 모순을 시정하기 위하여 속인주의를 보충 · 병행하고 있다.

사례연구 34 속인주의와 속지주의

A는 임신 8개월의 임신부이다. A는 언니가 살고 있는 미국에 가서 아이 B를 출산하였다. A는 최근 사회적 물의를 빚고 있는 이른바 원정출산을 하였다. 이 경우, B는 한국 국적을 취득하는가 아니면 미국 국적을 취득하는가?

≫ 우리나라는 부모의 국적에 따라 국적이 결정되는 속인주의, 즉 혈통주의를 원칙으로 하고, 대한민국에서 발견된 기아에 대하여 예외적으로 속지주의를 채택하고 있다(국적법 제2조). 따라서 B는 대한민국 국적을 취득한다. 다만, 미국은 속지주의를 채택하고 있으므로 을은 미국 국적을 아울러 취득할 수 있어 이중국적을 갖게 된다. 그런데, 우리나라 국적법은 "만 20세가 되기 전에 복수국적자가 된 자는 만 22세가 되기 전까지, 만 20세가 된 후에 복수국적자가 된 자는 그 때부터 2년 내에 제13조와 제14조에 따라 하나의 국적을 선택하여야 한다"고 하여 이중국적자에 대한 국적선택의무조항을 두고 있으므로(제12조 제1항), B는 만 22세가 되기 전까지 우리의 국적법에 따라 대한민국 또는 미국 중에 하나의 국적을 선택해야 한다.

2. 예 외

한 나라의 법은 원칙적으로 모든 사람에게 적용되지만, 다음과 같은 예외가 있다.

첫째, 재외국민에 대해서 자국법이 적용되는 경우가 있다. 즉, 참정권 · 청원권 · 병역의무 등과 같이 그 성질상 속지주의를 강행하기 어려운 것은 외국에 있는 자국민에게도 본국법이 적용된다.

둘째, 형법상 일정한 범죄에 대해서는 재외국민은 물론 재외타국인에 대해서도 자국법이 적용되는 경우가 있다. 이런 문제와 관련하여 우리 형법 제5조에서는 내란 · 외환 · 국기 · 통화 · 유가증권 · 우표 · 인지 등의 범죄에 관해서는 우리나라 밖에서 그 죄를 범한 내국인뿐만 아니라 외국인에 대해서도 우리 형법을 적용한다고 규정하고 있다. 다만, 그와 같은 죄를 범한 자가 있는 재류국으로부터 범죄자의 인도를 받지 못하면 그 법을 적용할 방법이 없다.

셋째, 외교사절의 특권과 면제를 향유하는 자에 대해서는 재류국의 법을 적용하지 않는다는 것이 국제법상의 원칙이다. 여기서, 외교사절의 특권과 면제(외교특권)라 함은 접수국에서 보통의 국민이나 외국인보다 특별한 보호 · 대우가 인정되며, 일정한 경우 접수국의 관할권으로부터 면제가 된다. 외교특권에는 불가침권(신체 · 공관 · 문서의 불가침), 재판권의 면제(형사 · 민사 및 행정, 증언의 면제), 사회보장의 면제, 과세권의 면제, 통신 · 여행의 자유 등이 있다. 또한, 외국에 주둔하고 있는 군대의 군인인 경우, 공무상 과실 등인 경우에는 소속 국가의 법을 적용받는 것이 일반적이다.

사례연구 35 **외국 군인의 법적용 문제**

우리나라 주재 미국 군인 맥도널드는 친구들과 시내에서 술을 마시다가 예쁜 여자를 보자 한잔하자며 치근대다가 마침내 성추행까지 하였다. 미국 군인의 범죄행위를 우리나라 현행법을 적용하여 처벌할 수 있는가?

≫ 외교사절인 경우에는 접수국의 경찰권으로부터 면제된다. 접수국은 외교사절에 대하여 경찰권을 과할 수 없고, 외교사절이 접수국의 경찰규칙에 위반하는 경우에는 접수국은 파견국에 대하여 소환을 요구하거나 외교사절에 대하여 퇴거를 요구할 수 있을 뿐이다. 다만, 외교사절이 경찰규칙에 위반하는 경우에 긴급한 필요가 있을 때에는 일시적으로 신체의 자유를 구속할

수 있다. 그러나 주한미군의 경우, 공무수행 중에 발생한 사건에 대해서는 미군 법정에서 다툴 문제이지만, 위의 설문과 같이 공무수행 중인 경우가 아닌 한 우리나라의 법을 적용하여 처벌하게 된다.

넷째, 대통령과 국회의원과 같이 그 직무수행을 충실히 하도록 하기 위하여 신분상의 특권을 향유함으로써 형사상의 책임이 면제되는 경우가 있다. 우리 헌법 제84조에는 "대통령은 내란 또는 외환의 죄를 범한 경우를 제외하고는 재임 중 형사상의 소추를 받지 아니한다."고 규정하여 대통령의 국가원수로서의 지위를 보장하기 위한 특권을 부여하고 있다. 또한, 헌법 제44조 제1항에는 "국회의원은 현행범인인 경우를 제외하고는 회기 중 국회의 동의없이 체포 또는 구금되지 아니한다.", 그리고 동조 제2항에는 "국회의원이 회기 전에 체포 또는 구금된 때에는 현행범인이 아닌 한 국회의 요구가 있으면 회기 중 석방된다."고 하여 국회의원에 대한 불체포특권을 규정하고 있으며, 동법 제45조에는 "국회의원은 국회에서 직무상 행한 발언과 표결에 관하여 국회 외에서 책임을 지지 아니한다."고 규정하여 국회의원에 대한 발언·표결의 자유를 인정하고 있다.

사례연구 36 **대통령의 특권**

국민들의 절대적 신임을 받고 있는 대통령 A는 '어떤 누구에게도 정치자금을 받지 않겠다'고 선언하였으나, 당 운영비도 보조해 주지 못하는 상황이 되자, 총선을 위해 S시에 거주하는 B에게 10억원을 차용하였다. 그러나 대통령 A는 국민의 절대적 신임을 이용하여 B에게 약속한 날짜에 돈을 갚지 않고 버티게 되었다. 과연 B는 대통령 A를 상대로 소송을 제기할 수 있는가?

≫ 대통령은 재임 중 형사상의 소추를 원칙적으로 받지 않는다. 다만, 국가의 안위에 관한 중대한 범죄인 내란죄, 외환죄만은 재임 중이라도 소추할 수 있다(헌법 제84조). 또한, 재임 중이라도 민사에 관해서는 소추할 수 있고, 행정상의 책임추궁인 탄핵소추도 할 수 있으며, 퇴직 후에는 재임 중에 범한 죄에 대하여 소추할 수 있다.

사례연구 37 국회의원의 발언·표결의 자유

국회의원 김흥분은 본회의에서 대정부질의를 하던 중, '우리 헌법에는 복수정당제가 인정됨에도 불구하고 진보적 성향이 강한 창당준비위원회를 해산시킨 것은 우리 헌법상 인정되는 복수정당제를 부인하는 것이 아닌가' 하며 정부를 비난하였다. 그런데, 국무총리 이소신은 '창당을 준비하고 있는 사람들은 과거의 이념적 색채가 의심된다'면서 '붉으스래한 창당준비위위원회를 해산시키는 것은 헌법수호 차원에서 정당하다'는 소신을 굽이지 않자, 김흥분은 흥분한 나머지 욕설과 함께 김소신의 과거 여성편력까지 들먹였는데, 이에 대해 모욕죄 내지 명예훼손의 죄로 처벌할 수 있는가?

≫ 국회의원은 국회 내에서 직무상 행한 발언과 표결에 관하여 국회 외에서 책임을 지지 아니한다(헌법 제45조). 이는 국회의원의 지위와 직능상의 특수성에 의해 정책적으로 인정한 특권이지만, 국회 내에서의 징계, 책임추궁과 외부(국민)에 대한 정치적 책임까지 면제되는 것은 아니다. 따라서 김흥분을 형사처벌할 수 없지만, 국회 내의 윤리위원회의 제소는 가능하다.

다섯째, 특별법에 의해 인적 효력의 범위가 제한되는 경우가 있다. 법은 모든 국민에게 평등하게 제한없이 적용되어야 할 것이지만, 특별법과의 관계로 인하여 법이 전 국민에게 적용되지 않고 일정한 신분을 가진 사람에게만 적용되는 경우가 있다. 예컨대, 국가공무원법은 국가공무원에 대해서만, 소년법은 소년에게만, 그리고 근로기준법은 사용자와 근로자에게만 적용되는 것이 그 예이다.

사례연구 38 친족의 범인은닉

김사랑은 억대 도박판을 벌여 지명수배를 받고 있던 아들 김도박을 지하차고에 숨겨 주었다. 경찰이 와서 김도박의 행방을 물을 때마다 집에 들어오지 않았다고 거짓말을 하였는데, 김사랑의 이와 같은 행위는 처벌되는가?

≫ '벌금 이상의 형에 해당하는 죄를 범한 자'를 은닉하거나 도피시키게 되면 범인은닉죄로 처벌받는다. 다만, 행위자가 범인과 친족 또는 동거하는 가족관계에 있는 경우에는 처벌하지 않는다. 우리 형법은 친족간에는 혈연, 인정, 본능이라는 끈끈한 정서로 결합되어 있다는 것을 고려하여 특례를 인정하고 있다.

사례연구 39 형사미성년자

A의 실제 나이는 16세이나 부모가 출생신고를 늦게 하여 가족관계증명서 상으로는 13세이다. A는 동급생 B를 짝사랑하였고, 마침내 청혼을 하였으나 B가 이를 거절하자 납치를 하여 강제로 결혼을 요구하였다. A는 처벌되는가?

≫ 형법은 14세 미만의 자를 '형사미성년자'라고 하여 책임능력이 없는 자로 보아 그의 범죄행위를 처벌하지 않는다(형법 제9조). 여기서 14세 미만이란 13세 11개월 29일까지, 즉 만 14세 생일 전까지를 말한다. 민법상의 성년은 만 19세지만, 형법에서는 19세 미만의 미성년자에 대해서 소년법에서 특별히 취급하는 바, 원칙적으로 형벌이 아닌 '보호처분'을 하며, 형벌을 과하는 경우에도 정기형이 아니라 단기형과 장기형이 부과되는 상대적 부정기형을 선고하여 교정과 교화를 시도한다. 다만, 14세 미만인지의 여부는 가족관계증명서를 기준으로 하지 않고, 실제 나이를 기준으로 한다. 따라서 실제 나이가 16세인 A는 감금죄로 처벌받는다.

제3장 법의 해석과 적용

제1절 서 설

법은 인간의 사회생활관계를 규율하는 규범이다. 그러므로 법 그 자체라고 하는 것은 아무런 의미가 없으며, 법의 생명은 인간의 사회생활관계를 규율하기 위한 실천에 있다. 즉, 법은 그 내용에 있어 사회생활의 구체적 사실을 실현하여야 하는 실천적 성격을 가지고 있는 것이다. 법은 현실적 · 효과적으로 사회를 규율하여, 사회 구성원들로 하여금 법의 규범을 지키도록 하며, 법에 위반하지 않도록 지배 · 구속하는 힘을 발휘하지 않으면 그 존재가치를 상실하고 만다.

그러나 법은 그것이 어떤 특정한 사건에 적용되기 위한 것이 아니기 때문에 그 내용은 일반적이고 추상적이다. 이와 같이 법이 규정하는 내용은 일반적 · 추상적이기 때문에 그것을 구체적인 사건에 적용하기 위해서는 법의 의미 · 내용을 그 사건에 결부시킬 수 있도록 구체화해야 한다.

따라서 법을 적용함에 있어서는 구체적으로 법적 가치판단의 대상이 되는 사회적 사실관계를 확정해야 하며, 그에 적용될 법규의 의미나 내용을 명백히 하지 않으면 안 된다.

제2절 법의 해석

I. 의 의

법의 해석이라 함은 일반적·추상적 법규범을 구체적인 사건에 적용하기 위하여 법규범의 의미와 내용을 밝히고 확정하는 것을 말한다. 즉, 법의 해석이란 객관적으로 존재하는 법에 대하여 법의 목적과 이념에 합당하게 그 의미·내용을 명백히 하는 것으로서 법의 내용을 파악하는 과정이다.

법해석의 대상이 되는 것은 주로 성문법이다. 관습법도 해석을 필요로 하지만, 관습법은 구체적 성격이 강하기 때문에 해석상의 곤란은 별로 없다. 성문법에 있어서 해석이 필요한 이유는 다음과 같다.

첫째, 성문법의 불완전성에 있다. 사회생활은 대단히 복잡, 미묘하기 때문에 그 전반을 모두 규율하는 것은 도저히 불가능하고, 또 구체적인 사실은 천차만별이기 때문에 성문법의 정립에 있어서는 문장이 갖는 성질상 고정적·일반적·추상적일 수밖에 없으므로, 이것을 유동적·구체적인 생활관계에 적용하기 위해서는 반드시 해석과정을 거치지 않으면 안되기 때문이다. 예컨대, 형법 제250조 제1항의 "사람을 살해한 자는 …"이라고 할 때, '사람'이라는 의미가 쉽게 파악되지 않는다는 점이다. 즉, 언제부터 사람이고, 언제부터 죽는 것인가, 태아는 사람인가, 또 사자(死者)는 언제부터인가, 그리고 여기에서의 사람에는 '법인'은 포함되지 않는 점에서 민법에서 말하는 '인(人)'과도 다르다.

둘째, 성문법의 불완전성을 해결할 목적에서 인정되는 이른바 '백지규정'의 존재에 있다. 성문법 중에는 그 법규에 포괄성·탄력성을 주기 위하여 매우 추상적이며, 막연한 윤곽만을 보이고 있는 규정이 있어, 그 내용을 알기 위해서는 해석을 통하지 않으면 안 되는 것이다. 예컨대, 법조문 가운데는 '정당한 사유', '어쩔 수 없는 사유', 혹은 '불가항력' 등의 표현이 있는데, 이러한 표현이 쓰인 규정의 적용은 해석을 떠나서는 무의미한 것이 된다.

법이란 자연질서에 근거하여 그 사회의 공동선을 목적으로 그 사회의 도덕·관습 등의 합리적인 가치요소들을 반영하는 강제규범이므로 입법자가 모든 것을 파악하기 어렵고, 또한 사회가 급격하게 변함에 따라 입법자가 법규를 제정할 당시의 사정과 현격하게 다를 수 있으므로 법을 적용하는 단계에서 구체적 상황에 맞도록 법규정의 의미를 명백히 하는 것은 매우 중요하고 필요한 것이다.

Ⅱ. 법해석의 종류

법해석의 종류에는 국가기관에 의한 해석과 학문적 해석으로 나눌 수 있다. 첫째, 국가기관에 의한 해석이란 법규를 제정 · 집행 · 선언할 권위있는 국가기관이 그 권한에 근거하여 해석하는 것으로서 유권해석이라고 하고, 둘째, 학문적 해석이란 법학적 견지에서 법을 해석하는 것으로 학리해석(무권해석)이라 한다.

1. 유권해석

유권해석이란 권한있는 국가기관에 의한 법규의 해석을 말하며, 공적 구속력을 가지고 있기 때문에 공권적 해석이라고도 한다. 유권해석은 어떤 기관에 의한 해석이냐에 따라 다시 입법해석, 사법해석, 행정해석 등으로 세분된다.

(1) 입법해석

입법해석이란 입법기관에 의한 해석을 말하며, 법규해석, 법정해석, 강제해석이라고도 한다. 즉, 입법기관이 입법권에 근거하여 일정한 법개념 또는 법규범의 해석을 다시 법규정으로 정해 놓은 것을 말한다. 이는 실질적으로는 법의 해석이 아니라 법규인 것이며, 새로운 법의 정립이라 할 수 있다. 입법해석은 그 자체가 독립한 법규이기 때문에 절대적인 권위를 가지고 있으며, 가장 공적 구속력이 강한 해석이다.

입법해석은 다음과 같은 경우가 있다.

첫째, 동일법령 가운데 성문법규의 용어에 대한 해석규정을 두는 경우가 있다. 예컨대, 상법 제4조의 "자기의 명의로 상행위를 하는 자를 상인이라 한다."는 규정이나 청소년보호법 제2조는 "'청소년'이란 만 19세 미만인 사람을 말한다. 다만, 만 19세가 되는 해의 1월 1일을 맞이한 사람은 제외한다."는 규정이 그 예이다.

둘째, 부속법규에 그 해석규정을 두는 경우가 있다. 예컨대, 수표법 부칙 제66조의 "본법에서 휴일이라 함은 국경일, 공휴일, 일요일 기타의 일반휴일을 이른다."는 규정이 그 예이다.

셋째, 법문 가운데 실례를 보여 해석의 표준으로 하는 경우가 있다. 예컨대, 민법 제32조에 비영리법인에 대하여 학술, 종교, 자선, 기예, 사교 기타 영리 아닌 사업을 목적으로 하는 사단 또는 재단 등으로 규정하고 있는 것이 그 예이다.

사례연구 40 노동관계법상 '근로자'에 대한 입법해석

행복방송회사에는 아름다운관현악단이 있고, 회사에는 악단원과 출연계약을 체결하면서 출연계약자는 월 100시간 출연할 것을 약속하고, 회사는 이에 대해 정액의 보수를 지급하고 있다. 출연자들은 아름다운노동조합을 결성하였고, 공연 중 무대장치가 무너져 단원 A가 부상당했다. 아름다운노동조합은 A에 대해 산재보험 절차를 취해주고, 향후 근로기준법 적용을 요구하는 단체교섭을 신청하였는데, 행복방송회사는 단체교섭에 응해야 하는가?

≫ 근로기준법(제2조 제1항 제1호)이나 노동조합 및 노동관계조정법(제2조 제1호)에는 "근로자"라 함은 직업의 종류를 불문하고 임금 · 급료 기타 이에 준하는 수입에 의하여 생활하는 자라고 규정하고 있는데, 이를 입법해석이라 한다. 사례에서 단원 A는 행복방송회사와의 교섭에 의해 정해지는 정액의 보수에 의해 생활하는 자이므로 노동관계법상의 근로자이고, 아름다운노동조합도 노동조합에 해당한다. 따라서 행복방송회사는 아름다운노동조합과의 단체교섭에 응해야 한다.

(2) 사법해석

사법해석이란 사법기관, 즉 법원에 의하여 행해지는 해석을 말하며, 보통 판결의 형식으로 이루어지므로 재판해석이라고도 한다. 법원은 구체적인 법률상의 분쟁이 있을 때에 무엇이 법인가를 판단하고, 선언하는 기관이므로 법의 최종적 해석기관이다.

그러면 사법해석이 타법원에 대해 구속력이 있는가?

영미법계 국가인 영국에 있어서는 상급법원의 판결례는 이후 그 법원이나 하급법원에서 같은 유형의 사건에 관해서는 전 판례와 다르게 판결할 수 없기 때문에 사법해석에 구속력이 항상 인정되고 있다.

반면, 로마법을 계수한 대륙법계 국가들, 중국, 일본, 우리나라 등은 성문법이 발달되어 순전히 법전주의에 입각한 결과, 사법해석, 즉 판례는 법원에 대하여 법률상의 구속력을 갖지 못하는 것이 원칙이다.

사례연구 41 '축산물 위생관리법'상 '가축'에 대한 사법해석

한건강은 여름철 기력회복을 위해 흑염소 소주를 만들 목적으로 야산에서 자기가 키우던 흑염소를 도축하였다. 이에 김확대 검사는 흑염소도 구(舊) 축산물가공처리법상 가축에 포함되는 것으로 생각하여 한건강을 같은 법 위반으로 기소하였다. 한건강은 어떻게 되는가?

≫ '축산물 위생관리법'은 축산물의 위생적인 관리와 그 품질의 향상을 도모하기 위하여 가축의 사육·도살·처리와 축산물의 가공·유통 및 검사에 필요한 사항을 정함으로써 축산업의 건전한 발전과 공중위생의 향상에 이바지함을 목적으로 제정되었다(제1조). 구(舊) 축산물가공처리법(현, 축산물 위생관리법) 제45조 제1항 제1호에는 '소, 돼지, 말, 양을 위생처리시설이 아닌 장소에서 도축한 자는 7년 이하의 징역 또는 1억원 이하의 벌금에 처한다'고 규정하고 있었다. 이에 따라 법원은 '흑염소는 동법의 가축에 포함되지 않는다'면서 무죄판결을 하였는데 이를 사법해석이라 한다. 그 후 국회에서는 축산물 위생관리법 제2조 제1항 제1호에서 "가축이란 소, 말, 양(염소 등 산양을 포함한다. 이하 같다), 돼지(사육하는 멧돼지를 포함한다. 이하 같다), 닭, 오리, 그 밖에 식용을 목적으로 하는 동물로서 대통령령으로 정하는 동물을 말한다."고 개정하였는데 이를 입법해석이라 하고, '허가받은 작업장이 아닌 곳에서 가축을 도살·처리한 자는 10년 이하의 징역 또는 1억원 이하의 벌금에 처한다'고 규정하고 있다(같은 법 제45조 제1항 제1호).

(3) 행정해석

행정해석이란 행정기관에 의한 해석, 즉 행정관청에서 법을 집행함에 있어서 필요한 경우, 법 집행권한에 근거하여 내리는 해석을 말한다. 행정관청이 스스로의 판단에 의하여 법을 해석, 집행하는 경우도 있고, 상급행정관청이 법의 해석에 관하여 회답, 훈령, 통첩 등의 형식으로 지시를 주는 경우도 있는데, 행정해석은 일단 유효하지만 최종적인 구속력은 없다.

2. 학리해석

학리해석이란 사인(개인), 특히 법률학자에 의하여 행하는 해석을 말한다. 즉, 학리해석은 권한있는 기관에 의한 해석이 아니라, 학리에 기초하여 행하여지는 지식적 해석을 말하며, 공권력을 가지고 있지 않기 때문에 무권해석이라고도 한다.

학리해석에는 문리해석과 논리해석으로 나누어지며, 다시 논리해석은 확장해석, 축소해석, 반대해석, 보정해석, 물론해석, 연혁해석, 목적해석, 비교해석, 체계해석 등으로 나누어진다.

(1) 문리해석

문리해석이란 법령의 문장과 문구의 의의를 기초로 하여 문자 그대로 해석하는 방법을 말한다. 성문법에 쓰이는 용어는 일반인의 상용어와는 달라서 누구나 쉽게 알지는 못한다. 예컨대, '선의로'는 통속적으로는 '호의로'를 뜻하지만, 법률용어로서는 '어떤 사정을 알지 못하고'라는 의미로 사용되고 있으며, '악의로'의 통속적 의미는 '해칠 의사로'를 뜻하지만 법률용어로서는 '어떤 사정을 알면서'의 의미로 사용되고 있으므로 특히 법조문의 의미·내용의 해석은 중요하다.

문리해석 방법으로는 첫째, 문자와 문장은 그 전문(全文)에 관련시켜 해석하여야 하며, 둘째, 동일법령 중에 있는 동일한 문자 및 문장은 동일한 의미로 해석하여야 한다. 셋째, 문자와 문장을 그 제정 당시의 의미로 해석해야 할 것이냐에 대해서는 문자와 문장을 제정 당시의 의미로 해석해야 한다는 연혁적 해석설과, 해석 당시의 의미로 해석해야 한다는 진화적 해석설이 있으나, 후자가 오늘날의 통설로 되어 있다. 즉, 법령 가운데는 사회의 발전이나 시대의 변천에 따라 법문의 해석을 달리할 것을 전제로 한 것이 있다.

예컨대, 경범죄처벌법 제1조 제33호(과다노출)에는 "여러 사람의 눈에 뜨이는 곳에서 함부로 알몸을 지나치게 내놓거나 가려야 할 곳을 내어 놓아 다른 사람에게 부끄러운 느낌이나 불쾌감을 준 사람"에 대해서는 10만원 이하의 벌금, 구류 또는 과료의 형으로 처벌되는데(2013.5.22. 일부개정), 이 규정은 시대나 장소에 따라 같지 않을 것이므로 제정 당시의 의미로 파악할 것이 아니라, 해석 당시의 의미로 파악해야 할 것이다.

사례연구 42 과다노출죄와 문리해석

우리나라에 미니스커트를 유행시킨 사람은 가수 윤복희로 알려져 있으며, 짧은 미니스커트는 처벌받은 경우도 있다. 유행도 변하여 1994년 여름부터 소위 배꼽티가 유행하였는데, 배꼽티를 입은 여자에 대해 처벌을 할 수 있는가?

≫ 누구나 자기의 사적생활을 자유롭게 영위할 수 있다. 그러나 국가안전보장·질서유지·공공복리를 위해 법률에 정하는 바에 따라 어느 정도의 사생활의 자유는 제한된다. 구(舊) 경범죄처벌법 제1조 제41호(과다노출)에는 "여러 사람의 눈에 뜨이는 곳에서 함부로 알몸을 지나치게 내놓거나, 가려야 할 곳을 내어 놓아 다른 사람에게 부끄러운 느낌이나 불쾌감을 준 사람"에 대해서는 10만원 이하의 벌금, 구류 또는 과료의 형으로 처벌된다고 규정하였다. 문리해석에 있어서 유의할 점은 법 규정이 시대나 장소에 따라 다를 수 있으므로 제정 당시의 의미로 파악할 것이 아니라, 해석 당시의 의미로 파악해야 할 것이다. 과거 우리나라에서는 무릎으로부터 일정한 높이 이상의 미니스커트를 입은 사람을 처벌한 적도 있으나, 현재에는 배꼽티를 입는 행위도 경범죄처벌법이 적용되지 않고 있으며, 같은 조의 적용 문제는 결국 사회통념이 무엇인가에 달려 있다. 한편, 현행 경범죄처벌법 제3조 제33호(과다노출)에는 "공개된 장소에서 공공연하게 성기·엉덩이 등 신체의 주요한 부위를 노출하여 다른 사람에게 부끄러운 느낌이나 불쾌감을 준 사람"으로 개정되었고, 이를 위반한 경우에는 10만원 이하의 벌금, 구류 또는 과료(科料)의 형으로 처벌된다.

(2) 논리해석

(가) 확장해석 : 확장해석이란 법문(法文)의 의미를 보통의 뜻보다 넓게 해석하는 방법을 말한다. 즉, 문리해석에 의한 법문의 단순한 해석이 너무 좁아서 법규의 진정한 뜻을 실현할 수 없을 때, 그 문구가 나타내는 뜻보다 넓게 해석하는 방법을 말한다. 예컨대, 형법 제250조 제1항에서 "사람을 살해한 자는 …"이라고 하는 것은 칼로 사람을 살해하는 것과 같이 반드시 작위에 의한 살인만을 의미하는 것이 아니라, 갓난아이에게 젖을 주지 않음으로써 죽게 하는 것과 같이 부작위에 의한 살인을 포함하는 것과 같은 경우이다. 그리고 형법 제257조 제1항의 "사람의 신체를 상해한 자는 …"에서 '상해'라 함은 문구 의미상으로만 본 생리적 장애에 국한하지 않고, 여자의 머리를 자르거나, 남자들의 수염을 자름으로써 외관상 손상을 가져온 때, 수면장애를 일으키게 하는

것, 식욕을 감퇴시키는 것 등을 상해에 포함되는 것으로 하여 상해죄를 적용하는 경우 등이다. 이와 같은 확장해석은 주로 사법의 분야에서 널리 쓰이고 있으나, 형법의 범위에서는 죄형법정주의의 요구로 인하여 인정되지 않는 경우가 많다.

사례연구 43 **상해죄**

김외골은 이미녀를 죽자 살자 따라다녔지만, 이미녀는 김외골이 징그럽기만 하였다. "제발 징그럽게 따라다니지 말라"고 매몰찬 소리를 듣게 된 김외골은 "그럼 정말 징그러운 것이 무엇인지 보여 주겠다."면서 이미녀의 가방 속에 뱀을 몰래 넣어 두었다. 가방을 열어본 이미녀는 기절하였고, 며칠 동안 식욕부진과 불면증에 시달려야만 했다. 외상이 전혀 없는 이미녀에 대해 김외골은 무슨 죄를 범한 것인가?

≫ 상해죄는 사람의 신체를 고의로 상해를 입히는 범죄, 즉 신체의 생리적 기능에 장해를 발생하게 하는 행동을 함으로써 발생하는 범죄입니다. '신체'는 언어학적 의미로 보면 '몸통(즉 살과 근육)과 사지(四肢)(즉 뼈로 된 형상)'를 말하지만 '상해죄'의 입법적 취지는 그보다 넓게 해석된다. 예컨대, 폭행으로 인해 팔 · 다리가 부러지는 등 부상을 입히거나, 여자의 머리카락을 자르거나, 남자들의 수염을 자르는 것과 같이 신체에 상처를 내는 경우(외상)가 대부분이지만, 외상이 없더라도 상해죄는 성립할 수 있다. 즉, 인사불성(기절상태)에 빠뜨리는 것, 보행불능에 빠뜨리는 것, 피부의 표피를 벗기는 것, 중독증상을 일으켜 현기 · 구토를 하게 하는 것, 치아의 탈락, 피로 · 권태를 일으키게 하는 것, 수면장애를 일으키는 것, 식욕을 감퇴시키는 것 등도 상해에 해당한다. 따라서 김외골의 행위는 상해죄에 해당되어, 7년 이하의 징역, 10년 이하의 자격정지 또는 1천만원 이하의 벌금에 처해지게 된다(형법 제257조).

(나) 축소해석 : 법문의 의미를 통상의 경우보다 좁게 해석하는 방법을 말한다. 즉, 법규정의 언어적 표현 자체보다도 더 좁게 제한하는 해석방법으로, 제한해석이라고도 한다. 예컨대, 보통 '재물'이라 하면 동산과 부동산이 포함되는 것으로 이해하지만, 형법 제329조의 절도죄의 경우에서의 '재물'은 부동산은 포함되지 않는다고 해석하는 경우가 있다. 그리고 민법 제450조 제2항에서 정한 '제3자'란 모든 제3자를 의미하는 것이 아니라, 지명채권의 양도에 관하여 이익을 주장하는 자라고 하는 경우 등과 같다.

사례연구 44 **토지소유권의 범위**

지하철공사는 A의 땅 50m 밑으로 지하철을 건설하기로 하였는데, A는 자기의 땅 밑으로 지하철이 지나는 것이 마음에 걸려, 50m 아래도 자기의 땅이니 공사를 하지 말라고 주장하고 있는데, 이는 타당한가?

≫ 민법 제212조에 "토지의 소유권은 정당한 이익 있는 범위 내에서 토지의 상하에 미친다"고 규정하고 있는데, 여기서 '상하'는 문자 그대로 해석하듯이 반드시 무한대를 의미하는 것은 아니다. 여기서 문제는 '정당한 이익 있는 범위 내에서'가 어디까지인가 하는 것인데, 이것에 대한 법률규정이 없다. 법원에서는 현재 지하 50m까지 사용자가 토지소유자에게 보상을 해주어야 한다는 판결이 나온 바 있으나, 결국 이 문제는 법원의 결정에 따를 수밖에 없는 문제이다. 우리 헌법 제23조에는 모든 국민의 재산권은 보장되지만(제1항), 재산권의 행사는 공공복리에 적합하게 행사하도록 하고 있다(제2항). A의 소유권은 공공복리와 조화를 이루어야 함으로 지하철공사에 공사중지를 주장할 것이 아니라 보상청구를 해야 할 것이다.

(다) 반대해석 : 반대해석이란 법을 해석함에 있어서 명문으로 규정되지 않은 경우에는 명문에 규정되어 있는 것과 반대로 된다고 해석하는 방법을 말한다. 민법 제3조의 "사람은 생존하는 동안 권리와 의무의 주체가 된다."는 규정으로 볼 때, 사람이 사망하는 경우에는 권리와 의무가 없다고 해석하는 경우라든가, 동법 제184조가 "소멸시효의 이익은 미리 포기하지 못한다."고 규정한 것은 시효완성 후에는 포기할 수 있다고 해석하는 경우 등이다.

사례연구 45 **일상가사대리권**

평범한 회사원인 A는 일정한 직업이 없이 손만 큰 아내 B를 모시고(?) 살고 있는데, 어느날 B는 자신의 사회활동과 아이들의 등하교를 위해 남편과 한마디 상의도 없이 할부로 자동차를 구입하였다. 남편 A는 자동차 할부금을 갚아주어야 할 의무가 있는가?

≫ 우리 민법 제832조에는 "부부의 일방이 일상가사에 관하여 법률행위를 한 때에는 다른 일방은 이로 인한 채무에 대하여 연대책임이 있다"고 규정하고 있으므로, 이를 반대해석하면 일상가사가 아니면 연대책임이 없다고 해석된다. 여기서, '일상가사'란 보통 의류의 구입, 연료, 식료품, 가옥의 임대차 등과 같이 부부의 공동생활에서 필요로 하는 통상의 사무를 말한다. 다만, 일

상가사의 범위와 정도는 부부의 생활정도, 수입, 사회적 지위, 재산 등에 의하여 구체적으로 판정될 문제이다.

(라) 보정해석 : 보정해석이란 법규의 문구가 틀렸거나, 부정확하다고 생각되는 경우에 이를 수정 또는 변경하여 해석하는 것을 말한다. 즉, 법조문의 용어에 명백한 오류가 있고, 그것을 문리해석할 때에는 법의(法意)에 현저히 반하는 경우에, 그 법조문의 문자를 수정·변경하여 법의에 맞도록 해석하는 것을 말한다.

사례연구 46 미성년자의 법률행위 실행 전의 철회(보정해석)

아버지 김부자는 18세 대학생인 김복동이 소유하고 있는 부동산을 매각하여 다른 부동산을 매입하면 큰 돈을 벌수 있다고 판단하여 김복동 소유의 부동산을 매각할 수 있도록 법정대리인으로서 동의를 하였다. 그런데, 새로 매입하려는 부동산이 이른바 '떴다방'에 의한 헛소문이라는 것을 알고 이를 취소(?)하려고 한다. 이는 가능한지의 여부와 '취소'라는 단어를 사용하는 것이 옳은 것인가?

≫ 민법 제7조에는 "법정대리인은 미성년자가 아직 법률행위를 하기 전에는 전 2조의 동의와 허락을 취소할 수 있다."고 규정하고 있으나, 여기서 '취소'는 '철회'라고 보정하여 해석하는 것이 좋을 것이다. 왜냐하면 '취소'란 일정한 원인에 의하여 의사표시의 효과를 소급적으로 소멸시키는 것을 말하는데, 여기에서는 법정대리인이 미성년자에게 행한 '동의'나 '승낙'이 장래에 대하여만 그 효력이 발생하지 않도록 하는 것에 불과하기 때문이다.

(마) 물론해석 : 물론해석이란 법문에 일정한 사례를 규정하고 있는 경우에 그 이외의 사례에 관해서도 사물의 성질상 당연히 그 규정에 포함되는 것으로 해석하는 방법을 말한다. 물론해석은 법조문의 자구(字句) 중에 다른 사례가 당연히 포함되어 있다고 해석되는데 반하여, 확장해석은 법조문의 자구를 확장하여 해석하는 점에서 서로 다르다. 물론해석을 예로 들면, 보행자만을 다니게 하기 위하여 "이 거리에는 자전차의 통행을 금함"이라는 푯말이 있는 경우에 자전차뿐만 아니라, 자동차통행도 물론 안 된다는 것이다. 또한 민법 제396조의 "채무불이행에 관하여 채권자에게 과실이 있는 때에는 법원은 손해배상의 책임과 그 금액을 정함에 이를 참작하여야 한다."는 규정에 대하여 과

실보다 더 중한 주관적 귀책사유인 고의는 물론 포함된다고 해석하는 것을 말한다.

사례연구 47 **물론해석**

김욕심은 자신이 키우던 소(牛)를 이억울에게 400만원에 인도하기로 매매계약을 체결하는데, 소값이 오르자 매매된 사정을 모르는 낯선 상인 박도매에게 450만원을 받고 팔아 버렸다. 이를 나중에 알게 된 이억울은 그 소를 내놓던지 소 값을 물어달라고 한다. 이에 대하여 김욕심은 미안하다고 사죄하고 소 값으로 400만원을 배상하겠다고 한다. 그런데 현재 그런 소는 500만원을 호가하고 그것도 더 오를 것 같다. 이억울은 소를 내놓으라고 할 수 있는가? 이억울은 얼마의 손해배상을 받을 수 있는가?

≫ 민법 제396조의 "채무불이행에 관하여 채권자에게 과실이 있는 때에는 법원은 손해배상의 책임과 그 금액을 정함에 이를 참작하여야 한다."는 규정에 대하여 과실보다 더 중한 주관적 귀책사유인 고의는 물론 포함된다고 해석하는 방법을 물론해석이라 한다. 이억울은 김욕심으로부터 소 한 마리를 넘겨받기로 한 채권자인데, 김욕심이 박도매에게 450만원에 팔아버렸으므로 채무불이행이 된다. 사례와 같이 과실로 소를 판 것이 아니라 욕심이 나서 고의로 박도매에게 소를 판 것이므로 더더욱 책임을 져야한다. 이억울이 김욕심에게 소를 내놓으라고 할 수는 없지만, 이억울은 김욕심에게 손해배상을 청구할 수 있고, 손해배상액은 당시의 소 값이 500만원을 호가하므로 500만원이 배상액이다.

3. 유추와 준용

법의 해석과 관련하여 주의해야 할 것으로 유추와 준용이 있다.

(1) 유 추

유추라 함은 어떤 사항에 대하여 명문의 규정이 없는 경우에 그것과 입법이유가 동일한 사항에 관한 법규가 있는 경우에는 그와 같은 법규가 있는 것처럼 해석하는 것을 말한다. 예컨대, 민법 제326조에는 "유치권의 행사는 채권의 소멸시효의 진행에 영향을 미치지 아니한다."고 하여 유치권에 대한 소멸시효를 규정하고 있다. 그런데 질권도 유치권과 마찬가지로 담보물권이면서 목적물을 점유하는 것이지만 이에 대한 명문의 규정이 없다. 따라서 질권의 경우에도 유치권과 달리 취급해야 할 이유가 없기 때문에 유치권의 소멸시효 규정을 질권에도 적용하는 것을 말한다.

한편, 유추는 직접 적용할 법규가 없을 때, 다른 법규를 적용하는 것이므로, 법규정에 나타난 문구의 의미를 그 목적에 적합하도록 법규의 범위 안에서 확장하는 확장해석과는 다르다. 또한, 유추는 적용할 법규가 전혀 없을 때, 그와 입법취지가 같은 다른 법을 적용하는 것이므로 법조문의 근거를 두고 그 언어적 표현과는 반대의 의미로 해석하는 반대해석과도 차이가 있다.

다만, 유추에 있어서 주의할 점은 법령 중 특히 형벌법규의 해석에 있어서는 죄형법정주의의 정신에 따라 유추해석을 할 수 없다는 유추해석금지의 원칙이 있다는 것이다. 만일 형법에 있어서 유추해석을 허용하면 형법에 규정되어 있지 않은 행위에 대해서도 처벌할 수 있기 때문에 근대 형법의 기본원리인 죄형법정주의를 위반하게 되는 것이다. 그러나 유추해석의 금지는 피고인에게 불리한 유추해석을 금지하는 것이며, 피고인에게 유리한 유추해석까지 금지하는 것은 아니다. 따라서 형벌을 감경하거나 조각하는 사유에 대한 유추해석은 허용된다. 소송법의 규정에 대해서도 원칙적으로 유추해석이 허용된다.

사례연구 48 **유추적용**

A는 공원을 산책할 때에 애완용으로 기르고 있는 세퍼드 천하무적과 함께 다녔다. 그 개로 인하여 주변사람들이 겁에 질리거나, 아무데서나 변을 눠 지저분하게 되자, 공원관리소에서는 “이 공원에는 개를 데려올 수 없음”이라고 공고하였다. 그러나 A는 이제 개가 아닌 말을 끌고 다니면서 “개가 아닌 말인데 무슨 상관이냐”고 하고 있는데, 이런 경우는 어떻게 되는가?

≫ 유추란 유사한 두 개의 사실 중, 하나의 사실에 관하여만 규정하고 있는 경우에, 다른 사실에 관하여도 이와 같은 효과를 인정하는 해석방법이다. 마차통행금지의 규정이 있지만, 우차(牛車)의 통행에 관하여 규정이 없더라도 우차의 통행을 금한다는 것으로 해석하는 것이다. 따라서 A는 공원에 말을 데려 올 수 없다. 한편, 경범죄처벌법 제1조 제12호에는 “길 · 공원, 그밖에 여러 사람이 모이거나 다니는 곳에서 함부로 침을 뱉거나 대소변을 보거나 또는 그렇게 하도록 시키거나 개 등 짐승을 끌고 와서 대소변을 보게 하고 이를 치우지 아니한 사람”에 대해서는 10만원 이하의 벌금, 구류 또는 과료의 형으로 처벌된다.

(2) 준 용

준용이라 함은 각 경우에 일일이 규정하여야 할 것을 번잡한 중복을 피하고 법조문을 간결하게 하기 위하여 다른 법조문을 응용하여 적용하는 것을 말한다. 예컨대, 민법 제12조 제2항에는 "한정후견개시의 경우에 제9조 제2항을 준용한다"고 규정하고 있다. 따라서 준용은 법규의 존재를 전제로 하는 것이므로 유추와는 다르다.

4. 법해석상 주의해야 할 법률용어

(1) 선의 · 악의

법률에서 선의 · 악의의 개념은 윤리적인 것과는 거리가 멀다. 즉, 법률에서 선의란 어떤 사실을 알지 못한 것이고, 악의란 어떤 사실을 알고 있는 것이다. 예컨대, 타인의 물건인 것을 알지 못하고 산 사람은 선의의 매수인이 되고, 타인의 물건임을 알고서 산 사람은 악의의 매수인이다. 법률행위에 있어서 당사자 일방이 선의 · 악의에 따라 법률효과가 다른 경우가 많다(민법 제29조 제2항 · 제110조 등).

(2) 제3자

제3자란 법률행위의 당사자 이외의 모든 사람을 가리키는 말이다. 그러나 경우에 따라서는 그 범위가 제한되는 때가 있다.

(3) 대항하지 못한다

법률에는 제3자에게 '대항하지 못한다'는 문장이 많이 나온다. '대항하지 못한다'는 뜻은 법률행위의 당사자가 제3자에 대하여 법률행위의 효력을 주장하지 못한다는 것을 의미한다. 그렇지만 법률행위의 효력을 인정하는 것은 상관없다. 선의의 제3자를 보호하여 거래의 안전을 확보하려는 경우에 사용된다.

제3절 법의 적용

I. 의 의

법은 인간의 사회공동생활관계를 규율하는 일반적이며, 추상적인 규정을 그 내용으로 하고 있다. 이러한 법문(法文)의 일반성·추상성으로 인하여 일정한 생활관계에서 법적인 효과를 기대하기 위해서는 특정한 법규가 구체적인 사건에 적용되어야 한다. 따라서 법의 적용(Application of Law, Rechtsanwendung)이란 인간의 사회생활에서 발생한 구체적 사실에 대하여 법의 내용을 구체적으로 실현시키는 것이라 할 수 있다.

이와 같이 법은 그 성질상 일반성·추상성을 가진 규범으로 나타나므로 어떤 구체적인 사실에 대하여 법률효과를 발생하기 위해서는 법의 적용과정을 거치지 않으면 안 된다. 법의 적용은 법규를 대전제로 하고, 구체적인 사건을 소전제로 하여 구체적인 결론을 내리는 3단론법의 과정을 통해 이루어진다.

예컨대, A가 B를 폭행한 경우에는 폭행죄가 되는데, 이에 대해서는 형법 제260조 제1항에 "사람의 신체에 대하여 폭행을 가한 자는 2년 이하의 징역, 500만원 이하의 벌금, 구류 또는 과료에 처한다."고 규정하고 있다. 먼저 폭행의 사실을 정확히 인정하고 범인의 성격, 연령, 범죄의 동기, 경중, 정황 등을 고려하여 형법 제260조의 규정에 맞추어 이 사건의 경우는 징역 몇년 몇월이라는 구체적이며 합리적 판단을 내리는 것이다.

(법의 적용)

사건발생 ⇒ 사실확정 ⇒ 법의 발견 ⇒ 법의 해석 ⇒ 법의 적용 ⇒ 결론(판결)

형법 제260조 제1항

대전제	사람의 신체에 대하여 폭행을 가한 자 (법률요건)	2년 이하의 징역, 500만원 이하의 벌금, 구류 또는 과료에 처한다 (법률효과)
소전제	A가 B를 폭행하였다	
결론(판결)	A는 징역 1년에 처한다	

이와 같은 것을 법의 적용이라고 하며, 이는 구체적인 사실의 인정, 법의 의미·내용의 확정, 즉 법의 해석이 기초가 되는 것이다.

Ⅱ. 사실의 확정

법이 적용되기 위해서는 먼저 법의 적용대상인 사실의 존부 및 그 내용이 확정되지 않으면 안된다. 예컨대, A가 B를 폭행하였다고 가정하면, 먼저 사실상 폭행을 하였는가? 왜 폭행을 하였으며 그 동기는 무엇인가? 고의냐 아니면 과실이냐? 언제 어디서 폭행을 하였으며 어떠한 방법으로 폭행을 하였는가? 가해자는 피해자와 어떤 관계인가? 그리고 피해자는 어느 정도로 폭행을 당하였는가? 등의 사실을 명백히 하지 않으면 안된다.

여기서 사실의 확정은 사회생활에서 발생한 사실을 있는 그대로, 즉 자연적으로 인식하는 것이 아니라 법적으로 인식하는 것을 말한다. 즉, 동일한 폭행이라 할지라도 상해의 의사로 폭행을 하는 경우와 강도나 강간의 의사로써 폭행하는 경우, 또한 폭행을 하기 위해 폭행하는 경우 등이 있을 수 있다. 이러한 경우에 상해 또는 강도·강간 등 어느 의사로써 행한 폭행인가를 결정하는 것이 법적으로 인식하는 것이라고 하겠다.

이와 같은 사실의 확정은 법의 적용에 있어서 그 전제가 되는 것으로서 이것을 사실문제라고 한다. 그리고, 이 사실문제에 대하여 사실을 규율하는 법규의 내용을 밝혀내는 법의 해석에 관한 문제를 법률문제라고 한다.

요컨대, 사회생활관계에서 일어난 사실에 대한 구체적이고 명백한 진상이 밝혀지면 비로소 법을 적용하게 된다. 이와 같은 사실의 확정은 사실의 입증, 사실의 추정, 사실의 의제로 나누어 설명할 수 있다.

1. 사실의 입증

사실의 입증이란 법률관계 또는 사실관계의 존재를 판단하는 데 필요한 증거자료를 제시하는 것을 말한다. 이와 같은 것을 제시하는 것은 법을 적용하는 데 있어서 매우 중요한 일로써, 이러한 사실의 확정에 있어서 근거가 되는 것을 증거라 한다.

재판에 있어서 입증(증명)책임이 문제되는 바, 그 판단의 전제가 되는 개개의 분쟁사실의 존부에 대하여 어느 당사자가 입증책임을 지느냐에 대해서는 원칙적으로 "입증책임은 사실내용을 주장하는 자에게 있지 부정하는 자에게 있지 않다."는 원칙이 적용되는 것이 보통이다. 사실을 확정하기 위한 입증방법에는 증명과 소명의 두 가지가 있다. 여기서 증명이란 당사자가 법원으로 하여금 그 사실관계에 대하여 확신을 얻도록 하는 것이며, 소명이란 확신을 얻게까지는 못할지라도 다만 그럴 것이라는 개연적 심증을 얻게 하는 정도의 입증을 말한다.

2. 사실의 추정

사실의 추정(Vermutung)이란 명확하지 않은 사항을 일단 있는 것으로 가정하여 법률효과를 발생시키고, 만일 그에 대한 반증을 들면 가정에 의해 발생한 법률효과가 상실(소멸)되는 것을 말한다.

따라서 반대의 사실을 주장하는 당사자는 반대의 증거를 들어 이를 부정할 수 있다. 예를 들면, 민법 제200조가 "점유자가 점유물에 대하여 행사하는 권리는 적법하게 보유한 것으로 추정한다."고 규정한 것을 들 수 있다. 그러므로 이 경우에 점유하고 있다는 사실만으로 일단 점유자가 적법하게 보유하였다고 가정하여 법률효과를 발생시키지만, 점유의 사실이 부적합하게 성립한 것이라는 반증이 성립되면, 점유자의 점유물에 대한 권리는 무효가 되는 것이다. 또한, 민법 제844조 제1항에는 "처가 혼인 중에 포태(胞胎)한 자는 부의 자로 추정한다."고 규정하여 일단 친생자관계를 인정하고 있으나, 동법 제846조에는 "부부의 일방은 제844조의 경우에 그 자가 친생자임을 부정하는 소를 제기할 수 있다."라고 규정하여 법률관계의 추정사실은 반증을 들어 그 추정을 전복시킬 수 있다고 규정하고 있다. 다만, 이 경우에 있어서는 사회의 질서와 평화의 유지를 위하여 그 출생을 안 날로부터 2년 이내로 그 기간을 제한하고 있다(동법 제847조).

사례연구 49 **동시사망의 추정**

B는 평소 여행을 좋아하는 남편 A와 시어머니를 모시고 외동아들을 키우며 살고 있었다. 평소 청소년 문제는 가정에서의 자식들에 대한 무관심에서 발생한다고 생각하여 가족과 함께 고속버스를 타고 동해안으로 여행을 가다가 엔진브레이크 파열로 고속버스가 전복되었고 남편 A와 외동아들이 즉사하였고, 시어머니와 B는 큰 부상을 입었지만, 살아났다. 남편 A와 외동아들

중 누가 먼저 사망하였느냐에 따라 상속이 달라지게 되는데, 이 경우에는 어떻게 되는가?

≫ 만일 외동아들이 남편 A보다 1분이라도 늦게 사망하였다면 A의 유산은 아내 B만 상속하게 되고, 외동아들이 남편 A보다 1분이라도 먼저 사망하였다면 시어머니와 아내 B가 공동으로 상속하게 된다. 그런데 위와 같은 사건에 있어서는 누가 먼저 사망하였는지가 분명하지 않은데, 이 경우에는 민법 제30조에서 "2인 이상이 동일한 위난으로 사망한 경우에는 동시에 사망한 것으로 추정한다."고 규정하고 있으므로, 남편 A와 외동아들이 동시에 사망한 것으로 하여 시어머니와 아내 B가 공동으로 상속하게 된다.

3. 사실의 의제

사실의 의제(Fiction, Fiktion)란 그 사실의 진실여부와는 관계없이 법에 의하여 일정한 효과를 부여하는 것을 말한다. 따라서 사실의 존부·진부 여하를 불문하고 반증을 들어도 법규가 의제한 법률효과가 전복되지 않는다는 점에서 추정과 구별된다. 즉, 사실의 의제는 어떤 사실의 진실성과는 처음부터 관계가 없으며, 법률생활의 안정과 공익적 측면, 그리고 어떤 법률주체의 보호를 위하여 법률정책적으로 그렇게 인정된 것이기 때문에 반증을 들어 이를 부인할 수 없다.

사실의 의제는 법규에서 주로 '… 으로 본다' 또는 '… 으로 간주한다'고 규정하고 있는 것이 보통이다. 예를 들면, 민법에는 실종의 선고를 받은 자는 실종의 기간이 만료한 때에는 사망한 것으로 본다고 규정하고 있는데(제28조), 만일 실종자가 살아서 돌아오는 경우와 같이 실종선고가 사실과 다르다는 것이 뒤늦게 입증되더라도 그 실종선고를 취소하지 않는 한 사망이 뒤집어지는 것은 아니다. 그리고 민법 제19조의 "주소를 알 수 없으면 거소를 주소로 본다."는 등이 그 예이다.

사례연구 50 **사실의 의제와 실종선고**

A가 알래스카 크루즈여행을 하던 중 암초로 인해 배가 두 동강 나는 사고가 발생하였다. 다수의 사상자가 발생하였는데, 그 중 몇 사람은 생사여부를 확인할 수 없었고, A도 그 중의 한 사람이었다. 유람선 사고 발생 후 2년이

되도록 남편 A의 생사조차 알 수 없었던 부인 B는 법원에 실종선고를 청구했다. 법원의 실종선고로 A는 사망한 것으로 간주되었고, B는 C와 재혼하여 새로운 가정을 가지게 되었는데, 이게 어찌된 일인가? 죽은 줄로만 알았던 A가 살아 돌아왔는데, 법률관계는 어떻게 되는가?

≫ 어떤 이유로 인하여 생사불명상태가 장기간에 이르러 사망의 개연성이 크지만, 그렇다고 사망의 확증도 없는 경우가 있다. 이런 경우에는 일정한 조건하에 가족, 재산관리인, 채권자와 같은 이해관계인 또는 검사가 법원에 실종선고를 청구하여 사망한 것으로 간주하는 제도가 있다. 실종선고를 청구하기 위해서는 상당한 실종기간이 필요한 바, 전쟁, 선박, 항공기 추락 등에 의한 재난으로 실종된 경우에는 1년이고, 그밖의 실종에는 5년이 경과되어야 한다(민법 제27조). 위 사례에서의 법률관계는 ⅰ) 사망으로 간주된 A는 법원에 실종선고 취소를 청구할 수 있고, ⅱ) 만약 부인 B에게 A의 재산이 상속되었다면 A가 다시 돌려 받을 수 있고, ⅲ) B와 C 중 어느 한쪽이 A가 살아있다는 것을 알고도 재혼하였다면 A와 B의 혼인은 다시 부활하게 되어 B와 C의 혼인은 중혼이 되어 취소할 수 있다. 한편, B와 C 모두가 A가 사망한 것으로 알고 재혼한 경우에는 그 혼인은 그대로 유지된다.

사례연구 51 **사실의 의제와 절도죄**

자린고비 영감 A는 투철한 절약정신으로 초가삼간에 살면서 먹을 것도 먹지 않고, 입을 것도 안 입으면서 많은 재산을 모았다. A의 절약정신이 도를 넘어 전기세까지 절약하기 위하여 계량기를 조작하였다. 계량기 조작으로 전기세를 1/2로 줄였다면 어떤 죄가 되는가?

≫ 형법 제329조에는 "타인의 재물을 절취한 자는 6년 이하의 징역 또는 1천만원 이하의 벌금에 처한다."고 규정하고 있는데, 보통 재물이라 하면 눈에 보이는 유체물을 의미하므로 전기의 절취, 속칭 도전행위(盜電行爲)는 절도죄가 되지 않는다고 생각할 수 있다. 그러나 형법 제346조에는 "본장의 죄에 있어서 관리할 수 있는 동력은 재물로 간주한다."고 규정하고 있으므로 절도죄가 성립한다(대판 1958. 10. 31). 여기서 관리할 수 있는 동력으로는 전기, 수도, 인공냉기, 인공열, 수력, 공기의 압력 등이 포함된다.

Ⅲ. 법 적용의 순서

법의 적용은 추상적으로 규정된 법규범의 내용 또는 효력을 사회생활에서 실제로 발생한 구체적인 사실에 실현시키는 것을 말한다. 그런데 법규범은 상위법과 하위법, 일반법과 특별법, 구법과 신법 및 법률불소급의 원칙 등이 존재하기 때문에 법적용 순서의 원칙이 문제가 되는데, 첫째 상위법 우선의 원칙, 둘째, 특별법 우선의 원칙, 셋째, 신법 우선의 원칙, 넷째 법률불소급의 원칙의 순으로 적용하는 것이 일반적이다.

여기서 상위법 우선의 원칙이란 실정법상 상위의 법규는 하위의 법규에 우선하여 적용된다는 원칙을 말하고, 헌법 〉 법률 〉 명령 〉 조례 〉 규칙 등의 순이며, 상위의 법규를 위반하는 하위의 법규는 정상적인 효력이 발생하지 않는다.

특별법 우선의 원칙이란 동일한 사항에 일반법과 특별법이 상호 충돌(저촉)할 때에는 특별법이 일반법에 우선하여 적용된다는 원칙을 말한다.

신법 우선의 원칙이란 법령이 새로 제정 또는 개정되어 법령의 내용이 상호 충돌(저촉)할 때에는 신법이 구법에 우선하여 적용된다는 원칙을 말한다.

법률불소급의 원칙이란 새로 제정 또는 개정된 법률의 효력은 그 시행기간 중에 발생한 사항에 대해서만 적용되고 그 시행 이전에 발생한 사항에 대해서는 적용되지 않는다는 원칙을 말한다. 이 원칙은 기본적으로 과거의 법률행위나 사건에 대한 법률을 소급하여 적용할 수 없음을 의미한다.

제 4 장 권리와 의무

제 1 절 법률관계

인간의 사회생활관계는 매우 복잡하고 다양하여 종교, 관습, 도덕, 법 등 각종 사회규범에 의하여 규제되고 있다. 이러한 인간의 사회생활관계는 친구관계, 사제관계, 신앙관계 등과 같이 도덕, 종교, 관습의 대상이 되는 사회생활관계가 있고, 매매관계, 임차관계, 혼인관계, 상속관계 등과 같이 법의 대상이 되는 생활관계가 있다. 여기에서 전자와 같이 법적으로는 아무런 관계가 없는 생활관계를 사실관계라고 하고, 후자와 같이 법의 대상이 되는 생활관계를 법률관계(Rechtsverhältnis)라고 한다.

고대사회에서는 맹목적 신앙심과 결부된 미풍양속 내지 관습 등에 의해 규율되었으므로 법률관계가 적었다. 그러나 인간생활관계가 복잡해지고, 사회가 발달하여 법률제도가 완비되어감에 따라 법의 규율대상이 되는 사회생활관계의 범위는 점차로 증가하였고, 오늘날에 있어서 인간의 사회생활관계의 대부분이 법률관계, 즉 권리 · 의무관계로 되어 있다. 예를 들면, A와 B 사이에 냉장고 한 대를 사고 파는 행위는 경제생활로 사실관계라고 할 수 있지만, 이것을 법적 측면에서 보면 냉장고를 판 사람은 매도인으로서 그 대금을 청구할 수 있고 냉장고를 산 사람은 매수인으로서 그 물건을 인도받을 권리가 있다. 반대로 보면 매도인은 물건의 인도의무를 지며, 매수인은 대금지급의무를 진다고 할 수 있는데, 이것을 법률관계라고 한다.

이러한 법률관계를 역사적으로 보면, '의무본위'에서 '권리본위'로, 다시 '권리본위'는 '의무중시'로 발달하게 되었다. 즉, 중세봉건사회에서는 상하(上下)의 지배복종체제 하에서 '의무본위'였으나, 근대사회에 이르러서는 개인의 자유와 평등을 이상으로 하여 상하의 신분적 종속관계가 타파되고 모든 사람이 기본적 인권을 향유하게 됨에 따라 '권리본위'로 바뀌었다. 독일의 라이프니츠(Leibnitz)는 이러한 현상을 '법학은 권리의 학문'이라고 하였다.

그러나 20세기에 들어오면서 자유주의와 개인주의를 기반으로 하여 성립된 근대자본주의경제와 이를 배경으로 한 권리본위는 그 모순이 심화되기 시작하였다. 이에 따라 복지국가적 정치이념이 대두되었고, 개인중심의 사고에서 사회중심의 사고로 사회사조가 발전함으로써 권리보다는 의무가 더욱 강조되었다. 예컨대, 1919년 바이마르헌법 제153조에서는 "소유권은 의무를 수반한다."고 하였고, 우리나라 헌법 제23조 제2항에서도 "재산권의 행사는 공공복리에 적합하도록 하여야 한다."는 규정을 두게 되었다. 이와 같이 재산권 행사의 공공복리성을 명시함에 따라 권리가 점차 사회적인 성격을 띠게 되었고, 권리자가 권리를 행사함에 있어서도 공공복리를 위하여 의무를 수반하게 되었다.

제2절 권 리

Ⅰ. 권리의 개념

권리란 '특정한 이익을 누리게 하기 위하여 법에 의하여 특정인에게 주어진 법률상의 힘(권리법력설의 입장)'이라고 할 수 있으며, 이를 분설하면 다음과 같다.

첫째, 권리는 특정한 이익을 내용으로 한다. 따라서 "태평양, 달, 태양을 달라"고 하는 것과 같이 막연한 이익을 목적으로 하는 것은 권리가 아니며, 반드시 특정이익이어야 한다. 즉, 특정된 이익이 아니라 법규정에 의한 반사작용으로 인한 이익이 생긴다 하더라도 그것은 권리가 될 수 없다. 또한, 여기서 '이익'이란 사람이 사회생활을 하는데 있어서 가지는 일반 이익을 말하며, 재산적 이익뿐만 아니라 생명, 신체, 자유, 명예 등과 같은 비재산적 이익도 포함된다.

사례연구 52 **권리와 반사적 이익**

국가에서 X산업의 발전을 위해 Y제품의 제조업에 대하여 법령으로써 보조금을 지급함에 따라 허망해 씨는 싼 가격으로 그 제품을 구입하였다. 그러나 어느 날 국가에서 보조금을 중단함에 따라 비싼 값에 그 물품을 사게 되었던 허망해는 국가에 의해 권리가 침해되었다고 하여 소송을 제기하고자 하는데, 이는 정당한가?

≫ 권리란 '특정한 이익을 누리게 하기 위하여 법에 의하여 특정인에게 주어진 법률상의 힘'인 반면, 반사적 이익은 '강행법규의 취지가 사익보호에 있는 것이 아니라 전적으로 공익보호만을 목적으로 한 결과 특정인이 반사적으로 누리는 이익'을 말하며, 반사권이라고도 한다. 즉, 반사적 이익은 법령 시행의 결과, 그 반사로서 이익을 누릴 뿐이고, 그 이익을 권리로서 청구할 수 없는 이익 상태를 말한다. Y제품 제조업에 대한 국가의 보조금 지급은 어떤 특정인의 이익을 보호하려는 것이 아니므로, 개인이 국가에 대하여 보조금지급을 청구할 수는 없다.

둘째, 권리는 특정인에게 부여된 것이다. 권리는 사람에게 이익을 부여하려는 것이므로 그 권리를 가지는 사람이 특정되지 않으면 안된다. 여기서 사람이란 자연인과 법인을 포함하며, 사람이 아닌 동물이나 또는 특정되지 않은 가공인물은 권리를 가질 수 없다.

셋째, 권리는 법률상의 힘이다. 따라서, 그것은 사실상의 힘이나 물리적 실력과는 구별되며, 이 힘은 법에 의하여 정당화된 힘이다. 권리는 사람이 법익을 부여받으려고 하였는지의 여부와 관계없고, 또 이미 그것을 부여받고 있는지의 여부와도 관계없다. 또한 의사무능력자나 행위무능력자, 혹은 권리의 존재 자체를 몰랐던 사람도 권리의 주체가 될 수 있다.

Ⅱ. 권리의 분류

권리는 여러 가지 표준에 의하여 분류할 수 있으나 가장 기본적인 분류는 권리의 존립근거인 법의 분류에 따르는 방법이다. 즉, 법을 공법, 사법, 사회법으로 나눌 수 있듯이 권리도 공권, 사권, 사회권 등으로 나눌 수 있다.

1. 공 권

공권이란 공법관계에 있어서 당사자의 어느 한쪽이 가지는 권리를 말한다. 공법을 국내법과 국제법으로 분류하듯이 공권도 국내법상의 공권과 국제법상의 공권으로 분류할 수 있다.

(1) 국내법상의 공권

국내법상의 공권이란 국가, 공공단체 또는 개인이 공법관계에서 가지는 권리를 말하며, 특히 통치관계에서 가지는 권리이다. 국내법상의 공권은 그 귀속주체에 따라 국가적 공권과 개인적 공권으로 분류할 수 있다.

국가적 공권이란 국가 또는 공공단체가 그 자체의 존립을 위하여 가지는 권리 및 국민에 대하여 강제할 수 있는 권리를 말하며, 여러 가지 표준에 의해 세분된다.

① 권리의 목적으로 한 분류로는 행정조직권, 재정권, 군정권, 형벌권, 경찰권, 공기업권 등이 있고, ② 권리의 내용으로 한 분류로는 명령권, 강제권, 형성권, 공법상의 물권 등이 있으며, ③ 권리의 작용을 기준으로는 입법권, 사법권, 행정권 등이 있다.

개인적 공권이란 개인(국민)이 국가나 공공단체에 대하여 갖는 권리를 말하며, 이에는 자유권, 참정권, 수익권 등으로 분류된다.

(2) 국제법상의 공권

국제법상의 공권은 국가가 국제법상 갖는 권리를 말한다. 이 권리는 국제조약 및 국제관습법 등에 의하여 인정되고 있는 권리이며, 그 중요한 것으로는 주권, 평등권, 자위권, 외교적 보호권 등이 있다.

여기서 주권이란 국제법상 다른 국가의 권력이나 어떠한 국제적인 권력에도 복종하지 않고, 자주적으로 통치를 행하고 독립적으로 행동할 수 있는 권리를 주권이라 하며, 영토주권(국내관할권)과 대외주권(독립권)이 있다. 평등권은 모든 국가가 평등하게 국제법상 권리·의무를 향유하고 있는 것을 말한다. 자위권은 급박 또는 현존하는 위해로부터 국가 또는 국민을 방위하기 위하여 부득이 필요한 한도 내에서 실력을 행사할 수 있는 국가의 권리를 말한다. 외교적 보호권이란 국가가 외국에 체류하고 있는 국민(재외국민)이 체류국으로부터 부당한 대우를 받거나 불법하게 권리침해를 받는 경우에 체류국에 대해 적절한 구제를 요구할 수 있는 권리를 말한다.

사례연구 53 **자위권의 요건**

A국에 파견되어 있는 B국 상사원 20명 중에서 무장게릴라에 의해 5명이 사망하고 15명이 지사건물에 인질로 잡혀 있는데, 동 게릴라는 인질석방조건으로 복역 중인 동료 5명과 1,000만불을 요구하였다. A국은 국내의 다른 세력들에 의한 쿠테타의 위협으로 인질사건에 적극적이지 못하자, UN가맹국인 B국 정부는 특공대를 파견하여 인질을 구출하게 되었다. A국은 침략이라고 항의를 하자, B국은 자위권의 행사라고 주장하고 있는데, 동 구출작전을 자위권 행사로 볼 수 있는가?

≫ UN헌장 제51조의 자위권은 종래의 자위권 요건보다 그 요건을 강화시키고 있다. 즉, 급박한 공격의 위해만으로 자위권을 인정한 것이 아니라 무력공격의 현실적인 발생에 한해서만 자위권을 발동하도록 하고 있고(행정적 통제), 안보리가 국제평화와 안전에 필요한 조치를 취할 때까지만 취할 수 있으며(행사시기에 관한 통제), 자위권 행사국이 취한 조치들을 즉시 안보리에 보고하도록 함(적부심사에 의한 통제)으로써 필요한도 이상의 자위권행사를 방지하도록 하고 있다. 따라서, B국은 위 요건을 충족하지 않은 불법행위로 A국에 대해서 국가책임을 져야 할 것이다.

2. 사 권

사권이란 사법관계에 있어서 당사자인 권리주체가 갖는 권리를 말한다. 즉, 사인상호간에 존재하는 권리 및 국가 또는 공공단체가 통치관계를 떠나서 사인과 대등한 관계에서 행동하는 경우에 국가 또는 공공단체와 국민간에 존재하는 권리를 말한다. 사권은 여러 가지 표준에 의하여 분류될 수 있다.

(1) 권리의 내용에 의한 분류

(가) 인격권 : 권리자로부터 분리할 수 없는 인격적 이익을 향유하는 것을 내용으로 하는 권리를 말하며, 예를 들면 생명권, 신체권, 자유권, 명예권, 정조권 등이 있다.

(나) 재산권 : 경제적 이익을 목적으로 하는 권리를 말하며, 물권, 채권,

무체재산권 등이 있다.

① 물권 : 물권이란 일정한 물건을 직접 지배하여 이익을 얻는 배타적 권리를 말한다. 즉, 물권의 본질은 물권의 객체인 물건을 직접적 · 배타적으로 지배하는 것이다. '물건을 직접적으로 지배한다'는 것은 채권과 같이 타인의 적극적인 행위를 필요로 하지 않고 직접 물건에 대하여 지배력이 미치는 것을 말하며, '물건을 배타적으로 지배한다'는 것은 동일한 물건 위에 동일내용의 물권이 두 개 이상 성립할 수 없다는 것을 의미한다. 민법이 인정하는 물권의 종류로서는 점유권 · 소유권 · 지상권 · 지역권 · 전세권 · 유치권 · 질권 · 저당권 등 8종류가 있다.

② 채권 : 채권이란 특정인(채권자)이 특정인(채무자)에 대하여 일정한 행위(급부)를 청구할 수 있는 권리를 말한다. 우리 민법에는 특정물채권, 종류채권, 금전채권, 이자채권, 선택채권 등이 있다.

③ 지식(무체)재산권 : 저작, 발명 등과 같이 정신적 · 지능적 창조물인 무형의 이익을 목적으로 하는 권리이며, 예를 들면 저작권, 특허권, 의장권(意匠權), 상표권 등이 있다.

사례연구 54 저작권

한국대학교의 경찰행정학과 김주석 교수는 학과의 홈페이지를 만들면서 인터넷 포털 사이트에 떠돌던 멋진 제복의 여경사진을 퍼다가 홈페이지 메인 화면에 게재하였다. 어느 날 X법률사무소에서 '여경사진을 무단 게재하였으니 손해배상을 하라'고 하는데, 이는 정당한가?

≫ 저작권이란 저작물을 창작한 자가 자신의 인간의 사상 또는 감정을 표현한 창작물을 독점적으로 이용하거나 이를 남에게 허락할 수 있는 인격적 · 재산적 권리를 말한다(저작권법 제2조 제1호 및 제2호 참고). 예컨대 작사자의 허락없이 음악 파일을 유명가수 팬클럽 사이트에 올리는 행위, 자신의 카페에 어린 학생이 창작하여 인터넷 포털 사이트 블로그에 올린 소설을 복제하여 올리는 행위 등이 그 예이다. 저작재산권은 특별한 규정이 있는 경우를 제외하고는 저작자가 생존하는 동안과 사망한 후 70년간 존속하고(같은 법 제39조), 저작재산권, 그 밖에 이 법에 따라 보호되는 재산적 권리를 복제, 공연, 공중송신, 전시, 배포, 대여, 2차적 저작물 작성의 방법으로 침해한 자는 5년 이하의 징역 또는 5천만원 이하의 벌금에 처하거나 이를 병과할 수 있다(같은 법 제136조 제1항). 위 사례는 타인의 저작권을 침해한 사례로 불법행위에 해

당하여 5년 이하의 징역 또는 5천만원 이하의 벌금에 처하거나 이를 병과할 수 있고, 저작권자에게 손해배상책임을 지게 된다.

(다) 신분권 : 권리자 자신의 일정한 신분에 따르는 권리로서 권리자로부터 분리할 수 없는 권리이며, 친족권, 상속권 등이 있다. 신분권의 특색은 신분과 끊을 수 없는 일신전속적인 권리이며, 거래의 객체도 될 수 없으며, 이를 포기할 수 없는 것을 원칙으로 한다는 데에 있다.

(라) 사원권 : 사단법인의 사원이 그 사원의 지위에서 법인에 대하여 갖는 권리를 말하며, 사단(社團)의 운영에 참가하는 것을 내용으로 하는 공익권(예컨대, 의결권, 소수사원권, 의무집행권 등)과 사단에 대한 사원 자신의 권리의무를 내용으로 하는 자익권(예컨대, 이익배당청구권, 시설이용권, 출자의무 등)으로 나눌 수 있다.

(2) 권리의 작용을 표준으로 한 분류

(가) 지배권 : 권리의 내용인 일정한 이익을 직접 지배하는 권리를 말하며, 물권, 무체재산권, 친족권의 대부분이 이에 속한다. 지배권은 일반인이 그 목적에 간섭을 배척할 수 있는 배타성을 가지는 것이 원칙이다. 지배권인 물권이 침해당하였을 경우에는 손해배상청구권이나 방해제거청구권 등의 물권적 청구권이 생긴다.

(나) 청구권 : 타인의 작위 또는 부작위를 요구할 권리를 말한다. 청구권은 지배권과는 달리 권리의 목적인 이익을 향수하기 위하여 타인의 행위를 필요로 하는 것이 특색이며, 채권이 그 전형적인 예이다. 그러나 물권적 청구권, 인지청구권, 부부의 동거청구권 등과 같이 물권 및 비재산권에 의하여 청구권이 생기는 경우도 있다.

(다) 형성권 : 권리자의 일방적 의사표시에 의하여 권리의 발생, 변경, 소멸 기타의 법률상의 효과를 발생시키는 권리를 말하며, 예를 들면 취소권, 추인권, 해제권, 해지권, 선택권, 인지권, 상계권 등이 있다. 형성권은 원칙적으로 권리자의 일방적 의사표시만으로서 그 효과가 발생하는 것이지만, 채권자취소권이나 이혼청구권과 같이 신분관계나 제3자에 대하여 커다란 영향을 미치는 법률관계에 관하여서는 법원의 판결로 확인될 때, 비로소 형성의 효력이 생기는 경우가 있다.

사례연구 55 **상계권**

사업을 하다가 망한 A는 친구 B로부터 포장마차를 차리는데 300만원을 차용하여 포장마차를 개업하였다. 그런데, B는 날마다 친구들을 데려와 술과 안주를 먹었고, 이제 외상값이 150만원이 되었다. B는 A에게 꿔 준 돈 300만원을 갚으라고 한다. A는 B의 외상값을 받아야 하는데 어떻게 하면 좋을까?

≫ 상계는 채권자와 채무자 사이에 서로 같은 종류의 채권을 가지는 경우에 그 채권과 채무를 대등액에서 소멸시키는 채무자의 의사표시를 말한다. 이와 같은 상계가 인정되는 이유는 채권자, 채무자가 서로 현실적으로 청구하는 번거로운 절차를 생략할 수 있다는 편리성 때문에 인정되며, 또한 당사자의 한쪽에서 재력이 악화되거나 파산상태가 되는 경우, 그렇지 않은 한쪽에게 채무의 전액을 변제하게 되면 공평하지 못하기 때문이다. 따라서 A는 B에게 자기의 채권(외상값)과 B의 채권(대여금)을 상계하자고 말하고 잔액 150만원을 B에게 지불하면 된다.

(라) 항변권 : 타인이 요구하는 청구권에 대하여 이를 거절할 수 있는 권리를 말한다. 항변권의 행사는 상대방에게 단지 청구의 작용을 일시 정지시키는데 그친다. 즉, 그 행사를 부인하는 것이 아니라 그 행위를 배척하는데 그치는 것이다. 예를 들면, 보증인의 최고·검색의 항변권(민법 제437조)이나 동시이행의 항변권(민법 제536조) 등이 있다.

사례연구 56 **동시이행의 항변권**

X은행 대부계에서 근무하고 있는 A는 B에게 자신의 아파트를 매도하기로 약정하고 계약금과 중도금을 받았으며 1개월 뒤에 잔금 3,000만원을 받기로 하였다. 그런데 3,000만원의 잔금을 주기로 한 날에 B가 A를 찾아와서 돈이 모자라니 등기를 넘겨주면 X은행에서 대출을 받아 갚겠다고 하는데, A는 B에게 등기를 넘겨주어야 하는가?

≫ 부동산 매매처럼 매도인과 매수인이 서로 반대되는 계약상의 의무를 부담하는 형태의 계약을 쌍무계약이라 한다. 쌍무계약에서 생긴 두 채무는 어느 일방이 '선이행한다'는 특약이 없는 한, 동시에 이행하는 것이 신의칙과 공평의 원칙에 적합하다. 쌍무계약의 당사자 한쪽은 상대방이 그 채무의 이행을 제공할 때까지 자기의 채무이행을 거절할 수 있는데, 이를 동시이행의 항변권이라고 한다(민법 제536조). 즉, 상대방이 자신의 의무는 이행하지 않고

청구만 하는 경우, 이를 거절할 수 있는 권리이다. 따라서 A는 잔금을 받기 전까지 B에게 등기를 넘겨줄 의무는 없고, A는 B의 잔대금채무와 자기의 등기이전의무를 동시에 이행할 것을 주장하는 것이 좋다.

사례연구 57 **최고 · 검색의 항변권**

한의리는 친구 이미숙의 요청에 의해 자동차 할부구입 시, 보증을 서주었다. 그런데 이미숙이 자동차를 인수한 후 시승식을 한다며 운전하다가 얼마 가지 못하고 운전미숙으로 사고를 내고 자동차는 폐차되었다. 한 번밖에 타지 못한 차가 폐차가 되어 속이 상한 이미숙은 자동차 할부금을 갚지 않게 되자, H자동차회사에서는 한의리에게 대신 갚으라고 하는데, 한의리는 이를 거절할 수 있는가?

≫ 보증인은 주채무자가 이행하지 아니하는 채무를 이행할 의무가 있다(민법 제428조 제1항). 다만 보증인은 주채무의 이행이 없는 경우에 비로소 이행할 책임을 지게 됨으로써 보증인은 채권자가 자기에게 이행을 요구할 때, 주채무자에게 먼저 청구하라고 할 수 있는 최고의 항변권이 인정되며, 채권자가 주채무자에게 이행을 요구한 후, 다시 보증인에게 청구하면 보증인은 주채무자의 변제능력이 있다는 사실 및 그 집행이 용이함을 증명하여 먼저 주채무자의 재산에 대하여 집행할 것을 주장할 수 있는 검색의 항변권이 인정된다. 따라서 한의리는 H자동차회사의 청구에 대하여 최고 · 검색의 항변권을 주장할 수 있다.

(3) 그 밖의 분류

(가) 절대권과 상대권 : 권리의 효력을 표준으로 한 분류에는 절대권과 상대권이 있다. 절대권이란 모든 사람에게 주장할 수 있는 권리를 말하며, 인격권, 물권, 무체재산권 등이 이에 속한다. 그리고, 상대권이란 특정인에게만 주장할 수 있는 권리를 말하며, 채권 등이 이에 속한다.

(나) 일신전속권과 비전속권 : 권리의 이전성을 표준으로 하는 분류에는 일신전속권과 비전속권이 있다. 일신전속권이란 권리의 성질상 권리자에게만 전속하여 양도, 상속 등으로 타인에게 이전할 수 없는 것을 말하며, 신분권, 인격권 등이 이에 속한다. 비전속권은 권리자로부터 분리할 수 있는 권리이며, 양도성과 상속성이 인정된 권리로 재산권은 대부분 이에 속한다.

(다) 주된 권리와 종된 권리 : 독립된 2개의 물건 사이에 사회적 · 경제

적 기능으로 보아 한편이 다른 한편의 효용을 돕는 관계에 있을 때, 그 한 쪽을 종물이라고 하고 다른 한 쪽을 주물이라고 한다(민법 제100조 제1항). 즉, 주물은 종물에 의하여 경제적 도움을 받는 물건이고, 종물은 주물의 경제적 효용을 극대화하기 위하여 도움을 주는 물건이다. 예컨대 시계와 시계줄, 배와 노, 자물쇠와 열쇠 등의 관계를 말한다. 주물과 종물은 동일한 소유자에 속하여야 하며, 종물은 주물의 처분에 따른다(민법 제100조). 그런데 이러한 주물과 종물의 관계는 물건 이외의 권리상호간에도 성립할 수 있다. 예컨대, 건물이 양도되면 그 건물을 위한 대지의 임차권도 건물의 양수인에게 이전하며, 원본채권이 양도되면 그에 따르는 이자채권도 이전한다고 보는 것이 통설이다.

사례연구 58 **주물과 종물**

A는 어느 지방으로 놀러 갔다가 B의 집에 있는 개 밥그릇이 200년 묵은 골동품이라는 것을 알게 되었다. A는 개 밥그릇에 욕심이 생겨 개를 시가 보다 5배나 비싸게 주고 사고, 개 밥그릇까지 달라고 하자, B는 "이 개 밥그릇 때문에 개를 100마리나 팔았소!"라고 하였다. A가 개를 산 경우, 개 밥그릇까지 산 것으로 볼 수 있는가?

≫ 개와 개 밥그릇이 주물과 종물의 관계로 볼 수 있는가의 문제로, 종물이 되기 위해서는 ⅰ) 어떤 물건(종물)이 주물의 상용에 공하여야 하고, ⅱ) 특정한 주물에 종속되었다고 인정할 수 있을 정도의 장소적 관계가 있어야 하며, ⅲ) 독립한 물건으로서 두 물건이 동일소유자에 속하여야 한다. 설문의 경우는 개와 개 밥그릇이 장소적으로 밀접한 관계에 있고, 동일 소유자에게 속한다 하더라도 B가 개 밥그릇을 개의 상용에 공한 것으로 보기 어렵기 때문에 주물과 종물로 보기 어렵다. A는 개를 샀다고 해서 개 밥그릇까지 산 것은 아니다.

한편 주물과 종물을 설명함에 있어서 혼용할 수 있는 부합물에 대해 정리할 필요가 있다. 간단히 살펴보면 종물이란 주물의 경제적 효용을 보조하기 위하여 계속적으로 이바지하는 것을 일컫는 반면(대판 91다2779), 주물과 분리하여 설명할 수 없고 주물에서 이탈 시 존재 자체에 문제가 되는 것으로 정리할 수 있다. 예컨대 시계가 주물인 경우 시계줄은 종물이며, 분침은 부합물이라고 말할 수 있고, 주유소가 주물인 경우 주유기는 종물이며, 지하 저장탱크는 부합물이라고 말할 수 있을 것이다(대판 94다6345).

본채와 독립하여 독립된 효용을 가진 건물이라고 보기보다는 본채를 점유하고 있는 자들의 필요에 따라 주된 건물의 경제적 효용을 보조하기 위하여 계속적으로 이바지하는 종물이라고 함이 합리적이라 할 것이다(대법원 1991.5.14. 선고 91다2779 판결 건물명도).

유류저장탱크를 토지로부터 분리하는 데는 과다한 비용이 들고 또한 사실관계가 위와 같다면 지하에 매설된 유류저장탱크를 분리하여 발굴할 경우 그 경제적 가치가 현저히 감소할 것임은 경험칙상 분명하므로 이 사건 유류저장탱크는 이 사건 토지에 부합된 것이라고 할 것이다.

주유기는 비록 독립된 물건이기는 하나 유류저장탱크에 연결되어 유류를 수요자에게 공급하는 기구로서 주유소 영업을 위한 건물이 있는 토지의 지상에 설치되었고 그것이 설치된 건물은 당초부터 주유소 영업을 위한 건물로 건축되었다는 것인바, 이 사건 주유기는 계속해서 이 사건 주유소 건물 자체의 경제적 효용을 다하게 하는 작용을 하고 있으므로 이 사건 건물의 상용에 공하기 위하여 부속시킨 종물이라고 보아야 할 것이다(대법원 1995.6.29. 선고 94다6345 판결 배당이의).

3. 사회권

사회권이란 사회법상 인정된 권리를 말한다. 사회권은 국가의 기능이 치안의 유지, 외적의 방어 등과 같은 소극적인 것에 머무르지 않고 적극적으로 국민의 인간다운 생활을 보장하는 것이 국가의 책임으로 됨으로서 생긴 권리이며, 공권과 사권의 혼합적 성격을 지니고 있다.

사회권은 우리 헌법상 근로의 권리(제32조 제1항), 교육을 받을 권리(제31조 제1항), 근로자의 단결권, 단체교섭권 및 단체행동권(제33조), 인간다운 생활을 할 권리(제34조 제1항), 신체장애자 및 생활무능력자들에 대하여 국가의 보호를 받을 권리(제34조 제3항), 국가로부터 혼인 및 가족생활과 모성 및 보건을 보호받을 권리(제36조) 등을 그 예로 들 수 있다.

Ⅲ. 권리의 행사와 그 한계

1. 권리의 행사의 의의

권리의 행사란 권리자가 권리를 주장하여 법에서 보호하는 권리의 내용을 실현하는 행위를 말한다. 예컨대, 대통령이 효부에게 표창하는 것은 영전수여권의 행사이며, 경찰이 범죄인을 체포하는 것은 경찰권의 행사이다. 또한, 임차인이 임차한 건물을 사용하는 것은 임차권의 행사이며, 부모가 미성년자인 자녀를 보호·교육하는 것은 친권의 행사인 것이다.

권리를 행사함에는 자신이 권리자임을 인식해야 하며, 그렇지 못한 자는 권리 위에서 잠자는 자로서 보호할 필요가 없다. 예컨대, 권리를 장기간 행사하지 않는 경우에는 시효제도에 의해 권리가 소멸된다. 뿐만 아니라 제한되어 있는 사회생활의 이익을 자기의 것으로 하기 위해서는 자신의 권리가 침해되지 않도록 늘 배려를 하여야 한다. 예링은 그의 저서「권리를 위한 투쟁」(Der Kampt ums Recht, 1872)에서 "권리자는 자기의 권리를 위해 침해에 대한 과감한 투쟁을 해야 한다."고 하면서 "자기의 권리를 위해 싸운다는 것은 침해된 자기인격을 회복하기 위한 윤리적 의무"라고까지 하였다.

일찍이 로마법시대부터 "자기의 권리를 행사하는 자는 누구에 대해서도 불법을 행사하는 것이 아니다."(Qui iure suo utitur, nemini facit iniuriam)는 법원칙이 성립하였고, 이 원칙이 말하듯이 권리의 행사는 각인(各人)이 자유로이 행사할 수 있는 것이 원칙이었다.

사례연구 59 **점유 취득시효**

한성실은 가난과 빚에 시달리다가 30년 전 어느 지방의 산골로 내려갔다. 그곳의 김할아버지는 많은 야산을 갖고 있었는데, 한성실은 그 야산을 개간해 주며 살았다. 몇 해 지나서 김할아버지는 한성실을 어여삐 여겨 밭 1,000㎡를 무상으로 증여했다. 한성실은 너무 고마운 마음에 등기하지도 못하고 25년간 농사를 지으며 살았고, 이제 주변 지역이 개발되어 땅 가격도 상당히 올라 살만한 형편이 되었다. 세월이 흘러 고마운 주인 김할아버지가 사망하고 나자 장남인 김유산이 찾아와 '땅을 내놓고 한 달내에 떠나라'고 하는데, 한성실은 어떻게 하면 좋을까?

>> 20년간 소유의 의사로 평온·공연하게 부동산을 점유하는 자는 등기함으로써 그 소유권을 취득한다(민법 제245조 제1항). 이와 같이 '20년간 소유의 의사로 평온, 공연하게 부동산을 점유한 경우'에 소유권을 취득할 수 있도록 한 것이 '취득시효제도'이며, 20년간의 점유로 인정된다고 해서 '점유취득시효'라고 한다. 한성실은 25년간 증여받아 자기 땅으로 알고 사용, 관리해 왔으므로 한성실은 그 땅의 소유권을 취득하게 된다. 따라서 한성실은 김유산을 상대로 등기를 청구할 때, 한성실은 증여받았다는 사실이나, 25년간 점유하였다는 사실을 선택적으로 또는 한꺼번에 주장할 수 있다. 다만, 김유산이 제3자에게 부동산을 매도할 수 있으므로 소송을 제기하여 확정판결이 나오기 전에 미리 '처분금지 가처분신청'을 해두는 것이 좋다.

2. 권리의 행사의 제한

근대에서는 권리의 행사를 각자에게 맡겨두면 사회전체가 모두 행복하게 살 수 있게 될 것으로 기대하였으나, 20세기에 이르러 부의 불평등 등 자본주의 폐해가 나타남에 따라 이러한 기대는 무너지게 되었다. 따라서, 근대의 개인주의·자유주의사상에 기초를 둔 개인본위·권리본위의 법체계가 현대에 들어와서 사회본위·의무본위로 바뀌게 되었고, 이러한 요망은 권리의 행사를 일정한 경우에 제한하는 형태로 나타나게 되었다.

권리를 제한하는 형태로는 일반적으로 재산권의 제한, 신의성실의 원칙, 권리남용금지의 원칙 등이 있다.

(1) 재산권의 제한

1919년 독일 바이마르헌법 제153조 제3항에서는 "소유권은 의무를 부담한다. 그 행사는 동시에 공공복리에 적합하도록 행사하여야 한다."고 규정하였으며, 우리 헌법 제23조에서도 모든 국민의 재산권은 보장되지만(제1항), 재산권의 행사는 공공복리에 적합하게 행사하도록 하고 있다(제2항). 이와 같이 재산권 행사의 공공복리성을 명시함에 따라 권리가 점차 사회적인 성격을 띠게 되었고, 권리자가 권리를 행사함에 있어서도 공공복리를 위하여 의무를 수반하게 되었다.

(2) 신의성실의 원칙

신의성실의 원칙이란 모든 사람은 사회공동생활의 일원으로서 그 질서유지를 위하여 서로 상대방의 신뢰를 헛되이 하지 않도록 성실하게 행동하여야 한다는 원칙을 말한다. 그리하여 당사자 간에 체결된 계약은 가급적이면 유효하게 성립하도록 하는 것이 상대방을 신뢰하고 거래한 계약의 취지에 합당하며 사소한 잘못이 있는 경우라도 이를 이유로 취소할 수 없도록 하고 있다.

이 원칙은 법과 도덕을 조화시키려는 중요한 관념으로서 처음에는 계약법에서만 적용되었던 것이 점차로 권리의무관계를 규율하는 민법상의 일반원칙으로 확대 적용되었으며, 오늘날에는 민사소송법, 행정법, 형법, 국제법 등 모든 법 분야에 적용되는 대원칙으로 작용하고 있다. 결국, 신의성실의 원칙은 권리의 행사와 의무의 이행은 신의에 좇아 성실히 하여야 한다는 윤리적 의무를 강조한 것이다.

사례연구 60 **신의성실의 원칙**

김얌체는 이국장에게 자기소유의 토지를 5천만원에 팔기로 매매계약을 체결하였다. 그러나 매수인 이국장은 그 후 갑자기 형편이 어려워져 대금지급 약정일을 넘기게 되었고, 김얌체로부터 대금지급의 이행최고를 받았다. 이국장은 그 최고기일까지 최선을 다하여 대금을 마련하였으나 약 100만원이 부족한 매매대금만을 지급할 수밖에 없었다. 그러자 김얌체는 100만원의 미지급을 이유로 계약해제를 주장하고 있는데, 과연 이는 정당한가?

≫ 채무자에게 책임있는 사유로 이행지체가 발생한 경우 채권자는 상당한 기간을 정하여 그 이행을 최고하게 된다. 그리고 이 최고기간 내에도 채무자의 책임있는 사유로 인하여 채무를 이행하지 않는 경우에는 원칙적으로 채권자는 계약해제권을 갖는다. 위의 사례에서 이국장은 이미 이행기일을 도과하였고 또한 A로부터 이행의 최고를 받았으나, 그 최고기일에도 완전한 이행을 하지 못하였다. 따라서 이국장은 그 부족액 100만원에 대하여 불가항력이나 동시이행의 항변 및 기타 면책사유를 입증하지 못하는 한 김얌체의 계약해제의 주장에 대하여 대항할 수 없다. 그러나 토지에 대한 매매대금 5,000만원 중 불과 100만원의 미지급액을 이유로 계약을 해제한다는 것은 신의성실의 원칙상 정의와 형평에 맞지 않는다. 즉, 채권자가 특별한 손해를 받지 않는데도 불구하고 채무자의 경미한 하자 또는 근소한 이행지체를 이유로 계약해제권을 행사한다는 것은 신의성실의 원칙에 비추어 부당하다고 할 것이다.

(3) 권리남용금지의 원칙

권리남용금지의 원칙이란 외견상 적법한 권리의 행사인 것처럼 보이는 경우라도 그 권리가 인정된 사회적 목적에 위반되는 경우에는 권리의 남용으로서 금지된다는 원칙을 말한다. 그리하여 첫째, 오직 타인을 해할 목적으로 권리를 행사하는 경우, 둘째, 적법한 이익이 없음에도 불구하고 권리를 행사하는 경우, 셋째, 공서양속에 위반되는 방법으로 권리를 행사하는 경우, 넷째, 사회적 기능에 반하여 권리를 행사하는 경우에는 권리의 남용이 되어 금지된다. 결국 권리의 행사는 남용할 수 없으며, 만일 선량한 풍속 기타 사회질서에 반하거나 강행법규에 반하는 사항을 내용으로 하는 경우에는 불법행위를 구성하게 된다.

프랑스에서는 1850년대에 이르러 이른바 '질투 건축', '질투로 우물파기' 등의 판결에서 권리남용을 인정하였고, 그 건축 등의 철거 또는 손해배상을 명하였다. 독일 민법 제26조에는 "단순히 타인에게 손해를 가할 목적으로서의 권리행사는 이를 허락치 않는다."고 규정하고 있으며, 스위스 민법 제2조에도 "누구든지 권리의 행사 및 의무의 이행에 있어서는 성실하게 행하여야 한다. 권리의 명백한 남용은 법률의 보호를 받지 못한다."고 규정하고 있다.

사례연구 61 **권리남용금지의 원칙**

토지소유자인 A는 자신의 토지 위에 설치된 변전소의 철거를 요구하고 있다. 토지의 가격은 6억인데 비해 변전소의 철거 및 신축비용은 이보다 훨씬 많이 소요될 것으로 예상된다면, A의 요구는 정당한가?

≫ 위 사례에 대해 대법원은 '변전소를 철거하게 되면 수만여 가구의 전력 공급이 불가능하고, 변전소 인근은 이미 개발이 완료되어 그 부지를 확보 하기 어렵다. 설사 그 부지를 확보한다 하더라도 신축에는 상당한 기간이 소요되고, 토지의 시가는 약 6억원인데 비해 변전소를 철거하고 신축하는데는 약 164억원이 들고, 이것은 토지소유자에게 별다른 이익을 주지 못한다'며 권리남용의 원칙을 확인하는 판결을 내렸다.

제3절 의 무

Ⅰ. 의무의 개념

의무라 함은 일정한 행위를 하여야 할 또는 하지 않아야 할 법률상의 구속을 말한다. 여기서 '법률상의 구속'이란 개인이 원하든, 원하지 않든 관계없이 어떤 행위를 하거나 하지 않도록 법률상 강제되는 것을 말한다.

의무의 내용에 있어서는 적극적인 형태인 작위를 강요당하는 것과 소극적인 형태인 부작위의 구속을 받는 것이다. 명령을 내용으로 구속하는 경우에는 작위의무가 되고, 금지를 내용으로 구속하는 경우에는 부작위의무가 된다.

따라서 의무의 내용이 작위이든 부작위이든 의무자는 이 구속에 복종해야 한다. 따라서, 만약 이 구속에 따르지 않게 되면, 소송 및 강제집행에 의해 그 구속이 실현되거나, 손해배상의무가 발생하게 된다. 그러나 예외적으로 법규정에는 의무라고 규정되어 있지만, 민법 제528조의 승낙연착 통지의무, 동법 제559조의 하자고지의무 등과 같은 것은 이들 의무를 위반한 경우에 일정한 불이익을 받지만, 그 내용을 강제적으로 실현하거나, 손해배상의무를 발생시키지 않는다.

의무는 책임과 같은 의미로 사용되는 경우가 있으나, 이는 구별하여야 한다. 즉, 의무는 일정한 작위 또는 부작위를 해야 할 법률상의 구속이지만, 책임은 의무위반에 대하여 형벌, 강제집행, 손해배상 등 일정한 제재를 받을 수 있는 기초를 말한다. 의무는 보통 책임을 수반하지만, 때로는 의무에 책임이 따르지 않는 경우도 있다. 예를 들면, 소멸시효완성 후의 채권과 같이 이른바 자연채무에 있어서는 채무는 존재함에도 불구하고, 채권자는 소권을 갖지 않는다.

Ⅱ. 의무의 분류

의무는 여러 가지 표준에 의하여 분류할 수 있다. 가장 기본적인 분류는 의무를 발생시키는 근원에 따른 분류로 공의무, 사의무, 사회법상의 의무(사회의무) 등으로, 그리고 의무의 내용에 따라 작위의무와 부작위의무로 나눌 수 있다.

1. 의무발생의 근원에 따른 분류

(1) 공의무

공의무는 공법상에 있어서 존재하는 의무를 말하며, 국제법상의 공의무와 국내법상의 공의무로 나눌 수 있다.

(가) 국제법상의 공의무 : 국제법상의 공의무는 국가가 국제법상의 주체로서 가지는 의무를 말한다. 가장 기본적인 것으로는 국내문제 불간섭의 의무와 조약이행의무 등이 있는데, 전자는 국가 또는 국제조직이 국제법에 위반하여 타국의 국내문제에 간섭하지 않을 국제법상의 의무이며, 후자는 국가가 타국과 체결한 조약상의 부담을 이행할 의무를 말하는 것으로 이에 위반한 경우에는 국제법상의 국가책임이 발생한다.

사례연구 62 국내문제의 내용

A국은 투자이민을 받아들이고 있으나 B국 국민의 이민으로 인한 경제권 장악을 두려워한 나머지 B국 국민들에 대해서는 이민을 받아들이지 않는 X법을 제정하였다. 이와 같이 특정국가에 대해 차별적으로 이민을 허용하지 않는 것은 국제법을 위반하는 것인가?

≫ 이민문제는 국내문제이기 때문에 특정국가의 국민에게 차별적으로 행한다 하더라도 비우호적인 행위로 외교적 항의를 받을 수는 있지만, 국제법상의 위법행위가 되지는 않는다. 예컨대, 1924년 미국의회가 이른바 '배일이민법'을 통과하였을 때에 일본은 국제예양을 위반한 불공정한 조치라고 항의하였을 뿐이다. 각국은 국적문제, 헌법문제 등과 같은 국내문제에 대해서 간섭할 수 없는데 이를 국내문제 불간섭의 의무라고 한다.

(나) 국내법상의 공의무 : 국내법상의 공의무는 국내의 공법관계로부터 나오는 의무를 말하고, 여기에는 국가적 공의무와 국민적 공의무가 있다. 전자는 국가가 국민에 대하여 지는 의무로서 국민의 자유를 보장하는 의무, 국민평등을 확보할 의무, 참정을 인정하는 의무, 국민의 수익권 확보의무 등을 예로 들 수 있으며, 후자는 국민이 국가에 대하여 지는 의무로서 납세의 의무, 재판복종의 의무, 근로의 의무, 공용비용부담의 의무 등을 예로 들 수 있다.

(2) 사의무

사의무란 사권에 대응하는 사법관계에 있어서 존재하는 의무이다. 즉, 사인 상호간에 존재하는 의무 및 국가 또는 공공단체가 통치관계에서 행동하지 아니하고, 사인과 대등한 관계에서 행동한 경우에 국가 또는 공공단체와 사인과의 사이에 존재하는 의무이다. 예컨대 채권에 대해서는 채무가 따르게 되고, 물권에 대해서는 불가침의 의무가 있게 되고, 친권에 대해서는 친권에 복종할 의무가 상대방에게 지워지는 것이다.

(3) 사회법상 의무

사회법상의 의무는 사회권에 대응하는 사회법관계에 있어서 존재하는 의무이다. 즉, 사회법상의 의무는 사회권에 대응하여 국가 또는 사용자가 지는 의무이다. 예컨대 국가가 근로자의 단결권을 보장할 의무, 사용자가 근로자의 단체교섭에 응하여 단체협약을 체결할 의무 등이 이에 속한다.

2. 의무의 내용에 의한 분류

(1) 작위의무

작위의무란 의무자가 어떤 행위를 할 것을 필요로 하는 의무로서 적극적 의무라고도 하며, 여기에는 근로의 제공, 금전의 급부 등이 있다.

(2) 부작위의무

부작위의무란 의무자가 어떤 행위를 하지 않을 것을 필요로 하는 의무로서 소극적 의무라고도 한다. 예컨대 토지소유자는 매연, 열기체, 액체, 음향, 진동 기타 이에 유사한 것으로 이웃 토지의 사용을 방해하거나 이웃 거주자의 생활에 고통을 주지 아니하도록 적당한 조처를 할 의무를 부담하지만(민법 제217조 제1항), 이웃 거주자도 이와 같은 사태가 이웃 토지의 통상의 용도에 적당한 것인 때에는 이를 참고, 방해하지 않아야 할 의무(인용의무)도 있다.

제2편

기본 3법

제1장 헌 법

제1절 서 설

Ⅰ. 헌법의 의의

헌법이라 함은 국가의 통치조직, 통치작용의 원칙을 정하고, 국민의 기본권을 보장하는 국가의 근본법(최고법)을 말한다. 그리고 법규범으로서의 헌법은 그 역사적 발전과정에서 보아, 고유한 의미의 헌법과 근대 입헌주의적 의미의 헌법, 현대 복지주의적 의미의 헌법으로 파악할 수 있으며, 또한 존재형식을 기준으로 형식적 의미의 헌법과 실질적 의미의 헌법으로 파악할 수 있다.

1. 헌법개념의 역사적 변천

(1) 고유한 의미의 헌법

국가의 근본조직과 작용에 관한 기본법을 말한다. 이런 의미의 헌법은 어떠한 시대, 어떠한 국가를 막론하고 국가가 존재하는 한 반드시 존재한다. 조선시대엔 경국대전이라는 헌법이 있고, 북한에도 헌법이 있다라 함은 이를 의미하는 것이다.

(2) 근대 입헌주의적 의미의 헌법

국민의 자유와 권리를 보장하고, 권력분립에 의하여 국가의 권력을 억제하는 것을 내용으로 하는 헌법을 말한다. 1789년 프랑스 인권선언 제16조는 "권리의 보장이 확보되지 아니하고, 권리의 분립이 규정되지 아니한 사회는 헌법을 가지는 것이 아니다."라고 규정하고 있는데, 이는 근대 입헌주의적 의미의 헌법에 대한 대표적 규정이라 할 수 있다. 근대 입헌주의적 의미의 헌법은 국민주권주의, 기본권 보장의 원리, 권력분립, 성문헌법의 원칙, 경성헌법, 법치주의, 의회제도 등을 그 특색으로 하고 있다.

(3) 현대 복지주의적 의미의 헌법

근대 입헌주의적 의미의 헌법이 실질화되도록 발전한 것으로, 국민의 자유와 권리를 바탕으로 국민의 인간다운 생활을 보장하기 위한 사회적 법치국가의 이념에 입각한 헌법을 말하며, 1919년 바이마르헌법이 효시가 된다. 현대 복지주의적 의미의 헌법은 국민주권주의의 실질화, 생존권적 기본권의 보장, 국제평화주의, 경제민주화 등을 그 특색으로 하고 있다.

2. 형식적 의미의 헌법과 실질적 의미의 헌법

형식적 의미의 헌법이란 헌법이라는 명칭을 가진 성문법전, 즉 헌법전이라고 하는 한 법전의 형식을 갖추고 있는 것을 말한다.

실질적 의미의 헌법이란 형식 여하를 불문하고 그 성질상 국가의 기본조직에 관한 법규의 전체를 말한다. 즉, 통치조직의 유래 및 그 행사방법, 국토와 국민의 구성, 국민의 국가권력에 대한 지위보장 등을 규율하는 근본적 법규범을 뜻한다.

사례연구 63 헌법의 의의

S국 헌법에는 '연방은 동물의 보호에 관한 법률을 제정한다'고 규정하고 있고, E국은 최고규범인 '헌법이 없다'고 하는데, 이는 어떤 의미의 헌법인가?

≫ 헌법은 형식적 의미의 헌법과 실질적 의미의 헌법으로도 분류될 수 있다. 먼저, 형식적 의미의 헌법은 법의 내용 여하에 불구하고 법규범의 외형적 특징인 존재형식, 성립형식 등을 기준으로 헌법 개념을 파악한 것이다. 예컨대 구(舊) 스위스헌법에는 동물을 마취시키지 아니하고 도살함을 금지하도록 하였고(제25조a), 스위스헌법에는 동물의 보호에 관한 법률을 제정하도록 규정하고 있다(제80조 제1항). 미국 수정헌법에는 미국과 모든 사법권이 영토에서 음료용 주류의 제조, 판매 또는 운송, 수입, 수출을 금지하였던 금주조항을 두고 있었으며(제18조 제1절 제1항, 1933년 수정헌법 제21조로 폐기), 바이마르헌법에는 국가는 자연환경이 특히 뛰어난 곳이나 역사적인 유적지와 그 주변

을 보호할 의무를 지웠던 풍치조항(제150조) 등이 그 예이다. 또한, 토크빌(Tocqueville)이 "영국에는 헌법이 없다"라고 한 것은 영국에는 정부조직법, 국회법, 법원조직법, 헌법재판소법, 공직선거 및 선거부정 방지법, 정당법, 선거관리위원회법 같은 실질적 의미의 헌법은 가지고 있으나, 성문화된 형식적 의미의 헌법은 없다는 것을 의미한다.

Ⅱ. 헌법의 분류

1. 헌법의 전통적 분류

헌법은 여러 가지 기준에 따라 분류할 수 있다. ① 성문헌법성 여부에 따라서는 성문화된 형식적 헌법전을 가지고 있는 성문헌법과 성문화된 형식적 헌법전을 가지지 않는 국가의 헌법인 불문헌법이 있다. ② 제정주체에 따른 분류로는 군주 한 사람에 의해 제정되는 흠정헌법(군정헌법), 군주와 국민 또는 그 대표기관과의 협정에 의해 성립되는 협약헌법, 국민의 의사에 의해 제정되는 민정헌법 등이 있다. 또한, ③ 개정절차의 난이성에 따라 개정절차가 일반법률의 개정절차보다 까다로운 경성헌법과 개정절차가 일반법률의 개정절차와 같은 연성헌법 등이 있는데, 웨어(Wheare)는 개정절차의 난이도 보다 실제로 빈번히 개정되는 헌법을 연성헌법이라고 한다.

2. 헌법의 효력에 따른 분류

위의 전통적인 분류는 형식적이고 비현실적인 것이어서 현대국가의 헌법에는 그 중요성이 없음을 지적하면서 새로운 분류방법이 등장하였는데, 그 중의 하나가 효력에 따른 분류이다.

헌법의 효력에 따른 분류(헌법의 존재론적 유형)는 뢰벤슈타인(Lowenstein)이 분류한 것으로 다음의 세 가지가 있다. 즉, ① 헌법규정과 권력행사의 현실이 일치하는 규범적 헌법, ② 헌법은 있으나 현존하는 사회·경제적 조건들로 말미암아 헌법규범이 권력과정과 일치하지 않는 명목적 헌법, ③ 헌법은 완전히 적용·운영되지만 국가기관을 장악하여 실제로 권력을 가지고 있는 자의 배타적 이익을 위하여 현존 정치권력구조를 형성하고 있는데 불과한 가식적 헌법(장식적 헌법) 등이 있다.

Ⅲ. 헌법의 제정과 개정

1. 헌법의 제정

헌법의 제정이란 실질적으로는 '정치적 통일체의 종류와 형태에 관하여 헌법제정권력자가 내린 근본적인 결단을 규범화하는 것'을 말하고, 형식적으로는 '성문헌법으로서의 헌법의 법전화'를 의미한다. 헌법제정권력은 시원적 권력이지만 무제한의 것은 아니고, 인격불가침, 법치주의의 원리, 민주주의의 원리 등을 포함하고 있는 근본규범에 의해 제한을 받는다.

2. 헌법의 개정

헌법의 개정이란 헌법에 규정된 개정절차에 따라 헌법의 기본적 동질성을 그대로 유지하면서 헌법 개개의 조항을 의식적으로 수정·삭제·증보함으로써 헌법의 형식이나 내용에 변경을 가하는 행위를 말한다.

사례연구 64 헌법의 개정 절차

1987년 이후 우리나라 대통령의 임기는 5년 단임제를 채택하고 있다. 단임제와 중임제, 의원내각제는 각각 장단점을 가지고 있기 때문에 어느 형태가 가장 좋다고 말할 수 없고 특히 그 제도를 어떻게 운영할 것인지 여부와 의지에 따라 다르다. 현행 헌법 하에서 대통령의 임기를 4년 중임제로 개정하고자 할 때, 그 절차는 어떻게 되는가?

≫ i) (제안) → 대통령 또는 국회의원 재적 1/2 이상의 찬성으로 제안하고, ii) (공고) → 20일 이상의 공고, iii) (국회 의결) → 공고 후 60일 이내 국회의원 재적 2/3 이상 찬성, iv) (국민투표) → 국회의결 후 30일 이내 국회의원 선거권자 1/2 이상이 투표하여 1/2 이상이 찬성, v) (공포) → 즉시, 대통령이 공포하는 절차에 의해 헌법을 개정할 수 있다.

Ⅳ. 국가의 구성요소

국가라 함은 일반적으로 '일정한 지역을 지배하는 최고권력에 의하여 결합된 인류의 집단'을 말하며, 국가의 구성요소는 주권, 영역, 국민 등이다.

1. 주 권

주권은 국가의사를 결정하는 최고의 원동력, 즉 국가의 정치형태의 최고결정권·헌법제정권력의 뜻으로 쓰인다. 또한, 국가의사의 결정에 대한 대내적 최고성·대외적 독립성을 가진다.

보댕(Bodin)은 '국가에 관한 6편(1576년)'에서 주권을 '국가의 절대적이고도 항구적인 권력'이라고 하고, 주권이 군주에게 있다는 군주주권론을 최초로 주장하였다. 또한, 주권이 국민에게 있다는 국민주권론은 알투지우스(Althusius), 로크(Locke), 루소(Rousseau) 등이, 그리고 주권이 국가에게 있다는 국가주권론은 19세기 후반 독일의 법실증주의학파인 예리네크(Jellinek) 등이 각각 주장하였다. 주권론은 군주주권론에서 국민주권론, 국가주권론에서 현재의 복지주의적 헌법론에 의하여 다시 국민주권론으로 변천하였다.

2. 영 역

국가의 영토고권이 배타적으로 행사되는 공간을 말하며, 영토, 영해, 영공 등이 있다.

영토란 육지와 도서에 의해 구성되는 국가영역을 말한다. 우리 영토는 한반도와 그 부속도서이므로 북한지역도 우리의 영역이지만 실효성이 없을 뿐이다. 영해는 영토의 연안선에 접속한 일정범위의 수역을 말하며, 영해의 폭은 현재 12해리설을 채택하고 있다(UN해양법협약 제3조, 영해 및 접속수역법 제1조). 그리고 영공은 영토와 영해의 상부공간으로 구성되는 국가영역으로, 영공의 상부한계에 관해서는 세계적으로 우주공간이 시작되는 곳까지로 하려는 경향이 뚜렷하게 나타났다.

사례연구 65 **헌법상 영토조항과 현실문제**

우리 헌법상 영토는 한반도와 그 부속도서(헌법 제3조)로 하고 있음에도 불구하고 우리의 법이 북한에 미치지 않는데 북한지역을 우리의 영역으로 볼 수 있는가? 그리고 대한민국과 북한 간에는 '남북사이의 화해와 불가침 및 교류·협력에 관한 합의서'가 채택되어 있는데, 북한은 아직 반국가단체인가?

≫ 헌법 제3조의 법리상 한반도와 그 부속도서 내에서는 대한민국의 주권

과 부딪치는 어떠한 국가단체도 인정할 수 없으므로 북한은 대한민국의 영토고권을 침해하는 반국가단체이다(대판, 1990. 9. 25). 남북 국회회담, 남북한 유엔동시가입, 남북사이의 화해와 불가침 및 교류·협력에 관한 합의서에 서명하였다는 등의 사유가 있다하여 북한이 국가보안법상의 반국가단체가 아니라고 할 수 없다(대판 1992. 7. 24). 다만 우리 나라의 법은 북한지역에 대하여 규범력은 있으나 실효성은 없다.

3. 국 민

국민이란 국가의 항구적 구성원으로서 국가의 통치권에 복종할 의무를 가진 사람을 말한다. 대한민국 국민의 요건은 법률로써 정하도록 되어 있고(국적단행법주의), 국적의 취득은 선천적 취득(출생)과 후천적 취득(혼인, 인지, 귀화, 국적의 회복) 등이 있으며, 속인주의(혈통주의)를 원칙으로 하되, 예외적으로 속지주의(출생지주의)를 인정하고 있다(국적법 제2조 제1항 및 제2항).

사례연구 66 **복수국적자의 국적선택의무와 병역의 의무**

대한민국 국적 보유자인 이원정은 장차 태어날 아이의 유학비 및 병역문제 등의 이유로 임신 8개월에 미국에서 아이 김미필을 낳았다. 그런데, 국회의원 홍준포의 발의에 따라 일정한 경우, 병역의무를 마친 후에만 비로소 국적이탈신고를 할 수 있도록 관련법을 개정하였다. 이에 따라 김미필은 국적이탈을 할 수 없게 되자 자신의 행복추구권, 양심의 자유 등을 침해받았다고 주장하는데, 이는 정당한가?

≫ 복수국적의 인정은 병역자원의 일정한 손실을 초래하고, 생활의 근거를 한국에 두면서 각종 혜택을 누리다가 의무는 다하지 않는 기회주의 행태가 허용된다면 병역부담형평의 원칙이 심각하게 훼손된다. 따라서 국적법에서는 병역을 기피할 목적으로 원정출산 등 편법적 방법으로 외국국적을 취득하는 것을 방지하기 위하여 병역법 제8조에 따라 병역준비역에 편입된 자는 편입된 때부터 3개월 이내에 하나의 국적을 선택하거나, 직계존속(直系尊屬)이 외국에서 영주(永住)할 목적 없이 체류한 상태에서 출생한 자는 병역의무의 이행과 관련하여 현역·상근예비역 또는 보충역으로 복무를 마치거나 마친 것으로 보게 되는 경우, 전시근로역에 편입된 경우, 병역면제처분을 받은 경우에 해당하는 경우에만 국적이탈신고를 할 수 있다(국적법 제12조 제1항 내지 제3항).

사례연구 67 **재외동포와 재외국민의 보호**

독립운동을 위해 만주로 갔던 광복이는 해방이 되어도 고국에 생활근거가 없어 돌아오지 못하고 그곳에서 아들 감격이를 낳았다. 현행법상, 감격이는 재외동포인가?

≫ 재외동포란 재외국민과 한국계 외국인이 있다. 여기서, 재외국민이란 대한민국 국민으로서 외국에 생활근거를 가지고 거주하는 자를 말하고, 한국계 외국인은 한국국적을 상실한 자를 말한다. 구(舊) '재외동포의 출입국과 법적 지위에 관한 법률'에는 '대한민국 국민 또는 대한민국 국적을 보유했던 자와 그 직계후손'으로 정하고 있어, 1948년 정부 출범 이전에 나간 사람들을 재외동포에서 제외하였다. 그 결과 일제시대 독립운동을 위해 만주나 연해주 등지로 이주한 독립운동가 후손이나, 일본에 징용으로 끌려가 귀화한 사람과 그 후손은 재외동포에서 제외되었다. 이러한 법률의 모순은 우리 헌법에 '임시정부의 법통'을 계승하고 있다는 규정에 비추어 보면 입법의 미비이고, 결국 이 문제는 위헌시비의 문제가 있었다. 그러나, 현행법 제2조(정의)에서 "재외동포"란 ⅰ) 대한민국의 국민으로서 외국의 영주권(永住權)을 취득한 자 또는 영주할 목적으로 외국에 거주하고 있는 자(재외국민), ⅱ) 대한민국의 국적을 보유하였던 자(대한민국정부 수립 전에 국외로 이주한 동포를 포함한다) 또는 그 직계비속(直系卑屬)으로서 외국국적을 취득한 자 중 대통령령으로 정하는 자(외국국적동포)로 개정되었다(2008.3.14.). 따라서 현행법상 감격이는 대한민국의 재외동포이다.

제 2 절 대한민국헌법의 기본질서

Ⅰ. 우리 헌법의 제정과 개정과정

1. 우리 헌법의 제정

1947년 3월 10일 당시 미군정법령 제175호에 의하여, 미군정청에서 설치한 임시입법의원에서 채택한 국회의원선거법을 공포하여 1948년 5.10선거가 실시되었다. 5.10선거로 우리나라에서 처음으로 국회가 구성되었고, ① 양원제

국회, ② 의원내각제, ③ 위헌법률심사권의 대법원 부여 등을 골자로 한 우리나라 최초의 헌법이 1948년 7월 12일에 제정되었으며 동월 17일에 공포되었다.

2. 우리 헌법의 개정

(1) 제1공화국헌법

대통령제를 채택하였으나, 대통령을 국회에서 선출하는 간선제였다. 제1차 개헌은 소위 발췌개헌으로서 정·부통령 직선제가 주요 골자였으며, 제2차 개헌은 소위 사사오입개헌으로서 초대대통령에 한해서 중임제한을 철폐하였고, 주권의 제한 및 영토변경에 대한 국민투표를 채택하였다.

(2) 제2공화국헌법

1960년 4·19혁명 이후 이루어진 제3차 개헌으로 의원내각제를 채택하였으며, 중앙선거관리위원회를 신설하였다. 제4차 개헌은 3·15부정선거자 및 4·19혁명 당시 무력 진압자 처벌을 위한 특별법규정(소급입법)의 근거규정을 마련하기 위하여 헌법부칙의 개정이 있었다.

(3) 제3공화국헌법

1961년 5.16군사쿠데타 이후 실시된 제5차 개헌은 국민투표에 의한 최초의 헌법개정이었으며, 최초로 국민직선에 의한 대통령제를 채택하였다. 제6차 개헌은 대통령의 3선 허용을 위한 것이었다.

(4) 제4공화국헌법

10월 유신선언에 의한 제7차 개정헌법(유신헌법)으로서 통일주체국민회의를 신설하고, 영도적 대통령제를 채택하였으며, 대통령에게 사전예방적 긴급조치권을 부여하였다.

(5) 제5공화국헌법

1979년 10월 26일 이후 신군부에 의하여 제8차 개헌이 실시되었는데, 그 주요 내용은 대통령의 선출은 선거인단에 의한 간선제였으며, 평화적 정권교체를 위하여 대통령 중임가능개헌의 효력을 제한하였다.

(6) 제6공화국헌법

1987년 6월 29일 이후 여야의 최초 합의개헌으로서 임기 5년의 대통령직선제를 채택하였고, 대통령의 국회해산권을 인정하지 않는 등 대통령의 권한을 축소하였으며, 기본권 보강, 헌법재판소의 신설 등이 그 특색이다.

Ⅱ. 헌법의 전문

1. 헌법전문의 의의

헌법전문이란 헌법전의 서문으로서 그 전문에서 헌법제정의 유래와 헌법이 채택하고 있는 기본원리를 선언하고 있는 것은 대다수 헌법에서 취하고 있는 보편적 원리이다. 헌법전문은 최고법규성, 재판규범성, 헌법개정의 한계를 규정하는 헌법 핵으로서의 성질을 갖는다.

2. 헌법전문의 내용

우리 헌법전문의 내용은 헌법의 성립유래, 대한민국 임시정부의 법통계승(건국이념), 자유민주적 기본질서, 조국의 평화적 통일, 기본적 인권의 존중, 세계평화주의, 민족문화국가의 지향, 헌법개정의 역사 등을 선언하고 있다.

사례연구 68 헌법전문의 법적 성격

인구 30만의 S시에 거주하는 A는 서울 및 대도시 등을 제외하고는 국립극장이나 시립극장 하나 없는 것에 불만을 품고 문화체육관광부장관에게 "S시에 국립극장의 설치를 요망한다."는 청원서를 냈으나 예산부족을 이유로 거절당하자, 우리 헌법전문 및 제9조의 문화국가주의 원리에 위반된다고 주장하고 행정소송을 제기하려고 한다. 헌법상 A의 주장은 타당한가?

≫ 헌법전문은 구체적인 사건에 직접 적용될 수 있는 재판규범으로서의 성격을 갖느냐에 대해서는 학설상 대립이 있으나, 우리나라 헌법재판소는 헌법전문의 재판규범성을 인정하고 있다(헌재 1991. 11. 25. 91헌가6). 그러나 헌법전문이 국민 개개인에 대한 구체적인 권리를 인정하는 것은 아니므로 A의 주장은 현행법의 규정이 없는 한 구속력이 없다.

Ⅲ. 우리 헌법의 기본원리

우리 헌법의 전문과 본문을 보면 우리 헌법의 기본원리 내지 지도원리가 규정되어 있다. 헌법의 기본원리는 헌법조항을 비롯한 모든 법령의 해석의 기준을 제공할 뿐만 아니라, 입법이나 정책결정의 방향을 제시하며, 공무원을 비롯한 모든 국민·국가기관이 헌법을 존중하고 수호하도록 할 지침이 된다.

우리 헌법의 기본원리는 헌법전문에 개괄적으로 선언되어 있고, 헌법본문에는 ① 국민주권주의, ② 자유민주주의, ③ 기본권 존중주의, ④ 권력분립주의, ⑤ 법치주의, ⑥ 복지(사회)국가의 원리, ⑦ 사회적 시장경제주의, ⑧ 문화국가원리, ⑨ 국제평화주의와 평화적 통일지향, ⑩ 방어적 민주주의 등을 들고 있다.

Ⅳ. 정당제도

현대정치는 정당정치라 일컬어진다. 정당이란 정치적 의견을 같이하는 사람들이 정당을 합법적으로 실현하고, 정권을 획득할 목적으로 조직한 영속적 단체를 말한다.

정당의 법적 지위는 정당설립의 자유와 복수정당제의 보장에 있으며, 그 기능으로서는 공직선거후보자의 추천 및 지지, 국민의 정치의사형성에 참여하는 것 등이 있다. 특히, 정당의 의무로서 조직, 활동 및 목적이 민주적이어야 하며, 국민의 정치적 의사형성에 참여하는 데 필요한 조직을 가져야 하고, 정당의 목적이나 활동이 민주적 기본질서를 위반해서는 안된다.

사례연구 69 정당의 해산

A 등은 가칭 '통진당'을 결성하기로 하고 창당준비위원회를 구성하여 정당설립의 실질적 요건을 완비하였다. 그러나 창당취지문에서 주한미군 철수와 한미합동군사훈련 중단을 주장한 것이 문제가 되어 행정안전부장관으로부터 해산명령을 받았다. 이에 A 등은 헌법 제8조 제4항을 들어 위 해산명령이 위헌이라고 주장하는데, 이는 정당한가?

≫ 정당의 목적이나 활동이 자유민주적 기본질서에 위배될 때에는 행정안전부장관이 아닌 헌법재판소의 심판에 의해 해산되도록 하고 있다. 다만, 창당준비위원회가 정당으로서의 성질을 가지고 있느냐 하는 것이 문제가 되지

만, 미등록의 정당 중에서도 이미 정당법상의 법정시·도당수(정당법 제17조, '5 이상 시·도당'), 시·도당의 법정당원수(동법 제18조, '1천인 이상') 등의 요건을 실질적으로 구비하고 다만 등록만을 미필한 경우나 등록절차를 진행 중에 있는 경우 등과 같이 정당의 실질적 요건을 갖춘 경우에는 정당에 준하는 것으로 해석하여 행정안전부장관의 해산명령은 부당하다고 본다.

V. 선거제도

1. 선거의 의의

선거라 함은 다수의 선거인에 의한 공무원선임행위를 말하며, 대표민주제에 의하여 국민주권을 실현하는 기능을 한다. 대의정치(간접민주, 의회정치)를 원칙으로 하는 현대 민주주의 국가에서는 선거야말로 주권행사의 핵심이 되는 기회라고 할 수 있다.

2. 선거의 기본원칙

선거의 기본원칙에는 누구에게나 선거권을 부여하는 보통선거, 누구나 1표씩 부여하는 평등선거, 일반 선거권자가 직접 후보자에게 투표하는 직접선거, 득표가 어떤 선거인단에게서 나왔는지를 모르게 하는 비밀선거, 선거에 있어서 압력없이 자유롭게 투표가 행하여지는 자유선거 등이 있다.

사례연구 70 **평등선거와 국회의원선거구 유권자 수의 불균형**

2000년 실시된 16대 국회의원선거에서 인구가 가장 많은 경기도 안양시 동안구와 가장 적은 경북 고령·성주군의 인구비율이 3.65 대 1이었는데, 이는 투표의 가치에 차이가 있어 헌법에 규정하고 있는 평등선거를 위반한 것인가?

≫ 누구나 다같이 1표씩 투표하고, 투표의 가치에 차이를 두지 않는 것이 평등선거이며, 평등선거가 잘 구현되기 위해서는 각 선거구의 인구가 균등해야 한다. 우리나라 헌법재판소에서도 전국 평균선거구의 유권자에 비하여 60% 이상의 편차를 보이는 선거구는 평등원칙에 위반한다고 판시한 바 있고(헌재 1995. 12. 27), 2001년 10월 헌법재판소는 현행 국회의원 지역구에서 최대 선거구와 최소 선거구의 인구비율을 4:1 미만으로 규정한 선거법 조항은

헌법의 평등선거 정신에 위배되어 2003년 12월 31일까지 관련규정을 개정하라는 결정을 내린 바 있으며, 2014년 10월 30일 "현행 선거구 획정은 평등원칙에 위배되고 투표가치의 평등은 국회의원의 지역 대표성보다 우선해야 한다"면서 국회의원 선거구 간의 인구 편차를 최대 3배까지 허용한 공직선거법에 대해 헌법 불합치 결정을 내리면서 인구편차가 2:1이 넘지 않도록 입법개선을 촉구한 바 있다. 이와 같은 결정은 도농지역 간의 인구 격차를 도외시한 점이 없지 않으나 시대적 흐름에 부합하는 판단이다.

3. 선거구제와 대표제

선거구제란 선거를 행하는 지역적 단위를 말하며, 선거구는 정당세력과 밀접한 관계가 있어 복잡한 정치문제의 성질을 띠고 있기 때문에 국회에서 법률로써 정하는 것이 원칙인데, 이를 선거구 법정주의라고 하며, 선거구를 특정정당이나 후보자에게 유리하게 인위적으로 확정하는 것을 게리맨더링(Gerrymandering)이라 한다.

선거구의 종류는 소선거구제와 대선거구제가 있다. 소선거구제는 한 선거구에서 한 사람을 선출하는 제도로서, 선거관리가 용이하고, 선거비용이 적게 들고, 양당제 확립을 통한 정국안정, 투표율이 높다는 장점을 지니고 있는 반면, 선거인의 매수가 용이하고, 전국적 인물보다 지방유명인물이 당선되기 쉽다는 단점을 지니고 있다. 대선거구제는 한 선거구에서 2인 이상 다수인을 선출하는 제도로서, 전국적 인물의 당선이 용이하고, 소수당에게 유리한 반면, 선거비용이 많이 들고, 후보자의 난립 등의 단점을 가지고 있다.

대표제란 의원정수의 결정방법을 말한다. 선거제에는 한 선거구에서 최고득표자만을 당선자로 하는 다수대표제, 한 선거구에서 2인 이상의 당선자를 내는 소수대표제, 그리고 정당의 존재를 전제로 각 정당의 득표수에 비례하여 당선자를 결정하는 비례대표제, 선거인을 각 직역으로 나누고 그 직역을 단위로 하여 대표를 선출하는 직능대표제 등이 있다

사례연구 71 **게리맨더링**

집권당 정의민주당 소속 박철새의원은 자기 지역구가 포함된 C도를 중심으로 한 민주자유연합이라는 신당이 창당되고 많은 세력을 규합하게 되자,

탈당하여 민주자유연합으로 옮기려 하고 있다. 정의민주당은 박철새의원의 탈당을 막고자 그에게 유리하게 기형적인 선거구를 책정하였데, 이러한 것을 무엇이라 하는가?

≫ 선거구는 정당세력과 밀접한 관계가 있어 복잡한 정치문제의 성질을 띠고 있기 때문에 국회에서 법률로써 정하는 것이 원칙인데, 이를 선거구법정주의라고 한다. 이는 정부나 여당에게만 유리한 선거구의 획정, 즉 게리맨더링을 방지하기 위한 것이다. 이와 같은 게리맨더링은 미국의 게리(Garry)라는 매사추세츠 주지사가 자기 소속당인 공화당에 유리하도록 선거구를 획정한 결과, 셀러맨더스(Salamanders)라는 고대 신화 속의 도룡룡과 비슷한 기형의 선거구가 된데서 유래하였다. 1812년 상원의원 선거결과, 게리 지지파는 50,164표에 29명이 당선된 반면, 상대방은 51,766표에 11명이 당선되는데 불과하였다.

제 3 절 국민의 권리와 의무

Ⅰ. 기본권 서설

1. 기본권의 개념과 연혁

기본권이란 국민이 향유할 수 있는 가장 근본적인 권리를 의미한다. 즉, 이는 인간이 인간으로서 당연히 가져야 할 권리를 의미하는 것이다. 인간으로서 존재하고 국민으로서 생활하는 이상 그 신분, 성, 신앙, 신조 등의 여하를 막론하고 당연히 인정되지 않으면 안 되는 기본적 권리를 의미한다.

기본권 사상은 영국의 존 록(John Locke)에 의해 주창되었고, 프랑스의 장 자크 루소(Jean Jacques Rousseau)에 의해 계승되었으며 미국의 독립과 프랑스 혁명을 통하여 발전하였다.

2. 기본권의 성격과 제도적 보장

기본권의 법적 성격에 관해서는 첫째, 기본권은 개인을 위한 주관적 공권이냐, 입법을 위한 방침적 규정이냐의 문제, 둘째, 기본권은 실정법상의 권리이냐 자연법상의 권리이냐에 관하여 학설이 나뉘고 있다. 기본권은 개개인을 위한 현실적이고 주관적인 공권의 성격을 갖고 국가에 대하여 직접적 효력을 청구하는 권리이다. 그리고 우리나라 헌법은 인간의 존엄과 가치, 행복추구권이 기본권임을 선언하고, 국가는 개인이 가지는 불가침의 기본적 인권을 확인하고 이를 보장할 의무를 부담한다고 선언하여 기본권이 천부인권성과 전국가적 자연권성을 강조하고 있다.

제도적 보장이란 객관적 제도를 헌법에 규정함으로써 당해 제도의 본질을 보장하려는 것으로, 우리 헌법에는 ① 직업공무원제도, ② 복수정당제도, ③ 교육의 자주성 · 전문성 · 정치적 중립성 보장, 대학의 자율성 보장, ④ 사유재산제도의 보장, ⑤ 혼인과 가족제도의 보장, ⑥ 지방자치제, ⑦ 민주적 선거제도, ⑧ 표현의 자유보장 등이 있다.

3. 기본권의 분류

우리 헌법 제2장은 기본적 인권보장에 관하여 헌법 제10조부터 제37조 제1항에 걸쳐 28개조의 규정을 두고 있는 바, 이들 제 조문을 내용에 따라 ① 인간의 존엄과 가치 · 행복추구권, ② 평등권, ③ 자유권적 기본권, ④ 참정권, ⑤ 청구권적 기본권, ⑥ 생존권적 기본권 등으로 분류할 수 있다.

4. 기본권의 제한과 그 한계

우리 헌법은 헌법 제2장(제10조~제36조) 등에서 기본적 인권을 보장하고 있으나, 기본권의 일반적 헌법유보조항으로 제37조 제2항에서 국가안전보장 · 질서유지 · 공공복리를 위하여 필요한 경우에 기본권을 제한할 수 있도록 하고 있다.

또한, 개별적 헌법유보조항을 두고 있는 바, 언론 · 출판은 타인의 명예나 권리 또는 공중도덕이나 사회윤리를 침해해서는 안되며(제21조 제4항), 군인 · 군무원 · 경찰공무원 등의 국가배상청구권이 제한되고(제29조 제2항), 공무원의 노동3권이 제한되고 있다(제33조 제3항). 그리고, 법률에 의한 기본권 제한의 예외로는 대통령의 긴급재정경제처분 · 명령권(제76조 제1항), 긴급명령(제76조 제2항), 계엄선포(제77조) 등이 있다.

그러나 기본권은 최대한 보장되어야 하므로 그 제한은 필요한 최소한에 그쳐야 하며, 기본권의 본질적 내용을 침해해서는 안된다(제37조 제2항 단서).

사례연구 72 **기본권의 내재적 한계**

신라시대 헌강왕 시절, 처용(處容)이 지은 향가인 '처용가'는 '서라벌 달 밝은 밤에 밤 깊도록 노닐다가 집에 와 침실에 들어가 보니 가랑이가 넷이로구나. 둘은 내 것인데, 나머지 둘은 누구의 것인가? 본디 내 것이었다마는, 빼앗겨 버렸으니 어쩌겠는가!'라 하고 있다. 형법 제241조의 간통죄는 헌법재판소의 위헌결정에 따라 폐지되었는데, 주요 결정이유는 무엇인가?

≫ 성적 자기결정권이란 자신의 성적 활동을 자신이 결정할 수 있는 권리를 말한다. 성적 취향과 행동을 개개인이 스스로 자유롭게 결정할 수 있는 일종의 인격권으로서, 성적인 의사표현, 성적 취향을 아는 것, 나아가 자신의 판단과 선택 그리고 성적 행동에 대해 책임을 지는 것까지 포함한다. 그동안 개인의 성적 자기결정권도 절대적인 것이 아닐 뿐만 아니라 헌법 제37조 제2항의 공동체 목적을 위해 제한이 불가피한 경우에는 성적 자기결정권의 본질적 내용을 침해하지 않는 한도 내에서 법률로 제한할 수 있다(헌재결 1990. 9. 10. 89헌마82 ; 동지 1993. 3. 11)고 헌법 합치 결정을 한 바 있다. 그러나 2015년 2월 26일, 5번째로 간통죄에 관한 위헌 여부 결정에서 재판관 7대2의 의견으로 국가가 법률로써 간통을 처벌하는 것은 국민의 기본권을 침해하는 것으로 위헌이라는 헌법재판소의 결정에 따라 형법 제241조(간통)은 제정된지 62년 만에 효력을 잃게 되었다. 헌법재판소는 "간통죄의 보호법익인 혼인과 가정의 유지는 당사자의 자유로운 의지와 애정에 맡겨야지, 형벌을 통하여 타율적으로 강제될 수 없는 것이며, 현재 간통으로 처벌되는 비율이 매우 낮고, 간통행위에 대한 사회적 비난 역시 상당한 수준으로 낮아져 간통죄는 행위규제규범으로서 기능을 잃어가고, 형사정책상 일반 예방 및 특별 예방의 효과를 거두기도 어렵게 되었다.(중략) 심판대상조항이 일률적으로 모든 간통행위자 및 상간자를 형사처벌하도록 규정한 것은 개인의 성적 자기결정권을 과도하게 제한하는 국가형벌권의 과잉행사로서 헌법에 위반된다.(중략) 간통 및 상간행위에는 행위의 태양에 따라 죄질이 현저하게 다른 수많은 경우가 존재함에도 반드시 징역형으로만 응징하도록 한 것은 구체적 사안의 개별성과 특수성을 고려할 수 있는 가능성을 배제 또는 제한하여 책임과 형벌간 비례의 원칙에 위배되어 헌법에 위반된다."고 판단하였다(헌법재판소 2009헌바17 등).

5. 기본권의 침해와 그 구제

기본권의 침해는 입법·행정·사법기관 등 국가기관에 의한 것과 사인에 의한 것이 있다.

먼저, 입법기관에 의한 기본권 침해의 구제방법으로는 위헌법률심판, 청원권 행사, 선거권 행사 등이 있고, 행정기관에 의한 기본권 침해의 구제방법으로는 청원권행사, 행정심판, 행정소송, 국가배상청구, 형사보상청구권 등이 있으며, 사법기관에 의한 기본권 침해의 구제방법으로는 사법기관에 대한 청원제도, 형사보상청구권, 항소, 상고·재심·비상상고 등이 있다.

그리고 사인에 의해 기본권이 침해된 경우에는 고소 및 고발 등이 있다. 그리고 예외적 구제방법으로는 자구행위에 의한 구제(정당방위, 긴급피난)와 저항권에 의한 구제 등이 있다.

Ⅱ. 포괄적 기본권

1. 인간의 존엄과 가치·행복추구권

기본권 보장의 대원칙으로 우리 헌법 제10조는 "모든 국민은 인간으로서의 존엄과 가치를 가지며, 행복을 추구할 권리를 가진다. 국가는 개인이 가지는 불가침의 기본적 인권을 확인하고 이를 보장할 의무를 진다."고 규정하고 있다.

인간의 존엄이란 인간의 본질로 간주되고 있는 인격의 내용을 의미하고, 인간의 가치란 이러한 인간에 대한 총체적인 평가를 의미하며, 인격권을 근거로 한 헌법재판소의 결정예로는 정정보도청구권, 사죄광고, 알권리의 이념적 기초 등이 있다. 그리고 행복추구권은 고통이 없는 상태, 만족감을 느낄 수 있는 상태를 실현할 수 있는 권리를 말하며, 그 내용으로는 생명권, 인격권(성명권, 초상권, 명예권 등), 평화적 생존권, 휴식권, 수면권, 일조권 등이 있다.

사례연구 73 **초상권**

영자신문 사진기자 A는 사치풍조에 대한 취재를 하던 중, E대생 B와 C가 정장차림의 값비싼 옷을 입고 교문을 나오는 장면을 촬영하여 게재하였다. 평소 검소한 차림으로 학교를 다녔으나, 그 날은 졸업앨범사진을 찍기 위하여 모처럼 정장차림을 한 것에 불과하며, 본인의 동의없이 잡지에 게재하는 것은 초상권을 침해한 것이라고 주장하여 위자료를 청구하고자하는데 이는 가능한가?

≫ 사람의 얼굴이나 전신은 그의 동의없이 촬영하거나 촬영된 사진을 사용할 수 없으며, 동의하였다 하더라도 본인이 예상한 것과 다른 방법으로 공표할 수 없는데, 이와 같이 사람이 자신의 얼굴에 대하여 갖는 권리가 초상권이다. 초상권이 침해된 경우, 피해자는 위자료의 청구, 사죄광고게재의 청구, 다음 호 잡지에 게재하는 것을 중지시키는 청구 등을 할 수 있다.

사례연구 74 성전환자의 성별정정과 행복추구권

연예인 허리수는 남자로 태어났으나 성장과정 속에서 남자가 아닌 여자라는 확신을 갖게 되고 여자로의 생활을 영위해 가고 있다. 허리수는 헌법상 인간의 존엄과 가치, 행복추구권이 인정되고 있으므로 가족관계등록부상 성별정정신청을 하고자 하는데, 이는 가능한가?

≫ 기존의 대법원 판례는 '성전환수술을 해도 성염색체는 변하지 않는다'며 바뀐 성을 인정하지 않았다. 그러나 각급 법원은 성전환자의 성별정정 여부를 판단하면서 성염색체 구성에 따라 성이 결정된다는 생물학적 관점과 심리적·정신적인 면까지를 고려해야 한다는 사회통념설에 따라 엇갈린 결정과 판결을 내려 왔고, 2006년에 대법원은 사법사상 처음으로 가족관계등록부상 성별정정을 허가하는 결정을 내렸다. 즉, "성전환자도 인간으로서의 존엄과 가치를 향유하며, 행복을 추구할 권리와 인간다운 생활을 할 권리가 있고, 이런 권리들은 질서유지나 공공복리에 반하지 않는다"면서 "다만, 성전환자에게 가족관계등록부상 성별란의 기재사항을 바꿔줘도 기존의 신분관계 및 권리·의무에는 영향을 미치지 않는다"고 밝혔다(2006. 6. 22).

2. 평등권

평등권은 자연법사상, 민주주의사상 등의 영향을 받아 보편화되었으며, 1776년 미국의 버지니아권리장전에서 최초로 성문화되었다.

우리 헌법 제11조 제1항에는 "모든 국민은 법 앞에 평등하다. 누구든지 성별·종교 또는 사회적 신분에 의하여 정치적·경제적·사회적·문화적 생활의 모든 영역에 있어서 차별을 받지 아니한다."고 규정하고, 제11조 제2항 및 제3항에서 사회적 특수계급제도의 부인, 영전일대의 원칙을 규정하고 있다. 그 밖에 교육에 있어서의 균등(제31조 제1항), 혼인과 가족생활에 있어서의 양성의 균등(제36조 제1항), 선거에 있어서의 평등에 관한 규정(제41조 제1항), 균형있는 국민경제의 발전에 관한 규정(제119조 제2항) 등이 있다.

여기서 헌법 제11조 제1항의 '법'이란 헌법, 법률, 명령, 규칙 등의 성문법뿐만 아니라 관습법 등 불문법을 포함하는 일체의 법을 의미하고, '평등'이라 함은 절대적 평등이 아니라 상대적·비례적 평등을 말한다. 그 기준으로는 자의의 금지(독), 합리적 차별(미) 등이 제시되고 있다.

헌법 제11조 제1항의 '성별·종교 또는 사회적 신분'은 예시규정이므로 기타 근거에 의한 불합리한 차별도 금지된다. 국가인권위원회에서는 대학입학시험의 동점자 처리과정에서 나이가 많다는 이유로 불합격 처리한 사안에 대해 구제권고를 내린 바 있고(2002. 9. 25), 크레파스와 수채물감의 특정색을 '살색'으로 이름붙인 것은 평등권을 해친 것이라며 이의 시정권고를 내린 바 있다(2002. 8. 2). 그러나 존속살해에 대한 중벌, 누범자에 대한 중벌, 병역의무를 남성만이 가지는 것 등은 합리적 차별대우이므로 위헌이 아니다.

사례연구 75 공무원시험 군필자 가산점과 평등권

S대생 김평등 양은 치열한 경쟁률로 불과 영점 몇 차이로 합격이 좌우되는 7급 공무원 채용시험을 준비 중에 있다. 김평등은 공무원 채용시험에서 현역 군필자에게 과목별 만점의 5~3%를 가산해 주도록 한 X법에 대해 "X법은 자신의 의지와는 무관하게 군 복무에서 제외된 사람들에게 채용시험에서부터 불이익을 주는 것으로 이는 평등권에 위배된다."고 주장하는데, 이는 정당한가?

≫ 구(舊) 제대군인법 제8조 제1항 및 제3항 등에는 현역 군필자에게 과목별 만점의 5~3%를 가산해 주는 규정을 두고 있었다. 공무원 채용시험에서 현역 군필자에게 가산점을 주는 제도는 "가산점이 단순한 혜택이 아니라 병역의무를 자진해 수행하는 풍토를 조성하는 데 기여하고, 병역의무이행으로 인한 불이익에 대한 당연한 보상"이라는 주장도 있다. 그러나 헌법재판소는 "제대군인 가산점 제도는 아무런 재정적 뒷받침 없이 현역 군필자를 지원하려 한 나머지, 결과적으로 여성과 신체장애인 등 사회적 약자들의 희생을 초래하고 있다."며 "헌법과 전체 법체계에 비춰볼 때 기본질서 중의 하나인 여성과 장애인에 대한 차별금지와 보호원칙에 저촉된다."는 결정을 내렸다(1999. 12. 23).

사례연구 76 **인종차별과 평등권**

가나 국민 제임스 등 4명은 "크레파스 제조업체가 특정색을 '살색'이라고 한 것은 평등권을 위반한다. 황인종이 아닌 타 인종은 인간의 색이 아닌가!"라고 주장하고 있는데, 이는 정당한가?

≫ 헌법 제11조 제1항 후문은 차별금지의 사유를 '성별, 종교, 사회적 신분'만을 열거하고 있어서 이 규정이 열거적 규정인지 예시적 규정인지가 문제되고 있는데, 예시적 규정으로 보아야 한다. 왜냐하면 학력, 인종, 출신지역 등 그 어떠한 사유에 의한 불합리한 차별도 인정될 수 없다는 것이 평등권 보장의 취지이기 때문이다. 따라서 제임스 등 4명의 주장은 정당하다. 한편, 우리나라에서는 과거 특정색을 '살색'으로 표시하였으나 현재에는 '살구색'으로 하고 있고, 일본은 2001년부터 '엷은 오렌지색'으로 하고 있다.

Ⅲ. 자유권적 기본권

1. 자유권적 기본권의 의의와 법적 성격

자유권적 기본권이란 타인의 자유 또는 권리를 해하지 않는 한 국가권력에 의하여 각인의 자유로운 활동이 간섭 또는 구속을 받지 않을 권리를 말하며, 방어적 · 소극적 권리이다.

2. 신체의 자유

(1) 연 혁

신체의 자유는 가장 기본적인 자유권으로서 1215년 영국의 대헌장(Magna Carta)이 최초로 규정하였고, 1628년 영국의 권리청원, 1676년 인신보호령, 1776년 버지니아권리장전, 1776년 미국독립선언, 1789년 프랑스인권선언 등에서 선언 · 규정되었다.

(2) 신체의 자유의 실체적 보장

(가) 처벌 등의 법률주의 : 모든 국민은 신체의 자유를 가진다. 누구든지 법률에 의하지 아니하고는 체포 · 구속 · 압수 · 수색 또는 심문을 받지 아니

하며, 법률과 적법한 절차에 의하지 아니하고는 처벌·보안처분 또는 강제노역을 받지 아니한다(제12조 제1항). 여기서 처벌의 법률주의는 죄형법정주의에 관한 규정으로 근대형사법의 기본원칙이다.

사례연구 77 **신체의 자유**

A교도소는 장기수가 도주, 자살, 자해 등을 할 우려가 있어 평소에 이중금속수갑 또는 가죽수갑을 채웠고, 1년이 넘는 기간 동안 일주일에 두 세차례 약 두시간 정도를 탄원서나 소송서류의 작성, 목욕, 세탁 등을 위해 수갑을 풀어 주었을 뿐이다. 이런 경우, 신체의 자유를 침해한 것인가?

≫ 헌법재판소는 교도소의 수감자에게 도주 및 자살, 자해 등을 막기 위하여 수갑 등의 계구(戒具)를 사용한 사건에 대해 '항상 이중금속수갑과 가죽수갑을 착용하여 두 팔이 몸에 고정된 상태에서 생활하였고, 이와 같은 상태에서 식사, 용변, 취침을 함으로써 일상생활을 정상적으로 수행할 수 없었으므로 그로 인하여 신체적, 정신적으로 건강에 해를 입었을 가능성이 높고, 인간으로서 최소한의 품위유지조차 어려운 생활을 장기간 강요당했다.'면서 이런 행위는 헌법상의 신체의 자유를 침해했다고 판시하였습니다(헌재 2003.12.18., 2001헌마163).

(나) 무죄추정의 원칙 : 형사피고인은 유죄의 판결이 확정될 때까지는 무죄로 추정된다(제27조 제4항). 이 원칙은 형사정책과 관련하여 피의자뿐만 아니라 피고인까지도 유죄의 선고를 받기까지는 무죄로 추정된다는 원칙이다.

(3) 신체의 자유의 절차적 보장

(가) 고문 및 불리한 진술의 강요금지 : 모든 국민은 고문을 받지 아니하며, 형사상 자기에게 불리한 진술을 강요당하지 아니한다(제12조 제2항). 여기에서 고문이란 정신적·육체적인 고통을 주는 일체의 행위를 말하며, 이러한 공무원의 위법행위에 대해서는 국가배상책임을 져야 한다. 또한, 불리한 진술을 강요당하지 않을 권리는 묵비권의 보장을 말한다.

사례연구 78 **알몸 수색과 신체의 자유**

X노동단체 조합원 A 등 3명은 선거법 위반혐의로 연행되어 유치장에 처음 수용될 때에 속옷을 입은 상태에서 간단한 수색을 받았다. 그후 변호인 접견

을 마치고 다시 유치장에 수용될 때에는 거부의 의사표시를 하였으나 상의를 겨드랑이까지 올리고 하의를 무릎까지 내린 상태에서 정밀 신체수색을 받을 수밖에 없었다면, 이는 헌법상의 신체의 자유를 침해한 것인가?

≫ 헌법재판소는 "신체수색은 흉기 등의 반입 여부를 조사하기 위해 불가피한 조치로 필요성은 어느 정도 인정되나 수단과 방법이 해당자의 명예 등 기본권을 침해해서는 안 된다"면서 "경찰이 관행적으로 피의자 A를 과도하게 알몸 수색하는 것은 헌법에 보장된 인격권 및 신체의 자유를 침해한 것"이라는 결정을 내린 바 있다(헌재 2002. 6. 18).

(나) 영장제도 : 체포 · 구속 · 압수 또는 수색을 할 때에는 적법한 절차에 따라 검사의 신청에 의하여 법관이 발부한 영장을 제시하여야 한다(제12조 제3항 전단). 이는 미국헌법의 정신을 계승한 것이며, 범죄수사로 인한 부당한 인권침해와 신체의 자유에 대한 침해를 막기 위한 것이다. 영장주의의 예외로는 현행범인인 경우와 장기 3년 이상의 형에 해당하는 죄를 범하고 도피 또는 증거인멸의 염려가 있을 때에는 사후에 영장을 청구할 수 있고(제12조 제3항 후단), 대통령의 비상계엄이 선포된 경우(제77조 제3항) 등이다.

(다) 변호인의 조력을 받을 권리 : 누구든지 체포 또는 구속을 당한 때에는 즉시 변호인의 조력을 받을 권리를 가진다(제12조 제4항). 피고인뿐만 아니라 형사피의자도 일단 체포 · 구속당하면 변호인의 조력을 받을 권리를 가지므로 변호인과의 접견, 교통을 금지하는 것은 위헌이다. 그리고, 형사피고인이 스스로 변호인을 구할 수 없을 때에는 법률에 따라 국선변호인을 붙인다.

(라) 고지의무 : 누구든지 체포 또는 구속의 이유와 변호인의 조력을 받을 권리가 있음을 고지받지 아니하고는 체포 또는 구속을 당하지 아니한다(제12조 제5항).

사례연구 79 미란다 원칙

김미란은 남동생 김억울과 함께 한국대학교 앞에서 자취를 하고 있었는데, 어느 날 밤늦은 시간에 싸우는 소리가 들렸고 주민이 사망하였다는 것을 알았다. 며칠 뒤 학교 교문을 나오고 있던 김억울은 경찰관이라며 신분증만을 보여 준 2명에게 체포되었고, 누나 김미란에게도 연락할 수 없는 상태에서 조사를 받았다. 이 경우, 경찰관의 체포행위 등은 정당한가?

> ≫ 1963년 미국에서 18세 여성 미란다를 납치하여 성폭행한 사건에서 유래된 미란다 원칙은 경찰이나 검찰이 용의자를 연행할 때, 체포이유, 변호인의 도움을 받을 수 있는 권리, 진술을 거부할 수 있는 권리 등이 있음을 미리 알려 주어야 한다는 원칙을 말한다. 우리 헌법 제12조 제5항에도 "누구든지 체포 또는 구속의 이유와 변호인의 조력을 받을 권리가 있음을 고지받지 아니하고는 체포 또는 구속을 당하지 아니한다. 체포 또는 구속을 당한 자의 가족 등 법률이 정하는 자에게는 그 이유와 일시·장소가 지체없이 통지되어야 한다"고 규정하고 있다. 그러므로 경찰관이 김억울에 대하여 체포할 당시 미란다 원칙을 고지하지 않았다면 이는 불법체포가 된다.

(마) 구속적부심사청구권 : 누구든지 체포 또는 구속을 당한 때에는 적부의 심사를 법원에 청구할 권리를 가진다(제12조 제6항). 이것은 아직 기소되지 않은 형사피의자의 권리를 보장하기 위해 마련된 조항이다.

(바) 자백의 증거능력제한 : 피고인의 자백이 고문·폭행·협박·구속의 부당한 장기화 또는 기망 기타의 방법에 의하여 자의로 진술된 것이 아니라고 인정될 때 또는 정식재판에 있어서 피고인의 자백이 그에게 불리한 유일한 증거일 때에는 이를 유죄의 증거로 삼거나 이를 이유로 처벌할 수 없다(제12조 제7항). 이것은 형사소송법이 피고인의 권리를 보장하기 위해 둔 규정(형소법 제309조 내지 제310조)에 대해 헌법적인 근거를 제시한 것으로서 자백이 증거능력을 갖기 위해서는 임의성을 필요로 하며, 자백이 증명력을 갖기 위해서는 보강증거를 필요로 한다.

(사) 연좌제 금지 : 모든 국민은 자기의 행위가 아닌 친족의 행위로 인하여 불이익한 처우를 받지 아니한다(제13조 제3항). 여기서 불이익한 처우란 해외여행의 제한이나 공무담임권의 제한 기타 모든 영역에 있어서 국가기관에 의한 모든 불이익한 처우를 포함하는 것이며, 이와 같은 연좌제 금지는 형법상의 자기책임의 원칙에 따른 당연한 귀결이다.

3. 거주·이전의 자유

모든 국민은 거주·이전의 자유를 갖는 바(제14조), 거주·이전의 자유란 국민이 자기가 원하는 곳에 주소나 거소를 정하고 또 그것을 이전할 자유 및 일단 정한 주소·거소를 그의 의사에 반하여 옮기지 아니할 자유를 말한다. 거주·

이전의 자유의 내용으로는 ① 국내외 거주·이전의 자유, ② 국적이탈의 자유가 있으며, ③ 외국인의 입국의 자유는 제한되지만, 출국의 자유는 인정된다는 것이 국제관행이다. 다만, 거주·이전의 자유는 헌법 제37조 제2항에 의한 제한, 국가보안법, 소방법, 전염병예방법, 해외이주법, 여권법 등에 의해 제한되고 있다.

사례연구 80 **거주·이전의 자유**

부부생활 20년 차인 졸혼해는 이혼의 의사는 없지만 남편과 당분간 떨어져 자유롭게 살고 싶었으나, 이를 남편이 절대 반대하자 자주 부부싸움을 했다. 이런 부모를 못마땅하게 생각한 18세 김질풍은 마침내 가출하여 중국을 통해 부모가 올 수 없는 함경도로 갔다. 민법상 동거의무, 미성년자의 가출의 자유 그리고 북한지역으로의 이전도 거주·이전의 자유에 포함되는가?

≫ 민법 제826조 제1항의 동거의무는 헌법상 혼인과 가족생활의 보장(제36조 제1항)과 조화적으로 이해해야 되기 때문에 거주·이전의 자유에 포함되지 않는다. 그리고 미성년자의 '가출의 자유'는 헌법상 미성년자에 대한 부모의 1차적 교육권(제31조 제2항)과 민법상 부모의 자녀에 대한 거소지정권(제914조)이 있기 때문에 거주·이전의 자유에 포함되지 않으며, 거주·이전의 자유가 인정되는 것은 우리나라의 통치권이 실질적으로 미치는 곳으로의 이전을 의미하므로 통치권이 실질적으로 미치지 않는 북한으로의 이전은 거주·이전의 자유가 인정되지 않고 국가보안법에 의하여 처벌된다.

4. 직업선택의 자유

모든 국민(자연인, 법인)은 직업선택의 자유를 갖는 바(제15조), 직업선택의 자유의 내용으로는 ① 직업결정의 자유, ② 영업의 자유, ③ 이전의 자유, ④ 무직업의 자유 등이 있다. 이러한 직업선택의 자유는 바이마르헌법에서 처음으로 규정되었으며, 우리 헌법도 제3공화국에서 처음으로 규정하였다.

5. 주거의 자유

모든 국민은 주거의 자유를 침해받지 아니한다. 주거에 대한 압수나 수색을 할 때에는 검사의 신청에 의하여 법관이 발부한 영장을 제시하여야 한다(제16

조). 여기서 '주거'란 사람이 거주하는 설비로서 학교, 회사, 여관의 객실 등이 이에 속한다. 주거의 불가침은 신체의 자유와 더불어 최소한의 자유로서 오늘날 형사상·행정상의 절차적 보장을 초월하여 프라이버시(privacy)에 관한 권리의 일환이 되고 있다.

사례연구 81 도청장치 설치와 주거의 자유

X정보기관은 사상이 불온하다고 생각하는 김투쟁의 사생활을 감시하기 위해 그의 집에 도청장치를 설치하기도 하고, 창문 밖으로 흘러나오는 주거 내의 대화를 도청하였다. 이러한 경우 X정보기관의 도청행위는 주거의 자유를 침해한 것인가?

≫ 김투쟁의 집에 도청장치를 설치한 것은 사생활의 자유를 침해한 것은 물론이고 도청장치를 설치함으로서 주거의 '주거'로서 기능을 상실하게 되므로 주거의 자유를 침해하는 것이 된다. 다만, 창문 밖으로 흘러나오는 대화를 도청한 것은 주거의 자유를 침해한 것이라고 볼 수는 없다.

6. 사생활의 자유와 비밀

모든 국민은 사생활의 비밀과 자유를 침해받지 아니하는 바(제17조), 사생활의 자유와 비밀(제17조)은 1890년 워렌(S.D. Warren)과 브렌다이스(L.D. Brandeis)의 논문인 '프라이버시의 권리'에 의해 독립된 권리로 인정되었으며, 우리 헌법에서는 제5공화국헌법에서 최초로 규정되었다. 여기서 '사생활의 자유'란 개개인 누구를 불문하고 자기의 사적 생활을 자유롭게 영위하는 것을 말하고, '사생활의 비밀'이란 부당한 공개를 당하지 않을 권리를 말한다.

7. 통신의 자유

우리 헌법 제18조에서는 "모든 국민은 통신의 비밀을 침해받지 아니한다."고 규정하여 개인의 사생활의 비밀을 보장하며, 개인의 인격을 보호하고 있다. 여기서 '통신'이란 신서·전신·전화 및 그 밖의 우편물과 같이 우편기관에 의하여 다루어지는 격지자간의 의사전달은 물론 물품의 수수까지 포함하며, '침해받지 아니한다'는 것은 발신에서부터 수신 사이에 비밀이 침해되지 않는 것을 의미한다.

8. 양심의 자유

양심의 자유(제19조)는 종교의 자유와 함께 인간내심의 자유로서 정신적 자유의 근원으로 인정되고 있으며, 1850년 프로이센헌법이 최초로 종교의 자유와 함께 규정하였다. 양심의 자유의 내용으로는 ① 양심상 결정의 자유(양심형성의 자유), ② 침묵의 자유, ③ 사상 및 신념에 반하는 행위를 강요당하지 않는 자유 등이 있다. 양심의 자유는 양심이 외부에 표현될 때에 한하여 제한이 따른다는 내면적 무한계설이 통설이다.

사례연구 82 **종교적 신앙 등에 따른 병역거부자**

김여호 군은 입영 통지를 받았으나 평소 종교적 신념에 따라 무기를 들어야만 하는 군대에는 가지 않겠다고 결심하고 병역을 거부함에 따라 병역법 제88조 위반으로 기소되었다. 김여호 군은 '나는 양심상 총을 들 수 없다. 양심을 버릴 수 없고 우리 헌법에는 양심의 자유가 보장되고 있다'고 주장하고 있는데, 이는 정당한가?

≫ 양심상의 이유에 의한 집총거부자에 관하여 병역을 면제하는 국가도 있고, "반전론자 등 개인의 양심을 존중하면서 병역거부자들이 다른 방식으로 사회에 봉사할 기회를 주는 대체제도를 마련하는 것이 국가의 의무"라는 주장과 "분단이라는 특수상황에서 양심적 병역거부 또는 대체복무 도입은 악용될 우려가 있다."는 주장이 있다. 헌법재판소에서는 2004년 8월 26일 '병역법 제88조(입영의 기피)에 대해 3년 이하의 징역에 처하도록 한 규정은 헌법을 위반하지 않다'고 결정하였으나(헌재 2004. 8. 26. 2002헌가1), 2018년 6월 28일, 헌법재판소는 양심적 병역 거부 처벌 조항으로 사용되던 병역법 제88조 제1항에 대해서는, 법원이 정당한 사유의 해석에 따라 양심적 병역거부자에 대해 현행 조항으로도 충분히 무죄 선고가 가능하며, 병역기피자들을 처벌하는 조항으로서 여전히 기능할 수 있다는 취지로 처벌조항에 대해서는 합헌 결정을 내리면서도, 대체복무제가 없는 병역법 제5조 제1항에 대해서는 헌법불합치 판결을 내렸다. 또한 2018년 11월 1일, 대법원 전원합의체는 여호와의 증인 신자의 양심에 따른 병역 거부 사건에 대해 9대 4의 다수 의견으로 종교적인 양심도 입영 거부의 "정당한 사유"에 해당한다고 인정하여 무죄를 선고했다.

한편 국방부는 2019년 1월 4일 대체복무제와 관련해 군에서 병역의무를 이행했거나 이행 중이거나 이행할 사람들이 비양심적인 것처럼 오해될 수 있다는 국민적 우려를 고려 '양심적 병역거부자' 대신 '종교적 신앙 등에 따른 병역거부자'라는 용어를 사용하겠다고 밝힌 바 있다.

9. 종교의 자유

모든 국민은 종교의 자유를 가지며, 국교는 인정되지 아니하고 종교와 정치는 분리된다(제20조)고 하여 종교의 자유와 국교금지, 정교분리의 원칙을 규정하고 있다. 종교의 자유는 신앙의 자유, 종교적 행위의 자유 및 종교적 집회·결사의 자유를 그 내용으로 하고 있다. 신앙의 자유는 절대적 자유지만, 종교적 행위의 자유 및 종교적 집회·결사의 자유는 대외적 행위의 자유이므로 제한이 가능하다.

또한 국교금지 및 정교분리의 원칙은 종교의 자유를 명실상부하게 보장하기 위한 제도로, 특정종교단체에 대한 재정지원·특권부여금지, 국가적 식전에서 특정종교의 의식거행 등은 금지된다.

사례연구 83 **종교의 자유와 종교교육**

신앙사립고등학교에 다니는 A학생은 불교 신자인데, 신앙고교는 기독교재단에서 세운 종교학교이다. A학생은 시험을 보지 않고 거주지별로 추첨, 일괄 배정하는 고교평준화제도에 의해 신앙고교에 입학한 것으로, 정규수업시간에서의 종교교육은 헌법상 보장된 종교의 자유를 침해하는 것이라 주장하고 있는데, 성심양의 주장은 정당한가?

≫ 종교행위의 자유와 관련하여 종교교육의 자유가 문제된다. 교육법상 국공립학교에서의 일반적인 종교교육은 허용되나 특정한 종교교육은 금지되고, 종교적 학교(종교학교)에 있어서의 종교교육은 인정된다. 다만, 입시제도가 자유선택이 아닌 추첨에 의해 강제 배정된다는 점에서 아무리 종교이념에 의해 설립된 사립학교라도 획일적 종교교육 실시는 위헌이라는 주장이 강력히 제기되고 있다.

10. 학문과 예술의 자유

모든 국민은 학문과 예술의 자유를 가진다(제22조 제1항). 여기서 학문의 자유에는 연구의 자유, 연구결과발표의 자유, 교수의 자유 및 연구를 위한 집회·결사의 자유를 포함한다. 또한, 예술의 자유에는 예술창작의 자유, 예술적 결사의 자유가 포함되며, 그 중에서 아름다움을 추구하는 예술창작의 자유는 절대적 자유이지만, 예술작품의 전시는 상대적인 자유이다.

사례연구 84 **초등학교의 정화구역 내의 극장시설 및 영업금지**

조영화는 유치원 및 초등학교가 밀집한 지역 내에 영화관을 개업하려고 하는데, 이 지역은 일명 정화지역이다. 이런 곳에서의 영화시설 및 영업행위는 가능한가?

≫ 과거 학교보건법에는 유치원 및 초등학교 정화구역 내에서 영화시설 및 영업행위를 일률적으로 금지하고 있었다. 그러나 헌법재판소는 '정화구역 내에 위치하더라도 초·중·고등학교 학생들에게 유해한 환경이라고 하기보다는 오히려 학생들의 문화적 성장을 위하여 유익한 시설로서의 성격을 가지고 있어 바람직한 방향으로 활용될 가능성이 높다는 점을 부인하기 어렵다. 그렇다면 정화구역 내의 절대금지구역에서는 이와 같은 유형의 극장에 대한 예외를 허용할 수 있는 가능성을 전혀 인정하지 아니하고 일률적으로 금지하고 있는 이 사건 법률조항은 그 입법목적을 달성하기 위하여 필요한 정도 이상으로 극장운영자의 예술의 자유를 제한하는 법률이다(헌법재판소 2004. 5. 27. 선고 2003헌가1)'고 판시하면서 당시 학교보건법이 극장운영자의 예술의 자유를 침해한다고 결정하였다.

11. 표현의 자유

표현의 자유는 정신적 자유의 하나로서 정신활동의 자유, 정신적 표현의 자유를 말한다. 즉, 종교·양심·사상·학문·예술을 외부적으로 표현하는 언론·출판의 자유 및 집회·결사의 자유(제21조)를 표현의 자유라고 본다.

언론·출판의 자유는 외부적 표현의 자유, 즉 의사표현의 자유로 오늘날 민주정치에 있어서 빼놓을 수 없는 자유로 인정되고 있다. 언론의 자유에는 보도의 자유(사상·표현을 표명하고 전파할 자유), 알 권리(정보를 모집·처리할 자유 :

표현받는 자유), 방송 · 방영 등의 자유 등을 포함하며, 여기서 '언론'이라 함은 구두에 의한 표현을, '출판'이란 문자 및 형상에 의한 표현을 뜻한다. 언론 · 출판에 대한 허가나 검열은 인정되지 않으며, 이는 언론 · 출판에 대한 사전억제를 금지하기 위한 것이다. 다만, 언론 · 출판의 자유는 헌법 제21조 제4항, '정간법(정간법)' 및 '방송법' 등에 의해 일정한 제한을 받고 있다.

집회 · 결사의 자유는 민주주의 사회에서의 정치적 자유로서 민주정치실현에 불가결의 전제가 되고 있다. 여기서 '집회'란 다수인이 일시적으로 공통의 목적을 가지고 일정한 장소에 집합하는 것으로 공식 · 비공식적 집회, 옥내 · 옥외집회를 불문하며, '결사'란 공통의 목적을 가진 계속적인 다수인의 집단을 말한다. 집회 · 결사에 대한 허가제는 인정되지 않지만, 신고제는 행정상 참고를 위한 것이므로 인정되며, 집회 · 결사의 자유는 "집회 및 시위에 관한 법률", "사회단체등록에 관한 법률" 등에 의해 제한받는다.

사례연구 85 공적 인물에 대한 명예훼손과 언론출판의 자유

K일보는 S시의회 의원인 김애도 씨가 김정은에게 김일성 애도 편지를 보냈다는 사실, 편지의 내용, 통일원의 조치, 경찰 및 검찰의 수사상황을 기사와 독자투고의 형태로 게재하였다. 이에 김애도 씨는 K일보가 자신의 명예를 훼손하였다고 하여 K일보 기자를 상대로 명예훼손죄로 고소하였는데, 이는 정당한가?

≫ 신문 · 잡지 등의 출판물이나 방송 등 전파매체에 의하여 의사를 표현하고 사실을 전달하는 자유로서의 보도의 자유는 언론 · 출판의 자유에 포함된다. 신문의 언어적 표현이 진실한 사실이라는 입증이 없어도 행위자가 진실한 것으로 오인하고 한 경우, 그 오인에 정당한 이유가 있는 때에는 명예훼손죄가 성립되지 않고, '오로지 공공의 이익에 관한 때에'라는 요건은 언론자유를 보장한다는 관점에서 그 적용범위를 넓혀야 한다(헌재 1999. 6. 24. 97헌마265). 따라서 김애도의 주장은 이유없다.

사례연구 86 집회의 자유

한국자동차노조 S시 지부장 A는 2025년 3월 15일 14시에 S시 하천 고수부지에서 노사관련법 개정을 위한 집회를 갖기 위해 동년 3월 13일 10시에 경찰서장에게 집회신고서를 제출하였으나 경찰서장은 "교통소통을 위해 필요하다"는 이유로 3월 14일 10시에 집회의 금지를 통고하였다. 그러자, 지부장 A는 즉시 이에 대한 이의신청을 접수시켰으나, 이에 대한 아무런 통보도 없자 집회를 강행하였는데, 경찰서장의 행위와 지부장 A의 행위는 정당한가?

≫ 교통소통에 지장을 주지 않는 한 금지통고를 할 수 없고(집시법 제12조 제1항), 더욱이 질서유지인을 두고 도로를 행진하는 경우에는 금지할 수 없다(제12조 제2항). 따라서 고수부지에서의 집회는 가능하며, 경찰서장의 금지통보는 부당하다. 또한, 24시간 이내에 이의신청에 대한 재결서를 보내지 않은 경우에는 금지통보의 효력이 상실되므로 지부장 A의 행위는 정당하다.

12. 재산권의 보장

재산권의 보장은 근대 경제사회를 구성하는 기초원칙의 하나이며, 근대의 자유국가 내지 법치국가는 이 원칙을 제도화한 사유재산제도 위에 성립되고 있다. 우리 헌법에서 모든 국민의 재산권은 보장되며, 그 내용과 한계는 법률로 정하도록 하였다. 그리고 재산권의 행사는 공공복리에 적합하도록 행사하여야 하며, 공공필요에 의한 재산권의 수용·사용 또는 제한 및 그에 대한 보상은 법률로써 하되, 정당한 보상을 지급하도록 하고 있다(제23조). 여기서 손실보상의 이론적 근거는 특정인에게 가해진 특별한 희생은 이를 전체의 부담으로 보상하는 것이 정의와 공평에 맞는다는 데에 있다(특별희생설의 입장).

사례연구 87 재산권의 보장

김세입은 신주인의 주택에 대해 전세권을 설정하여 10개월 동안 살고 있던 중, 신주인이 세금을 내지 않았다는 이유로 경매에 붙여지게 되었다. 구(舊) 국세기본법 제35조 제1항 제3호에는 전세권·질권·저당권에 의해 담보된 채권보다 그 담보설정 후 1년 이내에 성립된 조세채권이 우선 징수된다는 규정에 따라 전세금을 받을 수 없게 되었는데, 동법의 규정은 정당한가?

≫ 구(舊) 국세기본법 제35조 제1항 제3호의 규정은 재산권인 담보물권 내지 사유재산제도의 본질적인 내용을 침해하는 것이며, 과잉금지의 원칙에도 위반되므로 위헌적 조항에 해당한다(헌재결 1990. 9. 3. 89헌가95). 현행 국세기본법에서는 국세·가산금 또는 체납처분비는 다른 공과금이나 그 밖의 채권에 우선하여 징수한다. 다만, 법정기일 전에 전세권, 질권 또는 저당권 설정을 등기하거나 등록한 사실이나 「주택임대차보호법」 제3조의2 제2항 또는

「상가건물 임대차보호법」 제5조 제2항에 따른 대항요건과 확정일자를 갖춘 사실이 대통령령으로 정하는 바에 따라 증명되는 재산을 매각할 때 그 매각 금액 중에서 국세 또는 가산금(그 재산에 대하여 부과된 국세와 가산금은 제외한다)을 징수하는 경우의 그 전세권, 질권 또는 저당권에 의하여 담보된 채권이나 확정일자를 갖춘 임대차계약증서 또는 임대차계약서상의 보증금은 그러하지 아니한다(제35조 제1항 제3호).

Ⅳ. 생존권적 기본권

생존권적 기본권은 생활에 필요한 여러 조건을 국가가 적극적으로 관여하여 확보해 줄 것을 요청할 수 있는 권리이다. 종래 기본권이 '국가로부터의 권리'인 자유권적 기본권인데 비하여 생존권적 기본권은 '국가에 의한 권리'라고 할 것이며, 1919년 바이마르헌법 제151조에 최초로 규정되었다.

1. 교육을 받을 권리

교육을 받을 권리라 함은 교육을 받을 수 있도록 국가의 적극적인 배려를 요구할 수 있는 권리를 말한다. 우리 헌법 제31조에는 능력에 따라 균등하게 교육받을 권리를 보장하고 있으며, 의무교육의 무상, 교육의 자주성·전문성·정치적 중립성 및 대학의 자율성 보장, 평생교육진흥의무, 교육제도와 그 운영, 교육재정 및 교원의 지위를 법률로 정하도록 하고 있다.

사례연구 88 **교육의 기회균등**

강원도 어느 시골 마을에는 X초등학교 Y분교가 설치되어 있었으나, 강원도의회에서는 학생 수가 감소하였다는 이유로 이를 폐지하는 조례를 통과시켰다. 이 마을에 살고 있는 김농부는 아들이 먼 곳까지 통학하며 학교를 다닐 것을 생각하니 답답하기만 하였다. 김농부는 '교육을 균등하게 받을 권리가 있다'며 분교의 폐지를 적극 반대하고 있는데, 이는 정당한가?

≫ Y분교 학생들이 X초등학교에서 교육을 받음으로서 얻게 되는 교육적 효과와 Y분교의 폐지로 인하여 교육조건과 통학조건의 변화, 학교의 적정규모, 폐교로 인한 지역사회에 미치는 영향 등 제반사항을 검토한 후 결정된 사

항이라면, Y분교의 폐지에 따른 원거리 통학으로 인한 다소의 불편함이 있다 하더라도, 강원도의회의 Y분교 통폐합은 재량권의 남용이나 교육을 받을 권리를 침해한 것으로 볼 수 없다고 본다.

2. 근로의 권리와 노동3권

(1) 근로의 권리

근로의 권리란 근로자가 근로의 기회제공 및 근로조건상의 제(여러) 조건에 있어서 보호를 받을 권리를 말한다. 근로의 권리는 1919년 바이마르헌법 이래 국민의 생존권을 보장하려는 각국의 헌법에 규정되고 있다. 우리 헌법 제32조에는 고용증진, 적정임금의 보장, 최저임금제의 실시 등에 대한 국가의 의무(제1항 및 제2항), 근로기준의 법정주의(제3항), 근로관계에 있어서 여성에 대한 차별금지(제4항), 연소자근로의 특별보호(제5항), 국가유공자 등 유가족의 근로기회 우선보장(제6항) 등을 규정하고 있다.

(2) 노동3권

노동3권이란 근로자가 근로조건의 향상을 위하여 자주적으로 단결·단체교섭 및 단체행동을 할 수 있는 권리를 말한다. 근로3권은 근로조건의 향상을 위한 것이므로 순수한 정치적 파업이나 정치적 행동권은 제외되며, 자주적인 행사여야 하므로 동정파업 등은 제외된다.

우리 헌법 제33조에는 단결권, 단체교섭권 및 단체행동권을 보장하고 있으나, 공무원은 법률로 인정된 자만이 노동3권을 가지며, 법률이 정하는 주요방위산업체 근로자의 단체행동권은 법률에 의해 제한될 수 있다.

3. 인간다운 생활을 할 권리

인간다운 생활을 할 권리(제34조)란 일반적으로 인간의 존엄성에 상응하는 건강하고 문화적인 최소한도의 생활을 할 권리를 말하며, 생존권적 기본권 중 가장 핵심적인 권리이다. 이와 같은 권리는 사회보장을 받을 권리, 생활보호를 받을 권리, 재해예방과 위험보호에 관한 권리 등을 그 내용으로 하고 있다. 이의 구체적인 실현을 위해 사회보장급여의 이용·제공 및 수급권자 발굴에 관한 법률, 직업안정법, 아동복지법, 모자보건법, 노인복지법, 의료급여법, 재해구호법 등을 두고 있다.

사례연구 89 장애인과 인간다운 생활을 할 권리

우리나라는 인간다운 생활을 할 권리를 보장하기 위해 최저생계비를 보장하고 있다. 휠체어를 타고 다니는 이동해 씨는 특별한 직업이 없어 최저생활비로 근근히 생활하고 있는데, 장애인가구에 대해서는 일반인 보다 추가지출비용이 많으므로 이를 반영하여야 한다고 주장하고 있는데, 이는 정당한가?

≫ 헌법재판소에서는 "국가가 생활능력 없는 장애인의 인간다운 생활을 보장하기 위한 조치를 취함에 있어서 국가가 실현해야 할 객관적 내용의 최소한도의 보장에도 이르지 못하였다거나 헌법상 용인될 수 있는 재량의 범위를 명백히 일탈하였다고 보기 어렵다"고 결정하였다(헌재 2004. 10. 28. 선고 2002헌마328). 즉, 보건복지부장관이 최저생활비를 고시함에 있어서 장애로 인한 추가지출비용을 반영하지 않았다고 하더라도 장애인복지법 등에 의해 보호되고 있기 때문에 국가가 인간다운 생활을 위한 최소한의 조치를 취하지 않은 것은 아니라고 판단하였다.

4. 혼인 · 가족제도 · 모성 및 보건에 관한 권리

혼인 · 가족제도는 혼인 및 가정생활에 있어서 남존여비의 봉건적 관념을 청산함으로써 개인의 존엄과 양성평등을 기초로 하는 가정의 민주화를 확립하려는 원칙규범 내지 제도보장이다(제36조 제1항). 따라서, 매매혼, 강제혼, 결혼퇴직제 등 혼인의 자유를 침해하는 경우에는 위헌이 되며, 일부일처제를 침해하는 등의 혼인의 순결을 침해하는 경우도 위헌이다.

국가는 모성의 보호를 위해 노력할 의무를 가지며, 이를 구체화하기 위해 모자보건법, 모자복지법 등을 두고 있다(제36조 제2항).

보건의 권리는 국민이 그 건강을 유지하는 데 필요한 국가적 급부와 배려를 요구할 수 있는 권리를 말하며(제36조 제3항), 개인의 건강의 침해, 건강의 유지를 위해 필요한 시설이나 환경을 요구할 수 있는 권리를 그 내용으로 하고 있다.

사례연구 90 **임신부의 보호와 모성에 관한 권리**

기혼 여성근로자 김허약은 임신 6개월이 되었는데, 갑자기 유산하게 되었다. 여성근로자가 출산을 할 경우 유급 출산휴가를 받도록 하는 법률로 보호하고 있는데, 김허약과 같이 유산한 경우도 유급 휴가를 받을 수 있는가?

≫ 헌법상 국가의 모성보호 노력 의무를 구체화하기 위해 만든 법률 중에는 대표적으로 모자보건법, 모자복지법 등이 있으나, 그 외에도 남녀고용평등과 일 · 가정 양립 지원에 관한 법률, 근로기준법 등에 많은 법적 장치를 두고 있다. 남녀고용평등과 일 · 가정 양립 지원에 관한 법률에도 산전후휴가에 대한 지원(제18조), 육아휴직(제19조), 일 · 가정 양립 지원(제20조), 직장어린이집 설치 및 지원(제21조), 그 밖의 보육관련지원(제21조의2) 등을 규정하고 있다. 또한, 근로기준법 제74조 제1항은 90일간의 유급산전후 휴가를 규정하고 있고, 같은 조 제3항 전단에는 "사용자는 임신 중인 여성이 유산 또는 사산한 경우로서 그 근로자가 청구하면 대통령령으로 정하는 바에 따라 유산 · 사산휴가를 주어야 한다."고 규정하고 있다. 따라서 김허약은 보호휴가를 받을 수 있다.

5. 환경권

환경권이란 국민들이 건강하고 쾌적한 환경 속에서 생활할 권리를 말한다. 환경권은 1960년대 이후에 천부인권으로서가 아닌, 공해 또는 환경파괴로부터 생명과 신체의 안전을 수호하기 위한 권리개념으로서 미국을 중심으로 등장하였다.

환경권에는 수인의 한도를 넘는 국가의 환경침해 내지 환경보호에 반하는 국가시책을 지양하도록 요구할 수 있는 권리, 국가 이외의 다른 원인(사인 등)에 의하여 발생하는 환경침해를 막아줄 것을 요구할 수 있는 권리, 건강하고 쾌적한 생활환경을 만들고 보전해 줄 것을 국가에게 요구하는 권리 등을 내용으로 하고 있다.

국가기관에 의해 환경권이 침해된 경우에는 청원권, 행정소송, 국가배상청구권, 헌법소원 등의 방법으로, 그리고 사인에 의해 환경권이 침해된 경우에는 민사소송에 의한 배상청구, 물권적 청구권에 의한 구제 등을 통해 권리를 구제할 수 있다.

사례연구 91 **환경권과 권리구제**

김환경이 거주하는 주택가 근처에 자동차정류장이 생겨, 오가는 차량으로 인하여 항상 소음과 먼지로 생활에 막대한 지장을 받고 있다. 김환경은 운송회사나 국가를 상대로 깨끗하고 쾌적한 환경에서 살 권리를 보장해 달라는 청구를 하고 싶은데 가능한가?

≫ 김환경이 운송회사를 상대로 민사적 방법으로 권리를 구제할 수 있다. 다만, 국가를 상대로 구제가 가능한가가 문제인데, 첫째 국가배상법상의 요건을 구비하였다면 권리의 구제가 가능하고 최근 '재량권의 영으로의 수축' 이론의 영향으로 행정기관의 부작위를 이유로 한 배상청구권이 비교적 쉽게 인정되는 경향이 있으며, 둘째 김환경과 같이 행정처분의 직접 상대방이 아니라 제3자도 행정처분에 의해 법률상 이익을 침해받는 경우에는 행정소송을 통해 권리를 구제받을 수 있다.

V. 청구권적 기본권

청구권적 기본권은 국민이 국가에 대하여 적극적으로 특정한 행위를 요구하거나 국가의 보호를 요구하는 권리를 말하며, 기본권보장을 위한 기본권, 권리구제를 위한 기본권, 수익권 등으로도 불리운다.

1. 청원권

청원권이란 국민이 국가나 국가기관에 대하여 의견이나 희망을 진술할 권리를 말하며, 우리 헌법에는 국가기관에 문서로 청원할 권리를 갖도록 규정하고 있다(제26조).

청원할 수 있는 사항(청원법 제4조)은 예시적 사항으로 ① 피해의 구제, ② 공무원의 위법·부당한 행위에 대한 시정이나 징계의 요구, ③ 법률·명령·규칙의 제정·개정 또는 폐지, ④ 공공의 제도 또는 시설의 운영, ⑤ 그 밖에 공공기관 등의 권한에 속하는 사항 등이다.

반면에 청원할 수 없는 사항(청원법 제5조, 제10조)으로는 ① 재판에 간섭하는 것, ② 국가원수를 모독하는 것을 내용으로 하는 것, ③ 타인을 모해할 목적으로 허위의 사실을 적시하는 것 등이다.

사례연구 92 **청원권**

한국전자주식회사의 소액주주로 구성된 한국전자 소액주주운동본부는 동 회사의 주주총회결의의 무효를 구하는 소송을 제기하였으나 기각되었다. 이에 동 운동본부는 대법원의 기각판결이 법률의 적용과 오류가 있다고 하여 위 판결에 관여한 대법관들을 탄핵하기 위한 청원서를 제출하려고 하였으나 국회의원의 소개를 얻지 못하여 청원서를 접수하지 못하게 되었다. 이에 동 운동본부는 피청구인의 부작위와 국회법 조항(제123조 제1항)의 위헌확인을 구하는 헌법소원심판을 청구하려고 하는데, 이는 정당한가?

≫ 국회법 제123조 제1항은 "국회에 청원하려고 하는 자는 의원의 소개를 얻어 청원권을 제출하여야 한다"고 규정하고 있는데, 이 규정은 무책임한 청원서의 제출을 규제하여 그 남용을 예방하고 의원이 미리 청원의 내용을 확인하여 그 후 이루어질 심사의 효율성을 확보하려는 데에 그 목적이 있다. 위 사례에서 헌법재판소는 국회 입법형성의 재량의 범위를 넘어 기본권을 침해했다고 볼 수 없다며 합헌결정을 내렸다(헌재 2006. 6. 29. 2005헌마604).

2. 재판청구권

재판청구권 또는 재판을 받을 권리는 독립된 법원에서 신분이 보장된 법관에 의해 적법한 절차에 따른 공정한 재판을 받을 권리를 말한다. 재판청구권은 1215년 마그나 카르타(Magna Carta)에 그 연원을 두고 있으며, 1789년 프랑스인권선언과 1791년 프랑스헌법에서 성문화되었다.

재판청구권은 다음과 같은 내용을 포함하고 있다.

첫째, 헌법과 법률이 정한 법관에 의한 재판을 받을 권리가 있으며(제27조 제1항), 군인 또는 군무원이 아닌 경우에는 군사재판을 받지 아니한다. 다만, 중대한 군사상의 비밀·초병·초소·유독음식물 제공·포로·군용물에 관한 죄 중 법률이 정한 경우와 계엄이 선포된 경우 등은 예외로 하고 있다(제27조 제2항).

둘째, 신속·공개재판을 받을 권리를 가진다(제27조 제3항). 여기서 재판의 공개라 함은 소위 일반공개이나, 재판장이 법정질서 유지상 방청권을 발행하고 그 소지자만 방청을 허용하는 것도 재판의 공개가 아니라고 할 수 없다(대판 1975. 4. 8. 74도3323). 다만, 심리는 국가의 안전보장 또는 안녕질서를 방해하거나 선량한 풍속을 해할 염려가 있을 때에는 법원의 결정으로 재판을 공개하지 아니할 수 있다(제109조 단서).

셋째, 형사절차상 형사피고인 및 형사피의자의 인권보장, 즉 명예와 신체의 자유보장을 위해 형사피고인 및 형사피의자는 유죄의 판결이 확정될 때까지 무죄로 추정된다(제27조 제4항).

넷째, 형사피해자는 법률이 정하는 바에 따라 당해사건의 재판절차에서 진술할 수 있다(제27조 제5항).

사례연구 93 신속한 재판을 받을 권리

A는 국회의원선거법위반 및 명예훼손죄 등의 죄목으로 기소되어 1차 공판을 마친 후, 10년 동안 심리가 진행되지 않다가 갑자기 2차 심리의 통보를 받았다. A는 동 법정에서 그동안 아무런 이유없이 재판을 지연시켜 온 것은 헌법상의 신속한 재판을 받을 권리를 위반한 것으로 본건에 대해 면소 또는 공소기각의 판결을 해야 한다고 주장하고 있는데, 이는 정당한가?

≫ A에 대한 재판이 이유없이 개정되지 않은 것은 증거나 증인이 가려졌거나 숨겨졌다고 보는 것이 상식이며, 특히 확정판결 전까지는 무죄의 추정을 받고 있으므로 그동안 형사피고인으로서의 정신적 · 물질적 피해는 상당할 것으로 보여지므로 당연히 소송절차는 종단(終斷)되어야 한다. 이때에 면소판결을 내릴 것인가 아니면 공소기각의 판결 내지 결정을 내릴 것인가만이 문제가 되며 이에 대해서는 형사소송법에 상세히 규정하고 있다(제326조~제328조).

3. 형사보상청구권

형사보상청구권이란 형사피의자 또는 형사피고인으로 구금되었다가 법률이 정하는 불기소처분을 받거나 또는 무죄판결을 받은 경우에 그 정신적 · 물질적 손실을 보상해 주도록 국가에 대하여 청구할 수 있는 권리를 말한다(제28조).

형사보상청구권의 발생요건은 ① 형사피의자 또는 형사피고인으로서 구금되어 있어야 하며, 기소유예 · 기소정지처분을 받은 자는 예외로 한다. ② 불기소처분 또는 무죄판결이 확정되어야 하며, 면소 · 공소기각의 재판을 받은 자는 무죄판결을 받을 만한 현저한 사유가 있을 때에 한하여 청구할 수 있다(형사보상법 제25조).

사례연구 94 **형사보상청구권**

김착실은 추억여관에서 애인 정성애를 살해한 혐의로 구속되었다. 그는 재판과정에서 정성애와 함께 추억여관에 투숙하였다는 것은 사실이지만 살해하지 않았다고 주장하였으며, 재판과정에서 결국 무죄판결을 받았다. 형사피고인으로 구금되었던 김착실은 구속되어 재판을 받는 과정에서 직장에서 해직되고, 막대한 정신적 및 물질적 피해를 입게 되었다. 김착실은 구제받을 수 있는 방법은 무엇인가?

≫ 김착실은 무죄확정 판결일로부터 1년 이내에 무죄판결을 한 법원에 형사보상청구권을 행사할 수 있으며(형사보상법 제6조), 1일 5,000원 이상 대통령령이 정하는 금액 이하의 비율에 의한 보상을 받을 수 있으며(동법 제4조 제1항), 명예회복을 위해 신문에 그 사실을 공표하도록 할 수 있다. 다만, 현행 형사보상법은 첫째, 피해자의 구금에 대한 보상을 상향조정하여 구체적으로 법률에 명시적 근거가 있어야 하고, 둘째 형사보상금액이 너무 적으므로 국가배상법상의 배상금과 형평을 이루어야 하며, 셋째 변호사비용이나 소송비용에 대한 손실보상까지 이루어지도록 하는 등 입법적 고려가 요구된다.

4. 국가배상청구권

국가배상청구권이란 공무원의 위법한 직무집행행위 또는 국가나 공공단체의 영조물의 설치·관리의 하자로 인하여 개인에게 재산상의 손해를 가한 경우에 국가나 공공단체가 그 손해를 배상하는 것을 말하며(제29조), 헌법규정에 따라 국가배상법을 제정하여 시행하고 있다.

원래는 국가무과실의 원칙하에 국가배상을 인정하지 않고 공무원 자신의 개인적인 민사책임만을 인정하였으나, 오늘날은 영국, 미국, 프랑스, 독일 등에서 입법 또는 판례상 인정하고 있으며, 우리나라 헌법 제29조 제1항에서도 이를 규정하고 있다.

사례연구 95 **공공시설의 하자로 인한 국가배상**

심순애는 서울특별시에서 신규로 임대한 시영아파트에 입주하였는데 가스보일러의 설치와 보존상의 하자로 인하여 가스가 스며 나와 그곳에 살던 주민 심순애가 사망하였다. 이러한 경우, 유족들은 그 사망자에 대해 국가를 상대로 손해배상을 할 수 있는가?

≫ 국가배상법 제5조 제1항 전단에는 "도로 · 하천, 그 밖의 공공의 영조물(營造物)의 설치나 관리에 하자(瑕疵)가 있기 때문에 타인에게 손해를 발생하게 하였을 때에는 국가나 지방자치단체는 그 손해를 배상하여야 한다."고 규정하고 있다. 위 사례와 같이 시영아파트의 가스보일러의 설치와 보존상의 하자로 인하여 가스가 스며 나와 사망한 경우, 그 건물소유자(서울특별시)는 그 피해에 대한 배상책임이 있다.

5. 범죄피해자구조청구권

범죄피해자구조청구권이란 타인의 범죄행위로 인하여 생명 · 신체의 피해를 입은 경우에는 국가에 대하여 경제적 구조를 청구할 수 있는 권리를 말한다(제30조). 이는 타인의 범죄행위로 인한 사망, 중상의 경우에 가해자의 불명, 무자력인 경우에 범죄피해구조의 실질화를 위해 마련된 제도로 제9차 개헌(1987년)에 의해 신설되었다.

헌법 제30조 규정을 구체화하기 위해 범죄피해자구조법을 제정하였으나, 범죄피해자를 보호 · 지원하는 제도와 범죄피해자를 구조하는 제도는 정책 방향이 같으므로 「범죄피해자구조법」을 범죄피해자보호법에 통합하게 되었다, 당초 범죄피해자구조법은 구조 대상을 생명 · 신체에 대한 행위로 사망한 자의 유족이나 중장애를 당한 자로 하였으나, 장해 및 중상해까지 확대하고 구조금의 지급요건에서 가해자의 불명 또는 무자력 부분을 삭제하여 범죄피해자 구조의 범위를 확대하였다.

사례연구 96 **범죄피해자 구조청구권**

평소 의로운 행동을 많이 하던 김의인 씨는 귀가 도중, 술에 취해 양귀비 양에 대하여 성폭력을 하려는 박거세 씨를 잡으려고 격투를 하던 중, 박거세가 휘두른 등산용 칼에 의해 살해되었다. 그의 유족으로는 31살의 미망인과 2살난 여자아이가 있는데, 살길이 막막한 이들에게 경제적 구조를 해주는 방법이 있는가?

≫ 헌법상 타인의 불법행위로 인하여 피해를 받은 경우에는 그 유족을 위해 경제적으로 구조하는 제도, 즉 범죄피해자구조청구권이 있다. 따라서 유족들은 김의인 씨의 사망에 따른 유족구조금을 범죄발생 관할 범죄피해구조심의회에 신청하여 일시금으로 지급받을 수 있다(범죄피해자보호법 제16조 내지 제32조).

Ⅵ. 참정권

참정권이란 국가의 구성원인 국민이 국정에 참여하는 권리를 의미한다. 참정권은 선거권, 공무담임권 등 간접참정권, 국민발안, 국민소환, 국민투표 등 직접참정권 등이 있다. 참정권의 주체는 모든 국민이며, 외국인과 법인은 성질상 그 주체성이 부인된다. 참정권은 일반적 법률유보, 국가긴급권에 의해 제한될 수 있으나, 소급입법에 의한 참정권의 제한, 참정권의 본질적 내용의 제한을 해서는 안된다.

1. 선거권

선거권은 국민이 공무원을 선거하는 권리를 말한다. 모든 국민은 법률이 정하는 바에 의하여 선거권을 가지며(제24조), 현재 만 18세부터 선거권을 가지고 있고(공직선거법 제15조 제1항, 2020. 1. 14. 개정), 대통령선거권, 국회의원선거권, 지방의회의원 및 단체장선거권 등이 있다. 원칙적으로 간접민주제를 채택하고 있는 우리나라에서는 공무원선거권이 국민의 참정권 중 가장 중요한 것이다.

사례연구 97 선거권

한우쭐 군은 만 17세 10개월로 고등학교 졸업을 앞두고 있는데, 만 18세 미만이라는 이유로 '공직선거 및 선거부정방지법'에 의해 국회의원 선거에서 선거권을 행사하지 못하게 될 것으로 예상되자, 선거권 행사의 연령을 만 18세로 제한한 규정은 헌법 제41조 제1항의 보통·평등선거의 원칙에 반하는 위헌 조항이라고 주장하는데, 이는 정당한가?

≫ 대학 진학과 취업을 앞둔 고등학교에 재학 중인 학생 일부를 정치에 참여케 하는 선거권 부여는 교육법상 바람직하지 않은 것으로 보인다(교육법 제96조, 제102조의2, 제107조). 또한 만 18세 미만의 미성년자들은 부모나 보호자에게 의존하므로 이러한 미성년자의 정치적 의사표현은 독자적인 판단에 의한 바람직한 결과가 나타나지 않을 수도 있다(2001. 6. 28. 2000헌마111). '공직선거 및 선거부정방지법'은 선거연령을 만 19세로 규정하고 있었으나, 2020년 1월 14일 동법 개정을 통해 선거연령을 만 18세로 낮추었다.

2. 공무담임권

공무담임권은 입법부, 사법부, 행정부와 기타 일체의 직무(공무)를 담당할 수 있는 권리를 말한다. 모든 국민은 법률이 정하는 바에 의하여 공무담임권을 가진다(제25조). 공무원이 현실적으로 공무를 담임하기 위해서는 법률이 정하는 바에 따라 일정한 자격을 구비하여야 한다.

사례연구 98 **경찰채용의 색신이상자 응시제한과 공무담임권**

김모범은 초등학교 시절부터 줄곧 경찰이 되어 민중의 지팡이가 되고자 하였고, 마침내 S대학교 경찰행정과에 입학하였다. 그런데 이게 웬 청천벽력일까? 경찰청에서는 경찰공무원 채용 공고를 내면서 색신이상자에 대하여 응시제한을 하였는데, 이는 정당한가?

≫ 헌법 제25조에는 "모든 국민은 법률이 정하는 바에 의하여 공무담임권을 가진다."고 규정하여 입법자에게 넓은 입법형성권이 인정되고 있다. 경찰청은 범인 추격과 검거같은 경찰 업무는 업무 특성상 색을 구분하는 능력이 필수적이고, 순환근무제에서 여러 분야 업무를 해야 하기 때문에 약도 이외에 색신이상자의 응시제한은 불가피하다고 주장하고 있다. 그러나 국가인권위원회에서는 '약도 이외에 색신이상자 채용 기회를 전면 제한하는 행위는 헌법에 보장된 직업선택의 자유와 공무담임권을 침해하고, 합리적인 이유없이 신체 조건을 이유로 한 차별이다'면서 전면제한 규정의 개정을 세 차례(2016~2018) 권고하였다.

3. 국민투표권

국민투표권은 국민이 국가의사의 형성 내지 결정에 직접 참여하는 권리를 말한다. 국민투표제도는 직접민주정치의 한 형태로 간접민주정치를 보완하기 위한 것이다. 우리 헌법에서는 일반적인 법안에 대한 국민발안제나 국민투표제를 인정하지 아니하고 대통령이 회부한 안건과 헌법개정에 대한 국민투표만을 인정하고 있다. 직접참정권에는 이 밖에도 국민소환제도와 일반적 신임투표제도가 있으나 우리나라에서는 인정되지 않는다.

Ⅶ. 국민의 기본의무

국민의 의무는 국민이 통치대상으로서의 지위에서 부담하는 의무를 말한다. 국민의 의무에 관해서는 헌법에 규정하고 있는데, 그 구체적인 내용은 각국 헌법이념과 역사적 발전단계에 따라 일치하지 않는다.

국민의 의무는 근대적 · 고전적 국민의 의무라 할 수 있는 납세의 의무와 병역의 의무가 있으며, 현대적 · 새로운 의무로는 교육의 의무, 근로의 의무, 재산권행사의 공공복리 적합의무, 환경보전의무 등이 있다.

1. 납세의 의무

납세의 의무란 국가존립의 기초가 되는 재원의 중요한 요소인 납세를 할 의무를 말하며, 모든 국민은 법률이 정하는 바에 의하여 납세의 의무를 진다(제38조). 납세의 의무부과는 모든 국민에게 능력에 따라 공평하게 부과되어야 하며, 조세의 종목과 세율은 반드시 법률에 의해서만 부과해야 하는데, 이를 조세법률주의라고 한다.

사례연구 99 **조세법률주의**

정부는 세수가 부족하자 쉽게 세수 재원을 확보하기 위하여 기획재정부 훈령으로 자동차 거리에 따라 부과되는 유류세 세목을 신설하고자 하는데, 이러한 징수방법은 타당한가?

≫ 우리 헌법 제38조에 국민들로 하여금 법률이 정하는 바에 따라 납세의무를 부담하도록 규정하고 있으며, 제59조는 "조세의 종목과 세율은 법률로 정한다."고 규정하고 있기 때문에 법률에 근거하지 않은 조세부과는 헌법위반이 된다.

2. 국방의 의무

국방의 의무란 외국의 침략으로부터 국가의 독립과 영토를 유지, 보전하기 위한 국토방위의 의무를 말한다. 모든 국민은 법률이 정하는 바에 의하여 국방의 의무를 지며, 누구든지 병역의무의 이행으로 인하여 불이익한 처우, 예컨대 복직 · 보수 · 승진 등에 있어 불이익을 받지 아니한다(제39조).

3. 교육의 의무

교육의 의무는 문화복리국가의 구현을 위한 현대적 국민의 의무로 모든 국민은 그 보호하는 자녀에게 적어도 초등교육과 법률이 정하는 교육을 받게 할 의무를 진다(제31조 제2항). 교육의 의무는 초등교육과 법률이 정하는 교육, 그리고 의무교육의 무상성을 그 내용으로 하고 있다.

4. 근로의 의무

근로의 의무는 국민이 근로함으로써 국부의 증식에 이바지하여야 할 의무를 말한다. 자본주의 경제조직 하에서는 근로의 의무의 법적 성질에 대해서 이를 윤리적 의무로 파악하는 견해와 법적 의무로 파악하는 견해가 대립되고 있는데 윤리적 의무설이 지배적이다. 모든 국민은 근로의 의무를 지며, 근로의무의 내용과 조건은 민주주의원칙에 따라 법률로 정하도록 하고 있다. 여기서 '근로'란 반드시 육체적 노동이나 유급노동만을 의미하는 것이 아니라 정신적 노동을 포함하는 넓은 의미의 노동도 포함된다.

5. 재산권행사의 공공복리 적합의무

재산권행사의 공공복리 적합의무(제23조 제2항)는 재산권을 공공복리에 적합하도록 이용·개발하고 남용하지 아니할 권리를 말하며, 이것은 1919년 독일 바이마르헌법 이후의 재산권의 사회적 의무성을 규정한 것이다.

6. 환경보전의무

환경보전의무는 국가와 국민이 함께 쾌적하고 건강한 환경을 보전하기 위한 노력을 말하는 것으로, 우리 헌법에는 국가와 국민은 환경보전을 위하여 노력하여야 한다고 규정하고 있다(제35조 제1항 후단). 환경보전의무는 환경을 오염시키지 않을 의무, 공해방지시설을 설치할 의무 등이 있으며, 이러한 의무에 대해서는 대기환경보전법 등에 규정되어 있다.

제 4 절 통치구조

I. 통치구조의 기본원리

1. 통치구조의 본질과 이념

국민주권주의에 입각한 민주국가에 있어서 통치구조는 전국가적 자연권으로서의 국민의 기본권을 보장하기 위한 국가권력의 조직적 내지 기능적인 제도장치이다. 통치구조의 본질에 관해서는 소위 헌법관에 따라 차이가 있는 바, 법실증주의적 헌법관(H. Kelsen), 결단주의적 헌법관(C. Schmitt), 통합주의적 헌법관(R. Semend) 등이 있다. 또한, 자유민주적 통치구조가 존중해야 할 근본적 이념으로서는 통치권의 기본권에의 기속성, 민주적 정당성, 통치권 행사의 절차적 정당성이 요청된다.

2. 권력분립론

권력분립주의는 자유주의적 정치조직의 원리로 근대 여러 국가의 헌법이 채택한 기본적인 원리의 하나이다. 권력분립의 목표는 국가권력을 여러 기관에 분담시켜 서로 견제하게 함으로써 권력상호간의 균형을 유지하여 권력의 남용을 막고 국민의 자유와 권리를 보장하려고 하는 것이다.

권력분립주의는 로크(J. Locke, 1632~1704)가 「국정이론(시민정부이론)」(1690)에서 입법권과 집행권 등 입법권 우위의 2권분립론을 최초로 주장한 이후, 몽테스키외(C.L. de S. Montesquieu)가 「법의 정신」(1724)에서 입법권 · 사법권 · 행정권 등 3권분립론을 주장하여 권력분립론을 완성시켰다. 현대에 들어와서 뢰벤슈타인(Loewenstein)은 20세기의 다원적인 대중사회의 현실에 부응할 수 있는 권력과정의 구분으로 정책결정권 · 정책집행권 · 정책통제권 등 수정 3권분립론을 주장하였다. 한편 중화민국 손문에 의한 권력분립론은 입법권, 행정권, 사법권, 고시권, 감찰권 등 5권분립을 주장하였다.

3. 정부형태

정부형태라 함은 권력분립의 원리가 국가권력의 구조에 어떻게 적용되고 있느냐 하는 것을 말한다. 정부형태는 국가권력의 배분·행사관계를 의미하나, 사법권 독립은 민주주의의 철칙이므로, 특히 정치권력구조인 입법과 행정 양 권력의 상호관계에 따라 결정된다.

(1) 대통령제

대통령제란 권력분립이 엄격히 행해지고 상호간의 독립이 보장되며 대통령이 독립하여 행정권을 행사하는 정부형태를 말한다. 전형적인 미국 대통령제의 특색으로는 행정의 성립과 존속이 국회로부터 완전히 독립되어 있으며, 상호견제와 균형이 이루어지고, 행정부는 일원적 구조를 가지며, 입법부는 양원제를 채택하고 있다. 대통령제의 장점으로는 ① 정국의 안정, ② 다수파의 횡포방지 등이 있으며, 단점으로는 ① 독재화의 위험성, ② 국정의 통일적 수행의 방해, ③ 국정책임소재가 불분명하다는 것 등이 있다.

(2) 의원내각제

의원내각제란 집행부가 대통령과 내각수반 등 이원적으로 구성되어 입법부와 공존하는 제도를 말한다. 의원내각제의 특색으로는 입법부와 행정부간의 평등과 균형이 이루어지며, 입법부와 행정부 간에 공화·협조관계를 유지하고, 행정부가 이원적 구조를 가진다. 의원내각제의 장점으로는 ① 책임정치 구현, ② 신속한 국정처리, ③ 의회와 정부의 조화·협조관계로 능률적·적극적인 국정수행 등이 있으며, 단점으로는 ① 군소정당의 난립시 정국의 혼란, ② 다수당의 횡포, ③ 강력한 정치의 추진 곤란, ④ 국회가 정권획득을 위한 정쟁의 장소화가 될 우려 등이 있다.

(3) 이원적 집정부제

이원적 집정부제란 의원내각제적 요소와 대통령제적 요소가 결합한 형태, 즉 위기 시에는 대통령이 행정권을 전적으로 행사하지만, 평상시에는 내각수상이 행정권을 행사하고, 하원에 대해 책임을 지는 제도를 말한다. 이원적 집정부제는 평시와 비상시의 국정운영을 달리함으로써 운영의 묘를 발휘할 수 있는 반면, 강력한 권위주의에 의한 독재화가 우려된다.

(4) 의회정부제

의회정부제 또는 의회제란 입법부가 모든 권력을 독점하고, 집행부는 입법부에 종속되어 있는 제도를 말한다.

(5) 우리나라의 정부형태

우리나라의 정부형태는 제2공화국에서 의원내각제를 실시한 경우를 제외하고는 대통령제를 채택하고 있다. 다만, 우리나라의 대통령제는 의원내각제적 요소가 가미된 대통령제로, 이는 헌법이론상 체계의 정당성보다는 일정한 정치목적달성을 위해 혼합 내지 변경된 것으로 볼 수 있으며, 제6공화국에서는 국회의 국무총리·국무위원에 대한 해임의결권이 해임건의권으로 완화되어 의원내각제적 요소가 완화되었다. 또한, 제6공화국은 대통령의 비상조치권과 국회해산권이 폐지되고, 국회의 국정감사권을 부활하는 등 국회권한이 강화되었다.

Ⅱ. 입법부

1. 의회제도의 발달

의회란 국민의 공직선거에 의한 의원을 본질적 요소로 하는 합의제의 국가기관을 의미한다. 영국에서는 중세기 등족회의가 전제군주의 권력을 제한하기 위한 정치적 수단으로 생성되어 그 후 모범회의(Model Parliament)로 발전하였고, 유럽제국에서는 1789년 프랑스혁명을 계기로 근대의회가 발생하였다.

2. 국회의 헌법상의 지위

(1) 국민대표기관으로서의 국회

오늘날과 같이 국민이 주권을 가지고 있는 국민주권주의 하에서는 국민이 국민대표기관을 지정하고, 이 기관에게 입법권을 부여하고 있다. 국민은 대표기관을 통하여 행위하고, 대표기관의 행위가 국민의 행위로 간주되지만, 선거인인 국민과 국회의원 사이에 강제위임은 없으며 다만, 국회는 정치적으로만 책임을 지게 된다.

(2) 입법기관으로서의 국회

국회의 가장 본질적이고 역사적인 권한은 입법에 대한 권한이다. 다만, 오늘날 정당정치의 발달과 국가기능의 확대, 전문화에 따른 국회의 '통법부화(통법부화)' 현상으로 입법기관으로서의 국회의 지위가 크게 약화되고 있다.

(3) 국정의 감시 · 비판기관으로서의 국회

현대 국회의 가장 중요한 지위 · 기능이다. 국회는 정부의 행정권 행사에 대해 통제를 하고, 행정부를 감시 · 비판하는 기능을 하고 있다. 이를 위해 국회는 국정감사 · 조사권, 국무총리와 국무위원에 대한 국회출석요구권, 질문권, 대통령 · 국무총리 · 국무위원에 대한 탄핵소추권, 대통령의 긴급재정경제처분 · 명령 및 긴급명령에 대한 승인권, 계엄해제요구권, 예산안심의권 등을 가지고 있다.

3. 국회의 구성과 운영

(1) 국회의 구성

제6공화국은 단원제국회를 채택하고 있고, 국회의원은 국민의 보통 · 평등 · 직접 · 비밀선거에 의하며, 국회의원은 지역구 국회의원과 비례대표국회의원이 있다. 만 18세 이상의 국민은 선거권을 가지며, 결격사유가 없는 한 만 25세 이상의 국민은 국회의원피선거권이 있다.

(2) 국회의 운영

국회에는 임기 2년의 의장 1인, 부의장 2인을 두며, 전문적 지식의 활용과 시간 · 경비절약 등을 위해 위원회제도를 두고 있으며, 단일정당이 아니더라도 의원 20인 이상이 모여 교섭단체를 구성할 수 있다.

제5공화국헌법에서는 국회의 회기가 대통령이 요구한 경우를 제외하고 연간 150일을 초과할 수 없었으나, 제6공화국헌법에서는 제한이 없다. 따라서, 필요시에는 국회재적의원 4분의 1 이상과 대통령의 요구로 임시회의가 소집된다(제47조 제1항). 정기회의 회기는 100일, 그리고 임시회의 회기는 30일을 초과할 수 없다.

의사원칙으로는 ① 의사진행을 공개하여 국민의 감시 · 비판을 받기 위한 의

사공개의 원칙, ② 회기 중에 의결되지 못한 법률안과 기타 의안을 폐기할 수 없다는 회기계속의 원칙, ③ 회기 중에 이미 의결된 문제는 그 회기 중에 다시 제출할 수 없다는 일사부재의의 원칙 등이 있다.

의결정족수는 헌법 또는 법률에 특별한 규정이 없는 한 그 재적의원 과반수의 출석과 출석의원 과반수의 찬성으로 의결하며(제49조), 특별정족수를 요하는 것으로는 법률안의 재의(제53조 제4항), 국무총리 · 국무위원의 해임건의(제63조 제2항), 국회의원의 제명처분(제64조 제3항), 탄핵소추의결(제65조 제2항), 헌법개정의 의결(제130조 제1항), 계엄해제요구(제77조 제5항) 등이 있고, 가부동수인 경우에는 부결된 것으로 간주한다(제49조 후단).

4. 국회의원의 지위와 특권

(1) 국회의원의 지위

국회의원은 국회의 구성원으로서의 지위를 가진다. 국회의원이 국민의 대표자로서의 지위를 갖는가에 대해서는 헌법적 대표설, 정치적 대표설, 대의적 대표설 등이 있으나, 국회의원은 법적 대표기관이 아니라 정치적 · 이념적으로 국민의 대표라는 정치적 대표설이 타당하다고 본다.

(2) 국회의원의 특권

국회의원은 누구로부터도 자유 · 독립적으로 활동하고, 그의 직책을 원활히 수행할 수 있도록 하기 위하여 다음과 같은 특권이 인정된다.

(가) 불체포의 특권 : 국회의원은 현행범인인 경우를 제외하고는 회기 중 국회의 동의없이 체포 또는 구금되지 아니하며, 국회의원이 회기 전에 체포 또는 구금된 때에는 현행범인이 아닌 한, 국회의 요구가 있으면 회기중에 석방된다(제44조). 이는 국회의원의 범죄행위에 대한 책임면제가 아니라 행정부의 부당한 체포권의 남용을 막기 위해 인정된 특권이다.

사례연구 100 국회의원의 면책특권

국회의원 박뇌물은 홍여인으로부터 몇 달 전 2억원의 금품을 받은 바 있는데, 정기국회가 개원되어 법무부에 대한 국정감사를 벌이던 중 박뇌물의 금품수수 혐의가 언론에 공개되었다. 검찰은 법무부에 대한 감사가 끝나고 회의가 열리지 않고 있는 일요일에 국회의원 박뇌물을 체포하여 수사하고자 하는데, 이는 가능한가?

≫ 국회의원은 현행범인인 경우를 제외하고는 회기 중 국회의 동의없이 체포 또는 구금되지 아니하며, 국회의원이 회기 전에 체포 또는 구금된 때에는 현행범인이 아닌 한 국회의 요구가 있으면 회기 중에 석방된다(제44조). 여기서 '회기 중'이란 집회일로부터 폐지일 까지를 의미한다. 국회의원에 대한 불체포특권은 국회의원의 범죄행위에 대한 책임면제가 아니라 행정부의 부당한 체포권의 남용을 막기 위해 인정된 특권이다. 따라서 국회의원 박뇌물에 대해서는 회기 중 체포할 수 없지만, 회기가 끝나는 대로 체포하여 수사할 수 있다.

(나) 발언 · 표결의 자유(면책특권) : 국회의원은 국회에서 직무상 행한 발언과 표결에 관하여 국회 외에서 책임을 지지 아니한다(제45조). 이는 국회의원의 지위와 직능상의 특수성에 의해 정책적으로 인정한 특권이지만, 국회 내에서의 징계, 책임추궁과 외부에 대한 정치적 책임까지 면제되는 것은 아니다.

사례연구 101 국회의원의 발언 · 표결의 자유

정기국회에서 국방부에 대한 국정감사가 실시되고 있는데, 김대포 의원은 장관의 답변이 불성실하자, 장관의 사상이 '불그스레한 공산주의 같다', '방위업체로부터 뇌물을 수수하지 않았느냐'하면서 허위로 장관의 명예를 훼손하는 발언을 한 경우, 형사처벌을 받게 되는가? 또한, 위와 같은 국정감사장에서의 발언을 지역구 구민이 모인 자리에서 속기록을 읽은 경우에는 어떻게 되는가?

≫ 국회의원은 국회 내에서 직무상 행한 발언과 표결에 관하여 국회 외에서 책임을 지지 아니한다(헌법 제45조). 이는 국회의원의 지위와 직능상의 특수성에 의해 정책적으로 인정한 특권이지만, 국회 내에서의 징계, 책임추궁과 외부(국민)에 대한 정치적 책임까지 면제되는 것은 아니다. 한편, 김대포 의원이 국정감사장에서의 발언을 지역구 구민이 모인 자리에서 속기록을 읽은 경우에는 국회 외에서의 발언이므로 책임을 지게 된다.

(다) 보수 및 기타의 편익을 제공받을 권리 : 국회의원은 상당한 보수를 받고, 법률에서 정하는 바에 따라 수당과 여비를 받는다(국회법 제30조).

5. 국회의 권한

(1) 입법에 관한 권한

국회는 입법권을 가진다(제40조). 입법권은 국회의 권한 중 가장 본질적인 권한이다. 법률안 제안권자는 국회의원과 정부이다(제52조). 국회의원이 법률안을 제안할 경우에는 의원 10인 이상의 찬성을 얻어야 하며(국회법 제79조 제1항), 정부가 법률안을 제출할 때에는 국무회의의 심의를 거쳐야 한다(제89조 제3호).

국회는 법률안을 심의·의결한다. 법률안 심의는 상임위원회를 중심으로 하며, 위원회에 회부되어 상정되지 아니한 의안(예산안, 기금운용계획안 및 임대형 민자사업 한도액안은 제외한다) 및 청원은 국회법 제59조(의안의 상정시기) 각 호의 구분에 따른 기간이 지난 후 30일이 지난 날(청원의 경우에는 위원회에 회부된 후 30일이 지난 날) 이후 처음으로 개회하는 위원회에 상정된 것으로 보고, 위원장이 간사와 합의하는 경우에는 그러하지 아니하다(제59조의2)(2018. 4. 17.). 국회에서 의결된 법률안은 정부로 이송되어 15일 이내에 대통령이 서명·공포하여야 한다(제53조 제1항). 그러나 이송된 법률안에 이의가 있을 때에는 대통령은 이의서를 첨부하여 국회에 환부하여 그 재의를 요구할 수 있는데, 이를 법률안거부권이라 한다.

국회는 법률안 이외에 헌법개정에 관하여 제안권과 의결권을 가지며(제128조 및 제130조), 대통령의 조약체결비준에 앞서 헌법에 정한 중요조약에 대해서 동의권을 가진다(제60조).

사례연구 102 **국회의원의 법률안 심의·의결권**

국회부의장 무소신은 야당인 M당과 J당이 물리력을 동원하여 본회의 개의를 저지하자, 여당인 S당 소속 국회의원 155인이 출석한 가운데 본회의를 개의하여 5개 법률안을 상정·표결하여 가결되었음을 선포하였다. 이에 대해 10명의 야당의원들은 M당과 J당에게 변경된 본회의 개의 시간을 통지도 하지 않은 채 비공개로 본회의를 개의하는 등의 행위는 국회의원의 법률안 심의·의결권을 침해한 것이라고 주장하는데, 이는 정당한가?

≫ 법률안의 의결처리 과정에서 야당의원이 물리력을 행사하여 본회의 개의를 방해하여 정상적인 국회운영을 진행할 수 없다 하여 본회의 개의시간을 통보하지 않고 비공개로 본회의를 개의하여 법률안을 상정·표결한 것은 국회의원의 법률안 심의·의결권을 침해한 것이다(헌재 1997. 7. 16. 96헌라2).

(2) 재정에 관한 권한

국회는 입법에 관한 권한과 함께 또 하나의 중요한 권한으로서 국가가 그의 존립과 기능을 수행하기 위하여 필요한 재력을 조달·관리·사용하는 작용인 재정권을 가지고 있다.

우리 헌법은 "조세의 종목과 세율은 법률로 정한다."(제59조)고 하여 조세법률주의를 선언하고 있으며, 이는 역사적으로 볼 때 "법률 없으면 과세없다"는 사상을 배경으로 하는 것이다. 국회는 행정부가 작성 제출한 예산안을 심의·확정함으로써 국비의 지출을 통제할 수 있다. 정부는 회계연도 개시 90일 전까지 국회에 예산안을 제출해야 하며, 국회는 회계연도 개시 30일 전까지 예산안을 심의·의결해야 하고, 법정기간 내에 예산안이 의결되지 못한 경우, 정부는 전년도 예산에 준하여 집행할 수 있는데, 이를 준예산이라 한다.

국회는 그밖에 ① 기채동의권, ② 예산 외의 국가부담이 될 계약체결에 대한 동의권, ③ 예비비 지출에 대한 승인권, ④ 결산심사권 등을 가진다.

사례연구 103 조세법률주의

정부는 세수입이 부족하자 쉽게 세수 재원을 확보하기 위하여 기획재정부 훈령으로 자동차 운행거리에 따라 부과되는 유류세 세목을 신설하였는데, 이와 같은 징수방법은 타당한가?

≫ 국세우선징수를 규정한 국세기본법 제35조 제1항 제3호는 조세부과는 조세의 종류 및 부과의 근거뿐만 아니라 납세의무자, 과세물건, 과세표준, 세율을 법률로 정하도록 하고 있고, 우리 헌법 제38조에 국민들로 하여금 법률이 정하는 바에 따라 납세의무를 부담하도록 규정하고 있으며, 제58조는 "조세의 종목과 세율은 법률로 정한다"고 규정하고 있기 때문에 법률에 근거하지 않은 조세부과는 헌법위반이다.

(3) 일반국정에 관한 권한

행정부에 대한 감시·비판을 내용으로 하는 정부통제권은 국민의 대표기관인 국회가 국민의 여론을 배경으로 하여 행사하는 것이 가장 실효적이다. 헌법상 이에 관한 권한으로는 국무총리임명동의안(제86조 제1항), 국무총리·국무위원 출석요구권 및 질문권(제62조 제2항), 국무총리·국무위원 해임건의권(제63조), 탄핵소추권(제65조), 긴급재정경제처분·명령승인권(제76조 제3항), 계엄해제

요구권(제77조 제5항), 국정감사 · 조사권(제61조), 일반사면에 대한 동의권(제79조 제2항), 대법원장 · 감사원장 임명에 대한 동의권(제104조 제1항 및 제98조 제2항), 중앙선관위의 위원선임권(제114조 제2항) 등을 가진다.

(4) 내부사항에 관한 자율적 권한

국회는 그 내부사항에 관하여 자율적으로 결정할 수 있는 권한을 가진다. 이에는 의사규칙제정권(제64조 제1항), 국회의원 신분에 관한 권한(제64조 제2항 및 제44조), 의사진행에 관한 자율권(제64조 제1항), 내부경찰권 및 국회가택권, 자격심사와 징계권(제64조 제2항) 등을 가진다.

사례연구 104 **비례대표 국회의원의 당적이탈**

홍길동 의원은 X당 소속 비례대표로 당선되었으나, X당이 이치졸 의원을 중심으로 분당해 나가자 함께 탈당하고자 하는데, 비례대표로 당선된 국회의원이 탈당한 경우, 국회의원직을 상실하게 되는가?

≫ 우리 헌법재판소에서는 "비례대표 의원도 그를 공천한 정당을 탈당하였다고 하여도 별도의 법률규정이 있는 경우는 변론으로 하고 당연히 국회의원직을 상실하지는 않는다(헌재결 1994. 4. 28)"고 하였다. 현행 헌법에는 의원의 당적 변경이나 소속정당의 해산이 의원직의 상실을 초래한다고 규정하지 않고 있으나, 현행 공직선거법 제192조 제3항 및 제4항에는 비례대표 의원에 대해서 당선이 무효로 되거나 퇴직될 수 있도록 규정하고 있다. 따라서 홍길동 의원(비례대표)이 탈당할 경우에는 국회의원의 직을 상실하게 되지만, 소속정당인 당에서 제명되는 경우에는 당적을 옮길 수 있으며 국회의원의 직도 유지된다.

Ⅲ. 정 부

1. 대통령

(1) 대통령의 지위

(가) 국가원수로서의 지위 : 국가원수란 대외적으로 국가를 대표하고, 대내적으로 국가의 통일성 · 전체성을 대표할 자격과 그를 가진 국가기관을 말한다. 대통령은 대외적 대표성으로 조약체결 · 비준권, 외교사절의 신임 · 접수 · 파견권, 선전포고 · 강화권, 국가승인권 등을 가진다. 또한, 대통령은 대내

적 대표성으로 사면권, 영전수여권, 헌법기관구성권, 헌법개정안 발의권, 중요 정책의 국민투표회부권, 임시국회소집권, 국회에 대한 의견표시권 등을 갖는다.

(나) 행정부의 수반으로서의 지위 : 행정수반이란 행정의 최고책임자로서 행정부를 조직하고 통할하는 지위를 말하며, 대통령은 행정권의 수반으로서의 지위를 갖는다. 따라서, 국군통수권, 행정정책결정권 및 집행권, 국무총리·국무위원 임명권, 행정입법권 등을 가진다.

(다) 국가수호·지도자로서의 지위 : 대통령은 국가의 수호자로서의 지위를 가지며, 이 지위에서 긴급재정경제처분·명령권 및 긴급명령권, 계엄선포권, 전쟁수행권 등을 가진다. 또한, 국정의 최고지도자의 지위에서 헌법개정제안권, 국민투표회부권, 위헌정당해산제소권 등을 가진다.

(2) 대통령의 신분상의 지위

(가) 대통령 선거와 임기 : 대통령은 국민의 보통·평등·직접·비밀선거에 의하여 선출한다(제67조 제1항). 대통령으로 선출될 수 있는 자는 국회의원 피선거권이 있고, 선거일 현재 40세에 달해야 한다(제67조 제4항). 대통령의 임기가 만료되는 때에는 임기만료 70일 내지 40일 전에 후임자를 선거해야 하며(제68조 제1항), 대통령이 궐위된 때 또는 대통령당선자가 사망하거나 판결 기타의 사유로 그 자격을 상실한 때에는 60일 이내에 후임자를 선거하되(제68조 제2항), 후임자의 임기는 전임자의 잔여임기가 아니라 새로이 임기가 시작된다. 대통령의 임기는 5년이며 중임하지 못한다(제70조).

(나) 대통령의 취임선서 : 대통령은 취임에 즈음하여 국가에 대한 충성의무의 표현으로 "나는 헌법을 준수하고 국가를 보위하며 조국의 평화적 통일과 국민의 자유와 복리의 증진 및 민족문화의 창달에 노력하여 대통령으로서의 직책을 성실히 수행할 것을 국민앞에 선서합니다."(제69조)라고 선서를 해야 한다.

(다) 대통령의 특권 : 대통령은 내란 또는 외환의 죄를 범한 경우를 제외하고는 재직중 형사상의 소추를 받지 아니한다(헌법 제84조). 이는 대통령으로 하여금 임기중에는 형사적 사건으로 말미암아 국정을 운영하는 데 피해를 주어서는 안 된다는 의도에서 만들어진 것이다. 그러나 대통령이 재직 중에 범한 범죄에 있어서는 퇴임 후에는 그 형사적 책임을 져야 하고 재직 중이라도 행정적·민사적 책임에서 면책되는 것은 아니다.

사례연구 105 대통령의 형사상의 특권과 공소시효

5·18특별법 제2조는 '12·12 및 5·18사건 등 헌정질서파괴범죄의 공소시효정지'를 규정하고 있는데, 이는 형벌불소급 등 헌법상의 원칙을 위반한 것인가?

≫ 헌법재판소에서는 "5·18특별법 제2조의 공소시효정지는 헌법에 위반된다고 선언할 수 없다."는 결정을 내린 바 있다. 즉, 내란범죄 등 헌정질서파괴범죄는 일반형사범과는 달라 죄형법정주의, 법치국가의 원리, 평등원칙, 적법절차의 원리에 어긋나지 않는다(합헌의견 ; 소수의견 4명). 다만, 다수의견(5명)으로 '헌정질서파괴범죄의 처벌도 헌법의 테두리 안에서 법치주의 내지 적법절차의 원리에 따라 이루어져야 하며, 5·18특별법 시행 이전에 12·12 및 5·18사건의 공소시효가 지났다고 볼 경우, 공소시효 정지조항은 형벌불소급의 원칙에 위반된다'는 한정위헌결정을 내린 바 있다(1996. 2. 16. 96헌가2).

(3) 대통령의 권한

(가) 행정에 관한 권한 : 행정권의 수반으로서의 행정에 관한 권한으로 중요한 것은 행정의 최고결정권과 법령집행권, 조약체결·비준권, 선전포고·강화권, 외교사절의 신임·접수·파견권, 국군통수권, 공무원임명권, 정당해산제소권, 예산안·추가경정예산안제출권 및 예비비지출·예산집행권, 각종회의주재권, 영전수여권 등을 가진다.

(나) 국회에 관한 권한 : 국회임시회 소집요구권, 국회출석발언 및 의견표시권 등을 가진다.

(다) 입법에 관한 권한 : 법률안제출권, 법률공포권, 법률안거부권, 대통령령제정권(위임명령, 집행명령) 등을 가진다.

사례연구 106 위임입법의 위임과 한계

당구장 출입문에 18세 미만의 출입금지를 하도록 규정한 "구(舊) 체육시설의 설치이용에 관한 법률시행규칙" 제5조는 위임입법의 한계를 벗어난 부당한 규정인가?

≫ 체육시설의 설치이용에 관한 법률 제5조에서 위임한 "안전관리 및 위생기준"은 동법 제1조가 규정하고 있는 목적달성에 필요한 체육시설업의 건전한 질서유지와 사고방지, 청결성 등을 보장하는 기준일 뿐, 위 수권을 아무리 넓게 해석하여도 시설이용자 배제에 관한 것까지 포함하는 것은 아니므로

위임의 범위를 일탈한 것이다(헌재결 1993. 5. 13. 92헌마80). 현(現) 체육시설의 설치이용에 관한 법률시행규칙 제5조에는 "법 제8조에 따라 국가나 지방자치단체 등이 체육시설을 지역 주민에게 개방하는 경우에는 개방시간과 이용방법 등을 잘 볼 수 있게 게시하여야 하며, 그 체육시설을 관리하는 데에 드는 경비의 범위에서 이용료를 그 이용자에게 부담시킬 수 있다〈개정 2015. 8. 4.〉."고 규정하고 있다.

(라) 사법에 관한 권한 : 대통령은 법률이 정하는 바에 의하여 사면·감형·복권을 명할 수 있는데, 이는 국무회의의 심의를 거쳐야 하며(제89조 제9항), 일반사면의 경우에는 국회의 동의를 얻어야 한다(제79조).

(마) 헌법개정 및 국민투표에 관한 권한 : 대통령은 헌법개정에 관한 제안권을 가지며, 제안된 헌법개정안은 20일 이상 공고하여야 한다. 헌법개정이 국민투표로 확정되면 대통령은 이를 즉시 공포하여야 한다. 또한, 대통령은 필요하다고 인정할 때에 외교·국방·통일 기타 국가안위에 관한 중요정책을 국민투표에 회부할 수 있다(제72조).

(바) 통치기구구성에 관한 권한 : 여기에는 헌법재판소재판관·헌법재판소장임명권(제111조), 대법원장·대법관임명권(제104조), 국무총리·국무위원임명권(제86조, 제87조), 감사원장·감사위원임명권(제98조), 중앙선거관리위원회위원 3인 임명권(제114조) 등을 가진다.

(사) 대통령의 긴급권

① 긴급재정경제처분·명령권 및 긴급명령권 : 대통령은 최소한으로 필요한 재정·경제상의 처분권을 가지며, 이에 관하여 법률의 효력을 갖는 명령권을 가진다(제76조 제1항). 그 발동요건으로는 내란·외환·천재·지변 또는 중대한 재정·경제상의 위기에 있어서, 국가의 안전보장 또는 공공의 안녕질서를 유지하기 위하여 긴급한 조치가 필요하고, 국회의 집회를 기다릴 여유가 없어야 한다. 또한, 대통령은 법률의 효력을 갖는 긴급명령권을 가진다(제76조 제2항). 그 발동요건으로는 국가의 안위에 관계되는 중대한 교전상태에 있어서 국가를 보위하기 위하여 긴급한 조치가 필요하고, 국회의 집회가 불가능해야 한다. 그러나 이 긴급권은 제4공화국의 긴급조치권이나 제5공화국의 비상조치권이 헌법을 정지하는 권한까지 갖는데 반하여, 제6공화국의 긴급재정경제처분·명령권 및 긴급명령권은 법률대체적인 효력을 가지는데 불과하므로 훨씬

약화되었다고 할 수 있다.

② 계엄선포권 : 국가비상사태에 있어서의 국가긴급권의 일종으로, 대통령은 전시·사변 또는 이에 준하는 국가비상사태에 있어서 병력으로써 군사상의 필요에 응하거나 공공의 안녕질서를 유지할 필요가 있을 때에는 법률이 정하는 바에 의하여 계엄을 선포할 수 있다(제77조 제1항). 계엄에는 비상계엄과 경비계엄이 있으며(제77조 제2항), 비상계엄이 선포된 때에는 법률이 정하는 바에 의하여 영장제도, 언론·출판·집회·결사의 자유, 정부나 법원의 권한에 관하여 특별한 조치를 할 수 있다(제77조 제3항). 한편, 계엄을 선포한 때에는 대통령은 지체없이 국회에 통보해야 하며(제77조 제4항), 국회가 재적의원 과반수의 찬성으로 계엄의 해제를 요구한 때에는 대통령은 이를 해제하여야 한다(제77조 제5항).

2. 국무회의

국무회의는 행정부의 최고심의기관이다. 국무회의는 의장인 대통령, 부의장인 국무총리 및 15인 이상 30인 이하의 국무위원으로 구성한다(제88조).

국무회의의 심의를 거쳐야 하는 사항(제89조)은 다음과 같은 17가지 사항으로 ① 국정의 기본계획과 정부의 일반정책, ② 선전·강화 기타 중요한 대외정책, ③ 헌법개정안·국민투표안·조약안·법률안 및 대통령령안, ④ 예산안·결산·국유재산처분의 기본계획·국가의 부담이 될 계약 기타 재정에 관한 중요사항, ⑤ 대통령의 긴급명령·긴급재정경제처분·명령 또는 계엄과 그 해제, ⑥ 군사에 관한 중요사항, ⑦ 국회의 임시회 집회의 요구, ⑧ 영전수여, ⑨ 사면, 사형과 복권, ⑩ 행정각부간의 권한의 획정, ⑪ 정부안의 권한의 위임 또는 배정에 관한 기본계획, ⑫ 국정처리상황의 평가·분석, ⑬ 행정각부의 중요한 정책의 수립과 조정, ⑭ 정당해산의 제소, ⑮ 정부 제출 또는 회부된 정부의 정책에 관계되는 청원의 심사, ⑯ 검찰총장·합동참모의장·각군참모총장·국립대학교총장·대사 기타 법률에 정한 기타 공무원과 국영기업체 관리자의 임명, ⑰ 기타 대통령·국회총리 또는 국무위원이 제출한 사항 등이며, 제5공화국 헌법에 있었던 국회해산권은 삭제되었다.

3. 국무총리

국무총리는 대통령의 명을 받아 행정각부를 통할하고, 국무회의의 부의장의 지위를 갖는다(제86조). 국무총리는 국회의 동의를 얻어 임명하며, 군인은 현역을 면한 후가 아니면 임명될 수 없고, 국회의원과 겸직이 가능하다.

국무총리는 국무위원과 행정각부의 장의 임명제청권(제87조 제1항, 제94조), 대통령권한대행(제71조), 국무회의에서의 심의권 및 부서권(제88조, 제82조), 행정각부통할권(제86조 제2항), 총리령을 발하는 권한(제95조), 국회출석발언권(제62조) 등을 가진다.

사례연구 107 **국무총리의 행정각부통할권의 범위**

국회의원 김호통은 국회 본회의에서 국무총리 정직해에게 '북한의 공격에 의해 구축함이 침몰하였는데 국방부장관은 무엇을 했으며, 국가정보원장도 근무를 태만히 한 것으로 보는데, 총리께서 대통령에게 관계장관의 해임을 건의해야 된다'면서 호통을 치고 있는데, 이와 같은 각부 장관의 해임건의권이 국무총리의 권한인가?

≫ 헌법 제86조 제2항 및 제94조에서 말하는 국무총리의 통할을 받는 행정각부는 입법권자가 헌법 제96조의 위임을 받은 정부조직법 제26조에 설치하는 행정각부만을 의미한다. 따라서 국방부장관의 해임건의권은 인정된다. 다만, 국무총리의 관할을 받지 아니하는 대통령직속기관인 국가안전기획부(현, 국가정보원)의 설치근거와 그 직무범위 등을 정한 정부조직법 제17조와 국가안전기획부법(현, 국가정보원법) 제4조 및 제7조의 규정은 헌법에 위배된다고 할 수 없다(헌재결 1994. 4. 28. 89헌마221).

4. 국무위원과 행정각부장관

국무위원은 대통령 및 국무총리와 더불어 최고심의기관인 국무회의를 구성하는 구성원으로, 국무총리의 제청으로 대통령이 임명하고(제87조 제1항), 국무총리는 국무위원의 해임을 건의할 수 있고(제87조 제3항), 국회도 개별적으로 국무위원의 해임을 건의할 수 있다(제63조 제1항). 국무위원은 국무회의에서의 심의권, 대통령권한대행권, 부서권, 국회출석·발언권 등이 있으며, 국회의 요구에 따라 출석·답변할 책임 등이 있다.

행정각부의 장은 국무총리의 제청으로 대통령이 임명하고(제94조), 법률이 정하는 바에 따라 소관사무를 결정·집행할 수 있는 권한과 부령의 제정·공포권을 가진다(제95조).

5. 감사원

감사원은 대통령 직속 하에 국가의 세입·세출의 결산, 국가 및 법률에 정한 단체의 회계검사와 행정기관 및 공무원의 직무에 관한 감찰을 하는 권한을 가지고 있다.

감사원장은 대통령이 국회의 동의를 얻어 임명하며(제98조 제2항 전단), 감사위원은 원장의 제청으로 대통령이 임명한다(제98조 제3항 전단). 감사원장과 감사위원의 임기는 각각 4년이며, 1차에 한하여 중임할 수 있다(제98조 제2항·제3항 후단).

Ⅳ. 사법부

1. 사법권의 개념

우리 헌법 제101조 제1항은 "사법권은 법관으로 구성된 법원에 속한다."고 규정하고 있다.

사법권의 개념에 대해서는 실질설과 형식설 두 가지 개념으로 나누어 볼 수 있는데, 실질설은 법 아래에서 실제의 구체적인 쟁송사건에 관하여 무엇이 법인가를 심리하거나 판단하기 위하여 국가기관인 법원이 일정한 절차에 따라 행하는 국가작용을 의미하는 것으로 사법의 개념을 규정하는 입장이며, 형식설은 법원의 사항으로 되어 있는 모든 것은 사법이라고 해석하는 견해이다. 형식설이 타당하다.

2. 사법권의 독립

사법권의 독립이란 사법권을 행정 및 입법권으로부터 독립시켜 재판을 다른 권력 내지는 세력의 간섭을 배제하고 독립시켜 법관이 오직 자기 자신의 양심에 따라 심판을 하도록 하는 것을 말한다(제103조). 또한 법관은 탄핵 또는 금고 이상의 형의 선고에 의하지 아니하고는 파면되지 아니하고, 징계처분에 의하지 아니하고는 정직 · 감봉 기타 불리한 처분을 받지 아니한다(제106조 제1항). 이렇게 법관의 신분을 보장하는 이유는 법관의 신분을 보장함으로써 자신의 양심에 따라 공정하게 재판을 진행하도록 배려하는 것이고, 이 모든 것이 국민의 자유와 권리를 보장하려는 데 그 목적이 있다.

사법부의 독립은 법관이 사법부 내의 간섭도 받지 아니하고 오직 독립하여 심판하도록 하고 있으며, 여론이나 사회의 압력단체로부터도 독립하여 심판하고, 소송당사자로부터도 독립하여 심판하여야 한다.

사례연구 108 **법관의 양심에 따른 재판**

우리 헌법 제103조에는 "법관은 헌법과 법률에 의하여 그 양심에 따라 독립하여 심판한다."고 규정하고 있다. 그런데 특정범죄가중처벌 등에 관한 법률 제5조의2 제2항 제1호에는 미성년자의 약취 · 유인에 관한 법정형을 최하 10년 이상의 유기징역과 무기징역 및 사형으로 규정하고 있는 바, 이는 법관의 양심에 따른 심판을 위반하는 위헌조항인가?

≫ 법관으로서의 양심은 법조적 양심, 직업상 양심, 논리적 양심, 법해석상의 확신, 객관적인 양심, 헌법과 법률에 따른 양심을 의미하는 것으로, 동법 제5조의2 제2항 제1호는 법관의 양형결정권과 재판상의 독립을 침해하는 위헌이다(헌재결 1992. 4. 28).

3. 법원의 조직과 운영

법원조직법상 법원에는 최고법원인 대법원과 하급법원인 고등법원, 지방법원 및 가정법원이 있다. 이 경우 지방법원과 가정법원의 사무의 일부를 처리하기 위하여 그 관할법원 내에 지원 또는 순회심판소를 둘 수 있다. 그리고 특별법원으로서 헌법재판소, 군사법원 및 특허법원이 있다. 여기서 특별법원은 지적재산권 분쟁을 전담하기 위하여 1998년에 고등법원급으로 신설되었다.

대법원은 대법원장과 대법관으로 구성되며(대법원장을 포함 14명), 고등법원과 지방법원은 고등법원장 또는 지방법원장과 법률로 정한 일정수의 판사로 구성된다. 대법원의 심판권은 합의체(대법관 전원의 3분의2 이상으로 구성)와 합의부(3인 이상의 대법관으로 구성)에서 행하고, 고등법원의 심판권은 판사 3인으로 구성되는 합의부에서 행하며, 지방법원 및 가정법원의 심판권은 단독판사가 행하는 것이 보통이지만 예외적으로 합의심판을 요하는 경우에는 판사 3인으로 구성되는 합의부에서 행한다.

4. 법원의 권한

법원은 위헌법률심사제청권, 명령·규칙심사권, 대법원의 규칙제정권, 행정심판권, 법정질서유지권 등의 권한을 가진다.

위헌법률심사제청권이란 법률이 헌법에 위반되는 여부가 재판의 전제가 된 경우에 법원이 헌법재판소에 위헌심판을 제청하는 권한을 말한다(제107조 제1항). 명령·규칙심사권이란 명령·규칙이 헌법이나 법률에 위반되는 여부가 재판의 전제가 된 경우에 법원이 이를 심사할 수 있는 권한을 말하며(제107조 제2항), 대법원이 최종심사권을 가진다. 대법원의 규칙제정권이란 대법원이 법률에 저촉되지 아니하는 범위 안에서 소송에 관한 절차, 법원의 내부규율과 사무처리에 관한 규칙을 정하는 권한을 말한다(제108조). 그리고 법정질서유지권은 법정의 존엄과 질서를 해할 우려가 있는 자의 입정을 금지하거나 퇴정을 명하며, 기타 법정의 질서유지에 필요한 명령을 발할 수 있는 권한을 말한다(법원조직법 제58조).

사례연구 109 **법정질서유지권**

대학생 A·B 등이 관련된 "집회 및 시위에 관한 법률" 위반사건의 공판일에 다수인의 동료학생들이 방청인으로 참석하였다가 법관 심판정이 입정하자 선구자 등의 노래를 부르며 소란을 피우므로 심판정은 이들의 퇴정을 명하게 되었고, 이에 A·B 등은 심판정에게 야유를 보내는 등 소란을 피웠다. 법관 심판정은 어떠한 결정을 선고할 수 있는가?

≫ 법원은 법정에서 질서를 유지하고 심판을 방해하는 행위를 배제·제지할 수 있는 법정질서유지권을 갖는 바, 법관 심판정은 입정금지, 퇴정명령 기타 필요한 명령을 발할 수 있다(법원조직법 제58조~제60조). 또한 심판정의 법정질서 유지명령에 위배된 A·B 등과 동료학생들에 대해서 20일 이내의 감치와 100만원 이하의 과태료를 부과할 수 있다(동법 제61조).

V. 헌법재판소

1. 헌법재판소의 지위

헌법재판소는 위헌법률심판권, 정당해산심판권, 탄핵심판권, 기관간권한쟁의심판권, 헌법소원심판권 등을 가지고 우리 헌법의 민주적 기본질서를 수호하는 기관이다. 우리나라의 헌법재판소는 주권의 한 행사기관이고, 또 하나의 최고기관이며, 최종적인 기본권 보장기관이다.

2. 헌법재판소의 구성 · 조직

헌법재판소는 법관의 자격을 가진 자로서 국회에서 선출하는 3인, 대법원장이 지명하는 3인, 대통령이 지명하는 3인 등 9인의 재판관으로 구성하며(제111조 제2항 및 제3항), 헌법재판소의 장은 국회의 동의를 얻어 재판관 중에서 대통령이 임명하고, 재판관은 대통령이 임명한다(제111조 제2항 후단, 제4항).

재판관의 임기는 6년이며 법률이 정하는 바에 따라 연임할 수 있고, 정당에 가입하거나 정치에 관여할 수 없으며, 탄핵 또는 금고 이상의 형의 선고에 의하지 아니하고는 파면되지 아니한다(제112조).

헌법재판소는 법률에 저촉되지 아니하는 범위안에서 심판에 관한 절차, 내부규율과 사무처리에 관한 규칙을 제정할 수 있고, 헌법재판소의 조직과 운영 기타 필요한 사항은 법률로 정한다(제113조 제2항, 제3항).

3. 헌법재판소의 권한

(1) 위헌법률심판권

법률이 헌법에 위반되는 여부가 재판의 전제가 되는 경우에 법원의 제청에 의하여 헌법재판소가 심판하여 위헌법률의 효력을 부인할 수 있는 권한을 말한다. 위헌판정을 받은 법률 또는 법률사항은 그 결정이 있는 날로부터 효력을 상실한다. 다만, 형벌에 관한 조항은 소급하여 그 효력을 상실한다.

사례연구 110 **위헌법률심판권**

교육공무원 김한약은 한의사였던 선친으로부터 어깨 넘어 배운 것으로 무면허 의료행위를 하다가 징역 1년의 형을 선고받았다. 그런데 공무원연금법 제64조에 따라 연금이 감액되자, 김한약은 억울하다고 주장하는데, 이는 정당한가?

≫ (구)공무원연금법 제64조(형벌 등에 의한 급여의 제한)에는 '재직 중의 사유로 금고 이상의 형을 받은 때'는 퇴직급여 및 퇴직수당의 일부를 감액하여 지급하도록 규정하고 있었다. 그런데 행정법원에서는 "교육공무원이 무면허 의료행위를 하였다는 것은 공무원의 신분이나 직무상 의무와 관련된 범죄라고 볼 수 없으므로 '재직 중의 사유로 금고 이상의 형을 받은 때'에 해당하지 않으므로 감액처분은 위법하다"고 판시한 바 있다. 또한, 헌법재판소에서도 '공무원의 직무상 의무나 공무원의 신분과 관련이 없는 범죄로 처벌받은 경우에는 퇴직급여를 감액하는 것은 헌법에 위반하는 것으로 보아 헌법불합치 결정을 내렸다(2005헌바38).

(2) 탄핵심판권

탄핵심판이란 일반적으로 사법절차나 징계절차에 따라 교정하기 곤란한 고위직 및 신분이 보장된 공무원이 직무상 중대한 비위를 범한 경우에 의회가 소추하여 처벌하거나 파면하는 제도를 말하며, 헌법재판소가 탄핵심판권을 가진다(제111조 제1항 제2호). 탄핵결정에는 재판관 6인 이상의 찬성이 있어야 하며(제113조 제1항), 탄핵결정은 공직으로부터 파면하는 것에 그치나 민사상·형사상의 책임이 면제되는 것은 아니다(제65조 제4항).

사례연구 111 **탄핵심판**

감사원장은 A기업에게 관급공사를 맡도록 하기 위해 관계공무원에게 압력을 행사하고 그 대가로 A기업체로부터 수천만원의 사례금을 받았다. 동 사실이 언론에 보도되어 사회적 물의를 일으키고 있는데, 이들을 파면할 수 있는가? 또한 이들에 대한 파면으로서 형사상의 책임이 면제될 수 있는가?

≫ 국회는 감사원장에 대해 탄핵의 소추를 의결할 수 있는데(5공화국에서는 탄핵대상에서 제외되었음), 이를 위해서는 국회재적의원 3분의 1 이상의 발의가 있어야 하며, 그 의결은 국회재적의원 과반수의 찬성이 있어야 한다(헌법 제65조

제1항 및 제2항). 그리고 탄핵심판권은 헌법재판소가 가지고 있고(헌법 제111조 제1항 제2호), 탄핵심판절차는 국회의 소추의원이 소추의결서 정본을 헌법재판소에 제출함으로써(헌법재판소법 제49조 제2항) 개시되며, 재판관 6인 이상의 찬성(헌법 제113조 제1항)으로 탄핵이 결정된다. 한편, 탄핵심판결정에 의해 파면 당하였다고 하여 민・형사상의 책임추궁까지 면제되는 것은 아니며, 특히 탄핵에 의한 파면과 형사책임의 추궁은 일사부재리의 원칙과 무관하다.

(3) 위헌정당해산심판권

위헌정당해산심판은 정당의 목적이나 활동이 민주적 기본질서에 위배될 때에 정부의 제소와 헌법재판소의 심판에 의하여 위헌정당을 해산하는 제도를 말한다. 즉, 헌법재판소는 위헌정당해산심판권을 가지며(제111조 제1항 3호), 정부는 국무회의의 심의를 거쳐 그 해산을 제소할 수 있다. 위헌정당의 해산은 재판관 6인 이상의 찬성이 있어야 한다(제113조 제1항).

(4) 기관간 권한쟁의심판권

헌법재판소는 국가기관 간에 권한의 존부 또는 범위에 관하여 적극 또는 소극적인 분쟁이 발생한 경우에 그 권한의 존부・범위・내용・한계 등을 명백하게 함으로써 그 분쟁을 해결하는 권한을 가지고 있으며(제111조 제1항 4호), 이 때에는 재판관 7인 이상의 출석으로 심리하여 과반수의 찬성으로 결정한다(헌법재판소법 제23조).

(5) 헌법소원심판권

헌법소원제도는 헌법상 보장된 국민의 기본권이 공권력의 행사 또는 불행사로 인하여 침해당한 자가 직접 그 구제를 요구하는 제도를 말하며, 헌법재판소가 그 권한을 가지고 있다. 헌법소원의 제기요건이나 심판절차에 관해서는 법률로 정하며, 헌법소원에 관한 인용결정을 할 때에는 재판관 6인 이상의 찬성이 있어야 한다(제113조 제1항).

사례연구 112 헌법소원심판의 청구절차

A는 B로부터 부동산매매와 관련하여 사기를 당하여 B를 사기죄로 고소하였으나 담당검사로부터 증거불충분을 이유로 불기소처분 통지를 받자, 이에

불복하여 항고 및 재항고를 하였으나 다시 기각처분 통지를 받았다. A는 검사의 불기소처분에 대해 헌법소원을 청구할 수 있는가? 그리고 헌법소원청구가 된다면 그 청구절차는?

≫ 경찰이 고소사실에 대해 현저히 정의와 형평에 반하는 수사를 하였거나, 헌법의 해석, 법률의 적용 또는 설문과 같이 증거판단에 있어서 결정에 영향을 미친 중대한 잘못으로 불기소처분 하였다면 평등권, 피해자의 진술권 등 헌법에 보장된 기본권 침해이므로 헌법소원심판의 대상이 될 수 있다. 그리고 헌법소원심판청구는 공권력 행사 또는 불행사로 피해를 본 국민이 그 사유가 있음을 안 날로부터 90일 이내, 그 사유가 있은 날로부터 1년 이내, 그리고 설문과 같이 다른 구제절차를 거친 경우에는 그 최종결정 통지를 받은 날로부터 30일 이내에 청구해야 한다(헌법재판소법 제69조 제1항).

Ⅵ. 선거관리 · 지방자치

1. 선거관리

(1) 선거관리의 의의와 구성

선거와 국민투표의 공정한 관리 및 정당에 관한 사무를 처리하기 위한 헌법기관으로써 선거관리위원회를 두고(제114조 제1항), 그 구성은 중앙선거관리위원회와 각급선거관리위원회로 조직되어 있다. 중앙선거관리위원회는 대통령이 임명하는 3인, 국회에서 선출하는 3인, 그리고 대법원장이 지명하는 3인의 위원으로 구성한다(제114조 제2항).

(2) 지위와 권한

선거관리위원의 임기는 6년으로 하고(제114조 제3항), 위원은 탄핵 또는 금고 이상의 형의 선고에 의하지 아니하고는 파면되지 않는 신분보장을 받으며, 독립성을 보장받는다(제114조 제5항).

중앙선거관리위원회의 권한은 법령의 범위 안에서 선거관리 · 국민투표관리 또는 정당관리에 관한 규칙을 제정할 수 있으며, 선거운동의 공정과 기회의 균등을 보장하고 국민투표의 공정을 위하여 선거운동, 투표와 개표, 당선자의 확정, 국민투표사무를 담당하고, 법률에 저촉되지 아니하는 범위 안에서 내부규율에 관한 규칙을 제정할 수 있다(제114조 제6항). 각급선거관리위원회는 선거인명부작성 등 선거사무에 관하여 관계행정기관에 필요한 지시를 할 수 있고, 그 지시를 받은 당해행정기관은 이에 응하여야 한다(제115조).

(3) 선거공영제

선거공영제는 선거기회의 균등을 보장하고 선거비용에 의한 부패를 방지하기 위해 원칙적으로 선거경비를 국고에서 부담하는 것을 말한다. 우리나라에서 선거운동은 각급선거관리위원회의 관리 하에 법률에 정한 범위 안에서 하되 균등한 기회가 보장되어야 하며, 선거에 관한 경비는 법률이 정하는 경우를 제외하고는 정당 또는 후보자에게 부담시킬 수 없다(제116조 제1항 및 제2항)고 하여 선거공영제를 실시하고 있다.

2. 지방자치

(1) 개념과 종류

지방자치란 일정한 지역을 기초로 하는 단체 또는 주민이 그 지방적 사무를 자신의 책임 하에서 자신이 선출한 기관을 통하여 처리하는 제도를 말한다. 지방자치는 지방적인 국가행정사무를 지방주민이 자신의 의사와 책임으로 처리하는 주민자치와 일정한 지역을 기초로 한 독립의 단체가 지방(단체)사무를 그 의사와 책임으로 처리하는 단체자치가 있다.

(2) 우리나라의 지방자치제

(가) 지방자치단체의 조직과 운영 : 우리나라는 지방자치제에 관하여 헌법상 그 규정을 두고 있었으나 사실상 실시하지 않고 있다가 비로소 제6공화국에 들어와서 지방자치법과 부수법률이 제정되어 실시하게 되었다. 지방자치단체는 의회를 두고(제118조 제1항), 지방의회 의원의 임기는 4년이며, 의회는 조례의 제정·개폐, 예산의 심의·확정, 결산의 승인, 행정사무조사권 등이 있다. 지방자치단체의 장은 임기가 4년이고, 당해자치단체를 대표하고 그 사무를 통할한다. 현재 지방자치단체로는 ① 특별시와 광역시 및 도, ② 시와 군 및 구 등 2종류가 있다(지방자치법 제2조).

(나) 지방자치단체의 권한 : 지방자치단체는 주민의 복리에 관한 사무를 처리하고(자치행정권) 재산을 관리하며(자치재정권), 법령의 범위 안에서 자

치에 관한 규정을 제정(자치입법권)할 수 있다(제117조 제1항). 자치행정권이란 지방자치단체가 관할구역의 자치사무(고유사무)와 법령에 의하여 지방자치에 속하는 사무(단체위임사무)를 처리하는 권한이며, 자치재정권은 지방자치단체가 그 재산을 관리하며, 재정을 형성하고 유지하는 권한을 말한다. 그리고 자치입법권은 법령의 범위 안에서 자치에 관한 규정을 제정할 수 있는 권한, 즉 조례와 규칙제정권을 말한다.

사례연구 113 **시민제안제도의 법적 근거**

민선 지방자치시대를 맞아 S시에서 당선된 김민선 시장은 시민들로부터 S시가 발전할 수 있는 정책 제안을 받아 이를 심사하여 포상하고 행정에 적극 반영하고자 하는데, 어떤 법적 근거를 가지고 해야 하는가?

≫ 각 지방자치단체는 시민 또는 소속공무원들로부터 창의적인 정책 아이디어를 발굴하여 정책에 반영하고 있다. 지방자치단체가 법령이나 명령이 위임하는 사항에 대하여 자치권의 범위 내에서 지방자치단체의 조직, 사무 및 주민의 권리·의무에 관하여 조례 또는 규칙 등 자치법규를 제정할 수 있는데, 일반적으로 시민제안제도에 대해서는 조례 제정을 통하여, 공무원제안제도에 대해서는 규칙 제정을 통하여 이를 시행하고 있다.

제2장 형 법

제1절 서 설

Ⅰ. 형법의 기본개념

1. 형법의 의의

형법(Criminal Law)이란 어떠한 행위가 범죄로 되고 이에 대한 법적 효과로서 어떠한 형사제재(형벌 또는 보안처분)를 과할 것인가를 규정하고 있는 법규범의 총체이다. 법철학적 입장에서 볼 때 형법의 근본정신은 인간존중, 인간사랑이라 할 수 있다. 왜냐하면 당해 법적공동체가 유지되기 위해 사람들은 무엇을 하면 되고 무엇을 하면 안 되는 지에 대한 명확한 기준이 필요한데, 형법은 그 법적공동체가 유지되기 위한 최소한의 규범을 명기함으로써 인간행위의 명확성을 높여 주었기 때문이다. 근대 법치국가에 있어서는 국가적 공동생활의 질서에 위반하는 행위를 범죄라 하고, 이 범죄행위자에 대하여 형벌이라는 제재를 과하기 위하여는 법적 근거가 있어야 한다. 이와 같이 범죄와 형벌에 관한 법규범을 형법이라 한다. 다만, 형사정책의 근대화에 따라 형벌 이외에 보안처분제도가 새로운 형사제재로서 추가됨으로써 형법의 개념적 정의도 형벌 이외에 보안처분을 포함하게 되었다.

실질적 의미(넓은 의미)의 형법이란 법전의 명칭은 형법이 아니지만 그 법규의 내용을 위반할 때에는 위반자의 법익을 박탈하거나, 제한하는 일체의 국가적 제재가 가해지는 법을 말한다. 구체적인 예를 들면, 국가보안법, 군형법, 폭력행위 등 처벌에 관한 법률, 특정범죄가중처벌법, 철도법, 관세법, 외환관리법,

경범죄처벌법 등이 있다.

형식적 의미(좁은 의미)의 형법이란 형법전상의 형벌, 즉 사형, 징역, 금고, 자격상실, 자격정지, 벌금, 구류, 과료 및 몰수 등에 관한 것만을 제재대상으로 하는 것을 말한다.

2. 형법의 기능

(1) 보장적 기능

형법은 국가가 행사할 형벌권의 한계를 명확히 하여 공권력의 자의적인 형벌로부터 개인의 자유와 권리를 보장하는 기능을 가진다. 보장적 기능은 일반국민의 '마그나 카르타(Magna Carta)'적 기능과 범죄인의 마그나 카르타적 기능의 두 가지 측면을 가지고 있다. 일반국민에 대해서는 형법에 규정되어 있는 범죄 이외에는 어떠한 행위에 대해서도 처벌하지 않는다는 것을 보장한다는 점에서 국민의 자유와 권리를 보장해 주는 기능, 즉 일반국민의 마그나 카르타적 기능을 가지고 있다. 또한, 범죄인에 대해서도 미리 그 범죄에 대하여 형법에 정해진 형벌의 범위 내에서만 처벌을 받고 그 이외에는 부당한 처벌을 받지 않도록 보장해 주는 기능, 즉 범죄인의 마그나 카르타적 기능을 가지고 있다.

(2) 보호적 기능

형법은 법익보호의 기능을 가지고 있다. 법익이란 국가·사회의 안전, 사람의 생명, 신체, 재산 등과 같이 법에 의하여 보호할 가치가 있는 생활이익을 말하며, 형법은 형벌이라는 수단을 통하여 이러한 법익을 보호하는 기능을 가진다.

(3) 사회방어적 기능

형법은 범죄라고 하는 침해적 행위로부터 사회를 방어하는 기능을 가진다. 즉, 형법은 일정한 행위를 범죄로 규정하고 이에 대해 형벌이라는 제재를 과함으로써 일반인으로 하여금 범죄를 저지르지 않도록 하거나 혹은 형벌이라는 수단에 의하여 범죄인을 교육·개선하며, 또는 형벌이라는 수단을 통해 범죄인을 사회로부터 격리시킴으로써 선량한 시민이 안전한 생활을 하게 하는 사회방어적 기능을 갖고 있다.

Ⅱ. 죄형법정주의

1. 죄형법정주의의 의의

죄형법정주의는 "법률이 없으면 범죄도 없다."(Nullum crimen sine lege)와 "법률이 없으면 형벌도 없다."(Nulla poena sine lege)고 하는 두 개의 명제로 성립된 근대형법의 원칙을 말한다. 즉, 무엇이 범죄가 되고, 그 범죄에 대해서 어떠한 형벌을 부과할 것인가 하는 것을 미리 성문의 법률로 정해 놓아야 한다는 원칙이다.

"법률이 없으면 형벌도 없다."는 것은 자유주의 국가의 형법이념으로서, '근대형법학의 아버지'로 불리워지고 있는 포이에르바하(Feuerbach)의 「형법론」(1801)에서 처음으로 주장되었다.

죄형법정주의는 1215년 영국의 대헌장(Magna Carta)에 기원을 두고 있으며, 1776년 미국독립선언, 1789년 프랑스의 인권선언 등을 통해 성립되었다.

2. 죄형법정주의의 사상적 배경

죄형법정주의 사상의 근저를 이루고 있는 사상은 근대의 인권사상이다. 이 인권사상은 개인과 국가와의 대립관념으로부터 출발하여 개인에게 절대적 가치를 인정하는 개인주의를 기조로 하고 있다. 이와 같은 경향은 국가를 위한 형법으로서의 의의보다도 범죄인을 위한 형법, 즉 범죄인의 마그나 카르타로서의 형법을 강조하였다. 이와 같은 것이 죄형법정주의의 근본사상을 이루고 있다.

죄형법정주의의 이론적 배경은 몽테스키외의 3권분립과 포이에르바하의 형법론에 근거한 심리강제설(균형이론)이다. 심리강제설은 범죄실행의 쾌감이 형벌의 불쾌감에 의해 억제될 수 있도록 법률로써 미리 범죄와 형벌에 관하여 명확히 규정할 것을 주장하는 이론이다.

3. 죄형법정주의의 내용

죄형법정주의의 내용은 전통적으로 관습형법금지의 원칙, 소급효금지의 원칙, 유추해석금지의 원칙, 명확성의 원칙, 절대적 부정기형 금지의 원칙이라고 하는 파생원칙을 그 내용으로 하고 있으며, 죄형법정주의의 현대적 의의에 맞추어 적정성의 원칙이 논의되고 있다.

(1) 관습형법금지의 원칙

범죄와 형벌은 반드시 성문의 법률로 규정하여야 하며, 관습법은 형법의 법원(법원)이 될 수 없다는 원칙이다. 즉, 관습법의 적용을 허용하는 경우에는 관습법의 존재여부를 재판관이 판단하기 때문에 결국은 재판관의 자의, 독선을 초래하는 결과가 되기 때문이라고 한다.

(2) 소급효금지의 원칙

법률행위 및 그 밖의 법률요건이 그 성립 이전으로 거슬러 올라가서 효력을 갖지 못하도록 하는 원칙이다. 즉, 형법에 소급효를 인정하여 행위 시에 범죄가 되지 않는 행위에 대하여 사후적으로 법률을 제정하여 처벌하는 것은 범죄와 형벌을 미리 성문법인 법률로 규정하여야 한다는 죄형법정주의에 반하는 것이 된다.

(3) 유추해석금지의 원칙

형법은 개인의 권리 및 자유와 깊은 관련이 있기 때문에 그 해석은 문리해석으로 엄격히 해야 하고, 유추해석에 의해 처벌해서는 안 된다는 것이다. 왜냐하면, 유추해석을 허용하게 될 경우에는 형법에 명시되지 않은 행위가 범죄로서 처벌받게 됨으로써 개인의 자유와 권리가 부당하게 침해될 우려가 있기 때문이다. 따라서, 만약 형법의 해석에 있어서 의문이 있는 경우에는 피고인에게 가능한 한 유리한 방향으로 해석해야 할 것이다.

(4) 명확성의 원칙

어떤 행위가 형법에 의해 금지되고 있는지가 누구나 알 수 있도록 명확해야 한다는 원칙이다. 즉, 누구나 알 수 있어야 한다. 예컨대, '건전한 국민감정을 해치는 자는 처벌한다'라든지 또는 '사회질서를 어지럽힌 자는 처벌한다'는 등의 조항은 불명확하기 때문에 죄형법정주의에 위반되는 조항이다. 또한 형벌에 있어서도 명확히 규정되어야 한다. 따라서 형벌의 종류와 범위가 정하여지지 않은 부정기형의 규정은 죄형법정주의에 위배된다.

(5) 절대적 부정기형 금지의 원칙

부정기형, 특히 절대적 부정기형 제도를 형법에 채용해서는 안된다는 원칙이다. 여기서, 부정기형이란 형기를 재판에 의해 확정하지 않고 행형의 경과에 따라서 사후적으로 결정하는 형을 말하며, 부정기형은 재판에 있어서 장기와 단기로 정하여 언도하는 상대적 부정기형과 재판에 있어서 전혀 기간을 정하지 않는 절대적 부정기형이 있다. 죄형법정주의의 요구로서는 절대적이든 상대적이든 부정기형은 부정되며, '절대적 확정기형'이 이상적이다.

(6) 적정성의 원칙

적정성의 원칙이란 범죄와 형벌을 규정하는 법률의 내용은 국민의 인권을 실질적으로 보장할 수 있도록 적정해야 한다는 원칙을 말한다. 따라서 합리적 측면에서 범죄와 형벌사이에는 적정한 균형이 유지되어야 하며 잔학한 형벌을 금지하여야 한다. 또한 광의적 측면에서 각 법률 간에도 동일(유사)한 결과에 대하여 적정한 구형이 유지되어야 할 것이다.

사례연구 114 **죄형법정주의**

육군 소장 전두안은 군사 쿠테타를 일으켜 조국수호 비상대책위원회를 구성하고, '사회질서수호법'을 만들어 국민에게 침묵과 무비판적 충성을 강요하였다. 동법 제1조는 '누구든지 사회질서를 어지럽힐 수 없다', 제2조는 '위반자는 징역에 처한다'고 규정한 단 2개 조문으로 되어 있다. 그리고 부칙은 '이 법은 제정되기 이전의 행위에 대해서도 적용된다'고 규정하고 있다. 어느 날 '도대체 이런 법이 어디 있소!'라고 항의하던 강직해는 구속되었는데, 사회질서수호법은 과연 정당한가?

≫ 입법사항은 국회에 속하므로, 독재자 마음대로 법을 제정한다는 것은 있을 수 없는 악법이며, 위 사례는 형법적 측면에서 볼 때도 죄형법정주의를 위반한 것이다. 즉, 동법 제1조의 '누구든지 사회질서를 어지럽힐 수 없다'는 규정은 명확성의 원칙, 제2조의 '위반자는 징역에 처한다'는 규정은 절대적 부정기형의 금지 등의 위반이며, 부칙에 규정된 '이 법은 제정되기 이전의 행위에 대해서도 적용된다'는 것도 형벌불소급의 원칙을 위반하는 것이다. 따라서 사회질서수호법에 따른 강직해의 구속은 죄형법정주의를 위반 위헌적 행위이다.

4. 죄형법정주의의 수정

죄형법정주의는 본래 근대자유주의 인권사상이 요구하는 최소한도의 보루였다. 그러나 국가의 기능이 문화국가 내지 복리국가로 이행되고, 형법이론에 있어서도 목적형주의(교육형주의)가 나오면서부터 죄형법정주의 사상도 수정되지 않으면 안 되게 되었다.

즉, 고전적·극단적 죄형법정주의를 완화하여 행위자에게 유리한 유추해석 또는 소급효는 어느 정도 인정하는 경우가 있으며, 소년법상의 부정기형, 형법상의 집행유예·가석방제도 등의 채용은 그러한 수정의 경향이라 할 수 있다. 그러나 이러한 수정의 경향에도 불구하고 죄형법정주의원칙이 가지고 있는 법률적·사회적 의의는 오늘날 아직도 매우 큰 것이다.

사례연구 115 **소급입법의 금지원칙과 예외**

일제시대의 친일파 후손 김매국은 국가를 상대로 자신의 소유로 되어 있던 재산을 되찾는 재산반환소송에서 승소하였고, 이를 계기로 친일파 후손들의 재산반환소송이 급증하였다. 이에 분개하여 국회의원 김광복은 '과거 일제시대의 친일파 및 민족반역자의 재산을 국유로 환수한다'는 내용과 '일제의 불법적 국권침탈과 민족말살정책에 협조하여 얻게 된 재산에 대해서는 소유권을 주장하는 소송을 청구하지 못한다'는 내용을 주요 골자로 한 '친일파재산환수에관한특별조치법(안)'을 제안하였는데, 위 법안은 합헌적인가?

≫ '친일파재산환수에관한특별조치법(안)'은 "… 3·1운동으로 건립한 대한민국 임시정부의 법통을 계승하고 …"라는 헌법전문에 근거하여 임시정부의 법통계승 및 일제잔재청산이라는 헌법적 요청에 부합하지만, 우리 헌법 제13조에는 법률불소급의 원칙, 소급입법으로 인한 재산권 박탈 금지 조항을 두고 있다. 따라서 헌법 전문과 헌법 본문 규정간의 모순·충돌이 일어나지만 양자를 존중하여 양립시키는 올바른 헌법적 해석이 필요하다. 법률불소급의 원칙도 신뢰보호의 요청에 우선하는 심히 중대한 공익상의 사유가 소급입법을 정당화하는 경우에는 예외가 될 수 있고, 일제잔재의 청산으로 민족자주·국가독립의 이념을 수호한다고 하는 공익적 필요의 중대성에 있으므로 국회의원 김광복이 제안한 동 특별법(안)은 헌법을 위반하지 않는다고 본다.

5. 현행법상의 죄형법정주의

우리나라에 있어서도 이 원칙은 헌법 제12조 제1항에서 "누구든지… 법률과 적법한 절차에 의하지 아니하고는 처벌 · 보안처분 또는 강제노역을 받지 아니한다."라고 규정하고 있고, 제13조 제1항 전단에서는 "모든 국민은 행위 시의 법률에 의하여 범죄를 구성하지 아니하는 행위로 소추되지 아니하며 …"라고 하여 사후입법 금지를 명문화하고 있다.

또한, 이러한 헌법정신에 따라 형법도 제1조 제1항에서 범죄의 성립과 처벌은 행위 시의 법률에 의하도록 하여 형법의 소급효를 금지하고, 동조 제2항에서는 범죄 후 법률의 변경에 의하여 그 행위가 범죄를 구성하지 아니하거나 형이 구법보다 경한 경우에는 신법에 의하도록 하여 피고인에게 유리한 경우에는 소급효를 인정하고 있다. 또한 동조 제3항에서는 재판이 확정된 후 법률이 변경되어 그 행위가 범죄를 구성하지 아니하게 된 경우에는 형의 집행을 면제한다. 그리고 형사소송법에 있어서도 유죄판결의 경우에는 반드시 법조를 명시하도록 하여(형소법 제323조), 엄격한 죄형법정주의의 원칙하에 있다.

제2절 범죄론

Ⅰ. 범죄의 기본개념

1. 범죄의 의의

실질적 의미의 범죄란 법질서에 비추어 보아 형벌을 과할 필요가 있는 행위로서 사회적 유해성 내지 법익을 침해하는 반사회적 행위를 의미하고, 형식적 의미의 범죄란 구성요건에 해당하는 위법하고 책임있는 행위로써 형법의 해석과 죄형법정주의에 의한 형법의 보장적 기능의 기준이 되는 범죄를 말한다.

범죄의 개념을 형식적 · 실질적 의미 모두를 고려하면, 범죄란 '법익을 침해한 어떤 행위가 위험할 뿐만 아니라 법질서를 위반하여 사회의 비난을 받기 때문에 어떠한 형식이든지 강제조치를 가할 필요성이 있는 행위'를 말한다.

2. 범죄의 종류

(1) 형식범과 실질범

형식범이란 구성요건의 내용이 결과의 발생을 요하지 않고 법에 규정된 행위를 함으로써 충족되는 범죄로 위증죄, 공연음란죄, 주거침입죄, 퇴거불응죄, 무고죄 등이 그 예이다. 반면, 실질범이란 구성요건의 내용이 범죄적인 행위뿐만 아니라 결과의 발생도 요하는 범죄로 대부분의 범죄가 실질범으로 이를 결과범이라 한다.

(2) 침해범과 위험범

침해범이란 구성요건이 법익의 현실적인 침해를 요하는 범죄로 살인죄 등 대부분의 범죄가 여기에 속하며, 반면 위험범은 구성요건이 전제로 하는 보호법익에 대한 위험의 야기로 족한 범죄로서 유기죄, 업무방해죄, 방화죄, 통화위조죄 등이 그 예이다.

(3) 계속범과 상태범

계속범이란 구성요건적 행위가 위법상태의 야기뿐만 아니라 시간적 계속을 요하므로 행위의 계속과 위법상태의 계속이 일치하는 범죄로 체포구금죄, 주거침입죄 등이 여기에 속한다. 반면, 상태범은 구성요건적 결과의 발생과 동시에 범죄도 완성되는 범죄로 살인죄, 상해죄, 강도죄 등이 여기에 속한다.

(4) 일반범과 신분범 및 자수범

일반범이란 누구나 행위자가 될 수 있는 범죄이고, 신분범은 구성요건상 행위자에게 일정한 신분이 있을 것을 요건으로 하는 범죄(위증죄, 수뢰죄, 횡령죄 등), 그리고 자수범은 행위자 자신이 직접 실행해야 범할 수 있는 범죄이다(위증죄, 준강간죄 등).

3. 범죄구성의 3요소

어떤 행위가 범죄가 되기 위해서는 우선 범죄의 구성요건에 해당하여야 하고, 그 행동이 위법해야 하며, 그 위법한 행위에 대하여 사회적으로 책임을 물을 수 있을 때 범죄라고 말할 수 있는데 이를 범죄구성의 3요소라 한다. 자세한 내용은 이후의 단락에서 살펴보겠다.

Ⅱ. 행위의 구성요건 해당성

1. 구성요건의 의의

구성요건이란 '사람을 살해한 자'(형법 제250조), '사람의 신체를 상해한 자'(형법 제257조) 등과 같이 형벌을 부과하는 근거가 되는 행위의 유형을 추상적으로 기술한 것을 말한다. 말하자면, 입법자가 형법을 제정함에 있어서 사회에서의 행동을 규율하는 많은 규범 가운데 특히 중요한 규범을 선택하여 그 규범의 위반에 대하여 특히 형벌로 처벌할 가치가 있다고 인정되는 것을 추상화·유형화하여 개념적으로 정립한 것이다.

구성요건과 구성요건해당성은 구별되어야 하는 바, 전자는 법률상의 정형적·추상적 개념인데 반하여 후자는 어떤 행위가 법적 구성요건의 범죄정형적인 요건에 일치하는 것을 의미한다. 즉, 구성요건해당성은 구체적인 개개의 행위가 구성요건에 일치하는 것을 의미한다.

2. 부작위범

부작위범이란 부작위(소극적 동작)에 의한 범죄, 즉 법규범이 요구하는 일정한 행위를 이행하지 않음으로써 성립하는 범죄를 말한다. 다만, 형법상 부작위라 함은 '아무것도 하지 않는다'는 것이 아니라 사회관념상 '무엇인가를 하지 않는 것', 즉 기대된 작위를 하지 않는 것이다.

부작위범의 종류에는 다중불해산죄, 퇴거불응죄, 집합명령위반죄 등과 같이 구성요건이 처음부터 부작위를 예상하고 있을 경우와 같은 순수한 부작위범(진정부작위범)과, 영아에게 젖을 먹이지 않음으로써 죽게 하는 것과 같이 작위에 의하여 실현되는 것을 예상한 범죄가 사실상 부작위에 의하여 실현되었을 경우와 같은 부작위에 의한 작위범(부진정부작위범)이 있다.

사례연구 116 **부작위범**

> 김욕심이 더 많은 유산상속에 탐이나 영하 15도의 추운 날씨에 길가에 쓰러져 있는 이복동생 김불쌍을 구하지 않음으로서 사망하게 된 경우, 형사책임을 물을 수 있는가?

≫ 부작위범이란 부작위(소극적 동작)에 의한 범죄, 즉 법규범이 요구하는 일정한 행위를 이행하지 않으므로써 성립하는 범죄를 말한다. 다만, 형법상 부작위라 함은 '아무것도 하지 않는다'는 것이 아니라 '무엇인가를 하지 않는 것', 즉, 기대된 작위를 하지 않는 것이다. 김욕심은 김불쌍의 사망이라는 목전의 위험을 방지해야 할 의무, 즉 형법 제271조 제1항이 전제하는 긴급구조의무를 위반하고 있다. 김욕심은 구조하는데 별 위험이 없으면서 구조의무를 이행하지 않았기 때문에 부작위에 의한 살인죄가 성립된다. 한편, 조상대대로 원수지간으로 지내온 이웃 사람 중 한 명이 강물에 빠졌을 경우, 이를 목격한 사람은 구조행위를 하지 않더라도 친족 간이 아니므로 구조의무가 없다.

3. 인과관계

형법상의 범죄의 성립에 있어서 결과의 발생을 필요로 하는 것이 있는데, 이때 행위와 결과 사이에는 인과관계가 있어야 한다. 여기서, 인과관계란 결과의 발생을 요하는 범죄에 있어서 그 행위가 없었다고 하면 그런 결과가 발생하지 않았을 것이라는 관계를 말한다.

인과관계에 관한 학설에는 여러 가지가 있으나, 인과관계의 유무를 경험법칙에 비추어서 그 행위에서 그 결과가 발생되는 것이 보통 인정되는 경우에 비로소 인과관계가 있다고 인정하는 상당인과관계설이 학설 및 판례의 입장이다. 예컨대, 얼굴을 강타하였더니 사망한 경우, 임신 8개월의 여자를 걷어차 낙태와 심근경색증으로 사망케 한 경우 등에는 행위와 결과간에 인과관계가 있다고 보고 있다.

사례연구 117 **인과관계**

조직폭력배 한양은은 김상사와 공모하여 같은 조직 동료를 폭행한 칠성이를 보복하기 위해 린자모텔에 있는 억울해를 칠성이로 잘못알고 쇠파이프, 낫 등을 들고 가 억울해를 난자하였고 전치 18주의 치료를 요하는 자상을 입혔다. 억울해는 이 사건으로 입은 자상으로 인해 급성 심부전증이 발병하였고, 급성 심부전증은 사망률이 높기 때문에 수분 섭취량 등을 조절해야 함에도 불구하고 콜라, 김밥 등을 함부로 먹은 탓에 1개월 후에 폐렴, 패혈증 등의 합병증으로 사망하였다. 이에 한양은과 김상사는 폭행과 사망의 결과 사이에는 인과관계가 없다고 주장하는데, 이는 정당한가?

≫ 살인죄가 성립하기 위해서는 범죄자의 행위와 피해자가 입은 결과 간에 소위 '인과관계'가 있어야 한다. 한양은과 김상사의 범행이 억울해를 사망하게 한 직접적 원인이 된 것은 아니지만, 그 범행으로 인하여 억울해는 급성심부전증이 발생하였고, 폐렴, 패혈증 등의 합병증이 직접 사인으로 인정된 이상, 비록 억울해의 과실이 있었다 하더라도 이와 같은 사실은 통상 예견할 수 있는 것으로 인정되므로 한양은과 김사상의 범행과 억울해의 사망 사이에는 인과관계가 인정되어 살인죄가 성립한다(대법원 1994. 3. 22. 93도3612).

4. 고 의

고의란 행위자가 구성요건에 해당하는 사실을 인식하면서 그러한 행위로 나오는 행위자의 의사태도를 말한다. 형법 제13조 전단에는 "죄의 구성요소인 사실을 인식하지 못한 행위는 벌하지 아니한다."고 규정하고 있다.

고의는 지적 요소와 구성요건 실현에 대한 행위자의 의사관련에 따라 확정적 고의와 불확정적 고의로 나누어진다. 확정적 고의는 구성요건적 결과의 실현을 행위자가 인식하였거나 확실히 예견한 때를 말하고, 불확정적 고의는 구성요건적 결과에 대한 인식 또는 예견이 불명확한 경우를 말한다. 불확정적 고의 가운데 특히 결과의 예견을 인용한 경우를 미필적 고의라 하고, 결과의 발생은 확실하나 객체가 불확실하여 그것이 택일적인 경우인 택일적 고의, 그리고 일정한 범위의 객체에 있어서 결과의 발생은 확실하나 어느 객체에서 결과가 발생한 것인가가 불확정한 개괄적 고의 등이 있다.

사례연구 118 미필적 고의

A는 휴가철에 동해안으로 피서 한번 가지 못한 자신의 처지가 한탄스러워 세상 살기가 싫어졌다. A는 모든 세상 사람들을 원망하며 살아가다가 어느 날 차를 몰고 가다가 동네 골목길에서 어린 아기가 놀고 있는 쪽으로 눈을 감고 무조건 질주하여 어린아이 1명을 사망케 하였다. A는 살인할 고의가 없었기 때문에 살인죄가 성립하지 않는다고 주장하고 있는데, 그의 주장은 정당한가?

≫ 자기의 행위로 범죄가 발생한다는 확실한 인식은 없으나, 그러한 결과의 발생이 있더라도 용인하겠다는 내심의 인식이나 의사가 있는 경우를 미필

적 고의라 하고, 이에 대한 형법적 처리는 확정적 고의와 같다. 차를 몰고 군중 속으로 질주하는 행위는 특정인을 살해하겠다는 확정적 고의는 없지만, 자기의 행위로 누군가가 죽을 것이라고 예상하고 있으며, 누가 죽더라도 할 수 없다는 의사가 있으므로 미필적 고의에 의한 살인죄가 성립한다.

5. 사실의 착오

착오란 인식한 사실과 결과간의 불일치, 즉 행위자가 주관적으로 인식한 것과 객관적·사실적으로 발생된 사실이 일치하지 않는 경우를 말하며, 착오는 사실의 착오와 법률의 착오로 구별된다.

사실의 착오는 구성요건에 해당하는 위법한 사실을 알지 못하거나 오인하여 행위자가 주관적으로 인식한 바와 객관적으로 발생한 사실이 일치하지 않는 경우를 말하며, 예를 들면, 남편을 살해하기 위하여 보약에 독약을 넣었으나, 엉뚱하게 가정부가 이를 마시고 사망한 경우를 말한다. 그리고, 형법 제15조 제1항은 '특별히 중한 죄가 되는 사실을 인식하지 못한 행위는 중한 죄로 벌하지 아니한다'고 규정하고 있으므로, 예컨대 물건을 부수려고 돌을 던졌으나 사람이 맞은 경우에 무거운 죄인 상해죄로 처벌하지 않는다.

반면에 법률의 착오는 자기의 행위가 법률상 허용되지 않는다는 점에 관한 착오, 즉 범죄사실에 대한 형벌적 평가를 그르친 경우를 말하며, 형법 제16조에는 "자기의 행위가 법령에 의하여 죄가 되지 아니하는 것으로 오인한 행위는 그 오인에 정당한 이유가 있는 때에 한하여 벌하지 아니한다."고 규정하고 있다.

사례연구 119 사실의 착오

한국그룹 오만석 회장은 부인과 사별한 후 애첩 양귀비와 동거하고 있다. 그러나 오만석 회장은 동거 전에 양귀비에게 약속한 혼인신고를 계속 미루고 있고 건강도 쇠약해지고 있으나 유산에 대한 아무런 언질도 주지 않자, 초조했던 양귀비는 유언장을 위조한 뒤 오만석 회장을 독살하기로 마음먹었다. 양귀비는 오만석 회장이 매일 아침 마시는 보약에 독약을 넣어 두었으나 오만석 회장이 이를 깜박 잊고 마시지 않았는데, 엉뚱하게 가정부 아주머니가 호기심에 마시게 되었고 결국 사망하였다. 양귀비의 형사 책임은 어떻게 되는가?

≫ 범죄자가 인식한 '고의'와 실제발생한 '결과'사이에 착오가 생긴 경우,

범죄자의 형사 책임은 어떻게 되는가의 문제이다. 범죄 행위에는 원칙적으로 고의가 있어야 하지만, 행위자가 인식·의도한 사실과 실제로 발생한 객관적인 사실이 일치하지 않는 경우도 적지 않다. 위의 사례에서 오만석 회장을 살해하려고 보약에 독약을 넣어두었으나 엉뚱하게 가정부가 마시고 사망한 경우도 사실의 착오에 해당되고, 양귀비는 가정부에 대한 살인죄가 인정된다.

6. 과 실

과실이란 정상의 주의를 기울이지 않음으로써 죄의 성립요소인 사실을 인식하지 못한 행위를 말한다. 과실은 언제나 처벌되는 것이 아니라 법률에 특별한 규정이 있는 경우에 한하여 처벌되는데, 과실범은 행위자의 의사에 의해서가 아니라 부주의에 의해서 법질서의 명령을 위반한 것으로 고의범보다 그 불법과 책임이 가볍다.

사례연구 120 과실범

가정부인 A가 하는 일은 식사준비·집안청소·아기를 돌보는 일 등이다. 어느날 A는 아기의 젖병을 끓이기 위해 가스렌지를 켰다가 깜박 잊고 가스렌지를 잠그지 않았다. 잠시 A가 잠든 사이, 가스렌지에서 새어나온 가스에 의해 아이만 질식사하였는데, A의 죄는?

≫ A는 가스를 오래 켜두면 가스가 샐 염려가 있다는 것을 예상하고, 주의를 다해야 함에도 이를 다하지 않은 과실이 인정되기 때문에 과실치사죄가 성립하고, 살인죄는 성립되지 않는다.

7. 결과적 가중범

결과적 가중범이란 행위자의 일정한 고의에 기한 범죄행위가 그 고의를 초과하여 중한 결과를 발생시킨 경우, 그 중한 결과를 이유로 형벌을 가중하는 범죄를 말한다. 예컨대, 상대방의 얼굴을 한 대 때렸는데 땅에 넘어지면서 머리가 부딪쳐 사망한 경우는 폭행치사죄라는 결과적 가중범에 속하며, 그 밖에 낙태치사상죄, 유기치사상죄, 체포구금치사상죄, 강간치사상죄, 강도치사상죄, 교통방해치사상죄 등이 여기에 속한다.

Ⅲ. 위법성

1. 위법성의 의의

위법성이란 구성요건에 해당하는 행위가 법질서 전체의 관점에 비추어 보아 허용되지 않는 경우를 말한다. 어떠한 행위든지 위법성이 있어야만 범죄가 성립될 수 있는 것이며 행위가 범죄구성요건에 해당하더라도 위법성이 없으면 범죄는 성립하지 않는다. 대체로 구성요건에 해당하는 행위는 위법성이 있는 것이 보통이다. 한편, 위법성과 불법은 보통 동의어로 사용되고 있지만, 전자(위법성)는 전체 법률질서의 위반에 대한 개념인 반면에 후자(불법)는 범죄의 구성요건에 해당하고 위법하다고 판단받은 행위 자체를 말한다.

2. 위법성 조각사유

범죄가 성립하려면 각 규정의 구성요건에 해당하는 행위가 있어야 한다. 그러나 어떤 행위가 구성요건에 해당하더라도 위법하지 않음으로 인하여 범죄가 성립되지 않는 경우가 있는데, 이를 '위법성조각사유'라고 한다. 형법상 위법성조각사유로는 다음과 같은 것이 있다.

(1) 정당방위

정당방위란 자기 또는 타인의 법익에 대한 현재의 위법·부당한 침해를 방위하기 위한 행위로서 상당성이 있어서 위법한 행위로 평가할 수 없는 행위를 말한다. 정당방위의 성립요건은 ① 타인으로부터 현재의 부당한 침해가 있을 것, ② 자기 또는 타인의 법익을 방위하기 위한 행위일 것, ③ 방위행위가 상당한 이유가 있을 것 등이다(제21조 정당방위) ① 자기 또는 타인의 법익에 대한 현재의 부당한 침해를 방위하기 위한 행위는 상당한 이유가 있는 때에는 벌하지 아니한다).

사례연구 121 **정당방위**

도둑인 A가 안방문을 열고 들어오자, 집주인 B는 숨을 죽이고 있었다. A는 B의 집에서는 훔칠 물건이 별로 없자 되돌아 나가고 있는데, 이를 놓칠새라 B는 야구방망이로 도둑 A의 뒤통수를 내려쳐 중상을 입혔다. B의 행위는 정당방위인가?

≫ 정당방위는 타인으로부터 현재의 부당한 침해가 있어야 한다. 여기서 침해란 타인의 위법 · 부당한 공격을 말하고, 침해는 현재의 침해 즉 침해가 목전에 임박하거나 급박한 경우라야 하므로 B의 행위는 과잉방어에 해당하며, B는 A의 치료비를 물어주어야 한다.

(2) 긴급피난

긴급피난이란 자기 또는 타인의 법익에 대한 현재의 위난을 피하기 위한 상당한 이유있는 행위를 말한다. 긴급피난은 정당방위와 같이 긴급행위로서 처벌되지 않지만, 정당방위는 위법한 침해에 대한 정당한 방위인 반면, 긴급피난은 위법하지 않은 침해에 대하여 일정한 한도에서 피난하는 것을 법이 허용하는 것이다. 긴급피난의 성립요건은 ① 현재의 위난이 있어야 하고, ② 자기 또는 타인의 법익에 대한 위난을 피하기 위한 행위여야 하며, ③ 상당한 이유가 있어야 한다(제22조 긴급피난) ① 자기 또는 타인의 법익에 대한 현재의 위난을 피하기 위한 행위는 상당한 이유가 있는 때에는 벌하지 아니한다).

예컨대, 싯가 500만원 하는 애완견을 데리고 산책을 하던 중, 싯가 100만원 하는 이웃집 도사견이 목줄을 끊고 애완견을 공격하려고 하자, 단검으로 도사견을 처리한 경우는 긴급피난이 인정되어 손괴죄에 해당되지 않는다.

사례연구 122 긴급피난

다세대주택에서 살고 있는 A녀는 B남이 성폭행을 하려 하자 이를 피하여 3층 옥상까지 도피하다가 결국 이웃집 마당으로 뛰어 내렸다. A녀는 다리가 부러지고, 이웃집 장독대도 깨졌는데, 이에 대한 법적 견해는?

≫ 긴급피난은 정당방위와 마찬가지로 방위행위에 상당한 이유가 있어야 하는데, 사회적 통념뿐만 아니라 피난행위가 유일한 행위여야 하며(보충성의 원칙), 침해행위와 방위행위는 어느 정도 균형이 맞아야 하는(법익균형의 원칙) 등의 조건이 더 필요하다. 따라서, 위 사례의 경우는 긴급피난이 인정되어 주거침입죄가 성립하지 않고, 그 피신과정에서 장독대가 깨졌어도 손괴죄에 해당하지 않는다. 다만, 장독대의 주인은 불법행위가 없으므로 장독대 파손에 대해서는 긴급피난을 일으킨 불법행위자(B남)에 대해 손해배상을 청구할 수 있다.

(3) 자구행위

자구행위란 법률의 절차에 의하여 권리를 보전하기 곤란한 경우, 그 권리의 실행불능이나 실행의 곤란을 피하기 위하여 스스로 한 실력적 행위로서 상당성이 인정되어 위법성이 배제되는 행위를 말한다. 자구행위는 원시형법의 유물이라 할 수 있으나, 현대국가에 있어서도 일정한 범위 내에서 부당하게 침해받은 개인의 법익을 보호하고 있다(제23조 자구행위) ① 법정 절차에 의하여 청구권을 보전하기 불능한 경우에 그 청구권의 실행 불능 또는 현저한 실행 곤란을 피하기 위한 행위는 상당한 이유가 있는 때에는 벌하지 아니한다).

자구행위의 성립요건은 ① 법정절차에 의하여 청구권을 보전하기가 불가능한 경우일 것, ② 청구권의 실행불능 또는 현저한 실행곤란을 피하기 위한 행위일 것, ③ 상당한 이유가 있을 것 등이다.

사례연구 123 **자구행위**

김추적은 집에 보관 중이던 수십만 달러와 다이아몬드반지 등 값비싼 보석을 도난당했다. CCTV를 확인한 결과, 집이 비었던 명절 황금휴가 기간 중에 해외를 다녀온 사이 도망해 씨가 담장을 넘어 절취해 간 것이었다. 김추적은 우연히 해외로 도피하려고 공항에 있던 도망해를 발견하고 경찰서로 끌고 가려 했으나 완강히 저항하여 어쩔 수 없이 전치 2주의 상처를 입혔는데, 김추적은 상해죄로 처벌받는가?

≫ 절도범을 현장에서 추적해서 도난 물품을 탈환하는 행위는 정당방위가 되지만, 며칠 뒤 절도범을 발견해서 약간의 폭행과 협박을 가해서 도난당한 물품을 탈환하는 행동은 자구행위가 된다. 김추적의 행위는 도망해가 해외로 도피할 경우 권리실현에 상당한 어려움이 예상된다 할 것이므로 자구행위로 볼 수 있다. 다만, 자구행위가 지나쳐 그 상당성의 정도를 벗어난 과잉자구행위가 되는 경우에는 처벌받게 된다.

(4) 피해자의 승낙

피해자의 승낙이란 법익의 주체가 타인에 대하여 자기의 법익을 침해하는 것을 허용하는 것을 말한다. 피해자의 승낙은 로마법의 "승낙이 있으면 침해가 되지 아니한다."는 법언에 의해 로마법 이래 위법성 조각사유로 인정되어 왔다. 피해자의 승낙에 의해 위법성이 조각되려면, ① 법익주체의 유효한 승낙이 있을 것, ② 승낙에 의한 행위라도 처벌하는 특별한 규정이 없을 것, ③ 사회상규에 위배되지 않을 것 등이다(형법 제24조(피해자의 승낙) 처분할 수 있는 자의 승낙에 의하여 그 법익을 훼손한 행위는 법률에 특별한 규정이 없는 한 벌하지 아니한다).

예컨대, A가 B에게 수혈하기 위하여 C의 승낙을 얻어 그의 피를 뽑는 행위는 상해죄가 성립되지 않지만, 병역을 면제받을 목적으로 무릎수술을 해달라고 한 경우에 아무리 피해자의 승낙에 의한 것일지라도 의사가 수술을 하게 되면 위법성이 있다(병역법 제75조 참조).

사례연구 124 피해자의 승낙

어느 날 김정의는 친구의 집으로 가던 중 반대편 골목길에서 연기가 나는 것을 보고 그곳으로 달려갔는데, 한 가정집에서 불이 나고 있었다. 김정의는 집주인의 허락없이 창문을 깨고 들어가 불을 껐는데, 죄가 성립되는가?

≫ 김정의는 한 가정집의 창문을 깨고 들어갔으므로 원칙적으로 형법 제319조의 주거침입죄와 제366조의 재물손괴죄에 해당한다. 그러한 김정의의 행동이 위법성 조각사유인 피해자의 승락에 해당하는가가 문제가 된다. 집주인의 명시적 승낙이 없었으므로 피해자의 승낙으로 인해 위법성이 조각될 수는 없다. 다만, 학설과 판례에서는 위 사례와 같이 피해자가 있었더라면 법익의 침해를 당연히 승인하였을 객관적 사정이 있는 경우 피해자의 승낙이 있었다고 추정하는 '추정적 승낙'이라는 위법성 조각사유를 인정하고 있다. 따라서 김정의는 범죄가 성립하지 않는다.

(5) 정당행위

정당행위란 법령에 의한 행위 또는 업무로 인한 행위, 기타 사회상규에 위배되지 아니하는 행위로서, 벌하지 않는 행위, 즉 위법성이 조각되는 사유를 말한다. 여기서, 법령에 의한 행위로는 공무집행행위, 징계행위, 현행범의 체포, 정신병자에 대한 감호행위 등이며, 업무로 인한 행위로는 의사의 치료행위, 변호사의 소송행위 등이 있고, 사회상규에 위배되지 아니하는 행위란 사회통념상 정당시되는 행위이면 된다(제20조(정당행위) 법령에 의한 행위 또는 업무로 인한 행위 기타 사회상규에 위배되지 아니하는 행위는 벌하지 아니한다).

사례연구 125 **부항 시술행위와 정당행위**

한의술은 부항시술을 잘하는 사람으로 알려졌고, 부항시술행위로 많은 돈도 벌었다. 보건범죄단속에 관한 특별조치법 제5조에는 의사(한의사)가 아닌 사람이 의료행위(한방위료행위)를 업(業)으로 하는 행위를 한 사람은 무기 또는 2년 이상의 징역에 처한다. 이 경우 100만원 이상 1천만원 이하의 벌금을 병과하도록 규정하고 있는데, 부항시술행위는 정당행위인가?

≫ 대법원에서는 "부항 시술행위가 광범위하고 보편화된 민간요법이고, 그 시술로 인한 위험성이 적다는 사정만으로 그것이 바로 사회상규에 위배되지 아니하는 행위에 해당한다고 보기는 어렵고, 다만 개별적인 경우에 그 부항 시술행위의 위험성의 정도, 일반인들의 시각, 시술자의 시술의 동기·목적·방법·횟수, 시술에 대한 지식수준, 시술경력, 피시술자의 나이·체질·건강상태, 시술행위로 인한 부작용 내지 위험발생 가능성 등을 종합적으로 고려하여 법질서 전체의 정신이나 그 배후에 놓여 있는 사회윤리 내지 사회통념에 비추어 용인될 수 있는 행위에 해당한다고 인정되는 경우에만 사회상규에 위배되지 아니하는 행위로서 위법성이 조각된다."면서 부항 시술행위가 정당행위에 해당하지 아니한다고 판시하였다(대법원 2004. 10. 28. 선고 2004도3405 판결).

Ⅳ. 책임성

1. 책임의 개념

책임이란 구성요건에 해당하는 위법한 행위를 한 자에 대하여 가해지는 인격적 비난을 말한다. "책임이 없으면 형벌도 없다."라는 것은 현대 형법의 근본원칙이다. 위법성은 행위와 법질서 사이의 모순·불합치의 관계를 말하는 것으로서 그것은 행위 그 자체에 대한 부정적 반가치 판단이지만, 책임은 그러한 위법행위에 관련된 행위자의 주관에 관한 부정적 가치판단이다.

구성요건에 해당하고 그 행위가 위법하다고 하더라도 모두 범죄가 되지 않는다. 즉 일정한 경우에 책임이 조각되는데 이를 책임조각사유라 하고, 14세가 되지 않았거나(제9조), 심신장애로 인하여 사물을 변별할 능력 내지 의사를 결정할 능력이 없거나(제10조), 저항할 수 없는 폭력이나 자기 또는 친족의 생명,

신체에 대한 위해를 방어할 방법이 없는 협박에 의하여 강요된 행위는 벌하지 않는다(제12조).

2. 책임능력

책임능력이란 육체적 건전과 정신적 성숙에 의하여 사회적 행동을 할 수 있는 정신적 능력을 말한다. 즉, 행위의 사회적 · 도덕적 의미를 이해하고 그 이해에 따라 의사를 결정할 수 있는 능력을 말한다.

우리 형법에는 책임능력을 적극적으로 규정하지 않고, 소극적으로 책임능력의 전부 또는 일부가 결여된 경우만을 규정하고 있다. 우리 형법상 14세가 되지 아니한 자와 심신장애로 인하여 사물을 변별할 능력이 없거나 의사를 결정할 능력이 없는 자의 행위와 같이 행위 시에 책임능력이 완전히 결여된 절대적 책임무능력자는 책임이 조각되고, 심신장애로 인하여 전항의 능력이 미약한 자와 농아자(청각장애와 발음기능에 모두 장애가 있는 자)의 행위는 형을 감경할 수 있다. 다만, 위험의 발생을 예견하고 자의로 심신장애를 야기한 자의 행위에는 감경되지 않는다(제9조 및 제10조).

사례연구 126 심신장애자

폭주가 주태백은 술을 너무 많이 마셔서 속된 말로 필름이 끊긴 상태에서 술집 종업원을 추행하려다가 경찰서로 끌려 왔다. 주태백은 술이 깨고 나서 왜 자기가 경찰서에 왔는지 조차도 모를 정도로 그 전의 일을 전혀 기억하지 못하고 있다. 심신상실의 경우에는 책임이 조각된다는데, '술에 만취된 상태'도 심신상실 상태로 보는가?

≫ 음주로 만취가 된 상태에서 저지른 행위도 심신상실 상태 하의 범죄로 보아야 하는가 하는 것은 어려운 문제이다. 만취상태였기 때문에 기억을 못한다고 하는 말은 외부인이 판단하기가 상당히 어렵기 때문이다. 그러나 대법원에서는 "술에 만취되어 범행을 기억하지 못한다는 사실만으로 바로 범행 당시 심신상실 상태에 있었다고 단정할 수 없다."고 판시한 바 있다(대판 1985. 5. 28). 다만, "책임을 면할 정도의 만취상태였는가의 여부는 음주량이나 혈액 속의 알콜수치로 판단할 성질의 것이 아니고, 구체적 행위에 있어서 사물의 변별능력 또는 의사결정능력과 관련해서 판단해야 한다."고 판시하고 있다(대판 1997. 9. 28).

3. 위법성의 인식

위법성의 인식이란 행위자가 행위 시에 자신의 행위가 위법하다는 것을 인식한 내부적·심리적 요소를 말한다. 위법성의 인식은 책임을 인정하기 위한 핵심적 요소이다. 우리 형법에서는 "자기의 행위가 법령에 의하여 죄가 되지 아니하는 것으로 오인한 행위는 그 오인에 정당한 이유가 있는 때에 한하여 벌하지 아니한다."고 규정하고 있다(제16조).

4. 기대가능성

기대가능성이란 행위당시의 구체적인 사정 하에서 행위자가 그러한 범죄행위를 하지 않고 다른 적법한 행위를 할 것을 기대할 수 있는 가능성을 말한다. 특수한 사정에 따라서는 행위자에게 책임능력이 있고, 자기 행위의 위법성을 현실적으로 알고 있고, 또는 이를 알 가능성이 있음에도 불구하고 당해 위법행위를 하지 않고 적법행위를 취할 것을 기대하는 것이 도저히 불가능한 경우에는 행위자를 비난할 수 없는 것이고, 따라서 책임이 조각되는 것이다. 즉, 책임능력자의 위법행위가 있을지라도 구체적인 경우에 적법행위의 기대가능성이 없을 때에는 책임이 조각된다.

이 기대가능성 이론은 1897년 독일의 판례로부터 시작하였던 바, "마부인 피고인이 나쁜 습성이 있는 말의 사용을 거부하게 되면 즉시 주인으로부터 해고되어 생계에 위협을 받게 되므로 마부는 그 말의 사용을 거부하는 것을 기대할 수 없다"는 이유로 무죄선고를 내린 바 있다.

우리 형법에 "저항할 수 없는 폭력이나 자기 또는 친족의 생명·신체에 대한 위해를 방어할 방법이 없는 협박에 의하여 강요된 행위는 벌하지 아니한다."고 규정한 것은 이 기대가능성의 이론을 적용한 것이다.

V. 미 수

1. 미수범

미수범이란 범죄의 실행에 착수하여 행위를 종료하지 못하였거나, 결과가 발생하지 않은 경우에 성립하는 범죄를 말한다. 이와 같이 미수범이란 구성요건의 내용을 충족하지 못한 경우에 성립되는 범죄로 형법 각 조문에 처벌규정이 있는 경우에 한하여 처벌되며, 기수(旣遂)보다 형이 감형될 수 있다. 미수범에는 장애미수, 중지미수, 불능미수가 있는데, 이 중에서 장애미수를 좁은 의미의 미수라고 한다.

예컨대, 소매치기를 하려고 타인의 안주머니에 손을 집어넣으려다가 다른 사람에게 발각되어 제지당함으로써 소매치기를 할 수 없는 경우 등이 여기에 속한다.

2. 중지미수

중지미수란 범죄의 실행에 착수하였으나 행위자가 자기의 의사에 의하여 범죄를 중지한 경우의 미수를 말한다. 미수는 '실행의 착수'가 있었다는 점에서 예비·음모와 구별되며, 범죄를 완성하지 못하였다는 점에서 기수와 구별되는데, 이와 같은 중지미수는 그 형을 감면 또는 면제한다(제26조). 중지미수에서 주의할 것은 행위자가 자기의 의사에 의해 중지했다는 점으로, 예컨대 불을 낸 방화범이 불길이 맹렬히 솟는 것을 보고 놀라 도망친 경우에는 중지미수가 아니라 방화죄의 기수범이 된다.

사례연구 127 **중지미수**

장거세는 친구인 김카사와 함께 황진이를 강간하기 위해 으슥한 골목길로 끌고 갔으나 양심의 가책을 느낀 김카사가 장거세를 말리며 다투고 있던 중 신고를 받고 출동한 경찰관에 의해 체포되어 현재 특수강간미수의 혐의로 구속되었다. 실제 강간이 이루어진 것도 아니고 장거세를 말리다가 다투기까지 하였는데, 김카사의 형벌은 장거세에 비해 더 가벼워지는가?

≫ 장거세와 김카사는 「성폭력 범죄의 처벌 등에 관한 특례법」의 특수강간미수죄로 처벌받는다(제4조). 다만, 김카사와 같이 외부적 장애로 인한 것이 아닌 범죄행위자의 자의에 의하여 범죄 실행을 중지했거나 결과발생 등을 적극적으로 방지했을 경우에 이를 입증한다면 중지범으로서 형을 감경 또는 면제될 수 있다.

3. 불능미수

실행수단 또는 대상의 착오로 인하여 결과발생이 불가능한 경우를 불능범이라고 한다. 불능범은 원칙적으로 처벌되지 않으나 불능범 중 결과발생이 불가능하더라도 행위의 위험성이 있는 경우에는 불능미수라 하여 처벌된다.

사례연구 128 **불능미수와 불능범**

소매치기를 하려고 안주머니를 뒤졌으나 지갑이 없어서 목적을 이루지 못한 경우와 살해하기 위해 대상자에게 설탕을 독약인 줄 알고 먹임으로서 죽지 않은 경우에는 법적으로 어떻게 다른가?

≫ 설문과 같이 소매치기에 실패한 경우와 같은 것은 불능미수로, 결과의 발생은 사실상 불가능하지만 위험성으로 인하여 불능미수범으로 처벌된다. 반면에 살인죄의 고의로 살해대상자에게 설탕을 독약인 줄 알고 먹였으나 죽지 않은 경우와 같이 불능범은 사실상 결과의 발생이 불가능할 뿐만 아니라 객관적 위험성이 없기 때문에 벌할 수 없다.

Ⅵ. 공 범

1. 공범의 의의

본래 1인에 의해서도 가능한 범죄에 2인 이상이 협력했는가, 구성요건상 당연히 2인 이상의 공동작용이 예정된 경우였는가에 따라 임의적 공범과 필요적 공범으로 구분된다.

2. 공동정범

공동정범이란 2인 이상의 자가 공동하여 범죄를 실행하는 것을 말하고, 각자를 그 죄의 정범으로 처벌한다(제30조). 각 공동행위는 서로 협력하여 분업적으로 구성요건을 실현하는 것이므로 비록 각 행위자가 구성요건의 일부만을 실현한 경우라도 그 전부의 실현에 대한 책임을 진다는 점에서 단독정범과 구별된다.

공동정범이 성립하려면 주관적으로는 2인 이상의 자가 실행행위를 공동으로 한다는 의사가 있고, 객관적으로는 공동실행의 사실이 있어야 한다.

사례연구 129 **공동정범**

김노조와 이데모는 임금을 체불하고 있는 악덕기업주 한폭리를 널리 알리기 위해 한폭리의 회사에 불을 지르고 그 취지를 알리기로 하였다. 어느 날, 김노조는 불을 지르고, 이데모는 건물옥상으로 올라가 이 방화의 의의, 목적 등의 뜻이 담긴 유인물을 살포하였다. 이 경우에 직접 방화에 가담하지 않은 이데모를 방화죄의 정범으로 처벌할 수 있는가?

≫ 공동정범의 성립요건은 각 공범자가 공동실행의 의사가 있어야 하며, 공동으로 실행행위(사실)를 해야 한다. 그런데 법원의 판례에서는 더 나아가 공범자간에 공동실행의 의사가 있었던 이상, 그 중에 1인이 공동의 실행행위(사실)에 가담하지 않았더라도 그 실현된 범죄의 공범이 된다는 입장을 취하고 있는 바, 이를 공모공동정범이라 한다. 따라서, 이데모도 방화죄의 공동정범이다.

3. 교사범

교사범이란 타인을 교사하여 죄를 범하게 하는 것을 말한다. 여기서, '교사'란 고의없는 자에게 고의를 유발케 하는 것이라는 점에서 종범과 구별되며, 또한 스스로 범행의 실행을 분담하는 것이 아니라는 점에서 공동정범과 구별된다. 교사범의 성립요건은 교사자의 교사행위와 정범의 실행행위가 있어야 하고, 교사자의 교사행위에는 교사하려는 의사가 있어야 하며, 정범의 실행행위에도 범죄를 실행할 결의가 있어야 한다.

형법 제31조 제1항에는 "타인을 교사하여 죄를 범하게 한 자는 죄를 실행한 자와 동일한 형으로 처벌한다."는 교사범에 대한 규정을 두고 있다. 그리고 특수교사범, 즉 자기의 지휘, 감독을 받는 자를 교사 또는 방조하여 전항의 결과를 발생하게 한 자는 교사인 때에는 정범에 정한 형의 장기 또는 다액에 그 2분의 1까지 가중하고 방조인 때에는 정범의 형으로 처벌한다(제34조 제2항).

사례연구 130 **교사범**

어떤 회사 부설연구소 내에 X그룹과 Y그룹 간에 가치관의 차이로 심한 분쟁이 일고 있는데, 어느 날 X그룹에 속한 A가 B에게 "Y그룹에서는 C가 문제다. C의 연구실을 부숴 혼을 내주어야 하는데 … " 하고 은근히 권유하였다. 며칠 후, B는 C의 연구실을 부수었다. 이 경우, A의 행위는 형법적으로 어떻게 평가해야 하는가?

≫ A는 손괴의 의사가 없었던 B에게 범죄를 결의케 한 것이므로 손괴죄의 교사범이 된다. 교사의 수단과 방법은 제한이 없다. 즉, 명령, 강제, 위협, 이익의 제공이나 약속, 간청, 권고 등 명시적이든 묵시적이든 범행의 의사가 없는 자에게 범죄의 의지를 발생케 하고 그 범죄를 수행케 하면 교사범이 된다.

4. 종 범

종범이란 정범의 범죄를 방조하는 공범의 하나로 방조범이라고도 하며, 방조의 수단방법은 유형·무형을 가리지 않는다. 즉, 흉기의 제공과 같은 유형적인 방법이든, 조언·격려 등 무형적 방법(정신적 방법)에 의하든 관계없다. 종범의 처벌은 정범의 형보다 감경한다.

사례연구 131 **종 범**

양촌리 마을 청년들이 마을회관에서 술을 마시던 중 안주가 떨어져 그중 한명인 김양촌은 '또래오래 양계장'에 닭서리에 나섰다. 김양촌이 양계장 철조망 밑으로 들어가 계사에 접근하는 것을 발견한 친구 신경비는 이를 못본체하여 김양촌은 소기의 목적을 달성하였다. 닭서리도 절도죄가 되는데, 신경비도 죄가 되는가?

≫ 타인의 범죄를 도와주는 일체의 행위를 종범 또는 방조범이라 한다. 신경비가 김양촌이 양계장 철조망 밑으로 들어가 계사에 접근하는 것을 발견하고도 저지하지 않은 것은 부작위의 방조행위가 된다. 즉, '또래오래 양계장'의 경비원인 신경비가 친구 김양촌의 절도 범행을 목격하고도 눈감아준 경우 부작위에 의한 절도 방조범이 된다. 다만, 신경비의 처벌은 김양촌의 형보다는 감경된다.

5. 간접정범

간접정범이란 직접정범에 대비되는 개념으로, 타인을 도구로 이용하여 범죄를 실행하는 것을 말한다. 예컨대, 정신병자를 충동하여 어린아이를 살해하게 하거나, 내용을 모르는 간호사에게 독약을 주어 환자를 살해하게 하는 것 등이 그 예이다. 우리 형법 제34조 제1항에서는 "어느 행위로 인하여 처벌되지 아니하는 자 또는 과실범으로 처벌되는 자를 교사 또는 방조하여 범죄행위의 결과를 발생케 한 자는 교사 또는 방조의 예에 의하여 처벌한다."고 간접정범을 규정하고 있다.

한편 도구를 사용한다는 점에서는 같으나 정의 사실을 모르는 타인을 도구로 사용하는 간접정범과 자기 자신을 도구로 사용하는 원인에 있어 자유로운 행위(제10조 제3항)는 구별할 필요가 있다. 또한 최근 미성년자를 대상으로 한 성범죄(조두순, 김수철 사건)에 있어서 음주로 인한 심신미약상태를 이유로 감경받으려는 사항에 있어서 판례는 고의 또는 과실로 심신상실상태를 야기하여 고의 또는 과실에 의해 실행행위를 한 경우 감경하지 않고 있다(96도857, 95도826, 92도999).

사례연구 132 **간접정범**

A와 B는 상습적으로 대마초를 흡연하는 자들로서 C가 자신들을 모욕했다며 공모하여 C를 살해하였다. 그런데, 재판과정에서 A와 B는 심신상실의 상태에서 살해했음을 주장하며 무죄를 주장하고 있는데, 이는 정당한가?

≫ A와 B는 상습적으로 대마초를 흡연하는 자들로서 이 사건 각 살인범행 당시에도 대마초를 흡연하여 그로 인하여 심신이 다소 미약한 상태에 있었음은 인정되나, 이는 위 A와 B는 피해자들을 살해할 의사를 가지고 범행을 공모한 후에 대마초를 흡연하고, 위 각 범행에 이른 것으로 대마초 흡연 시에 이미 범행을 예견하고도 자의로 위와 같은 심신장애를 야기한 경우에 해당하므로, 형법 제10조 제3항에 의하여 심신장애로 인한 감경 등을 할 수 없다(96도857).

6. 공범과 신분

범죄에는 일정한 신분관계가 범죄의 구성적 요건으로 되어 있는 경우(예컨대, 수뢰죄), 또는 신분관계로 인하여 형이 가중 혹은 감경되는 경우(예컨대, 존속살인죄)가 있다.

신분관계로 인하여 성립될 범죄에 가담한 행위는 신분관계가 없는 자에게도 공범에 관한 규정을 적용한다. 그러나 신분관계로 인하여 형의 경중이 있는 경우에는 중한 형으로 벌하지 아니한다(제33조 단서). 예컨대, A와 B가 공동하여 A의 부(父)를 살해하였을 경우에 공범이론에 따르면 B도 존속살인의 공동정범이 되지만, 이때 A는 존속살인죄로 처벌되고, B는 보통살인죄로 처벌된다.

Ⅶ. 죄수론

1. 죄수론의 의의

범죄의 수(갯수)가 한 개인가, 아니면 여러 개인가의 문제를 죄수론이라 한다. 형법상 범죄의 수 그 자체에 중요성이 있는 것이 아니라, 행위자에게 형벌을 과할 때 일죄(하나의 죄)와 수죄(여러 가지 죄)를 어떻게 처벌하느냐에 중요성이 있다. 따라서 죄수론은 특히 경합범의 형 가중의 관계 등에서 형벌론과 밀접한 관계가 있고, 형의 적용상 중요한 의미를 가질 뿐만 아니라 공소의 효력, 기판력의 범위의 관계에서 절차법상으로도 중요하다.

2. 일 죄

범죄의 수가 1개인 것을 일죄라고 하며, 단순일죄와 처분상 일죄가 있다.

단순일죄에는 범죄사실은 하나인데 적용법조의 수가 여러 개인 ① 법조경합(예컨대, 존속살인과 보통살인)과 수개의 행위가 포괄적으로 1개의 구성요건에 해당하여 단순히 일죄를 구성하는 ② 포괄일죄(예컨대, 동일인에 대한 체포와 감금)가 있다.

처분상 일죄는 이론상 수죄(數罪)에 속하나 과형상 일죄로 처벌하는 경우를 말한다. 예컨대, A는 B가 약 1시간 가량 가게를 비운 사이에 3차례에 걸쳐 TV 3대를 훔쳤는데, 이 경우, 포괄일죄, 즉 1개의 절도죄가 된다. 어떤 행위자에 의해 수행된 여러 개의 행위가 모두 하나하나의 구성요건에 해당되어 수죄가 되지만, 그 행위의 특수성에 비추어 특별히 여러 개의 행위를 포괄하여 1죄로 처리한 경우가 있는데, 이를 포괄일죄라 한다.

사례연구 133 **일죄**

A는 B를 죽이기 위해 총을 한발 발사하였다. 그런데 한발의 총알로 B가 죽고, 다시 날아간 총알이 자동차를 파손한 경우, A의 범죄행위는 몇 가지인가?

≫ 1발의 총알이 사람을 죽이고 다시 날아가 유리창을 깨는 것은 살인죄와 재물손괴죄가 성립하지만 과형상 일죄로 취급되며, 이때 수개의 죄 중에서 가장 중한 죄의 형으로 처벌한다.

3. 수 죄

수죄에는 상상적 경합범, 실체적 경합범 등이 있다.

상상적 경합범이란 한 개의 행위가 수개의 죄명에 해당하는 경우를 말한다. 예컨대, 한발의 탄환으로 여러 사람을 살해하는 경우나 한발의 총알로 사람을 살해하고 재물을 손괴한 경우, 자동차로 건널목의 행인을 치고 좌회전하던 자동차까지 치는 사고를 낸 경우 등이다.

실체적 경합범이란 보통 판결이 확정되지 않은 수개의 범죄를 말하나, 어떤 범죄에 관하여 이미 확정판결이 있는 때에는 "판결이 확정된 죄와 그 판결확정 전에 범한 죄"도 실체적 경합범이 된다.

사례연구 134 **실체적 경합범**

A는 사기죄 · 상해죄 · 절도죄 등 세 가지 범죄를 저지르고 체포되었다. 여러 개의 죄로 한번에 재판을 받을 경우, 법원에서 형기를 결정 · 선고하는 방법은?(단, 사기죄는 10년 이하 징역, 상해죄는 7년 이하 징역, 절도죄는 6년 이하 징역으로 함)

≫ A가 저지른 3개의 범죄는 실체적 경합범이다. 실체적 경합범에 대한 형기를 결정하는 방법은 가장 중한 죄의 2분의 1을 가중할 수 있다. 따라서, A는 사기죄의 법정형인 10년과 가중되는 5년을 합쳐 15년 징역형까지 선고할 수 있다.

제 3 절 형벌론

Ⅰ. 형벌의 의의와 종류

1. 형벌의 의의

형벌이란 범죄행위에 대한 법률상의 효과로서 국가가 그 형벌권에 근거하여 행위자에게 과하는 법익의 박탈을 의미한다. 국가는 범인의 악행에 대한 비난의 표현으로서 범죄자에게 형벌이라는 해악을 과하고 있다. 어떤 이유에서 범죄인에 대하여 형벌을 과하는가에 대해서 형벌의 본질을 범죄에 대한 정당한 응보에 있다고 하는 응보형주의와 장래에 범죄가 일어나지 않도록 하기 위하여 과해지는 것이라는 목적형주의 등이 있다.

사례연구 135 **형벌에 대한 형벌의 응보형주의와 목적형주의**

한국에서 막노동을 하고 있는 파키스탄인 무하마드는 인근 야산에서 독버섯이 있다는 사실을 모른채, 버섯을 채취하였다. 무하마드는 집에서 가족들과 함께 버섯요리를 만들어 먹었는데, 그 중 자녀 1명이 사망하게 되었다. 이상과 같이 무하마드는 살인의 책임을 져야 하는가 하는 문제에 대해 형법이론적 측면에서 설명하라?

≫ 형법학설에는 여러 가지가 있는데, 먼저, 일반예방주의의 관점에서 보면 독버섯의 위험성을 언론을 통해 일반인에게 깨우쳐주는 것으로 충분하며, 특별예방주의의 관점에서 보면 알라는 다시는 버섯채취를 하지 않을 것이기 때문에 형법을 과할 필요가 없다. 또한, 응보형주의에 의하면 자녀 1명 사망에 대하여 형법 제267조의 과실치사죄를 인정해야 하며, 목적형주의에 의하면 독버섯의 전량을 수거·폐기처분하는 공적 조치가 가장 좋은 방법이다. 이와 같이 인간의 행위에 대한 형사책임의 설명도 보는 관점과 이론에 따라 다를 수 있으므로 어떤 형법이론을 구성하는 것이 결과적으로 더 합리적인 것인가는 깊이 생각해야 할 문제이다.

2. 형벌의 종류

형법상 형벌의 종류로는 사형, 징역, 금고, 자격상실, 자격정지, 벌금, 구류,

과료, 몰수 등 9종이 있다. 이것을 박탈하는 법익의 종류에 따라 분류하면, 생명형, 자유형, 명예형, 재산형으로 나누어진다. 또한, 기타 형사정책수단으로 보호관찰, 사회봉사명령, 수강명령 등이 있다.

(1) 형벌의 종류

(가) 생명형(사형) : 사형은 생명을 박탈하는 형벌로서 가장 중한 벌이다. 사형은 교도소에서 교수형으로 집행한다. 사형에 관하여는 인도주의적·형사정책적 입장에서 그 폐지론이 주장되고 있으며, 상당한 수의 국가가 사형을 폐지하거나 제한하는 경향이 있다. 우리나라는 1997년 12월을 마지막으로 더 이상 사형집행을 하지 않고 있다. 사형제도는 있으나 집행은 하지 않는 나라로, 이른바 '실질적 사형 폐지국'이다.

사례연구 136 사형제도

1960년 영국에서 사형집행관이 사형수에게 물었다. "마지막으로 할 말이 있으면 해보시오." 사형수는 "나는 결코 아내를 죽이지 않았습니다."라는 말을 남기고 형장의 이슬로 사라졌다. 그 후 진범은 체포되었고, 영국은 사형제도를 폐지하였다. 우리나라에서는 사형제도가 인정되고 있는데, 흉악범에 대하여 사형이라는 형벌은 필요한가? 또한 사형은 생명권을 기본권으로 인정한 헌법을 위반한 것이 아닌가?

≫사형폐지론을 최초로 주장한 학자인 베까리아는 1764년 「범죄와 형벌」이란 저서를 통해 사형은 인간본성에 따라 곧 잊혀질 것을 방지할 수 없고 위하력에 있어서도 무기형이 훨씬 크기 때문에 사형은 폐지되어야 한다고 주장하였다. 흉칙한 사건이 발생할 때마다 사형제도의 존폐론이 제기되고 있는데, 사형의 폐지를 주장하는 근거는 ① 사형은 인도적 견지에서 존치시킬 수 없으며, ② 종교적 견지에서 허용될 수 없으며, ③ 생명권을 근본적으로 부정하는 것으로 헌법위반이며, ④ 형벌의 본질은 교화인데 사형은 이를 포기하는 것이며, ⑤ 범죄예방효과가 없으며, ⑥ 오판의 가능성이 있다는 점 등이다. 반면에 사형의 존치를 주장하는 근거는 ① 사형은 범죄억제효과가 대단히 높으며, ② 살인, 강도·강간 등 흉악범의 생명박탈은 사회적 정의이며, ③ 국민의 확실한 지지를 받고 있다는 점 등이다. 사형은 흉악범에 대한 응징을 통해 사회질서를 유지하기 위해 불가피하다는 합헌이 통설 및 판례의 입장이다.

(나) 자유형 : 자유형은 구금에 의하여 범죄자의 신체적 자유를 박탈하는 형벌이다. 자유형에는 교도소 내에 구치하여 정역(定役)에 복무하게 하는 징역, 교도소 내에 구치할 뿐 정역에 복무하게 하지 않는 금고, 유치장에 구치하는 가장 약한 자유형인 구류가 있다.

(다) 명예형 : 명예형은 일정한 자격을 박탈 내지 정지하게 하는 형벌로서 형법은 자격상실과 자격정지의 두 가지가 있다. 자격상실은 형의 선고로써 일정한 자격을 영구적으로 박탈하는 형벌로서 사형, 무기징역 또는 무기금고의 판결을 받은 자는 ① 공무원이 되는 자격, ② 공법상의 선거권과 피선거권, ③ 법률로 요건을 정한 공법상의 업무에 관한 자격, ④ 법인의 이사, 감사 또는 지배인 기타 법인의 업무에 관한 검사역이나 재산관리인이 되는 자격을 상실한다. 자격정지는 수형자의 일정한 자격을 일시적으로 정지시키는 형벌로 유기징역 또는 유기금고의 판결을 받은 자는 그 형의 집행이 종료하거나 면제될 때까지 전술한 ①~③에 기재된 자격이 정지된다. 다만, 다른 법률에 특별한 규정이 있는 경우에는 그 법률에 따른다(제43조).

(라) 재산형 : 재산형은 범죄자의 재산적 이익을 박탈하는 형벌로서 형법상의 재산형에는 벌금과 과료가 인정되며, 몰수는 재산형적 성질을 가지고 있으나, 부가형으로 되어 있기 때문에 주형(主刑)으로서의 재산형에는 포함되지 않는다. 벌금은 감경하는 경우를 제외하고는 50,000원 이상이며 상한이 없고, 과료는 2,000원 이상 50,000원 미만이다. 몰수는 범죄행위와 관련된 일정한 재산의 박탈을 내용으로 하는 형벌로, 몰수할 수 있는 것은 범인의 소유에 속할 것 또는 범죄 후 범인 이외의 자가 그 사정을 알면서 취득한 물건(범죄행위에 제공하였거나 제공하려고 한 물건, 범죄행위로 인하여 발생하였거나 이로 인하여 취득한 물건과 이를 대가로 취득한 물건) 등이다.

(2) 기타 형사정책 수단

형법상 형벌의 종류로는 사형 등 9종이 있지만, 현행 형벌제도로는 신축성 있는 대처가 어렵다는 문제점이 있는데, 이를 보완하기 위한 제도로 보호관찰, 사회봉사명령, 수강명령 등을 두고 있다.

보호관찰제도는 죄가 인정되거나 보호 처분의 필요성이 인정된 자에 대해 자유로운 사회생활을 허용하면서 일정한 의무사항을 지킬 것을 부과하는 처분이고, 사회봉사명령은 일정시간 무보수로 복지시설이나 공동시설에서 봉사활동을 하게 하는 것이며, 수강명령은 마약사범이나 가정폭력사범, 성폭력 사범 등에게 일정 시간동안 강의, 체험학습 등 범죄성 개선을 위한 교육을 받도록 명령하는 것이다.

사례연구 137 **사회봉사명령제도**

그룹 총수인 이재벌 회장은 더내놔당에 불법적 정치자금을 제공한 혐의로 기소되었지만, 이재벌의 구속으로 인해 우리나라 경제에 막대한 영향을 미칠 수 있어 판사의 고민은 깊어지고 있다. 결국 판사 김아량은 징역 1년에 집행유예 2년을 선고하면서, 기타 회개하는 시간을 주고 싶은데 어떻게 하면 되는가?

≫ 재벌 총수들이 비자금을 만들어 정당의 선거자금으로 제공하여 사회적 물의를 일으키는 경우가 많다. 그룹 총수의 구속은 곧 그룹 신용도의 하락을 가져오게 되고 우리나라 경제에도 악영향을 끼칠 염려가 있어 동정론도 일부 있다. 형법상의 형벌제도 이외에 양로원, 고아원, 무료급식소 등에서 일정기간 봉사하게 하는 사회봉사명령제도를 활용할 수 있을 것으로 본다.

Ⅱ. 형벌의 적용

형법은 일정한 범죄에 대하여 그 종류와 범위에 적합한 일정한 형벌을 규정하고 있는데, 법관이 구체적인 행위자에 대하여 선고할 형을 정하는 것을 형의 적용 또는 형의 양정이라고 한다.

1. 법정형

법정형이란 개개의 구성요건, 즉 형법 각 본조에 규정되어 있는 형을 말하는 것으로, 법정형은 구체적인 형의 선택을 위한 기준이 되기 때문에 양형이론의 출발점으로 가장 중요한 의의를 가지는데 이는 각 범죄의 구성요건에 규정되어 있다. 우리나라는 형벌의 종류와 범위를 규정하여 그 범위 내에서 법관에게 양형의 재량을 인정하는 상대적 법정형주의를 원칙으로 하고 있다.

2. 처단형

처단형이란 구체적인 처단의 범위를 획정한 형을 말하는 것으로 법정형에다 법률상 또는 재판상의 가중·경감을 한 형을 말한다. 이것은 구체적인 형사사건에 있어서 피고인에게 선고되는 선고형의 기준이 되는 것이다.

법률상의 가중·감경의 사유로서는 일반적인 것과 특수적인 것으로 구별된다. 먼저, 일반적으로 형의 가중사유로는 누범·경합범·특수교사 등이 있고, 형의 감경사유로는 중지범·종범, 심신박약자, 농아자 등과 같은 필요적 감경의 경우와 미수범, 불능범, 자수·자복, 과잉방위·과잉피난 등 임의적 감경의 경우가 있다. 또한, 특수한 가중·감경은 형법의 각 조문에 개별적으로 규정하고 있다. 법률상 감경의 사유가 없을지라도 '범죄의 정황에 참작할 만한 사유'가 있는 때에는 작량(酌量)하여 그 형을 감경할 수 있다. 이를 재판상의 감경 또는 작량감경이라고 한다.

3. 선고형

선고형이란 구체적인 사건에 있어서 재판관이 실제 선고하는 형으로 처단형의 범위 내에서 당해 피고인에게 선고한다. 자유형의 선고방식에는 그 기간을 확정하여 선고하는 정기형과 기간을 확정하지 않고 선고하는 부정기형이 있는데, 후자는 다시 전혀 형기를 정하지 않고 선고하는 절대적 부정기형과 일정한 장기와 단기를 정하여 선고하는 상대적 부정기형으로 나뉜다.

Ⅲ. 형벌의 집행

1. 선고유예

선고유예란 경미한 범죄자에 대하여 일정한 기간 동안 형의 선고를 유예하였다가 이 기간이 무사히 경과된 경우에는 면소된 것으로 간주하는 제도이다. 우리 형법에 있어서 가장 가벼운 제재방법으로 단기자유형의 폐단을 제거하고, 특별예방의 목적을 달성하려고 하는 것이다.

선고유예는 1년 이하의 징역이나 금고·자격정지 또는 벌금의 형을 선고할 경우에 있어서, 개전의 정상이 현저한 때에는 그 선고를 유예할 수 있다. 단, 자격정지 이상의 형을 받은 전과가 있는 자에 대하여는 예외로 한다(제59조 제1항).

2. 집행유예

집행유예란 유죄판결을 하면서 그 형의 집행을 유예하여 일정기간을 무사히 경과하면 형의 선고가 없었던 것으로 취급하는 제도를 말한다. 이는 실제적으로 개과천선의 실효를 거두지 못하고 있는 단기자유형의 폐단을 시정하고 동시에 형의 현실적 집행과 동일한 효과를 실현하려는 제도이다.

집행유예는 3년 이하의 징역이나 금고 또는 500만원 이하의 벌금의 형을 선고할 경우에 그 정상에 참작할 만한 사유가 있는 때에는 1년 이상 5년 이하의 기간 형의 집행을 유예할 수 있다. 다만, 금고 이상의 형을 선고한 판결이 확정된 때부터 그 집행을 종료하거나 면제된 후 3년까지의 기간에 범한 죄에 대하여 형을 선고하는 경우에는 집행유예를 내릴 수 없다(제62조 제1항).

사례연구 138 집행유예기간 중의 범죄

좀도둑 소심해는 절도죄로 징역 6월에 집행유예 1년의 선고를 받았으나, 집행유예기간 중 다시 절도미수로 구속 기소되어 재판을 기다리고 있는데, 동 절도미수사건에 대해 다시 집행유예 선고를 받으면 풀려 나올 수 있는가?

≫ 집행유예기간 중이라도 절도미수사건을 저지른 것이라면 풀려 나올 수 있다. 왜냐 하면 절도미수의 법정형에는 징역형 이외에 벌금형도 있으므로 벌금형을 선고받을 수 있고, 이런 경우에는 종전의 집행유예는 실효되지 않아 결국 종전의 형은 집행되지 않을 수 있다. 한편 이와는 달리 교통사고 등으로 인한 과실치사로 기소된 피고인이 법관으로부터 집행유예선고를 받고, 그 기간 중에 다시 재범(再犯)을 한 경우에는 일반적으로 재차 집행유예를 할 수 없다. 다만, 일정한 조건하에서는 집행유예기간 중 집행유예를 선고할 수도 있다(전합87도2365).

3. 가석방

가석방이란 징역 또는 금고의 집행 중에 있는 수형자를 개전의 정이 현저하다고 인정되는 경우에 형기 만료 전에 조건부로 석방하는 제도이다.

사례연구 139 가석방

A는 친구들과 술을 마시던 중, 자신에게 인간적인 모멸감을 준 김조롱을 흉기로 찔러 살해하였다. 개전의 정이 뚜렷한 A는 현재 10년 형의 선고를 받고 만 3년째 교도소에 복역 중인데 곧 돌아오는 광복절에 가석방될 수 있는가?

≫가석방은 징역 또는 금고의 집행 중에 있는 자로서 무기의 경우에는 10년, 유기의 경우에는 형기의 1/3을 경과한 후여야 하며, 형집행 중에 행형상태가 양호하여 개전의 정이 뚜렷한 경우에 법무부장관이 행할 수 있다. 따라서, A는 유기징역 10년을 선고받고 아직 1/3이 경과하지 않았으므로 개전의 정이 뚜렷하더라도 가석방의 대상이 되지 않는다.

〈선고유예, 집행유예, 가석방 비교 정리〉

구분	선고유예	집행유예	가석방
요건	1년 이하 징역, 금고, 자격정지 또는 벌금형	3년 이하 징역 또는 금고형	징역 또는 금고의 집행중에 있는 자가 무기에 있어서는 10년, 유기에 있어서는 형기의 3분의 1을 경과한 후
	개전의 정이 현저	정상에 참작할 만한 사유	행상이 양호하여 개전의정이 현저할 것
	자격정지 이상의 전과 없을 것	금고 이상의 형을 선고받아 집행을 종료하거나 면제된 후 5년이 경과하였을 것	벌금 또는 과료의 병과가 있는 때에는 그 금액을 완납할 것
기간	2년으로 특정 (법관의 단축 ×)	1년 이상 5년 이하	무기형-10년 유기형-잔형기(10년 이하)
결정	법원 재량	법원 재량	행정처분
효과	면소된 것으로 간주 (전과기록 ×)	형선고의 실효 (전과기록 ×)	형집행이 종료된 것으로 간주(유죄판결 자체에는 아무런 영향 없음)
실효	필요적 실효 -유예기간 중 자격정지 이상의 형에 처한 판결의 확정 임의적 실효 -자격정지 이상의 전과가 발견된 경우	유예기간 중 금고 이상의 형의 선고를 받아 그 판결이 확정된 때	가석방 중에 금고 이상의 형을 선고받아 그 판결이 확정된 때 (단, 과실범 예외)

구분	선고유예	집행유예	가석방
취소	취소제도 없음	필요적 취소 -위 요건 중 세 번째가 결여된 것이 발견된 때 임의적 취소 -보호관찰, 사회봉사, 수강명령위반	임의적 취소 -감시에 관한 규칙에 위반한 때 -보호관찰의 준수사항 위반
보호관찰	보호관찰 1년	임의적 보호관찰로는 사회봉사와 수강명령이 있으며 보호관찰기간은 유예기간 범위 내에서 법원의 재량임	필요적 보호관찰

Ⅳ. 형의 시효와 소멸 및 기간

1. 형의 시효

형의 시효란 형의 선고를 받아 판결이 확정된 후 그 형의 집행을 받지 않고 법률이 규정한 일정한 기간을 경과하면 집행이 면제되는 제도를 말한다. 형의 시효는 이미 확정된 형벌의 집행권을 소멸시키는 점이라는 점에서 미확정의 형벌권인 공소권을 소멸시키는 공소시효와 구별된다.

사례연구 140 **형의 시효제도**

한깜빡은 5년전 예비군 동원훈련을 받지 않아 향토예비군설치법 위반으로 벌금 10만원을 선고받았는데, 깜박 잊고 벌금을 내지 않았다. 형의 선고를 받고 일정한 기간이 지나면 집행을 면제받을 수 있다고 하는데, 한깜빡은 지금이라도 벌금을 내야 하는가?

≫ 형법상 형의 시효는 형을 선고하는 재판이 확정된 후 그 집행 받음이 없이 ① 사형은 30년, ② 무기징역 또는 금고는 20년, ③ 10년 이상의 징역 또는 금고는 15년, ④ 3년 이상의 징역이나 금고 또는 10년 이상의 자격정지는 10년, ⑤ 3년 미만의 징역이나 금고 또는 5년 이상의 자격정지는 5년, ⑥ 5년 미만의 자격정지, 벌금, 몰수 또는 추징은 3년, ⑦ 구류 또는 과료는 1년이 경과함으로써 완성된다. 따라서 한깜빡은 시효의 중단사유 없이 3년이 경과하였다면 시효가 완성되어 벌금을 내지 않아도 된다.

2. 형의 소멸

형의 소멸이란 유죄판결의 확정에 의하여 발생한 국가의 형벌집행권이 소멸하는 것을 말하는데, 이는 형사소송법에서 말하는 공소권의 소멸과는 다르다.

형의 소멸의 원인으로는 형의 집행의 종료 또는 면제, 형의 선고유예 또는 집행유예기간의 경과, 가석방기간의 만료, 형의 시효의 완성, 범인의 사망과 범인의 소멸, 사면 또는 형의 실효 및 복권 등의 경우이다.

3. 형의 기간

기간의 계산은 년 또는 월로 정한 기간으로 역수에 따라 계산하고(제83조), 형기는 판결이 확정된 날로부터 기산하며(제84조 제1항), 징역, 금고, 구류와 유치에 있어서는 구속되지 아니한 일수는 형기에 산입되지 아니한다(제84조 제2항).

제 4 절 형법각론

I. 개인적 법익에 대한 죄

1. 생명 · 신체에 대한 죄

(1) 살인죄

살인죄란 사람을 살해함으로써 그 생명을 침해하는 것을 내용으로 하는 범죄를 말하며, 자기 또는 배우자의 직계존속을 살해한 때에는 가중처벌한다. 여기서 살해란 고의로 사람의 생명을 자연적으로 사망하기 전에 단절시키는 것을 말한다(제250조 ~ 제253조).

사례연구 141 **살인죄**

1) 금술 좋았던 부부에게 불행이 닫쳤다. 남편 김금술에게 치명적 위암선고가 내려졌기 때문이다. 김금술의 아내 한일편은 향후 벌어지게 될 남편의

고통, 그리고 남편이 죽으면 자기도 삶의 의미를 잃게 된다고 생각하여 우리 같이 죽자면서 각자 다량의 수면제를 먹었다. 그러나 남편 김금술은 죽고 아내 한일편은 살았을 경우, 어떻게 되는가?

2) 만약 아내 한일편이 남편 김금술의 사망으로 인한 보험금을 타기 위해 자신은 소량의 수면제를 먹어 살아나고, 남편은 다량의 수면제를 먹어 사망한 경우라면 어떻게 되는가?

≫ 합의동사(合意同死)는 자살의 공동정범에 불과하기 때문에 자살이 처벌되지 않는 것처럼 처벌할 수 없다는 견해도 있지만, 통설은 다음과 같이 두 가지 경우를 나누어 처벌한다. 1)의 사례는 진정으로 같이 죽을 것을 생각으로 죽을 약속을 하고 정사를 기도하였으나 아내만 살아났으면 타인의 자살을 방조 또는 교사한 사실이 인정되어 자살방조죄 또는 교사죄로 처벌된다. 2)의 사례는 위계살인죄가 성립된다. 위계살인죄는 위계로써 사람의 촉탁 또는 승낙을 받아 그를 살해하거나 자살을 결의하게 하여 자살케 함으로써 성립한다. 여기서 위계란 목적이나 수단을 상대방에게 알리지 않고 그의 무지나 착오를 이용하여 목적을 달성하는 것으로 기망의 방법뿐만 아니라 동반자살과 같은 유혹도 포함된다. 김금술은 아내 한일편이 따라 죽을 것으로 믿고 있었으므로 한일편은 위계촉탁살인죄가 성립된다(제253조).

(2) 상해와 폭행의 죄

폭행과 상해의 죄는 사람의 신체에 대한 침해를 내용으로 하는 범죄이다(제257조~제262조). 폭행죄는 신체에 대한 일체의 불법적인 유형력의 행사를 하는 범죄이며, 그 성질이 반드시 상해의 결과를 초래할 필요는 없다. 즉, 그 성질이 반드시 상해의 결과를 초래할 필요는 없으므로 신체에 공간적으로 근접하여 고성으로 폭언이나 욕설을 하는 행위, 손으로 밀어 넘어뜨리는 경우, 손을 세차게 잡아당기는 행위, 침을 타인의 신체에 뱉는 행위, 몸에 물을 뿌리는 행위 등도 포함된다. 반면, 상해죄는 사람의 신체를 고의로 상해를 입히는 범죄, 즉 신체의 생리적 기능에 장해를 발생하게 하는 행동을 함으로써 발생하는 범죄이다. 즉, 폭행으로 인해 병원에서 치료를 요하는 정도의 상해(부상)뿐만 아니라 성병에 감염시키는 것과 같이 신체의 생리적 기능에 장해를 발생하면 성립하게 된다.

폭행죄와 상해죄는 큰 차이가 없어 혼동하는 경우가 많다. 폭행이란 예를 들어 강제로 멱살을 잡는다거나 밀친다거나 의사에 상관없이 상대방에 몸에 손을 대는 행위는 폭행이라고 볼 수 있고, 이러한 행위들로 인해서 팔이 부러지는 등 부상을 입게 되면 상해가 되는 것이다. 폭행죄는 2년 이하의 징역 500만원 이하의 벌금이지만(제260조 제1항), 피해자의 명시적인 의사에 반하여 처벌할 수 없는 반의사불벌죄가 적용된다. 그러나, 상해죄는 7년 이하의 징역, 10년 이하의 자격정지 또는 1,000만원 이하의 벌금으로 폭행죄에 비해 상해죄가 더욱 중하며(제257조), 피해자의 처벌의사와 관계없이 처벌된다.

사례연구 142 **상해죄 · 폭행죄**

1) 김미망은 3개월 전 남편이 사망한 후, 시어머니와 별거 중에 있었는데, 상속문제를 둘러싸고 시어머니와 싸우다가 시어머니가 가벼운 부상을 입게 되었다. 위의 경우, 존속상해죄가 성립하는가, 아니면 일반상해죄가 성립하는가?

2) 미국의 런디바스는 야구선수로써도 유명했지만, 수염으로도 유명했다. 어느 날 런디바스가 이발소에 와서 이발하며 잠시 졸던 중, 수염 기르는 것을 싫어한 이발사가 수염을 전부 밀어 버렸는데, 이발사는 어떤 죄가 되는가?

≫ 1) 배우자의 직계존속이라 함은 그 배우자가 사망한 후까지를 포함하는가가 문제가 되는데, 존속상해죄(형법 제257조 제2항)는 가중처벌규정이므로 엄격히 해석해야 한다. 따라서, 배우자의 직계존속이란 생존배우자의 직계존속을 의미하고, 사망한 사람의 배우자였던 자의 직계존속을 의미하는 것은 아니라는 것이 통설이다. 2) 사람의 수염을 승낙 없이 밀어 버리는 행위는 신체에 대한 불법한 유형력(물리력)의 행사로서 폭행죄가 된다(일본 판례의 입장).

(3) 과실치사상의 죄

과실치사상의 죄는 과실로 인하여 사람을 사망에 이르게 하거나 사람의 신체를 상해하는 것을 내용으로 하는 범죄이다. 업무상 과실이나 중과실인 경우에는 형이 가중된다(제266조~제268조).

사례연구 143 **과실치사죄**

김임대는 이가난 씨에게 방 한 칸을 월세로 주었는데, 이가난이 이사 온 지 20일이 지난 어느 날 연탄가스로 사망하였다. 세놓은 방은 그 동안 정상적으로 가스배출기가 작동되었으나, 경찰의 조사결과, 가스배출기의 고장과 문턱에 생긴 작은 틈으로 연탄가스가 스며들어 이가난이 죽게 된 것으로 판명되었다. 김임대는 과실치사죄가 성립되는가?

≫ 임차목적물(셋방)에 있는 하자가 임차목적물을 사용할 수 없는 정도로 부수어진 상태거나, 아니면 반드시 임대인에게 수선할 의무가 있는 대규모의 것이 아니라면 이는 세입자에게 수리 및 관리의 의무가 있으므로 김임대에게 과실치사죄를 물을 수 없다(대판 1986. 7. 8. 86도383).

사례연구 144 **업무상 과실치상죄**

집마당에서 세파트 개의 목줄이 풀려서 집 담을 넘어 아이를 물어 3주 진단이 나왔다면 세파트 주인에게 형사처벌이 가능한가?

≫ 세파트 개의 주인은 세파트 개를 관리할 의무가 있고, 세파트 개에게 물려 상해를 입어야 하고, 상처가 있다면 병원에서 상해진단서를 받아서 고소할 수 있다. 그러나, 진돗개에게 물렸는데 자국이나 상처가 없다면 상해가 되지 않고, 병원에서 일반진단서를 받게 되면 고소 불가능하다. 과실치사상죄는 최대형량이 500만원 이하의 벌금, 구류 또는 과료에 처해지는 비교적 경미한 범죄이다(제266조 제1항).

(4) 낙태의 죄

낙태의 죄는 태아를 자연분만기 이전에 인위적으로 모체 밖으로 배출하거나, 태아를 모체 내에서 살해하는 것을 내용으로 하는 범죄이다. 다만, 모자보건법 제14조에서는 의학적 · 우생학적 · 윤리적 사유에 따라 낙태가 허용되는 경우를 규정하고 있다(제269조 ~ 제270조).

사례연구 145 **낙태죄**

자유분방한 성격의 미스 김미니 양은 동해안 여름휴가를 갔다가 우연히 만난 사람과 하루 밤의 유희를 즐겼으나, 공교롭게도 바캉스 베이비를 갖게 되었다. 그러나 결혼하지 않은 몸으로 아이를 낳아 기를 수 없었던 그녀는 의사인 성도덕을 찾아가 불량배에 의해 강제로 임신되었다고 속인 후, 임신중절을 간청하였다. 의사 성도덕 씨는 김미니의 말을 믿었으며, 수술비 등의 비용을 받고 임신중절수술을 하였는데, 성도덕과 김미니는 형사책임을 지게 되는가?

≫ 우리 형법은 임신한 부녀가 스스로 낙태하거나(자낙태), 또는 타인이 그녀의 동의를 얻어 낙태하거나(동의낙태죄), 동의를 얻지 않은 낙태(부동의 낙태)를 모두 처벌하고 있으므로, 미스 김미니는 낙태죄, 의사 성도덕은 동의낙태죄에 해당한다. 우리나라에서는 과거에 인구증가 억제정책을 강력하게 실

시함에 따라 낙태행위에 대해서는 실제 처벌되는 경우가 드물었다. 한편, 1973년 제정된 모자보건법에서는 i) 임산부나 그 배우자가 우생학적 또는 유전학적 정신장애나 신체질환이 있는 경우, ii) 강간 또는 준강간에 의하여 임신된 경우, iii) 법률상 혼인할 수 없는 혈족 또는 친족간에 임신된 경우, iv) 임신의 지속이 보건의학적 이유로 모체의 건강을 심히 해치거나 해칠 우려가 있는 경우 등은 낙태를 허용하고 있다.

(5) 유기와 학대의 죄

유기와 학대의 죄란 노유(老幼) · 질병 기타 사유로 인하여 부조를 요하는 자를 보호할 의무가 있는 자가 유기 또는 학대함으로써 성립하는 범죄를 말한다. 여기서 유기란 부조를 요하는 자를 보호받지 못하는 상태에 두는 것을 말하며(제271조~제275조), 예컨대 교통사고로 수혈이 필요한 자녀에게 종교상의 이유로 수혈을 거부함으로써 사망케 한 경우 등을 말한다. 또한 학대란 부조를 요하는 자에 대하여 비인간적이고 가혹한 행위를 하는 것을 말한다.

사례연구 146 **유기와 학대의 죄**

고려장이란 고증할 방법이 없어 사실이라고 할 수 없지만, 연로한 부모를 먼 산에 버려서 그곳에서 죽도록 하는 고약한 풍습이다. 김패륜 씨는 팔순의 어머니 한불쌍을 모시기 싫어서 필리핀 여행을 시켜 준다며 출국했다가 필리핀 어느 깊숙한 산에 버려두고 왔는데, 며칠 후 나무꾼이 아사(餓死) 직전의 한불쌍을 구조하였다. 이 경우 김패륜은 무슨 죄가 성립되는가?

≫ 인조 때 김상진이란 정승은 "부모와 자식사이 하늘 삼긴 지친이다. 부모 곧 아니면 이 몸이 있을 쏘냐. 오조(검은 까마귀)도 반포(까마귀는 반드시 은혜를 갚는다)를 하니 부모 효도 다 하여라"라는 시를 지었는데 급속한 노령사회인 우리나라에 시사하는 바가 크다. 김패륜이 한불쌍을 산속 깊은 곳에 유기할 당시 살해의 미필적 고의가 있었다고 단정할 수 없으므로 김패륜은 존속유기죄에 해당한다. 다만, 살해할 고의가 있었다면 존속살인죄의 미수에 해당한다.

2. 자유와 안전에 관한 죄

(1) 체포와 감금의 죄

체포와 감금의 죄는 불법하게 사람을 체포 또는 구금하여 사람의 신체적 활동의 자유를 침해하는 것을 내용으로 하는 범죄이다. 체포란 사람의 신체에 대하여 직접적이고 현실적인 구속을 가함으로써 활동의 자유를 박탈하는 것이다. 그리고 감금이란 일정한 장소에서 떠나고 싶을 때 떠나지 못하게 하는 것으로 피해자가 특정장소에서 벗어나지 못하도록 물리적 또는 사실상 제약을 가하는 행위를 말한다. 예컨대, 목욕중인 여자의 옷을 감추어 수치심 때문에 못나오게 하는 것도 포함된다(제276조~제282조).

사례연구 147 **감금의 죄**

어느 날 나무꾼 이산골은 나무를 채취하기 위해 산속으로 들어갔는데, 계곡 어느 연못에서 한선녀가 옷을 다 벗고 목욕을 하고 있었다. 한눈에 한선녀에게 반해 버린 이산골은 한선녀의 옷을 감추고 자기의 아내로 삼고 싶었다. 이 경우, 이산골은 어떤 죄가 되는가?

≫ 선녀와 나무꾼에 나오는 이야기 중에서 나무꾼이 목욕하는 선녀의 옷을 훔친 것처럼, 감금죄는 목욕 중인 여자의 옷을 감추어 수치심 때문에 못나오게 하는 것도 포함된다(제276조~제282조).

(2) 협박의 죄

협박의 죄란 사람에게 외포심(畏怖心)(두려움)을 생기게 할 만한 해악을 가할 것을 고지하여 상대방을 공포케 하는 것으로 사람의 의사결정의 자유를 침해하는 범죄이다. 협박의 내용은 상대방의 신체, 정조, 업무, 신용, 명예 등에 대해 해를 끼치겠다고 알리는 것이며, 예컨대 '죽여 버리겠다', '다리를 부러뜨려 놓겠다' 등이 이에 해당한다(제283조~제286조).

(3) 약취와 유인 및 인신매매의 죄

약취와 유인의 죄는 사람을 약취 또는 유인하여 자기 또는 제3자의 실력적 지배하에 둠으로써 개인의 자유를 침해하는 것을 내용으로 하는 범죄이다. 여기서, 약취는 폭행 또는 협박을 수단으로 하고, 유인은 기망 또는 유혹을 수단으로 한다는 점에서 구별된다. 과거, 우리나라의 풍습이었던 이른바 '보쌈'은 결혼목적 약취·유인죄에 해당한다(제287조~제288조). 또한, 인신매매(제289조), 약취, 유인, 매매, 이송 등 상해·치상(제290조), 약취·유인, 매매, 이송 등 살인치사(제291조), 약취·유인, 매매, 이송된 사람의 수수·은닉(제292조) 등이 있고, 약취, 유인 및 인신매매의 죄는 2013년 4월 5일 일부 법률개정이 이루어졌다.

(4) 정조에 관한 죄

정조에 관한 죄는 폭행 · 협박 · 위계 · 위력 등의 방법으로 피해자의 성적 자유를 침해하는 것으로 위법한 강제수단을 동원하여 정조에 관한 인격적 자유를 침해하는 범죄이다. 강간죄(강간죄의 객체를 '부녀자'가 아닌 '사람'으로 개정, 2013. 12. 18.)(제297조), 유사강간(제298조), 강제추행(제298조), 준강간 · 준강제추행(제299조), 강간 등 상해 · 치상(제301조), 강간 등 살인 · 치사(제301조의2), 미성년자 등에 대한 간음(제302조), 업무상 위력 등에 의한 간음(제303조), 미성년자에 대한 간음 · 추행(제305조) 등이 이에 속한다.

흉기 기타 위험한 물건을 휴대하거나 2인 이상이 합동하여 강간을 한 경우에는 고소가 없거나 고소를 취소해도 처벌된다. 특히 2012년 12월 18일 형법 개정에서는 강간의 객체를 '부녀'에서 '사람'으로 규정하였다.

사례연구 148 **강간죄**

1) 나벼락 군과 약혼한 김처녀 양은 모임에서 술을 마신 후 만취상태에서 이거세에게 강간당하였는데, 파혼이 두려워 이거세를 고소할 수도 없는 형편인데 이거세를 처벌하려면 반드시 김처녀의 고소가 필요한가?

2) 한거부는 남편 이거세의 부정행위로 이혼을 결심하고 있던 차에 남편 이거세가 "이혼을 요구할 수 있느냐"며 억지로 끌고 간 뒤 두 손을 움직이지 못하게 하고 성추행을 했다면 형법상 죄가 되는가?

3) 한정숙은 어머니가 친정에 있는 동안 의붓아버지에게 강간당하였는데, 한정숙이 의붓아버지를 고소하지 않아도 처벌되는가?

≫ 형법상 강간죄를 포함한 성범죄의 대부분은 고소권자의 고소가 있어야 공소를 제기할 수 있는 친고죄였으나(제297조) 특수강간죄, 강간치상죄, 친족관계에 의한 강간 · 강제추행죄, 신체장애인 또는 정신장애인에 대한 강간 · 강제추행죄, 13세 미만 자에 대한 강간 · 강제추행죄의 경우에는 피해자의 고소가 없어도 처벌할 수 있다. 그러므로 1)의 경우는 김처녀의 고소가 없어도 처벌할 수 있다. 2)의 경우에는 결혼한 부부는 배우자의 성관계 요구에 응할 의무가 있지만 그렇다고 해서 성적 자기결정권까지 포기해야 한다는 의미는 아니며, 상대방에게 성관계를 강요할 수 없으므로 강제추행죄가 성립된다. 3)의 경우에는 「성폭력 범죄의 처벌 및 피해자 보호에 등에 관한 법률」 제7조의 위반으로, 존속 등 친족이 강간죄를 범한 때에는 5년 이상의 유기징역으로 처벌하는데, 친족의 범위는 4촌 이내의 혈족과 2촌 이내의 인척으로 규정

하고 있으므로 의붓아버지는 2촌 이내의 인척에 포함되므로 동법에 의해 고소가 없어도 처벌할 수 있다.

3. 명예 · 신용 · 사무에 관한 죄

(1) 명예에 관한 죄

명예에 관한 죄는 공연히 사실을 적시하여 사람의 명예를 훼손하거나 모욕하는 것을 내용으로 하는 범죄이다. 여기서 공연히 사실을 적시하여 사람의 명예를 훼손하는 것은 명예훼손죄이며(제307조 제1항), 또한 죽은 사람의 명예를 훼손한 경우에도 명예훼손죄가 성립할 수 있으나 이는 허위의 사실을 적시한 경우에만 성립한다(제308조). 모욕죄는 사실을 적시하지 않고 명예를 훼손하는 경우에도 적용된다(제311조).

사례연구 149 **명예훼손죄**

1) 김카사와 이분방은 1년간 동거하던 중 헤어졌다. 이 사실을 알고 있는 이웃집 아주머니 한축새가 그 사실을 동네 사람들에게 알린 행위는?

2) 한막말은 동생의 교통사고로 병원에서 가해자 측과 합의를 보려는 과정에서 상대방이 욕설을 하기에 이에 대응하여 '사기꾼'이라고 말하였다. 가해자는 한막말을 명예훼손죄로 고소한다고 하는데, 과연 한막말은 명예훼손죄가 성립되는가?

≫ 1) 명예훼손죄는 반드시 허위사실의 전파에 의해 성립하는 것이 아니라, 사실을 전파했어도 성립한다. 즉, 명예는 사람의 성격, 신분, 가계, 건강, 외모, 재능, 경력, 과거, 신용 등 모든 사회적 평가나 가치가 포함되는 것이며, 훼손은 제3자가 이러한 사람의 명예를 공연히 왜곡하거나 오도하고 깍아내리는 것을 말하고, 명예훼손은 사실의 적시만으로도 성립한다.

2) '사기꾼' 등의 말은 가치판단인 동시에 사실의 주장이 될 수 있어 명예훼손죄에 해당될 수도 있지만, 사람들이 다수 모여 있는 장소에서 단순한 '도둑놈', '사기꾼' 등의 모욕적인 말은 명예훼손죄 보다는 모욕죄에 해당한다고 본다.

(2) 신용 · 업무와 경매에 관한 죄

신용 · 업무와 경매에 관한 죄는 사람의 신용을 훼손하거나, 업무를 방해하거나, 경매 · 입찰의 공정성을 침해하는 것을 내용으로 하는 범죄를 말한다. 신용이란 사람의 경제적 활동에 대한 사회적 평가, 즉 사람의 지불능력이나 지불의사에 대한 사회적 신뢰를 의미하며(제313조), 업무는 사람이 그 사회적 지위에 있어서 계속적으로 종사하는 사무 또는 사업을 말한다(제314조). 경매와 입찰은 그것이 국가 또는 공공기관뿐만 아니라 개인에 의한 것이라도 이를 포함한다.

4. 사생활의 평온에 관한 죄

(1) 비밀침해의 죄

비밀침해의 죄는 개인의 사생활에 있어서의 비밀, 즉 프라이버시(Privacy)를 침해하는 것을 내용으로 하는 범죄이다. 이에는 봉함, 기타 비밀 장치한 타인의 신서·문서 또는 도화를 개피한 경우의 비밀침해죄와 사업상의 비밀을 누설한 경우에 성립되는 업무상 비밀누설죄가 있으며, 이와 같은 죄는 고소가 있어야 논의되는 친고죄이다(형법 제316조~제318조).

(2) 주거침입의 죄

주거침입의 죄는 사생활의 본거를 이루는 거주의 평온을 침해하는 범죄로 사생활의 평온을 보호법익으로 한다. 여기에는 사람의 거주, 간수하는 저택·건조물이나 선박 또는 점유하는 방실(房室)에 침입함으로써 성립하는 주거침입죄, 이러한 장소에서 퇴거의 요구를 받고 이에 응하지 않음으로써 성립하는 퇴거불응죄, 단체 또는 다중의 위력을 보이거나, 위험한 물건을 휴대하여 위와 같은 행위를 함으로써 성립하는 특수주거침입죄, 사람의 신체, 주거, 간수하는 저택·건조물이나 선박 또는 점유하는 방실을 수색함으로써 성립되는 주거수색죄 등이 있다(제319조~제322조).

사례연구 150 **주거침입죄**

장공원은 나쁜 친구들과 어울려 다니던 중 오후 2시경 대문이 열려 있는 남의 집에 물건을 훔치려고 들어가다가 마당에서 주인에게 들켜 도망쳐 나왔다. 아무런 일이 없을 줄 알았는데 경찰관이 와서 장공원을 연행해 갔는데, 이 경우에는 무슨 죄가 되는가?

≫ 장공원이 남의 집에 물건을 훔치려고 들어는 갔으나 절도죄 실행의 착수가 있다고 보기는 어려우므로 절도죄는 성립하지 않으나, 침입행위 그 자

체로서도 형법상의 주거침입죄에 해당한다(제319조 제1항). 만약 주거침입행위가 야간에 이뤄졌다면 절도죄의 실행에 착수된 것으로 볼 수 있어(대판 1984. 12. 26. 84도2433) 야간주거침입절도죄의 미수범이 성립한다(제342조).

5. 재산에 관한 죄

(1) 절도의 죄

절도죄는 타인의 재물을 절취하는 것을 내용으로 하는 범죄로, 가장 단순하면서도 가장 오래된 범죄이다. 여기서 재물이란 유체물 뿐만 아니라 전기, 수도 등 관리할 수 있는 동력도 포함된다. 또한, 절취한다는 것은 자기 이외의 타인의 재물을 그 의사에 반하여 자기 또는 제3자의 지배 하로 옮기는 것을 말한다. 폭행 또는 협박이 없다는 점에서 강도죄와 구별된다(제329조~제332조).

사례연구 151 **절도죄**

A는 X전자대리점에서 TV, 냉장고 등 250여만원 상당의 가전제품을 외상으로 구입하였으나 남편의 사업실패로 약속 날짜에 그 대금을 지급하지 못하였다. 대리점 주인 B는 A에게 대금을 갚지 않으면 판매한 가전제품을 도로 가져 가겠다고 하여 A는 곧 갚겠다고 하였다. 그러나 며칠 후 그는 A의 집에 마음대로 들어와 가전제품을 모두 가져갔다면 B를 처벌할 수 있는가?

≫ B가 A의 승낙을 받지 않고 위 물품을 가져갔다면 외상매매계약에 대한 해제가 있고, 그 물품에 대한 반환청구권이 B에게 있다 하더라도 B의 그 행위는 절도행위에 해당되어 절도죄로 처벌받는다(대판 1973. 2. 28. 72도2538).

(2) 강도의 죄

강도죄는 폭행 또는 협박으로 타인의 재물을 강취하거나 기타 재산상의 이익을 취득하거나 제3자로 하여금 이를 취득케 함으로써 성립하는 범죄이다. 강도죄의 처벌로써 보호하려는 법익은 재산권 이외에도 생명·신체의 자유도 포함되며, 강도죄의 대상은 재물 이외에도 재산상의 이익도 포함된다(제333조~제340조).

(3) 사기의 죄

사기죄란 사람을 기망하여 재물을 편취하거나 재산상의 불법한 이득을 취득하거나 또는 제3자로 재물을 교부받게 하거나 재산상의 이득을 취득하게 함으로써 성립하는 범죄이다. 여기서 '기망'이란 널리 거래관계에서 지켜야 할 신의측에 반하는 행위로서 사람으로 하여금 착오를 일으키게 하는 것을 말한다(제347조~제348조).

(4) 공갈의 죄

공갈죄란 사람을 공갈하여 재물의 교부를 받거나 재산상의 불법한 이익을 취득하거나 타인으로 하여금 이를 얻게 함으로써 성립하는 범죄이다. 공갈이란 타인에게 폭행 또는 협박을 수단으로 해악을 가할 것을 통지하여 상대방으로 하여금 공포를 일으키게 하는 것을 말한다. 예컨대, 불량배와 친분이 있다면서 그 불량배를 통한 해악을 암시·공언하여 술값을 면제한 행위, 또한 도박자의 약점을 이용하여 경찰에 신고 또는 연행하겠다고 겁을 주어 도박에 제공된 돈을 갈취하는 것 등도 공갈죄에 해당한다(제350조).

(5) 횡령의 죄

횡령죄란 타인의 재물을 보관하는 자가 그 재물을 횡령하거나 반환을 거부하는 것을 내용으로 하는 범죄이다. 자기가 점유하는 재물을 영득한다는 점에서 타인이 점유하는 재산을 영득하는 것을 내용으로 하는 절도죄·강도죄·사기죄 및 공갈죄와 구별된다. 예컨대, 타인의 부탁으로 보관중인 물건을 처분한 경우에 설사 나중에 변상의 의사가 있었더라도 횡령죄가 되며, 타인이 잃어버린 물건, 예컨대 택시에 두고 내린 지갑을 주어서 경찰에 신고하지 않고 갖는 행위는 점유이탈물횡령죄에 해당한다(제355조~제361조).

사례연구 152 횡령죄

김한량은 평소 자주 다니던 행복다방에서 종업원 초롱이에게 즉석복권 3장을 사오게 하여 김마담과 함께 나누어 긁은 결과 초롱이와 김마담이 긁은 복권이 각각 1,000원에 당첨되었다. 그 후 내친김에 다시 즉석복권을 사오게 하여 서로 골라잡고 긁었는데 그 중에서 한 장이 3천만원에 당첨되었다. 김한량은 자신의 돈을 가지고 산 것이므로 김마담과 초롱이에게 각각 2백만원을 주고 2,600만원을 자신이 가졌다. 김마담과 초롱이는 똑같이 나눌 것으로 생각하였는데 200만원씩만 주자 공평하게 분배할 것을 요구하였으나 김한량이 이를 거부하였다면 죄가 되는가?

≫ 횡령죄는 타인의 재물을 보관하는 자가 그 재물을 횡령하거나 반환을 거부함으로써 성립한다. 위 사례에서 복권 값이 1천원에 지나지 않고 교환해 온 복권을 그 자리에서 골라잡아 당첨여부를 확인하였다는 점으로 볼 때, 김한량을 포함한 위 2명은 어느 누가 당첨되더라도 당첨금을 공동으로 사용하기로 하는 묵시적 합의가 있었다고 볼 수 있다. 따라서 김마담과 초롱이는 각각 1천만원씩을 요구할 수 있고, 김한량이 이를 거부하면 불법영득의사가 있으므로 횡령죄가 성립된다(대판 2000. 11. 10. 2000도4335).

(6) 배임의 죄

배임죄란 타인의 사무를 처리하는 자가 그 임무에 위배하는 행위로써 재산상의 이득을 취득하거나 제3자로 하여금 취득하게 하여 재산상의 손해를 가함으로써 성립하는 범죄이다. 타인의 사무를 처리하게 되는 원인은 법령(예컨대, 친권자, 후견인, 법인의 대표자), 계약(예컨대, 위임, 고용), 관습, 사무관리 등 다양하고, 여기서 사무는 재산상의 사무에 국한된다. 예컨대, 계원들이 낸 곗돈을 자기가 소비한 행위는 배임죄에 해당하며, 은행원이 대출금을 갚을 능력이 없다는 것을 알고도 대출해 준 경우에는 업무상배임죄가 성립한다(제355조~제361조).

사례연구 153 배임죄

한국고등학교에 재직 중인 불성실 교사는 한국산업인력공단 등으로부터 학교시설을 시험장소로 대여한 대가로 사용료를 받아 이를 집행하는 업무를 총괄하면서 2023. 7. 2.부터 2025. 5. 19. 사이에 공단으로부터 청소용역비 등의 명목으로 총 61회에 걸쳐 6,100만원을 현금 또는 개인계좌로 받아 청소비 및 난방비 등으로 3,000만원을 지출하고 남은 금액 3,100만원을 부서운영비나 교사 회식비 등으로 사용하였는데, 이와 같은 불성실 교사의 행위는 형법상 어떤 책임을 지게 되는가?

≫ 배임죄는 타인의 사무를 처리하는 자가 그 임무에 위배하는 행위로써 재산상의 이익을 취득하거나 제삼자로 하여금 이를 취득하게 하여 본인에게 손해를 가함으로서 성립하는 범죄이다. 불성실 교사가 시험장소 대여 등으로 받은 학교시설 사용료를 학교회계에 세입시키지 않고 부서운영비, 회식비 등으로 사용하였다면 형법상 업무상 배임죄로 10년 이하의 징역 또는 3천만원 이하의 벌금에 처해지게 된다.

(7) 장물의 죄

장물죄란 장물을 취득·양여·운반·보관하거나, 또는 이를 알선함을 내용으로 하는 범죄로, 재산죄 가운데 재물만을 객체로 하는 재물죄이다. '장물'이라 함은 재산범죄(영득죄)에 의하여 불법하게 영득한 재물을 말하며, 장물의 인식여부가 본 죄의 성립요건이 된다. 따라서, 물품을 구입하고 난 이후에서야 장물임을 알았을 경우에는 장물취득죄가 성립하지 않는다. 한편, 장물을 팔아 취득한 대금(현금)은 장물이 아니므로 이를 취득하더라도 본 죄가 성립하지 않는다(제362조~제365조).

(8) 손괴의 죄

손괴죄는 타인의 재물, 문서 또는 전자기록 등 특수매체기록을 손괴·은익하거나 기타 방법으로 그 효용을 해함으로써 성립하는 재산범죄로서, 공무소에서 사용하는 서류 기타 물건 또는 전자기록 등 특수매체기록을 손상 또는 은닉하거나 기타 방법으로 그 효용을 해한 자는 7년 이하의 징역 또는 1천만원 이하의 벌금에 처하도록 규정하고 있다(형법 제366조). 재산죄 가운데 재물만을 객체로 하는 순수한 재물죄이며, 예컨대 자기 소유의 토지에 다른 사람이 승낙도 없이 경작하고 있는 농작물도 타인의 소유물이므로 그 농작물을 못쓰게 하는 경우에는 손괴죄에 해당된다(제366조~제372조).

(9) 권리행사방해죄

권리의 행사를 방해하는 죄란 타인의 점유 또는 권리의 목적이 된 자기의 물건을 취거·은닉 또는 손괴함으로써 성립하는 범죄를 말한다. 예컨대, 외상술값 때문에 담보로 맡긴 손목시계를 술집주인의 허락도 없이 가져가는 행위 등이 이에 해당한다(제323조).

Ⅱ. 사회적 법익에 대한 죄

1. 공공의 안전과 평온에 관한 죄

(1) 공안을 해하는 죄

공안을 해하는 죄란 공공의 법질서 또는 공공의 안녕과 평온을 해치는 것을 내용으로 하는 범죄를 말한다. 형법은 공안을 해하는 죄로 형법 제114조 이하에서 범죄단체조직죄(제114조), 소요죄(제115조), 다중불해산죄(제116조), 전시공수계약불이행죄(제117조), 공무원자격사칭죄(제118조)의 5개 범죄를 규정하고 있다.

사례연구 154 범죄단체조직죄

양칠성은 무등산에서 엉터리 무술을 연마한 20명과 함께 무등산파를 구성하여 X시 시내의 유흥업소 주인을 경호해 주고 대가를 받고 있다. 무등산파의 업무는 주로 불량배들과 싸우는 일인데, 무등산파는 불법적 범죄단체인가?

≫ 범죄를 목적으로 하는 단체를 조직 또는 이에 가입하거나, 병역 또는 납세의무를 거부할 목적으로 단체를 조직 또는 가입함으로써 성립하는 범죄가 범죄단체조직죄이고, 형법 제11조에는 "사형, 무기 또는 장기 4년 이상의 징역에 해당하는 범죄를 목적으로 하는 단체 또는 집단을 조직하거나 이에 가입 또는 그 구성원으로 활동한 사람은 그 목적한 죄에 정한 형으로 처벌한다. 다만, 형을 감경할 수 있다."고 규정하고 있다. 불량배에게 시달리는 유흥업소 주인들을 경호하고 대가를 받기로 하는 목적의 단체조직도 본 죄에 속한다. 왜냐하면, 기존 불량배의 제압을 위해서는 폭력의 행사가 수반되는데, 이것은 타인을 위한 일회적인 정당방위가 아니기 때문이다.

(2) 폭발물에 관한 죄

폭발물에 관한 죄는 폭발물을 사용하여 공중의 생명·신체 또는 재산을 해하거나 기타 공안을 문란케 함으로써 성립하는 범죄이다. 여기서 폭발물이란 점화 등 일정한 자극을 가하면 고체·액체 또는 가스 등의 급격한 팽창에 의하여 폭발작용하는 물체를 말한다(제119조~제121조).

(3) 방화와 실화의 죄

방화죄는 불을 놓아 사람의 주거에 사용하거나 사람이 현존하는 건조물 등을 소훼(태우는 것)함으로써 성립하는 범죄를 말하고, 실화죄는 과실로 인하여 일정한 물건을 소훼함으로써 성립되는 범죄이다(제164조~제176조).

사례연구 155 방화와 실화의 죄

광염소는 원수처럼 지내는 이웃사람 김소실의 집을 태우기로 마음먹었다.

광염소는 밤을 선택하여 김소실의 초가집 밑에 헌 종이를 모아 놓고 성냥불을 그어대고 이 종이의 불이 지붕으로 약 1m 정도 번지고 있던 중, 김소실이 재빨리 불을 진화하였는데, 과연 광염소의 책임은?

≫ 방화죄는 불을 놓아 목적물을 태우는 것을 말하는데, 그 목적물을 어느 정도 태워야 하는냐에 대해서는 의견이 나뉘어지고 있지만, 방화죄가 성립하기 위해서는 불을 놓아 그 불이 매개물에서 분리되어 목적물 자체로 옮겨져 목적물이 연소하기 시작하면 족한다(독립연소설, 판례의 입장). 따라서, 지붕의 처마 약 1m 정도가 타들어 갔다면 이는 방화죄가 성립된 것으로 보아야 한다.

(4) 일수와 수리에 관한 죄

일수죄(溢水罪)란 수해를 일으켜 공공의 안전을 해하는 것을 내용으로 하는 범죄이다. 또한, 수리방해죄는 제방이나 수문을 파괴하거나 기타 방법으로 수리를 방해함으로써 성립하는 범죄를 말하고, 여기서 '수리(水利)'란 관개 · 목축 · 수차발전 등 일체의 물의 이용을 말한다(제177조~제184조).

(5) 교통방해의 죄

교통방해죄는 교통로(육로, 수로, 교량 등 포함) 또는 교통기관 등 교통설비를 손괴하거나 집회 등으로 차량을 불통하게 하여 교통을 방해하는 것을 내용으로 하는 범죄이다(제185조~제191조).

2. 공공의 신용에 관한 죄

(1) 통화에 관한 죄

통화에 관한 죄란 행사할 목적으로 통화를 위조 · 변조하거나, 위조 · 변조한 통화를 사용 · 수입 · 수출 또는 취득하거나, 통화유사물을 제조함으로써 성립하는 범죄이다. 따라서 1만원권 지폐를 확대 복사하여 판매하는 행위는 통화죄가 성립되지 않는다(제207조~제213조).

사례연구 156 통화에 관한 죄

유흥주점에서 술을 마시던 이얌체 씨는 물건을 사고 거스름돈 속에 5만원권 위조화폐가 있는 것을 발견하고도 이를 종업원의 봉사료로 지급하였다면 죄가 성립하는가?

>> 위조·변조한 통화를 사용하는 행위도 통화에 관한 죄가 성립하는 바, 위 사례는 '위조통화취득 후 지정(知情)행사죄가 성립된다.

(2) 유가증권·우표와 인지에 관한 죄

유가증권에 관한 죄란 행사할 목적으로 유가증권을 위조·변조 또는 허위작성하거나 위조·변조·허위 작성한 유가증권을 행사·수입 또는 수출함으로써 성립하는 범죄이다. 유가증권에 관한 법적 거래의 신용과 안전을 보호법익으로 하는 범죄이다. 유가증권이란 증권 상에 표시된 재산상의 권리의 행사와 처분에 그 증권의 점유를 필요로 하는 것을 말하며, 우표와 인지는 유가증권의 일종이다(제214조~제224조).

사례연구 157 **유가증권에 관한 죄**

A는 B로부터 물품대금으로 약속어음을 받았으나 확인해보니 위조어음이었다. 그러나 너무 억울했던 A는 모르는 척하고 이를 배서하여 C에게 양도하였는데, 이런 경우에 어떤 처벌을 받는가?

>> 위조통화라든지 위조의 어음·수표 등을 그런 줄 모르고 수취한 자가 나중에 위조임을 알았을 때, 그 손해를 면하기 위해 타인에게 행사하는 것은 동정의 여지가 있기는 하지만, 형법상 위조유가증권행사죄가 성립되어 10년 이하의 징역에 처해진다.

(3) 문서에 관한 죄

문서에 관한 죄는 행사할 목적으로 문서를 위조·변조하거나, 허위문서를 작성하거나 또는 위조·변조·허위 작성한 문서를 행사하는 것을 내용으로 하는 범죄이다(제225조~제237조의2). '문서'란 문자 기타 부호에 의하여 의사 또는 관념을 표시하는 물체이다. 넓게는 도화도 포함되는데, 여기서 '도화(圖畵)'란 문자 이외의 상형적 부호(象形的 符號)로 어떤 물체 상에 기재된 의사표시인데, 일정한 법률문제가 발생하였을 때에 증거가 되기도 한다.

예컨대, '사실에 부합하는 영수증을 일방적으로 만드는 행위', 즉 채무를 변제한 채무자가 채권자 명의의 영수증을 일방적으로 만드는 행위도 사문서위조에 해당하며, 공문서, 사문서를 불문하고 이 세상에 존재하지 않는 자(개인, 단체,

기관)의 명의로 문서를 위조해도 위조죄는 성립한다. 그리고 허위로 혼인신고를 한 경우에는 사문서위조 및 동행사죄(제231조 및 제234조)와 공정증서원본부실기재 및 동행사죄(제228조 및 제229조)가 성립한다.

사례연구 158 **허위로 신고한 혼인신고**

인기그룹 가수 언더걸스의 A의 모습에 반한 시골총각 김무모는 언더걸스의 홈피에 여러번 결혼해 달라는 글을 남겼고, 팬미팅에도 참석하여 직접 청혼을 하였으나 거절당하였다. 화가 난 김무모는 가족관계증명서상이라도 자신의 아내로 만들기 위해 A 몰래 혼인신고서를 작성하여 혼인신고를 해버렸다면 무슨 죄가 성립하는가?

≫ 혼인의사 없이 혼인신고 된 당사자는 가정법원에 혼인무효확인심판을 제기하여 그 심판이 확정된 후 심판서 등본과 확정증명서를 관할구청에 제출하여 정정신청을 할 수 있다. 또한 그로 인한 정신상의 고통에 대하여 민사상 손해배상청구를 할 수 있을 뿐만 아니라, 허위신고를 하여 공정증서 원본 또는 이와 동일한 전자기록 등 특수매체기록에 부실의 사실을 기재 또는 기록하게 한 자는 5년 이하의 징역 또는 1천만원 이하의 벌금에 처하고, 이를 행사하게 한 자도 똑같은 처벌을 받는다고 규정하고 있으므로 공정증서원부실기재 및 동행사죄가 성립한다.

(4) 인장에 관한 죄

인장에 관한 죄는 행사할 목적으로 타인의 인장・서명・기명・기호 등의 진정(眞正)을 침해하는 것을 내용으로 하는 범죄이다. 여기서 '인장'이란 특정인의 인격을 상징하고, 그 동일성을 증명하기 위하여 사용되는 일정한 상형(象形)이다. 인장은 문자에 의하거나 부호나 도형(圖形)에 의하거나를 불문한다(제238조~제240조).

3. 공중위생에 관한 죄

(1) 음용수에 관한 죄

음용수에 관한 죄란 일상 음용에 공할 정수(淨水) 또는 그 수원(水源)에 오물・독물 기타 건강을 해할 물건을 혼입하거나, 수도 기타의 시설을 손괴 또는 기타의 방법으로 불통(不通)하게 하여 공중의 음용수의 이용과 그 안전을 위태롭게 함으로써 성립하는 범죄이다(제192조~제197조).

사례연구 159 음용수에 관한 죄

한성질은 평소 사이가 좋지 않은 이웃주민 억울해가 무허가로 음용수 공급을 위한 부정수도를 설치하여 사용하자 배가 아픈 나머지 그 부정수도를 잘라 버렸다면 형법상 죄가 되는가?

≫ 한 마을의 음료수를 공급하는 수도관을 잘라 버린 경우에는 '수도불통죄'가 성립된다. 무허가의 부정수도를 손괴한 경우에도 그것이 현실에서 공중생활에 필요한 음용수인 경우라면 수도불통죄가 성립한다(대판 1957. 2. 1. 4289형상317).

(2) 아편에 관한 죄

아편에 관한 죄는 아편·몰핀 또는 그 화합물을 흡식하거나, 아편 또는 아편 흡식기구를 제조·수입·판매 또는 소지하는 것을 내용으로 하는 범죄이다. 따라서, 세관공무원이 그 수입을 허가해도 본죄가 성립되며, 아편·몰핀 또는 그 화합물 등을 소지만 해도 본죄가 성립한다(제198조~제206조).

4. 사회도덕에 관한 죄

(1) 성풍속을 해하는 죄

성풍속을 해하는 죄란 국민의 성도덕에 관한 선량한 풍속을 침해하는 것을 내용으로 하는 범죄로서, 성도덕 내지 건전한 성적 풍속을 보호법익으로 하고 있다. 즉, 본죄는 강간죄를 비롯하여 음행의 상습이 없는 사람을 매개로 하여 간음하게 한 경우, 음서 등 음란한 물건의 제작·전시·판매·임대·소지·수입·수출하는 경우, 공연한 음란행위를 함으로써 성립하는 죄로, 음행매개죄, 음란물죄 및 공연음란죄 등이 있다(제242조~제245조).

(2) 도박과 복표에 관한 죄

도박과 복표에 관한 죄란 도박을 하거나, 도박을 개장하거나, 복표(복권)를 발매·중개 또는 취득함으로써 성립하는 범죄이다. 즉, 사람의 사행심을 이용하여 우연한 사실로 재물의 손실을 결정하게 하는 행위를 내용으로 하는 범죄이다. 상습도박인 경우에는 가중처벌하고, 특히 영리를 목적으로 장소를 제공하는 자도 처벌하며, 이 경우 현실적으로 이득을 취하지 않아도 개장죄가 성립한다(제246조~제249조). 도박 및 복표에 관한 죄는 2013년 4월 5일 일부법률 개정이 이루어졌다.

사례연구 160 **도박죄**

초상집에서 상주가 화투를 준비해 주고, 밤새도록 술과 음식을 날라 주었다. 초상집에서의 고스톱은 상주를 위로하기 위한 밤샘의 무료함을 달래주기 위한 것이었다. 초상집에서 하는 고스톱은 죄가 되지 않는가?

≫ 도박죄는 재물로서 도박을 하거나 영리를 목적으로 도박을 개장함으로서 성립하는 범죄이다. 여기서 도박이란 당사자가 서로 재물을 걸고 우연한 승부에 의하여 그 재물의 귀속을 결정하는 것으로 이러한 도박성을 갖는 한 도박이 된다. 따라서 초상집에서의 고스톱은 재물이 걸려 있는 이상 도박죄가 성립된다.

(3) 신앙에 관한 죄

신앙에 관한 죄는 종교적 평온과 종교감정을 침해하는 것을 내용으로 하는 범죄이다. 즉, 장례식·제사·예배 또는 설교를 방해하거나, 사체·유골 등을 오욕하는 경우, 분묘를 발굴하는 죄 및 사체 또는 관내의 유물을 은닉·유기·영득하는 죄 등을 포함하는 신앙에 관한 선량한 풍속과 감정을 침해하는 경우에 성립하는 죄이다(제158조~제163조).

Ⅲ. 국가적 법익에 대한 죄

1. 국가의 존립과 권위에 관한 죄

(1) 내란의 죄

내란죄란 국가의 기본적인 조직을 다중의 폭력을 동원하여 파괴함으로써 국가의 존립을 위태롭게 하는 것을 목적으로 하는 범죄이다. 본죄는 국가의 내부적 질서를 공격의 대상으로 한다는 점에서 국가의 외부로부터 국가존립을 위험하게 하는 외환죄와 구별된다(제87조~제91조).

(2) 외환의 죄

외환죄는 외국의 무력침공을 유발하거나 또는 적국에 협력하여 국가의 안전과 존립을 위태롭게 하는 범죄를 말한다. 본죄는 적국에 가담하여 우리의 군사상 이익을 침해하는 것으로 국가의 대외적 지위의 안정성을 침해하는 자가 내국인이든 외국인이든, 또한 전시이건 평시이건, 군사상이건 정치외교상이건 관계없다. 다만, 형법에서는 현실적인 보호법익을 전시와 군사상 지위에만 인정하고 있다(제92조~제104조).

(3) 국기에 관한 죄

국기에 관한 죄란 국가의 권위를 상징하는 표식인 국기와 국장을 손상·제거·오욕하는 것을 내용으로 하는 범죄이다. 개인의 명예를 보호하기 위하여 명예훼손죄 등의 규정을 두고 있듯이 국가의 명예를 보호하기 위하여 본죄를 두고 있다(제105조~제106조).

사례연구 161 **국기모독죄**

붉은 악마 김열광은 카타르 월드컵에서 대한민국을 응원하기 위해 태극기가 그려진 T셔츠도 입고, 태극기를 흔들며 서울광장에서 열광적으로 응원하고 있었다. 그런데 갑자기 급한 볼 일을 봐야 하는데 간이화장실에 화장지가 없자 입고 입던 T셔츠와 태극기를 사용하였다. 김열광의 행위는 죄가 되는가?

≫ 국기모독죄는 대한민국을 모욕할 목적으로 국기·국장을 손상·제거·오욕하는 자에 대해 5년 이하의 징역이나 금고, 10년 이하의 자격정지 또는 700만원 이하의 벌금에 처해질 수 있는 범죄이다. 그런데 위 사례에서 김열광이 국기를 모욕할 목적이 전혀 없었기 때문에 죄형법정주의 원칙상 죄가 되지 않는다.

(4) 국교에 관한 죄

국교에 관한 죄는 외국과의 평화로운 국제관계를 침해하여 국제법상 보호되는 외국의 이익을 침해함으로써 외국과의 국교관계 내지 자국의 대외적 지위를 위태롭게 하는 범죄를 말한다. 예를 들면, 외국원수·사절 및 국기에 대한 죄, 외국에 대한 사전·중립명령위반죄, 외교상 비밀누설죄 등이 있다(제107조~제113조).

2. 국가의 기능에 관한 죄

(1) 공무원의 직무에 관한 죄

공무원의 직무에 관한 죄란 공무원이 의무를 위반하거나 직권을 남용하여 국가기능의 공정성을 침해하는 것을 내용으로 하는 범죄이며, 국가의 기능이 직권남용, 뇌물 기타의 이유로 부패되는 것을 방지하기 위한 범죄라고 할 수 있다. 본죄에는 직무유기죄, 타인의 권리행사방해죄, 불법체포·구금죄, 폭행 등 가혹행위죄, 피의사실공표죄, 공무상 비밀누설죄, 선거방해죄, 뇌물죄 등이 있다(제122조~제135조).

사례연구 162 **뇌물죄**

김뇌물은 X시에서 갈비집을 운영하고 있는데 김뇌물의 고향 선배인 파출소장 한탐관은 불법주차단속을 하지 않는 등 김뇌물의 영업에 많은 편의를 제공하고 있다. 김뇌물은 추석명절이 돌아오자 예의를 갖춘다는 명목으로 영광굴비 10두름을 마련하여 파출소에 주게 되었는데, 이와 같이 인사차 선물을 주는 것은 죄가 되지 않는가?

≫ 뇌물죄는 공무원 또는 중재인이 직무행위에 대한 대가로 법이 인정하지 않는 이익의 취득을 금지하는 것을 내용으로 하는 범죄이다. 사교생활상 또는 관습상 승인되는 정도를 넘지 않고 예의를 차리기 위한 선물은 뇌물이라고 볼 수 없으나, 절기의 선물을 빙자한 경우, 또는 사회통념상 허용되기 어려운 고가의 선물은 뇌물이다. 한탐관에게 선물을 준 것은 주차위반단속을 하지 않은 것에 대한 대가의 성격이 있으므로 뇌물죄에 해당한다.

(2) 공무방해에 관한 죄

공무방해죄란 국가나 공공단체의 기관이 직권으로서의 공권력을 행사하는 것을 방해함으로써 공무원에 의하여 실현되는 국가 또는 공공단체의 기능적인 작용을 방해하는 죄이다. 본죄는 공무원을 보호하기 위한 것이 아니라 공무 그 자체가 방해받지 않도록 하려는 것이다(제136조~제144조).

사례연구 163 **공무집행방해죄**

A는 판결문을 소지한 채권자로서 채무자 B의 가재도구 등을 강제집행하기 위해 집행관과 함께 B의 거주지로 갔으나 B는 A와 집행관에게 폭언을 하며 도사견을 풀려고 하여 겁이나 재산을 압류하지 못하고 돌아 왔는데, 채무자를 처벌할 수 있는가?

≫ 집행관이 유체재산을 압류하러 온 것은 민사소송법 등에 규정된 집행관의 집행행위로서 적법한 공무수행인 바, 채무자가 이를 저지하기 위하여 맹견을 풀어 놓으려고 한 것은 집행관에 대한 유형력의 행사로 볼 수 있으므로 공무집행방해죄가 성립된다.

(3) 도주와 범인은닉의 죄

도주와 범인은닉의 죄는 형사사법에 있어서의 인적 도피를 내용으로 하는 범죄이다. 여기서 도주의 죄란 법률에 의하여 체포 또는 구금된 자가 스스로 도주하거나, 타인이 이러한 자의 도주에 관여함으로써 성립하는 범죄이고, 범인은닉의 죄는 벌금 이상의 형에 해당하는 죄를 범한 자를 은닉 또는 도피하게 함으로써 성립하는 범죄를 말한다(제145조~제151조).

사례연구 164 **범인은닉죄**

1) 한사랑은 성폭행을 일삼던 아들 한발발을 지하창고에 숨겨 주었다. 경찰이 와서 행방을 물을 때마다 아들이 집에 들어오지 않았다고 거짓말을 하였는데, 한사랑의 이와 같은 행위는 처벌되는가?

2) 김의리는 인명피해 교통사고를 낸 무면허 운전자 친구 행복해를 대신하여 자신이 사고를 낸 운전자라고 신고하였다면 형법상 무슨 죄가 성립하는가?

≫ 1) '벌금 이상의 형에 해당하는 죄를 범한 자'를 은닉하거나 도피시키게 되면 범인은닉죄로 처벌받는다. 다만, 행위자가 범인과 친족 또는 동거하는 가족관계에 있는 경우에는 처벌하지 않는다. 우리 형법은 친족 간에는 혈연, 인정, 본능이라는 끈끈한 정서로 결합되어 있다는 것을 고려하여 특례를 인정하고 있다. 2) 범인의 자수나 타인의 고소·고발을 하지 못하도록 하거나 진범을 대신하여 자기가 범인이라고 허위 진술하는 경우도 범인은닉죄에 해당한다.

(4) 위증과 증거인멸의 죄

위증죄란 법률에 의하여 선서한 증인이 허위의 진술(진술)을 하거나, 법률에 의하여 선서한 감정인·통역인 또는 번역인이 허위의 감정·통역 또는 번역을 함으로써 성립하는 범죄이다. 그리고 증거인멸죄는 타인의 형사사건 또는 징계사건에 관한 증거를 인멸·은닉·위조 또는 변조하거나, 이러한 증거를 사용하는 것을 내용으로 하는 범죄이다. 따라서 공범자가 자신의 이익과 공범자의 이익을 위하여 증거를 인멸하는 경우에는 증거인멸죄가 성립하지 않는다(제152조~제155조).

사례연구 165 번복증언과 위증죄

김변덕은 친구 강주먹이 허약해를 폭행하는 것을 목격하였고 본인도 몇 대 때렸다. 김변덕은 형사재판정에서 증인선서를 한 후 증언하면서 강주먹의 보복을 걱정하여 강주먹과 허약해가 언쟁만 했을 뿐 폭행은 하지 않았다고 하였고 자기의 범죄사실도 은폐하였다. 그러나 증인심문을 마치기 전에 위 진술은 사실과 다르다며, 강주먹이 허약해를 폭행하는 것을 보았다고 번복하여 증언하였다면, 앞의 진술은 허위증언으로 위증죄가 성립되는가?

≫1차로 허위의 진술을 하였으나 증인신문이 끝나기 전에 이를 정정하고 새로이 그가 알고 있는 사실대로 진술하였다면 증언의 전체 내용을 토대로 위증여부를 판단할 때 위증이 되지 않는다는 것이 판례의 입장이다(대판 1993. 12. 7. 93도2510). 한편, 범죄인이 타인의 형사피고사건의 증인으로 선서한 경우 자기의 범죄사실을 은폐한 경우는 위증죄로 처벌할 수 없으므로 김변덕 본인의 폭행행위에 대해서도 위증죄가 성립되지 않는다(대판 1965. 2. 23. 64도65).

(5) 무고의 죄

무고죄란 타인으로 하여금 형사처분 또는 징계처분을 받게 할 목적으로 공무소(公務所) 또는 공무원에 대하여 허위의 사실을 신고함으로써 성립하는 범죄이다. 본죄가 성립하기 위하여는 무고자에게 허위의 사실을 신고한다는 인식이 있어야 한다. 다만 이 인식은 확정적일 필요는 없다는 것이 판례의 입장이다(대판 1987. 3. 24. 85도2650). 또한, '나는 남의 물건을 훔쳤다'라고 경찰에 허위신고했을 경우와 같이 자기 자신을 무고했을 때는 무고죄가 성립하지 않는다(제156조~제157조).

〈 무고죄와 위증죄의 비교 〉

	무고죄	위증죄
보호법익	국가의 사법기능	
주체	제한이 없음	법률에 의하여 선서한 증인
행위	공무소 또는 공무원에 대해 허위의 사실을 신고	허위의 진술
고의	공무소 또는 공무원에 대하여 허위의 사실을 신고한다는 인식	- 법령에 의하여 선서한 증인이라는 점 - 진술이 자신의 기억에 반한다는 점
목적	타인을 형사처분 또는 징계처분을 받게 할 목적	
성립시기	허위사실의 신고가 수사기관에 도달한 경우	증인심문절차가 종료하여 그 진술을 철회할 수 없는 경우
자백자수의 특례	진술한 사건의 재판 또는 징계처분이 확정되기 전에 자백 또는 자수한 때에는 그 형을 감경 또는 면제함	

[출처: 법제처, 찾기쉬운 생활법령정보(http://www.easylaw.go.kr), 무고죄 피해자 · 가해자, p. 9.]

사례연구 166 허위사실과 무고죄

정직해와 경쟁관계에 있는 이웃 커피숍 주인 허무고는 정직해가 세무서 직원에게 정기적으로 뇌물을 건네므로 세금을 적게 낸다며 근거 없는 허위사실을 관할경찰서장에게 진정한 경우, 허무고를 처벌할 수 있는가?

≫ 무고죄는 타인으로 하여금 형사처분 또는 징계처분을 받게 할 목적으로 공무소 또는 공무원에 대하여 허위의 사실을 신고하는 때에 성립하는 것인데, 여기에서 허위사실의 신고라 함은 신고사실이 객관적 사실에 반한다는 것을 확정적이거나 미필적으로 인식하고 신고하는 것을 말하는 것으로서, 위 사례에서 정직해에 대한 허무고의 행위는 정직해로 하여금 형사처벌을 받게 할 목적으로 공무원에 대하여 허위사실을 신고한 것으로 무고죄가 성립한다.

제3장 민 법

제1절 민법총칙

Ⅰ. 민법의 개념

사람의 사회적 생활관계는 국가 구성원인 국민으로서의 생활관계와 국가와는 직접적인 관계없이 영위하는 인간으로서의 생활관계로 나눌 수 있다. 전자를 공법적 생활관계라 하고, 후자를 사법적 생활관계라 한다.

즉, 민법은 근대 시민사회에 있어서 개인의 일반적인 사회 생활관계를 규율하는 일반사법을 말한다. 따라서 민법은 법을 공법과 사법으로 구분할 때 사법에 속하며, 사법을 일반사법과 특별사법으로 구분할 때 일반사법에 속하는 것이다.

Ⅱ. 민법의 구성과 기본원리

1. 민법의 구성

우리나라 민법은 독일식 편별법(Pandektensystem)에 따라 총칙·물권·채권·친족·상속 등 5편으로 구성되어 있다. 총칙은 민법전반에 걸치는 통칙적 규정 내지는 원칙적인 규정을 말하고, 물권 및 채권은 재화의 생산과 유통을 매개로 하는 개인의 경제적 생활관계, 즉 재산관계에 관한 규정을 말하며, 친족 및 상속은 자연적인 인간관계를 매개로 하는 개인의 가족적 생활관계, 즉 신분관계에 관한 규정을 말한다.

2. 민법의 기본원리

(1) 근대민법의 기본원리

근대시민사회는 자연법사상의 영향을 받아 봉건사회의 신분적 구속을 타파함으로써 성립되었다. 그리하여 모든 사람은 자유·평등을 원칙으로 하고 각자는 자유로운 의사에 의하여 자기의 생활관계를 처리할 수 있는 사적자치를 주요 내용으로 하고 있다. 즉 근대민법은 개인주의에 입각하여 개인의 자유와 평등 위에 사적생활관계를 조화시키려는 데 그 기조를 두게 되었고, 이것을 보장하는 것을 그 지도이념 내지는 기본원리로 하였으며, 이를 실현하기 위하여 다음의 세 가지 원리를 인정한다.

(가) 소유권 절대의 원칙 : 소유권 절대의 원칙이란 개인의 사유재산권에 대한 절대적 지배를 인정하고 소유권의 행사는 오직 소유자의 절대적 자유에 맡기며 국가나 다른 사람은 이에 간섭하거나 제한을 가하지 못한다는 원칙을 말한다. 이는 근대시민사회에 있어서 개인생활의 안정은 사유재산의 보장 없이는 불가능하였기 때문이다. 특히 소유권 절대의 원칙은 중세사회의 봉건제도에서 벗어나 근대사회를 자본주의경제로 발전시킨 원동력이 되었다. 이를 사유재산권 절대의 원칙이라고도 한다.

(나) 계약자유의 원칙 : 계약자유의 원칙이란 개인의 자유의사에 따라 상대방과 평등한 지위에 서서 계약을 체결할 수 있고, 국가가 이를 제한하거나 개입해서는 안 되며 오직 당사자의 요구가 있을 때에만 법적 보호를 해주어야 한다는 원칙을 말한다. 여기서 계약의 자유란 계약체결여부의 자유, 계약상대방 선택의 자유, 계약내용결정의 자유 및 계약체결방식의 자유를 포함한다. 이를 사적자치의 원칙 또는 법률행위 자유의 원칙이라고도 한다.

(다) 과실책임의 원칙 : 과실책임의 원칙이란 개인이 타인에게 손해를 입힌 경우에는 그 행위가 위법할 뿐만 아니라 동시에 고의 또는 과실에 기한 경우에만 책임을 지고 이러한 고의 또는 과실이 없는 경우에는 책임을 지지 않는다는 원칙을 말한다. 이는 근대시민사회에 있어서는 비록 타인의 권리를 침해한 자라도 불법행위를 구성하지 않는 한 자기의 행위에 대하여 책임을 지지 않았기 때문이다. 이를 자기책임의 원칙이라고도 한다.

(2) 현대 민법의 기본원리(근대민법 기본원리의 수정)

근대시민법의 기본원리는 20세기에 이르러 경제적 자유방임주의를 기조로 하는 자본주의체제가 점차로 고도화됨에 따라 새로운 국면을 맞이하게 되었다. 즉, 근대시민법의 3대원리에 따라 근대시민사회를 규율하면 근대국가가 지상낙원이 될 것처럼 생각하였으나, 자본주의가 발달함에 따라 부의 불균형을 초래하고 노사간의 대립이 심화되었으며 실업자가 급증하기 시작하였다. 그리하여 종래 자유본위의 개인주의적 법사상으로부터 탈피하여 사회본위의 단체주의적 법사상이 대두되어 추상적 · 형식적인 개인의 자유와 평등을 지양하고 구체적 · 실질적인 자유와 평등의 보장을 요청하게 되었다. 이에 따라 근대민법의 3대 원리는 다음과 같이 불가피한 수정과정을 겪게 되었다.

(가) 소유권 상대의 원칙 : 소유권은 소유자를 위한 절대적인 것이 아니라 사회 전체의 이익을 위하여 제한을 받아야 하는 성질의 것이라는 원칙으로, 소유권 공공의 원칙이라고도 한다. 이와 같은 영향을 받아 헌법에서는 "재산권의 행사는 공공복리에 적합하도록 하여야 한다."(제23조 제2항)는 규정은 소유권의 공공성이 전 법률체제에 미치는 일반원칙이라는 점을 선언한 것이고, 민법에서 "권리는 남용하지 못한다."(제2조 제2항)는 규정과 "소유자는 법률의 범위 내에서 그 소유물을 사용, 수익, 처분할 권리가 있다."(제211조)는 규정은 헌법상의 일반원칙을 구체화한 원리이다.

(나) 계약공정의 원칙 : 사회질서에 반하는 계약뿐만 아니라 심히 공공성을 잃는 계약은 보호받을 수 없다는 원칙을 말한다. 계약자유의 원칙을 그대로 계속 유지할 경우 기업주가 근로자를 불리한 조건으로 고용하여 노동을 부당하게 착취하는 결과가 생길 뿐만 아니라, 경제적 강자가 경제적 약자를 영원히 지배하게 되는 사회적 죄악이 발생하지 않을 수 없게 된다. 따라서 국가는 공공의 복리와 국민경제의 올바른 성장 · 발전을 위하여 또는 국민생활의 안정을 위하여 여러 가지 간섭을 하고 제약을 하게 되었다. 예컨대 민법에서는 불공정한 법률행위를 무효로 하고 있고(제104조), "권리의 행사와 의무의 이행은 신의에 좇아 성실히 하여야 한다."(제2조 제1항)고 규정하고 있는데, 여기에서의 '신의성실'이란 바로 '공공성'을 의미하는 것이다.

(다) 무과실책임의 원칙 : 개인은 과실이나 고의뿐만 아니라 무과실로 인해 타인에게 가한 손해에 대해서도 책임을 진다는 원칙이다. 과실책임의 원

칙은 근대자본주의 발전에 크게 공헌하였지만, 오늘날 대기업에서 발생하는 새로운 사태에 그 결함을 드러내게 되었다. 과실책임의 원칙이 수정되어야 할 문제는 공장이나 광산 등에서 발생하는 재해대책으로 나타난다. 즉 공장에서 유독한 폐수나 가스가 방출되어 타인에게 손해를 입힌 경우에 가해자는 피해 방지에 최선을 다했으면 무과실이 되므로 결국 손해배상책임을 면할 수 있게 된다. 기업주는 막대한 이익을 보면서도 무과실이라는 이유로 책임을 지지 않는 것은 불합리하다. 따라서 위험을 내포하면서 막대한 이익을 거두는 자는 그로부터 발생하는 필연적 손해에 대하여 고의·과실의 유무를 묻지 않고 책임을 지는 것이 당연하다는 이론이 이른바 무과실책임의 원칙이다. 민법에서도 책임무능력자를 감독자의 책임(제755조), 피용자의 불법행위로 인한 사용자의 책임(제756조), 공작물 등의 점유자·소유자의 책임(제758조), 동물의 점유자의 책임(제759조) 등의 규정을 무과실책임으로 하고 있다.

(3) 민법의 지도이념

근대민법의 기본원리들은 위와 같이 여러 면에서 수정을 받고 있는데, 이런 수정원리의 표현은 신의성실의 원칙과 권리남용금지의 원칙이다.

(가) 신의성실의 원칙 : 신의성실의 원칙이란 모든 사람은 사회공동생활의 일원으로서 그 질서유지를 위하여 서로 상대방의 신뢰를 헛되이 하지 않도록 성실하게 행동하여야 한다는 원칙을 말한다.

사례연구 167 신의성실의 원칙

X회사 김사장은 근로자 이얌체가 장기간 무단결근하자 해고하고 퇴직금을 법원에 공탁하였다. 그런데, 이얌체는 아무 조건없이 공탁금을 수령하였음에도 9개월 뒤 갑자기 마음이 바뀌어 김사장을 상대로 해고무효확인 소송을 제기한다면, 이는 정당한가?

≫ 이얌체가 장기간 무단결근의 사유로 해고당한 후, 퇴직금을 수령했음에도 수개월 지나서 해고의 무효를 주장하는 것은 부당하다. 왜냐하면 퇴직금 수령으로 인해 회사에서는 해고처분의 효력에 대해 이의를 제기하지 않을 것으로 신뢰하였고, 노사분쟁의 신속한 해결이라는 요청에 비추어 허용될 수 없기 때문이다.

(나) 권리남용금지의 원칙 : 권리남용금지의 원칙이란 외견상 적법한 권리의 행사인 것처럼 보이는 경우라도 그 권리가 인정된 사회적 목적에 위반되는 경우에는 권리의 남용으로서 금지된다는 원칙을 말한다.

사례연구 168 권리남용금지의 원칙

남용해의 토지 1,000㎡와 서로 인접하여 대지 500㎡를 소유하고 있는 억울해는 2023년 5월 1일자로 그 대지위에 건물을 지어 살고 있었다. 그런데 어느날 남용해가 찾아와 억울해의 건물 중 일부가 남용해의 토지를 약 3㎡ 정도 침해하였다고 주장하며 건물을 철거할 것과 토지의 인도를 청구하였다. 이때 남용해와 억울해의 법률관계는?

≫ 권리행사가 권리의 남용에 해당한다고 할 수 있으려면, 주관적으로 그 권리행사의 목적이 오직 상대방에게 고통을 주고 손해를 입히려는 데 있을 뿐 행사하는 사람에게 아무런 이익이 없을 경우이어야 하고, 객관적으로는 그 권리행사가 사회질서에 위반된다고 볼 수 있어야 한다(대판 1986. 7. 22, 85다카 2307 판결). 따라서 위의 사례에서는 남용해 소유의 토지와 억울해 소유의 토지가 갖는 사회적·공공적 이해의 정도 및 양자의 이익에 대한 양적 비교, 남용해 소유 토지에 대한 침해배제의 가능성 여부 또는 그 장해의 정도와 보상가능성 등의 객관적 요건과 남용해·억울해 양자의 선의·악의 및 권리행사의 의도 등 주관적 요건을 기초로 판단하여야 할 것이다. 생각건대 억울해가 침해한 1평은 남용해의 토지 2,500평 중 1평에 불과하므로 남용해의 토지이용에 커다란 지장을 주는 것은 아니라고 생각된다. 또한 억울해가 침해한 토지를 억울해의 명의로 소유권이전하든지 지상권·임차권 등의 사용권을 취득하는 방법도 있으므로, 만일 남용해가 이러한 방법을 모색하지 않고 무조건 건물철거와 토지의 인도를 청구하는 것은 권리남용이 되어 허용될 수 없다고 생각된다.

Ⅲ. 권리의 주체

1. 권리의 의의

권리란 특정인에게 특정한 생활이익을 향유하게 하기 위하여 법이 부여한 힘을 말한다. 여기서 특정인이란 생활이익의 귀속자로서의 권리의 주체자를 말하고, 특정한 생활이익이란 재산상의 손해는 물론 정신상의 손해(위자료)에 대한 기대이익을 말한다. 그리고 권리의 주체가 될 수 있는 법률상의 지위나 자격을 권리능력자 또는 인격자라고 하며, 민법상 권리능력자에는 자연인과 법인이 있다.

2. 자연인

(1) 의 의

자연인이라 함은 권리주체가 될 수 있는 개인을 말한다. 좀더 구체적으로 말하면, 자연인은 육체와 정신을 가지고 자연적인 생활을 영위하는 모든 사람이다. 사람은 생존하는 동안 권리와 의무의 주체가 되고, 성별이나 연령, 육체적 성장정도, 장애 여부와 관계없이 평등하게 살아갈 권리를 갖게 되는데, 이를 권리능력 평등의 원칙이라 한다.

(2) 권리능력의 시기와 종기

권리능력이라 함은 권리나 의무를 가질 수 있는 법률상의 지위 또는 자격을 말한다. 자연인의 권리능력은 출생으로부터 취득하고 사망함으로써 상실하게 된다. 그런데 여기서 문제가 되는 것은 출생의 시점과 사망의 시점을 언제로 볼 것인가 하는 점이다. 민법은 출생과 사망의 시점에 관하여 명문규정을 두고 있지는 않지만, 통설은 태아가 모체로부터 완전히 노출된 시점을 출생의 시점으로 보고(전부노출설), 사망은 심장의 박동이 완전히 멈춘 상태를 그 시점으로 보고 있다(심장사설).

사례연구 169 **권리능력의 시기**

오늘(2025년 3월 15일 오후 11시 59분) 세상에 태어난 김득남의 아들 김복동은 아직 출생신고도 하지 않았다. 갓 태어난 김복동은 법률적으로 어떤 지위에 있는가?

≫ 지금 태어난 김득남의 아들 김복동은 자연인으로 권리능력을 갖는다. 비록 현실적으로는 건물이나 금전의 소유권 등의 권리는 가지지 않지만, 그러한 권리를 가질 수 있는 지위에 있는 것이다. 출생신고를 하지 않았더라도 김복동은 2025년 3월 15일 오후 11시 59분부터 권리능력을 갖는다.

(3) 태아 및 외국인의 권리능력

자연인의 권리능력을 출생으로부터 시작하여 사망함으로써 소멸한다고 보는 한, 태아는 아직 자연인이 아니므로 원칙적으로 권리능력의 주체가 될 수 없다. 이처럼 태아에게 권리능력을 인정하지 않는 경우, 예컨대 아버지가 사망한 후 얼마 안 되어 출생한 자는 상속권을 가질 수 없게 되고, 또한 태아인 동안에 아버지가 살해된 경우라도 출생 후 손해배상청구권을 행사할 수 없게 되어 법률상 불안정한 지위에 놓이게 된다. 그리하여 민법은 예외적으로 태아를 보호하기 위하여 일정한 경우에는 이미 출생한 것으로 간주하고 있다[(예컨대 불법행위로 인한 손해배상청구(제762조), 재산상속(제1000조 제3항), 대습상속(제1001조), 사인증여(제562조)].

한편 외국인의 권리능력은 원칙적으로 내국인과 동일하나, 외국인이 토지에 관한 권리를 취득하거나(외국인토지법 제5조), 또는 광업권을 얻는 경우에는(광업법 제6조) 일정한 제한을 받는다. 즉, 우리나라 국민이 그 나라(외국)의 토지를 취득할 수 있으면 그 외국인도 우리나라 토지취득을 허락하는 상호주의를 취하고 있다.

사례연구 170 **태아의 권리능력**

임꺽정은 황진이와 2025년 1월 30일 혼인하여 5개월 된 태명 임불쌍 태아를 임신하고 있었다. 그런데 어느 날 황진이는 횡단보도를 건너던 중 정차신호를 무시하고 달려오는 영업용 택시에 치여 사망하였다. 임꺽정, 임불쌍, 황진이는 택시운전사에게 손해배상을 청구할 수 있는가?

≫ 택시운전사는 정차신호를 무시하고 황진이를 치어 사망케 하였으므로 불법행위가 성립된다. 따라서 황진이는 택시운전사에 대하여 손해배상을 청구할 수 있다. 그러나 이미 황진이가 사망하였으므로 황진이의 손해배상청구권은 상속권자인 임꺽정이 청구할 수 있다. 또한 임꺽정은 황진이의 손해배상청구권 외에도 황진이의 사망으로 인한 임꺽정 고유의 손해배상청구권 및 위자료청구권도 행사 할 수 있다. 한편 태아 임불쌍도 택시운전사에 대하여 손해배상을 청구할 수 있는지가 문제가 되는데, 태아의 법적 지위에 대해서는 앞서 설명한 바와 같이 일정한 경우에는 그 권리능력을 인정하고 있다. 황진이의 몸속에 있는 태아는 비록 출생하지 않았더라도 가해자에게 손해배상을 청구할 수 있다(제762조). 그러나 그 시기가 언제이냐에 대하여는 학설의 대립이 있으나, 판례는 태아가 살아서 출생한 때에 사건 발생일로 소급하여

청구·상속할 수 있다(정지조건설). 즉, 임불쌍이 사산(死産)된 경우에는 상속권과 손해배상청구권이 없고, 임불쌍이 출생한 후에 손해배상, 상속 등에 관하여는 태아였을 때 생긴 경우에 대해서 권리능력을 갖게 되는 것이다.

(4) 자연인의 능력

(가) 의사능력과 책임능력 : 의사능력이란 자기행위의 의미와 결과를 어느 정도의 인식력과 예기력으로 합리적으로 판단할 수 있는 정신적 능력 내지 지능을 말한다. 그리고 이러한 의사능력을 불법행위에 있어서는 책임능력이라 하는데, 책임능력이 있으려면 자기의 행위와 결과를 판단할 수 있는 정신적 능력 내지 판단능력이 있어야 한다.

의사능력이 없는 자의 법률행위는 무효이며, 책임능력이 없는 미성년자와 심신상실자는 불법행위에 대한 책임을 지지 않는다. 의사능력의 유무에 대한 판단은 민법상 형식적·획일적인 기준이 없으므로 개개의 구체적인 법률행위에 따라서 행위자의 연령 및 지능 등을 고려하여 실질적·개별적으로 판단하여야 한다. 대체로 10세 미만 정도의 어린이나 정신병자가 이에 해당된다.

사례연구 171 **의사 무능력자**

중소기업을 경영하는 한고래(만 50세) 사장은 검소하면서도 조용한 성격의 소유자이다. 그런데 어느 날 한고래는 술에 만취하여 정신을 잃은 상태에서 자신과 가족들이 함께 살고 있는 집을 김사기에게 현 시가의 1/3의 헐값에 매각하였는데, 이 매매계약은 어떻게 되는가?

≫ 한고래는 술에 만취되어 자기가 한 행위에 대한 변별력을 상실한 상태에서 의사표시를 한 것이므로 의사 무능력 상태에서의 법률행위는 법적 효력이 없다. 즉, 한고래는 계약체결 당시에는 권리능력자지만, 한고래가 매매계약 체결당시 의사능력이 없었음을 증명할 수 있다면 계약을 이행하지 않아도 된다.

(나) 행위능력과 행위제한능력 : 행위능력이란 의사능력을 구비한 자가 단독으로 완전하게 유효한 법률행위를 할 수 있는 능력을 말한다. 행위능력을 갖는 한 자연인은 어느 누구의 도움 없이도 스스로 유효한 법률행위를 할 수 있고, 이에 따른 법률효과를 발생시킬 수 있다. 제한능력자제도를 인정한 것은

행위무능력에 대한 증명책임을 면제함으로써 제한능력자 본인을 보호함과 동시에, 객관적인 기준에 의하여 제한능력자를 판단하게 함으로써 거래상대방이나 제3자의 손해를 미연에 방지하고 거래의 안전을 도모하기 위한 것이다. 민법상 제한능력자는 미성년자·피성년후견인·피한정후견인·피특정후견인 등이 있다.

① 미성년자 : 미성년자란 19세에 달하지 않은 자를 말한다(제4조). 그러나 미성년자라도 혼인을 한 때에는 성년자로 본다(제826조의2). 따라서 혼인한 미성년자의 법률행위는 법정대리인의 동의 없이 계약을 체결할 수 있고 동 계약은 취소할 수 없다. 그러므로 미성년자가 법률행위를 하는 경우에는 원칙적으로 법정대리인의 동의를 얻어야 하며, 법정대리인의 동의를 얻지 않고 한 법률행위는 미성년자 자신이나 법정대리인이 취소할 수 있다. 그러나 예외적으로 미성년자가 권리만을 얻거나 의무만을 면하는 행위(제5조 제1항 단서), 법정대리인이 범위를 정하여 처분을 허락한 재산의 처분행위(제6조), 영업이 허락된 미성년자의 영업에 관한 행위(제8조 제1항), 기타 대리행위(제117조), 유언행위(제1062조), 근로계약과 이로 인한 임금청구행위(근로기준법 제68조) 등은 법정대리인의 동의 없이 단독으로 할 수 있다. 여기서 법정대리인이 될 수 있는 자는 제1차적으로는 친권자이며, 친권자가 없는 경우에는 제2차적으로 후견인이 된다.

사례연구 172 미성년자의 행위능력

이왕비 양은 만18세의 고등학교 3학년으로 한국대학교 수시모집에 합격하였다. 이왕비는 방학 중이라 아르바이트를 하고 있었고, 곧 대학생이 되면 미팅도 한 번 해 봐야 하니까 예뻐져야겠다는 생각을 하고 있던 차에 승합차를 학교 앞에 세워두고 화장품을 판매하는 한수단의 말에 현혹되어 '아르바이트로 벌은 돈으로 갚으면 되지 뭐!' 하면서 80만원의 화장품을 할부로 구입하였다. 화장품은 이미 배달되었는데, 이를 취소할 수 있는가?

≫ 미성년자가 법률행위를 할 때에는 법정대리인의 동의가 필요하고, 동의없이 이루어진 법률행위는 이를 취소할 수 있으며, 미성년자가 권리만을 얻거나 의무만을 면하는 행위는 법정대리인의 동의없이도 가능하다. 따라서 이왕비는 자신이 또는 법정대리인이 한수단에게 취소하겠다는 의사표시를 하면되고, 이 의사표시는 우체국의 내용증명우편을 이용하는 것이 좋다. 이

때에 이왕비는 원상회복의무가 있으므로 받은 물품을 반환해야 하고 한수단은 받은 대금을 반환해야 할 의무가 있다.

② 피성년후견인 : 피성년후견인이란 질병, 장애, 노령, 그 밖의 사유로 인한 정신적 제약으로 사무를 처리할 능력이 지속적으로 결여된 사람에 대하여 일정한 자의 청구에 의하여 가정법원으로부터 성년후견개시의 심판을 받은 자를 말한다(제9조 제1항). 따라서 정신적 제약이 아닌 신체적 장애만으로는 성년후견개시의 원인이 되지 않는다.

피성년후견인의 요건은 정신적 제약으로 사무를 처리할 능력이 지속적으로 결여된 자에 대하여 일정한 자의 청구가 있어야 한다. 즉 본인, 배우자, 4촌 이내의 친족, 미성년후견인, 미성년후견감독인, 한정후견인, 한정후견감독인, 특정후견인, 특정후견감독인, 검사 또는 지방자치단체의 장이 가정법원에 성년후견개시의 심판을 청구하여야 한다(제9조 제1항).

피성년후견인이 단독으로 한 법률행위는 언제든지 취소할 수 있다(제10조 제1항). 즉 피성년후견인은 사무처리능력이 지속적으로 결여되어 있는 자이므로, 설령 성년후견인의 동의가 있었더라도 취소할 수 있다. 이 경우 취소권자는 피성년후견인 또는 성년후견인이다(제141조 참조). 다만, 일용품의 구입 등 일상생활에 필요하고 그 대가가 과도하지 아니한 법률행위는 성년후견인이 취소할 수 없다(제10조 제4항). 또한 피성년후견인의 법률행위라도 성년후견인이 추인하면 유효로 될 수 있으며(제143조), 피성년후견인도 자신의 신상에 관해서는 그의 상태가 허용하는 범위에서 단독으로 결정할 수 있다(제947조의2 제1항, 제938조 제3항).

사례연구 173 피성년후견인

이상해는 어렸을 때 받았던 심한 충격으로 인하여 자기가 행한 행동이나 결과를 판단할 수 없을 정도 정신능력이 결여된 자이다. 이 경우에 법적으로 이상해를 보호해 줄 방법은 무엇인가?

≫ 피성년후견인은 2가지 요건을 갖추어야 한다. 즉 ⅰ) 실질적 요건으로서, 피성년후견선고를 받으려는 자가 질병, 장애, 노령, 그 밖의 사유로 인한 정신적 제약으로 사무를 처리할 능력이 지속적으로 결여된 상태에 있어야 하는데, 이는 가끔 정상의 정신상태로 돌아오는 경우가 있더라도 자기 행위의

성질을 판단할 능력이 없는 것을 말하며, ii) 형식적 요건으로는 본인, 배우자, 4촌 이내의 친족, 미성년후견인, 미성년후견감독인, 한정후견인, 한정후견감독인, 특정후견인, 특정후견감독인, 검사 또는 지방자치단체의 장이 가정법원에 성년후견개시의 심판을 청구하여야 한다(제9조 제1항). 이상해에 대해 가정법원에서 피성년후견선고를 받도록 보호해 주는 방법이 있으며, 피성년후견인의 재산상의 법률행위는 법정대리인의 동의여부와 관계없이 언제나 취소할 수 있고, 정신능력에 고도의 결함이 있기 때문에 요양·감호를 할 수 있다.

③ 피한정후견인 : 피한정후견인이란 질병, 장애, 노령, 그 밖의 사유로 인한 정신적 제약으로 사무를 처리할 능력이 부족한 사람에 대하여 일정한 자의 청구에 의하여 가정법원으로부터 한정후견개시의 심판을 받은 사람을 말한다(제12조).

피한정후견인의 요건은 질병, 장애, 노령, 그 밖의 사유로 인한 정신적 제약으로 사무를 처리할 능력이 부족한 사람에 대하여 일정한 자의 청구가 있어야 한다. 즉 본인, 배우자, 4촌 이내의 친족, 미성년후견인, 미성년후견감독인, 성년후견인, 성년후견감독인, 특정후견인, 특정후견감독인, 검사 또는 지방자치단체의 장의 청구가 있어야 한다(제12조).

한정후견이 개시되면 피한정후견인의 행위능력이 제한된다. 즉 가정법원은 한정후견인의 동의가 필요한 행위의 범위를 정할 수 있고(제13조 제1항), 그 범위에 속하는 행위를 피한정후견인이 동의 없이 단독으로 하였을 경우 한정후견인은 그 법률행위를 취소할 수 있다(제13조 제4항). 다만, 일용품의 구입 등 일상생활에 필요하고 그 대가가 과도하지 아니한 법률행위에 대하여는 그러하지 아니하다(제13조 제4항). 또한 타인의 대리행위, 근로계약의 체결과 임금의 청구 등도 피한정후견인이 독자적으로 할 수 있음은 물론이다. 그리고 피한정후견인의 행위능력 제한은 가족법상의 행위에 미치지 않는다.

사례연구 174 피한정후견인의 능력

부모로부터 재산 한 푼 물려받지 못한 박복해는 자식들을 위해서는 헌신적이었으며, 자식들에게는 가난을 물려주지 않겠다는 생각에서 평소 검소한 생활로 많은 재산을 모았다. 그러나 자식들은 하루 멀다하고 교도소를 들락거리게 되었고, 박복해는 자신의 인생과 자식들에 대한 회의를 느낀 나머지 수많은 재산들을 양로원, 고아원 등에 기증하는 것을 낙으로 삼게 되었다. 자선도 한계가 있어 가족이 함께 살고 있는 집 한 채밖에 남지 않았는데, 가족들은 남은 재산이라도 지키고자 하는데, 박복해의 가족들은 어떻게 해야 하는가?

≫ 우리 민법 제12조에는 피한정후견인의 요건은 질병, 장애, 노령, 그 밖의 사유로 인한 정신적 제약으로 사무를 처리할 능력이 부족한 사람에 대하여 일정한 자의 청구가 있어야 한다. 즉 본인, 배우자, 4촌 이내의 친족, 미성년후견인, 미성년후견감독인, 성년후견인, 성년후견감독인, 특정후견인, 특정후견감독인, 검사 또는 지방자치단체의 장의 청구가 있어야 한다(제12조). 이와 같이 피한정후견인으로 선고되면 미성년자의 권리능력과 마찬가지로 제한을 받게 되므로, 마음은 아프지만 가장 한무심을 피한정후견인으로 선고받도록 하면 된다.

④ 피특정후견인 : 피특정후견인이란 질병, 장애, 노령, 그 밖의 사유로 인한 정신적 제약으로 일시적 후원 또는 특정한 사무에 관한 후원이 필요한 사람에 대하여 일정한 자의 청구에 의하여 가정법원으로부터 특정후견의 심판을 받은 사람을 말한다(제14조의2). 즉 특정후견의 경우에도 정신적 제약을 그 원인으로 한다는 점에서 성년후견이나 한정후견과 본질적인 궤를 같이 하지만, 일시적 후원 또는 특정한 사무를 위한 후원의 제공을 목적으로 한다는 점에서 구별된다.

피특정후견인의 요건은 정신적 제약으로 일시적 후원 또는 특정한 사무에 관한 후원이 필요한 자에 대하여 일정한 자의 청구가 있어야 한다. 즉 본인, 배우자, 4촌 이내의 친족, 미성년후견인, 미성년후견감독인, 검사 또는 지방자치단체의 장의 청구가 있어야 한다(제14조의2 제1항).

3. 법 인

(1) 법인의 의의

법인이란 자연인이 아니면서 법률상 권리의무의 주체자가 될 수 있는 자를 말한다. 즉 다수인이 모인 집단이나 일정한 목적을 가진 재산에 대해 법에 의하여 권리능력이 인정된 자이다.

(2) 법인의 분류

법인은 크게 공법인과 사법인으로 구별할 수 있다. 공법인이란 국가나 공공단체(지방자치단체나 공공조합 등)와 같이 공익추구를 목적으로 설립된 법인을 말하며, 사법인이란 2인 이상의 자연인의 결합에 의하여 성립된 사단법인이나 일정한 목적을 위하여 출원된 재산에 의하여 성립된 재단법인과 같이 사인의 이익추구를 목적으로 설립된 법인을 말한다. 따라서 사법인은 사단법인과 재단법인으로 대별할 수 있고, 다시 사단법인은 영리를 목적으로 하는 영리사단법인과 영리를 목적으로 하지 않는 비영리사단법인으로 구별할 수 있다. 그러나 재단법인은 비영리법인에 한하여서만 설립할 수 있다. 영리사단법인의 대표적인 것은 상법상의 회사이며, 비영리사단법인 또는 비영리재단법인의 대표적인 것은 민법상 학술·종교·자선·사교 등을 위하여 설립된 법인이 있다.

사례연구 175 권리능력 없는 사단

임꺽정의 종중은 산을 사서 조상의 묘소를 모시고자 한다. 그러나 종원 모두가 산의 매매계약에 참여할 수도 없고 등기 또한 마찬가지이다. 그렇다고 해서 어느 한 사람의 명의로 등기하기에도 마음이 내키지 않는다. 이 경우에 법적으로 어떤 방법이 있는가?

≫ 권리능력 없는 사단이라 함은 사단으로서의 실체를 갖추었으면서 법률상 권리능력을 가지지 않는 단체를 말한다. 권리능력 없는 사단으로 중요한 것으로는 문중, 종중, 종교단체, 아파트입주자대표회의 등을 들 수 있다. 권리능력 없는 사단이라고 하기 위해서는 사단이라고 할 수 있는 조직을 구비하고 대표의 방법·총회의 운영·재산의 관리 등 기타 사단으로서 중요한 규칙(정관)으로 정해져 있어야 하며 법인설립의 허가나 등기를 하지 않아서 당연히 법인격이 없어야 한다. 권리능력 없는 사단의 법률관계는 자연인에 있어서 태아와 같아서 원칙적으로 권리능력이 없지만, 종중의 대표자에 의하여 매매계약을 체결할 수 있고, 권리능력 없는 사단 명의로 등기할 수도 있다.

(3) 법인의 성립과 소멸

민법상 법인은 영리 아닌 사업을 목적으로 정관을 작성하고 주무관청의 허가를 거쳐 그 주된 사무소를 관할하는 법원에 설립등기를 함으로써 성립된다. 그러나 비영리재단법인을 설립하는 경우에는 정관작성 외에도 일정한 재산을 출연하여야 한다. 민법상 법인설립에 관한 입법주의로는 자유설립주의, 강제주의, 면허주의, 인가주의, 특허주의 및 준칙주의 등이 있다.

그리고 법인의 소멸은 자연인의 사망과 마찬가지로 권리능력을 상실하는 것을 말하는데 이에는 해산과 청산이 있다. 해산이란 법인이 그 본래의 존속목적을 잃고 권리능력을 상실하는 것을 말하며, 청산이란 해산에 들어간 법인의 재산관계를 정리하는 절차를 말한다. 법인의 권리능력은 청산절차가 완전히 종료되었을 때 비로소 상실된다. 민법상 법인소멸의 사유로는 존립기간의 만료, 법인의 목적달성 또는 목적달성의 불능, 정관에 의한 해산사유의 발생, 파산 및 설립허가의 취소 등이 있다.

(4) 법인의 기관

법인은 실체적 존재가 아닌 관념적 존재에 불과하므로 스스로는 법률행위를 할 수 없다. 그러므로 법인이 독립된 법률상의 주체로서 그 의사를 결정하고 그 의사에 의하여 활동하며 사무를 처리하기 위해서는 일정한 조직을 필요로 하는데 이를 법인의 기관이라고 한다. 따라서 법인은 그 대표기관을 통해서만 사회적 활동을 하고, 대표기관이 법인의 권리능력에 속하는 행위를 하였을 때 이것이 법인의 행위로 된다. 법인의 기관은 법인을 대표하는 것이지 대리하는 것은 아니지만, 대리와 그 성질이 유사하기 때문에 대리에 관한 규정을 준용한다.

(5) 법인의 능력

법인의 권리능력은 원칙적으로 자연인의 권리능력과 동일하다. 그러나 법인은 실체적 존재인 자연인과는 달리 관념적 존재이므로 일정한 경우에는 그 권리능력이 제한을 받는다. 즉, 법인은 권리의 성질상 친족·상속에 관한 권리능력은 가질 수 없으며, 법률상 다른 법인의 무한책임사원이나 이사가 될 수 없고, 또한 정관에서 정한 목적범위 내에서만 권리능력이 존재한다. 그리고 법인의 행위능력은 법인의 기관을 구성하는 자연인의 행위능력에 따르며, 법인의 기관이 그의 직무를 집행함에 있어 타인에게 손해를 가한 경우에는 법인의 불법행위로 되어 법인 자신이 손해배상책임을 부담한다.

사례연구 176 **법인의 불법행위에 대한 손해배상**

A농협의 정관에는 조합원 이외의 자에 대해서는 융자를 금지하는 규정이 있다. 그런데 A농협의 조합장 김대포는 비조합원인 운송회사 B에 대하여 사업자금을 대부해 주었던 바, B가 도산하여 대부금의 반환을 받을 수 없게 되었다. 조합장 김대포의 행위는 법인의 행위가 될 수 있는가? 또한 조합장 김대포는 어떤 책임을 지게 되는가?

≫ 민법 제35조 제1항에는 "법인은 이사 기타 대표자가 그 직무에 관하여 타인에게 가한 손해를 배상할 책임이 있다"고 규정하고 있다. 통설(법인실제설)에 의하여 법인의 불법행위능력을 인정하려면, i) 법인의 대표기관의 행위여야 하고, ii) 대표기관이 직무에 관하여 손해를 끼쳤어야 하며, iii) 불법행위의 요건(제750조)을 구비해야 한다. 위 사례에서 A농협의 정관에는 비조합원에 대한 대부행위를 금지하는 규정이 있으므로 비조합원인 운송회사 B에 대한 대부행위는 A농협의 목적 범위 내로 볼 수 없다. 즉 비조합원 B에 대한 조합장 김대포의 대부행위는 A농협의 권리능력 및 행위능력의 범위를 넘는 행위로서 A농협의 행위라고 할 수 없다. 그러므로 B에 대한 김대포의 대부행위는 A농협에 대하여 효력이 없다(대판 1975. 12. 23. 75다1479 참조). 그 결과 A농협은 B에 대하여 부당이득반환청구권을 갖게 되지만, 이미 운송회사 B가 도산하였으므로 대부금회수불능에 따른 손해를 조합장 김대포에게 채무불이행으로 인한 손해배상을 청구해야 한다.

Ⅳ. 권리의 객체

1. 의 의

권리의 객체란 권리의 대상이 되는 법률상의 이익을 말한다. 그러므로 권리의 객체에는 권리의 종류에 따라 물권인 경우에는 물건, 채권인 경우에는 사람의 일정행위, 지식재산권인 경우에는 사람의 정신적 산물, 친족·상속에 관한 권리인 경우에는 신분상의 지위 및 상속재산 등 기타의 제권리(諸權利)도 포함될 수 있다.

민법상 권리의 객체에 대하여는 일반적인 규정을 두지 않고 물건에 관해서만 통칙적인 규정을 두고 있다. 그것은 물건이 배타적 지배권을 갖는 물권의 객체일 뿐만 아니라, 채권이나 형성권 등 기타의 권리에도 간접적으로 관계되기 때문이다.

2. 물 건

(1) 물건의 의의

민법에서 물건이란 유체물 및 전기 기타 관리할 수 있는 자연력을 말한다(민법 제98조). 유체물은 물리학상 그 실체의 존재를 인식할 수 있는 자연계의 일부로서 고체·액체·기체를 말하고, 관리할 수 있는 자연력이란 열·빛·원자력 등과 같이 인위적 방법으로 지배, 수익, 처분할 수 있는 것을 말한다. 따라서 사람은 권리의 주체로서 물건이 아니지만 사람으로부터 분리된 신체의 일부나 사체(死體)는 예외적으로 물건으로 취급되며, 유체물이라 하더라도 태양, 달, 별, 공기 등과 같이 관리할 수 없는 자연력은 물건이 아니다.

사례연구 177 **물건의 의의**

한천사는 원래 심성이 착한 사람이다. 그래서 자기가 죽으면 의료발전을 위해 자기의 시체를 참사랑병원에 기증한다고 유언하였다. 이 경우 한천사가 죽으면 시체를 참사랑병원에 넘겨주어야 하는가?

≫ 한천사가 사망하면 그 시체는 물건이다. 매장·제사 등의 대상이 되는 특수한 물건이다. 즉, 보통의 물건이 사용·수익·처분·포기할 수 있는데 반하여, 유해만큼은 양도, 처분 등을 할 수 없고 후손들의 매장, 화장 및 제사의 대상만이 되는 제한적 성격을 갖는다. 따라서 한천사가 참사랑병원에 기증한다고 유언을 하였더라도 법률상 구속을 받는 것은 아니다.

(2) 물건의 분류

(가) 동산과 부동산 : 부동산이란 토지와 그 정착물을 말하고, 동산이란 부동산 이외의 물건을 말한다(제99조). 토지란 그 지상뿐만 아니라 지하까지도 포함하는 개념이며, 정착물이란 계속적으로 토지에 부착된 물건을 말한다. 그러나 토지에 부착된 물건이라도 정착물이 아니면 동산이며, 기타 관리할 수 있는 자연력도 동산이다. 화폐는 특수한 동산에 속한다.

사례연구 178 **동산과 부동산**

김이동은 자기의 집과 대지를 신자연 씨에게 3억에 매도하였고, 그 후 김이동은 정원에 있는 오래된 소나무를 조경업자 신푸른 씨에게 500만원을 받고 팔았다. 신자연이 이사를 와서 보니 소나무가 없어져서 소나무 값을 배상하라고 요구했으나, 김이동은 '나는 집과 대지를 팔았지, 나무까지 판 것은 아니다'라고 주장하고 있다. 이 경우 소나무는 누구의 것인가?

≫ 소나무는 토지의 정착물이므로 부동산에 해당한다. 정착물인 수목은 독립성이 인정되는 경우와 그렇지 않은 경우가 있다. 김이동과 신자연이 매매계약을 하면서 소나무에 대한 의사표시가 없었고, 「입목에 관한 법률」에 의하여 등기된 것이 아니라면 독립성이 인정되지 않는다. 이와 같이 소나무가 독립을 갖지 못한다면, 김이동은 신자연에게 배상을 해야 한다.

(나) 주물과 종물 : 제1편 제4장 제2절 Ⅱ. 2 (3) (다), p. 119 참고

(다) 원물과 과실 : 어떤 물건으로부터 생기는 수익물을 과실이라 하고, 그 수익을 낳게 하는 물건을 원물이라고 한다(제101조 제1항). 과실에는 천연과실과 법정과실이 있다. 천연과실이란 물건의 경제적 용법에 의하여 수취되는 과실, 예컨대 사과나무와 사과, 소와 송아지, 젖소와 우유 등을 말하고, 법정과실이란 물건의 사용대가로서 받는 금전 기타의 물건, 예컨대 원금과 이자, 건물과 집세, 토지와 지대 등을 말한다.

천연과실은 원물로부터 분리하는 때에 이를 수취할 권리자에게 귀속하며, 법정과실은 수취할 권리의 존속기간일수의 비율로 귀속한다.

사례연구 179 **법정과실**

한임대는 자기의 집을 2년에 2,400만원을 받기로 하고 김월세에게 임대해주고 있던 중, 임대한지 1년 2개월이 되어 신임대에게 팔았다. 그 집의 임대료는 누구에게 돌아가는가?

≫ 한임대가 김월세에게 임대를 하고 2년에 2,400만원을 받기로 한 것은 법정과실이다. 집의 사용대가로 받는 것이기 때문이다. 한임대는 임대 놓은 집을 1년 2개월만에 신임대에게 매도하였다면 2,400만원의 임대료는 존속기간일수의 비율로 한임대와 신임대가 취득한다. 한임대는 2,400×(14÷24) = 1,400만원을 취득하고, 신임대는 1,000만원을 취득한다. 다만 특약이 있을 때에는 그에 따른다.

V. 법률행위

1. 법률행위의 의의와 목적

법률행위란 일정한 법률효과를 발생시키기 위하여 한개 또는 수개의 의사표시를 필수불가결의 요소로 하는 법률요건을 말한다. 그리고 법률요건을 구성하는 개개의 사실을 법률사실이라 한다. 법률행위는 권리의 변동을 가져오는 가장 중요한 것으로서 사실행위와는 구별된다.

법률행위의 목적이라 함은 당사자가 법률행위에 의하여 발생시키려고 하는 법률효과를 말한다. 법률행위는 당사자, 의사표시, 목적이 있어야 성립한다. 그런데 이 목적은 확정되어 있거나 확정할 수 있어야 한다. 또한 확정된 목적이 실현 가능한 것이어야 하고, 목적이 적법하여야 하며, 법률행위가 사회질서나 선량한 풍속을 해하는 사항을 목적으로 하여서는 안 된다(사회적 타당성).

사례연구 180 **법률행위의 목적**

김소실은 내 집 마련의 꿈을 이루기 위해 어렵게 저축을 한 결과, 이화재와 그의 집에 대한 매매계약을 체결하였다. 그러나 이화재와 집은 계약 체결 1시간 전에 불타버렸는데, 이 경우 김소실과 이화재의 매매계약은 어떻게 되는가?

≫ 이화재의 집은 김소실과 이화재가 계약(법률행위)을 체결하기 전에 이미 타버렸다. 따라서 법률행위 성립 당시에 이미 그 목적이 실현 불가능한 원시불능에 속한다. 원시불능인 것을 목적으로 한 법률행위는 무효이다. 그러므로 김소실과 이화재의 계약은 무효이다. 다만, 김소실은 계약을 유효한 것으로 믿음으로써 받은 손해에 대해 배상청구를 할 수 있다. 즉, 목적이 불능한 계약을 체결할 때에 그 불능을 알았거나 알 수 있었을 자는 상대방이 그 계약의 유효를 믿었음으로 인하여 받은 손해를 배상하여야 한다. 그러나 그 배상액은 계약이 유효함으로 인하여 생길 이익액을 넘지 못한다. 다만, 상대방이 그 불능을 알았거나 알 수 있었을 경우에는 적용하지 아니한다(제535조).

2. 법률행위의 성립요건

(1) 일반적 성립요건

법률행위가 일반적으로 성립하기 위하여는 당사자, 목적, 의사표시가 있어야 한다. 즉, 법률행위가 되기 위한 최소한의 외형적 · 형식적인 요건을 일반적 성립요건이라 한다.

(2) 법률행위의 효력요건

법률행위가 일반적인 성립요건을 갖추었다고 하여 반드시 법률효과를 발생시키는 것은 아니다.

따라서 법률행위가 유효하게 성립되기 위한 효력요건으로서는, 첫째, 당사자는 의사능력 및 행위능력을 가지고 있어야 한다. 의사무능력자의 법률행위는 무효이며, 행위무능력자의 법률행위는 취소할 수 있다. 둘째, 목적은 확정 · 가능 · 적법 · 사회적 타당성을 가지고 있어야 한다. 목적이 불확정하거나, 이행불능인 경우, 강행법규에 반하는 불법인 경우 및 선량한 풍속 기타 사회질서에 반하는 법률행위는 무효이다. 셋째, 의사표시는 의사와 표시가 일치하여야 하며 또한 의사표시에 하자가 없어야 한다. 즉, 비진의의사표시 · 통정허위표시 · 착오 등과 같이 의사와 표시가 불일치한 법률행위는 취소할 수 있거나 무효이며, 사기 · 강박과 같이 의사표시에 하자가 있는 법률행위는 취소할 수 있다.

사례연구 181 불공정한 법률행위

김불행은 불행하게도 교통사고로 사망하였다. 그 후 일주일이 되어 가해자 이가해가 김불행의 처인 남순진을 찾아와 합의할 것을 조르므로, 농촌에서 농사만 짓던 김불행의 처인 남순진은 합의금 200만원(남순진이 받을 수 있는 금액은 1,600만원으로 1/8에 해당)을 받고 민 · 형사상 더 이상 문제 삼지 않기로 합의하였다. 남순진과 이가해 간의 합의는 정당한가?

≫ 농촌에서 농사만 짓고 있던 남순진이 졸지에 사고를 당하여 경제적으로나 정신적으로 궁박하고 무경험한 상태에 놓여 있다고 할 수 있다. 또한 사고후 1주일밖에 되지 않는 때에 남순진이 받을 수 있는 금액의 1/8도 안되는 금액으로 합의한 것은 현저하게 균형(공평)을 잃은 것이다. 따라서 남순진은 자기가 받은 200만원을 제외한 1,400만원(7/8)을 청구할 수 있다.

사례연구 182 진의 아닌 의사표시

김촉새는 친구 이횡재를 놀려 주기 위하여 그의 다이아몬드 반지를 이횡재에게 주겠다고 하였다. 이횡재는 그 사정도 모르고 좋다고 하였다. 김촉새의 본심은 다이아몬드 반지를 주지 않겠다는 것인데, 이 경우에 다이아몬드 반지를 주어야 하는가 아니면 주지 않아도 되는가?

≫ 김촉새가 이횡재에게 다이아몬드 반지를 주겠다고 한 의사표시는 진의 아닌 의사표시이다. 이러한 진의 아닌 의사표시라도 상대방이 진의(본심)가 아니라는 것을 몰랐다면 그대로 유효하다. 따라서 김촉새는 이횡재에게 다이아몬드 반지를 주어야 한다. 다만, 김촉새가 진의 아닌 의사표시이고 이횡재도 그런 사정을 잘 알고 있었다면 무효이다.

3. 법률행위의 대리

(1) 대리의 의의

대리란 타인이 본인을 대신하여 상대방에 대하여 의사표시를 하거나 또는 의사표시를 수령함으로써 그 법률효과가 직접 본인에게 귀속되는 법률관계를 말한다. 즉 대리인의 법률행위에 의하여 본인 자신이 법률행위를 한 것과 동일한 법률효과를 발생하도록 하는 제도를 말한다. 이러한 대리제도는 오늘날의 거래관계가 복잡화·전문화·다양화됨에 따라 개인 스스로 모든 거래관계를 처리하는 것이 불가능해짐에 따라 나타난 제도로서 사적자치의 확장 또는 사적자치의 보충적 기능을 갖는다.

(2) 대리의 종류

대리는 그 발생원인에 따라 법정대리와 임의대리로 나누어지고, 대리행위의 모습에 따라 능동대리와 수동대리로 나누어지며, 대리권의 유무에 따라 유권대리와 무권대리로 나누어진다. 또한 대리인의 수에 따라 단독대리와 공동대리로 나누어지고, 복임권의 유무에 따라 복대리가 있을 수 있다. 그리고 넓은 의미로는 무권대리의 일종으로 볼 수 있지만, 외형상 대리권이 있는 것처럼 외관을 갖춘 경우에는 본인으로 하여금 책임을 지도록 하는 표현대리가 있다 (제26조).

사례연구 183 **일상가사대리권과 표현대리**

해외연수 중에 있는 임꺽정의 처 뻥덕이는 임꺽정 몰래 임꺽정 소유의 X 토지를 팔아 친정 오빠의 사업자금을 조달해 줄 계획을 세웠다. 뻥덕이는 임꺽정과 전혀 상의없이 자기가 보관 중이던 임꺽정의 인감도장을 이용하여 위임장을 만들어 인감증명서를 발급받아 임꺽정의 토지를 임꺽정 명의로 김선의에게 팔고 소유권이전등기까지 해 주었다. 이 경우에 임꺽정, 뻥덕이, 김선의 등의 법률관계는?

≫ 우리 민법 제832조에는 "부부의 일방이 일상의 가사에 관하여 제3자와 법률행위를 한 때에는 다른 일방은 이로 인한 채무에 대하여 연대책임이 있다."고 규정하고 있는데, 여기서, '일상가사'란 보통 의류의 구입, 연료, 식료품, 가옥의 임대차 등과 같이 부부의 공동생활에서 필요로 하는 통상의 사무를 말하므로 뻥덕이의 행위는 자신의 친정오빠의 사업자금을 조달할 목적이었으므로 일상가사에 해당하지 않는다. 또한, 일상가사대리권도 일종의 법정대라권으로서 제126조의 표현대리의 성립요건의 하나인 기본대리권이 될 수 있지만, 일상가사의 범위 내에 속한다고 믿을만한 정당한 사유가 있어야 성립되는데, 위 사례의 경우는 단지 친정오빠의 사업자금 조달만의 목적이 있었으므로 표현대리가 성립되지 않는다.

(3) 대리의 소멸

대리관계는 본인과 대리인간의 존재를 기초로 하여 발생하며, 대리인의 대리행위능력을 전제로 하는 것이므로 본인이 사망하거나 대리인의 사망, 성년후견의 개시 또는 파산한 경우에는 대리관계도 소멸하며 이를 공통의 소멸원인이라고 한다(제127조). 다만 상법상의 대리는 영업의 계속을 전제로 하는 것이므로 본인의 사망에 의해서도 대리권은 소멸하지 않는다. 그러나 임의대리인 경우에는 본인과 대리인간의 대리권수권계약에 의하여 발생하는 것이므로 계약기간의 만료 또는 수권행위의 철회 등에 의하여도 소멸하게 된다.

4. 법률행위의 무효와 취소

(1) 법률행위의 무효

법률행위의 무효란 법률행위가 성립할 당시부터 법률상 당연히 법률효과가 발생할 수 없도록 확정되어 있는 경우를 말한다. 일반적인 무효원인으로는 당사자의 의사능력의 흠결, 목적의 불확정 · 이행불능 · 강행법규위반 · 공서양속위반 및 의사표시가 통정허위표시인 경우 등이다. 그러나 무효인 법률행위라도 당사자가 이를 추인하거나 무효인 원인이 해소된 경우에는 유효한 법률행위로 전환된다. 이와 같은 무효행위의 전환은, 예컨대 수표로서는 무효이지만 차용증서로서 그 효력을 인정하는 것을 들 수 있다.

사례연구 184 **법률행위의 전환**

김욕심은 그의 소유 토지 300㎡를 정억울에게 일금 2억원에 매매계약을 체결하였다. 그런데 김욕심에게 대금을 완납한 정억울은 부동산 취득세의 부담으로 인하여 소유권 이전등기를 차일피일 미루고 있었다. 그후 매매된 토지가 포함된 지역이 재개발 사업 구역으로 지정됨에 따라 토지가격이 4배로 폭등하였다. 이에 김욕심이 정억울에게 토지를 판 사실을 알고 있던 이얌체 씨는 김욕심을 끈질기게 설득하여 일금 4억원에 이 토지를 매수하여 소유권 이전 등기를 마쳤다면 김욕심과 이얌체간에 맺은 매매계약의 효력은 어떻게 되는가?

≫ 물건(동산 또는 부동산)의 소유자 김욕심은 정억울과 매매계약을 하고, 다시 이얌체와도 유효한 매매계약을 할 수 있는데, 이는 소유자 김욕심의 물권은 정억울의 채권보다 우월하기 때문이며, 정억울과 이욕심 중에서 먼저 공시방법(동산은 인도, 부동산은 소유권 이전등기)을 갖춘 사람이 소유자가 된다. 단, 소유자 김욕심이 정억울과 계약했다는 사실을 알고서 이얌체가 적극적으로 자기에게 매도할 것을 요구해 두 번째 매매가 이루어졌다는 사정이 있는 경우에는 두 번째 매매는 사회질서에 반하는 법률행위로 무효가 된다. 따라서 이얌체가 소유권 이전등기를 하였다 하더라도 효력이 발생하지 않는다.

(2) 법률행위의 취소

법률행위의 취소란 일단 유효하게 성립된 법률행위를 일정한 흠결을 이유로 특정인의 의사표시에 의하여 그것을 소급적으로 무효화시키는 것을 말한다. 일반적으로 취소할 수 있는 자는 행위제한능력자, 착오로 인하거나 강박 · 사기에 의하여 의사표시를 한 자, 그의 대리인 또는 승계인의 취소 등이다. 그러나 취소할 수 있는 법률행위라도 당사자가 이를 추인하거나 취소권이 소멸된 경우에는 취소할 수 없다. 취소권은 추인할 수 있는 날로부터 3년 내에 법률행위를 한 날로부터 10년 내에 행사하여야 한다(민법 제146조).

사례연구 185 **사기에 의한 의사표시의 취소**

심청이는 노모가 중병에 걸리자 50년 묵은 산삼을 먹으면 낳는다고 하여 신마니로부터 산삼을 사서 드렸더니 정말로 건강을 회복하였다. 그러나 신마니로부터 산 것이 산삼이 아니라 6년 묵은 장뇌삼이라면, 위 계약은 어떻게 되는가?

≫ 사기나 강박에 의한 의사표시는 취소할 수 있다(제110조). 즉, 신마니가 심청이를 속여 6년 된 장뇌삼을 50년 묵은 산삼으로 비싸게 팔았다면 사기를 이유로 동 계약을 취소할 수 있고, 노모의 중병이 나았다는 우연한 사실은 취소권 행사와 아무런 상관이 없다.

5. 법률행위의 부관

법률행위의 부관이란 법률행위를 함에 있어서 그 효력의 발생 또는 소멸을 장래에 일으키고자 하는 취지의 효과의사의 특수한 형태를 말한다. 이는 법률행위에 의하여 생기는 효과를 저지하거나 혹은 제한하기 위하여 법률행위의 일부로서 부가하는 것이다. 법률행위의 부관에는 조건과 기한이 있다.

조건이란 법률행위의 효력의 발생 또는 소멸을 장래의 불확실한 사실의 성부에 의존케하는 법률행위의 부관을 말한다. 조건 가운데에는 그 조건의 성취로 인하여 법률행위의 효력이 발생하는 정지조건과, 반대로 이미 발생한 법률행위의 효력이 조건의 성취에 의하여 소멸하는 해제조건이 있다. 예컨대, 우등상을 타면 차를 사준다고 한 것은 정지조건이 붙은 법률행위로서 우등상을 타야지만 차에 대한 효과가 발생한다(제147조 제1항). 반면에 성적이 떨어지면 용돈을 주지 않겠다고 한 것은 해제조건으로 성적이 떨어지면 용돈을 주기로 한 법률행위의 효과는 소멸한다(제147조 제2항).

그러나 조건을 붙이면 법률행위의 효력의 발생 또는 존속이 불확정하게 되는 경우, 즉 친족·상속법상의 신분행위나 어음·수표법상의 행위 및 단독행위에 대하여는 조건을 붙이지 못한다.

사례연구 186 **정지조건과 해제조건**

임꺽정은 평소에 공부를 잘 안하는 큰아들에게는 '만약, 한국대학교에 입학하면 자동차를 사주겠다'고 약속을 하고, 공부를 잘하는 둘째 아들에게는 '성적이 떨어지면 용돈을 안주겠다'고 약속한 경우, 이와 같은 법률관계를 무엇이라고 하는가?

≫ 법률행위의 부관에는 우등상을 타면 차를 사준다고 한 것은 정지조건이 붙은 법률행위(제147조 제1항)와 반면에 성적이 떨어지면 용돈을 주지 않겠다고 한 것은 해제조건이 붙은 법률행위가 있다(제147조 제2항). 사례에서 큰아들과 한 계약은 정지조건이 붙은 법률행위이므로 한국대학교에 입학하면(조건성취) 자동차에 대한 법률행위의 효과가 발생하고(정지조건부법률관계 : 제147조 제1항), 둘째 아들과 한 계약은 해제조건이 붙은 법률행위이므로 이 경우에는 성적이 떨어지면(조건성취) 매달 주어왔던 용돈에 대한 법률행위의 효과가 소멸한다(해제조건부법률행위 : 제147조 제2항).

6. 기간과 소멸시효

(1) 기 간

기간이란 어느 시점부터 다른 시점까지의 계속된 시간의 구분을 말한다. 따라서 기간의 계산방법에는 어느 한 순간으로부터 다른 한 순간까지를 계산하는 자연적 계산방법과, 역에 따라 장기간의 기간을 계산하는 역법적 계산방법이 있다. 즉, 금일 오전 10시부터 다음날 오전 10시까지와 같이 시·분·초를 단위로 하는 기간의 계산은 자연적 방법에 따라 즉시로부터 기산하여 정하여진 시·분·초가 종료한 때에 기간은 만료된다.

그러나 금년 10월부터 내년 10월까지와 같이 일·주·월·년을 단위로 하는 기간의 계산은 역법적 방법에 따라 익일로부터 기산하여 정하여진 기간의 말일이 종료한 때에 기간은 만료된다. 이 경우 기간이 오전 0시로부터 시작하거나, 연령의 계산 및 가족관계신고의 경우에는 초일을 산입한다. 그리고 기간의 말일이 토요일 또는 공휴일인 경우에는 그 다음날로 만료된다. 기간의 만료시점은 대개 말일의 종료시점인 오후 12시까지이지만, 상행위로 인한 채권·채무에 관하여는 오후 12시가 아니라 법령 또는 관습에 의하여 영업시간이 정해져 있는 때에는 그 시간이 기간의 만료시점으로 된다(상법 제63조 참조).

사례연구 187 **기간**

양촌리농협의 정관에는 정기총회 소집통보는 1주일 전까지 조합원에게 통지하도록 되어 있다. 2025년 5월 18일에 총회를 개최한다면 언제까지 통보해야 하는가?

≫ 일 · 주 · 월 · 년을 단위로 정한 때에는 초일을 산입하지 아니하고 계산하도록 하고 있다(제157조). 따라서 정기총회일이 1월 18일이면 그 전일인 17일부터 기산하여 7일을 계산하면 11일이 7일의 말일이 된다. 따라서 양촌리 농협에서는 조합원에게 10일 24시까지는 정기총회 소집의 통지를 해야 한다.

(2) 소멸시효

시효란 일정한 사실상태가 오랜 기간에 걸쳐서 계속되는 경우에 그것이 진실한 권리관계에 합치하는가의 여부를 묻지 않고 그 사실상태를 존중하여 그에 따른 권리관계를 인정하는 제도를 말한다. 즉, 일정한 사실상태가 오랜 기간 동안 계속됨으로써 권리의 취득 또는 소멸을 발생하게 하는 법률요건이다. 따라서 시효에는 취득시효와 소멸시효가 있다.

따라서 소멸시효란 권리자가 그의 권리를 행사할 수 있음에도 불구하고 일정기간동안 권리를 행사하지 않음으로써 권리소멸의 효과가 발생하는 것을 말한다. 민법상 소멸시효를 인정하는 이유는, 첫째, 사실상태를 인정함으로써 거래의 안정을 가져올 수 있다는 점, 둘째, 민사소송법상 증거보전이 곤란하다는 점, 셋째, 권리 위에 잠자는 자는 법이 보호하지 않는다는 점 등 때문이다.

민법상 일반채권의 소멸시효는 10년이고, 상법상 상사채권의 소멸시효는 5년이다. 그러나 채권의 종류에 따라서는 장기간의 소멸시효를 인정하는 것이 불합리한 경우도 있게 된다. 그리하여 민법은 특정채권에 대해 3년 또는 1년의 단기시효를 두어 이를 해결하고 있다.

사례연구 188 **소멸시효**

노동해는 2023년 5월 22일 아파트 건설현장 3층에서 공작물을 설치하다 떨어져 허리부상을 입고 병원에 입원치료 후 며칠 전 퇴원하였다. 퇴원하면서 산재보상금을 일부 받았으나, 보상금이 부족한 것 같아 회사로부터 손해배상을 받으려고 하는데 늦지 않았는지? 늦지 않았다면 지금 어떤 조치를 취하여야 하는가?

≫ 위 사례는 불법행위로 인한 손해배상청구권으로 민법은 “불법행위로 인한 손해배상의 청구권은 피해자나 그 법정대리인이 그 손해 및 가해자를 안 날로부터 3년간 행사하지 아니하면 시효로 인하여 소멸된다(제766조 제1항). 불법행위를 안 날로부터 10년을 경과한 때에도 전항과 같다(제766조 2항)”고 규정하고 있다. 따라서 노동해 씨는 2026년 5월 22일이 경과하면 소멸시효가 만료되어 손해배상을 청구할 수 없게 된다. 따라서 노동해 씨는 동 기간 내에 손해배상을 청구하든지, 만일 시효만료일이 임박한 경우에는 재판상의 청구나 압류・가압류・가처분 등의 시효중단조치를 취함으로써 권리를 보전할 수 있다.

제 2 절 재산과 법률관계

Ⅰ. 물권법

1. 물권의 의의

물권이란 일정한 물건을 직접 지배하여 이익을 얻는 배타적 권리를 말한다. 즉, 물권의 본질은 물권의 객체인 물건을 직접적・배타적으로 지배하는 것이다. 물건을 직접적으로 지배한다는 것은 채권과 같이 타인의 적극적인 행위를 필요로 하지 않고 직접 물건에 대하여 지배력이 미치는 것을 말한다. 그리고 물건을 배타적으로 지배한다는 것은 동일한 물건 위에 동일내용의 물권이 두 개 이상 성립할 수 없다는 것을 의미하며, 이를 일물일권주의라고 한다. 특히 물권의 배타성은 제3자의 이해에 많은 영향을 미치므로 거래의 안전을 위하여 물권의 존재와 내용 및 종류 등은 일반적으로 공시하도록 하고 있다.

2. 물권의 효력

(1) 우선적 효력

물권은 물건을 직접적・배타적으로 지배하는 성질을 가지고 있으므로 동일한 물건에 대한 동일한 내용의 물권상호간에는 그 성립순서에 따라 먼저 성립한 물권이 후에 성립한 물권보다 우선적 효력을 갖는다. 또한 특정한 물건위에 물권과 채권이 동시에 성립하는 경우에는 물권이 채권에 우선하는 효력을 갖는다. 이를 물권의 우선적 효력이라고 한다.

사례연구 189 **우선적 효력**

신주인은 자기의 건물을 2025년 5월 2일에 김전세에게 임대하고, 다시 그것을 2025년 5월 25일에 이세입에게 전세권을 설정해 주었다. 김전세는 그 건물에 대하여 자기가 먼저 임차권을 취득하였으니 자기가 사용하겠다고 하고, 이세입은 자기가 사용해야 한다고 주장하고 있는데, 김전세와 이세입 중 누구의 주장이 옳은가?

≫ 김전세는 채권인 임차권을 2025년 5월 2일에 취득하였고, 이세입은 김전세보다 늦은 동년 5월 25일에 물권인 전세권을 취득하였다. 동일물 위에 채권과 물권이 성립하는 경우에는 성립시기의 전후를 묻지 않고 물권이 우선하므로 이세입의 주장이 받아들여진다. 그러나 김전세가 그의 임차권에 등기를 했거나, 상가건물임대차보호법상 대항요건(건물인도, 사업자등록)을 갖춘 경우에는 김전세의 주장이 받아들여진다.

(2) 물권적 청구권

물권내용의 실현이 어떤 사정으로 방해당하고 있거나 또는 방해당할 염려가 있는 때에는 물권자는 그 방해자에 대하여 방해의 제거 또는 예방에 필요한 일정한 행위를 요구할 수 있는데, 이를 물권적 청구권 또는 물상청구권이라 한다. 물권적 청구권은 그 침해형태에 따라 목적물 반환청구권, 방해제거청구권, 방해예방청구권 등이 있으며, 방해의 결과 손해가 생긴 때에는 물권적 청구권과 함께 불법행위로 인한 손해배상청구권도 행사할 수 있다.

사례연구 190 **물권적 청구권**

A의 집 뒤쪽에는 B소유의 밭이 있었다. 그러나 B가 1년 전에 밭을 논으로 고친 이후 그 논에 물이 있을 때는 A의 집 부엌 아궁이에 물이 고여 연탄불도 피울 수 없고 또한 습기가 차서 피해가 이만저만이 아니다. A가 B에 대하여 청구할 수 있는 것은 무엇인가?

≫ 위 사례에서 B는 밭의 소유자이므로 지목변경 등의 절차를 거쳐서 밭

을 논으로 사용할 수 있다. 그러나 그로 인하여 타인에게 손해를 끼쳐서는 안 된다. 그러므로 만일 A의 집 아궁이에 물이 고인 것이 B가 밭을 논으로 고친 것 때문이라면 A는 B를 상대로 소유권방해 배제청구권을 행사하여 그 방해를 중지시킬 적당한 조치를 취해줄 것을 청구할 수 있다. 그리고 이와는 별도로 이로 인하여 이미 손해가 발생한 경우에는 불법행위로 인한 손해배상청구를 할 수도 있다.

3. 물권의 종류

(1) 물권법정주의

물권법정주의란 물권의 종류 및 그 내용을 법률에 규정된 것에 한하여 인정함으로써 당사자가 자유롭게 물권을 창설할 수 없게 하며, 나아가서는 법정된 물권의 내용과 다른 내용을 포함시키는 것 조차도 금지하는 법원칙을 말한다. 우리 민법도 "물권은 법률 또는 관습법에 의하는 외에는 임의로 창설하지 못한다(민법 제185조)."고 규정하여 이 원칙을 채용하고 있다.

(2) 물권의 종류

민법이 인정하는 물권의 종류로서는 점유권, 소유권, 지상권 · 지역권 · 전세권(용익물권), 유치권 · 질권 · 저당권(담보물권) 등 8종류가 있다.

(가) 점유권 : 점유권이란 물건에 대한 사실상의 지배관계를 보호하기 위한 목적에서 인정된 권리이다. 즉 점유권은 사회질서를 유지하고 거래의 안전을 보호하기 위하여 물건을 현실적으로 지배하고 있다고 하는 사실상태를 존중하여 여기에 법률상의 보호를 부여하는 제도이다.

점유자가 점유물에 대하여 행사하는 권리는 적법하게 가진 것으로 추정하며, 소유의 의사로 선의 · 평온 및 공연하게 점유한 것으로 추정한다. 따라서 점유자가 점유의 침탈을 당한 때에는 점유의 소권에 의하여 그 물건의 반환과 손해배상을 청구할 수 있고, 점유자가 점유의 방해를 받은 때에는 그 방해의 제거와 손해배상의 청구를 할 수 있으며, 점유자가 점유의 방해를 받을 염려가 있는 때에는 그 방해의 예방 또는 손해배상의 담보를 청구할 수 있다.

사례연구 191 점유개정과 선의취득

B는 A소유의 시계를 3개월간 임차하여 점유하고 있던 중 자기를 소유자라고 오신(誤信)한 C에게 매각하면서 당분간 B가 그 시계를 점유·사용하기로 합의하였다. 이 경우 C는 시계의 선의취득을 주장할 수 있는가?

≫ 무권리자로부터 동산을 양수한 자가 민법 제249조에 의하여 그 소유권을 취득할 수 있기 위해서는, 양수인이 거래행위에 의하여 평온·공연·선의·무과실로 점유를 취득하여야 한다. 여기서 점유를 취득한다는 것은 인도를 의미한다. 인도에는 현실의 인도(제188조 제1항), 간이인도(제188조 2항), 점유개정(제189조), 목적물반환청구권의 양도(제190조)의 네 가지가 있다. 위 사례에서 C는 무권리자 B를 소유자로 믿고 그로부터 시계를 매수하면서 B에게 그 시계를 점유·사용케 함으로써 선의취득의 요건을 일응 갖추었다고 할 수 있다. 그런데 C는 매수한 시계를 처분자 B에게 당분간 점유·사용토록 하였으므로 C의 점유취득 여부가 문제된다. 우리나라 다수설과 판례에 따르면 C는 선의취득의 요건을 충족하지 못한 것으로 보아 선의취득을 부정하고 있다.

(나) 소유권 : 소유권이란 물건을 사용·수익·처분하거나 기타 어떠한 방법으로든지 지배할 수 있는 권리를 말한다. 소유권은 법률이 허용하는 범위 내에서는 물건을 전면적으로 지배할 수 있고, 그 존속기간에 제한이 없으며 소멸시효에도 걸리지 않는 가장 완전한 의미에 있어서의 물권이다. 따라서 모든 물권 중에서 가장 강력하고 중요하며 항구적인 권리이다.

사례연구 192 유실물에 대한 소유권

환경미화원 김착실은 어느 날 새벽 거리를 청소하다가 500만원권 자기 앞 수표 40장을 주어 경찰서에 신고하였다. 분실자는 김착실에게 법적으로 보상금을 지급해야 하는가? 또한 분실자가 나타나지 않는 경우에는 어떻게 되는가?

≫ 유실물 습득자는 유실자를 알 수 있으면 그 소유자에게, 알 수 없으면 경찰서에 신고해야 하고 그러하지 않은 경우에는 형법상 점유이탈물횡령죄로 처벌될 수 있다. 유실물 습득 신고자에 대한 보상가는 유실물가액의 5/100 내지 20/100의 범위 내에서 받을 수 있고, 통상적으로 수표인 경우에는 액면금의 1/10으로 계산하여 그 금액의 5/100 내지 20/100을 받을 수 있다. 김착실이 유실물을 7일 이내에 제출하고 법률에 의한 공고 후 6개월 내에 물건 소유자가 나타나지 않으면 그 소유권을 취득할 수 있다(제253조).

(다) 용익물권 : 용익물권이란 타인의 물건을 일정한 목적의 범위 내에서 사용·수익할 수 있는 제한물권을 말한다.

① 지상권 : 지상권이란 타인의 토지에 건물 기타 공작물이나 수목을 소유하기 위하여 그 토지를 사용하는 권리를 말한다(민법 제279조). 특히 지하 또는 지상의 공간에 상하범위를 정하여 건물 기타 공작물을 소유하기 위한 지상권을 구분지상권이라 한다. 예컨대 타인토지의 지하에 지하철이나 주차장을 설치하는 경우 및 타인토지의 지상에 육교나 케이블카를 설치하는 경우 등을 말한다.

사례연구 193 지상권

한우정은 죽마고우 김친구가 집을 지을 땅도 없어 곤란을 겪자, 본인 소유의 땅 500㎡ 중에 100㎡에 호의로 김친구에게 집을 짓고 살도록 하였다. 서울에서 사업을 하고 있던 한우정의 아들이 부도가 나자 김친구는 지상권설정등기를 하였고, 한우정은 아주 싼 가격에 그 500㎡를 이주인에게 매도하게 되었으며, 매수인 이주인은 한우정에게 건물을 철거하고 대지를 명도하라고 하는데, 한우정이 보호받을 수 있는 권리는?

≫ 한우정의 토지를 김친구가 빌려서 집을 지은 경우, 이 땅에 대하여 지상권을 가진다. 김친구는 한우정의 호의에 따라 지상권 설정등기를 하였다면, 설정계약에 따른 기간 동안은 지상권은 존속하고 그에 따라 보호를 받는다. 만약 지상권의 존속기간을 약정하지 않았다면, 지상물의 종류에 따라 보호를 받게 되는데, 석조, 석회조, 연와조 또는 이와 유사한 견고한 건물이나 수목의 소유를 목적으로 하는 때에는 30년, 석조·석회조·연와조 또는 이와 유사한 견고한 건물 이외의 건물의 소유를 목적으로 하는 때에는 15년, 건물이외의 공작물의 소유를 목적으로 하는 때에는 5년이다(제280조 제1항).

② 지역권 : 지역권이란 자기토지의 편익을 위하여 타인의 토지를 이용하는 권리를 말한다(민법 제291조). 이때 편익을 받는 토지를 요역지라 하고, 편익을 제공하는 토지를 승역지라 한다. 예컨대 자기의 토지에 들어가기 위하여 타인의 토지를 통행한다든가, 타인의 토지를 통하여 자기의 토지에 용수를 인수하는 것을 말한다.

사례연구 194 주위토지통행권

김외톨의 집은 사방이 둘러싸여 있고 오직 앞쪽에 공터가 있어서 그곳을 통해 큰 길로 통행하며 살아왔다. 그런데 최근 위 공터를 매수한 이상해 씨라는 사람이 찾아와 그곳에 집을 짓기로 하였으니 통로를 내줄 수 없다고 한다. 김외톨의 가족은 그곳을 통과하지 아니하면 큰 길로 나갈 수 있는 방법이 없는데, 과연 이 경우 김외톨은 이상해에 대하여 어떠한 권리를 행사할 수 있는가?

≫ 민법 제219조 제1항은 "어느 토지와 공로 사이에 그 토지의 용도에 필요한 통로가 없는 경우에 그 토지소유자는 주위의 토지를 통행 또는 통로하지 아니하면 공로에 출입할 수 없거나 과다한 비용을 요하는 때에는 그 주위의 토지를 통행할 수 있고 필요한 경우에는 통로를 개설할 수 있다. 그러나 이로 인한 손해가 가장 적은 장소와 방법을 선택하여야 한다."고 규정하고 있으며, 동조 제2항에는 "전항의 통행권자는 통행지소유자의 손해를 보상하여야 한다."고 규정하고 있다. 따라서 김외톨은 이상해에 대하여 주위토지통행권을 요구할 수 있고, 만일 이상해가 이에 대하여 거절하는 경우에는 법원에 통행방해의 배제를 구하는 소송을 제기할 수 있다. 다만 이로 인하여 이상해가 입게 되는 손해를 가장 줄일 수 있는 장소와 방법의 선택 및 이상해에 대한 손해배상의 문제가 제기될 것이다.

③ 전세권 : 전세권이란 전세금을 지급하고 타인의 부동산을 점유하여 그 부동산의 용도에 따라 사용·수익하며, 그 부동산 전부에 대하여 후순위권리자 기타 채권자보다 전세금의 우선변제를 받을 수 있는 권리를 말한다(민법 제303조). 따라서 전세권은 용익물권으로서의 성질과 담보물권으로서의 성질을 동시에 갖는다고 할 수 있다. 이는 과거 임대차에 유사한 계약으로 널리 행하여져 왔던 주택전세의 관습에 기초하여 부동산이용권자를 보호한다는 취지에서 물권화한 것이다.

따라서 물권법상의 전세권과 관습법상의 전세권(채권적 전세) 사이에는 물권과 채권이라는 본질적 차이가 있다. 관습법상 인정되어 온 주거용 건물의 임대차에 관하여는 국민의 주거생활의 안정을 보장하기 위하여 주택임대차보호법(1981. 3. 5 법률 제3379호)을 제정함으로써 민법에 대한 특례를 인정하고 있다.

사례연구 195 **전세권**

김전세는 이전당에게 5,000만원의 저당권이 설정된 진주인의 집에 3,000만원에 전세를 들고 전세권 설정등기를 마쳤다. 진주인의 집이 7,000만원에 경매로 낙찰되었다면 김전세의 전세금 3,000만원은 어떻게 되는가?

≫ 김전세는 전세권 설정등기를 하였으므로 경매대금에서 전세금을 우선변제 받을 수 있는데, 이를 전세권의 우선변제적 효력이라 한다. 다만, 진주인의 집이 김전세의 전세권 설정등기 이전에 이미 이전당에게 5,000만원에 저당된 것이므로 이전당의 저당권이 우선하게 된다. 따라서 7,000만원의 경매대금 중에서 이전당이 5,000만원을 우선 변제받고, 나머지 2,000만원에 대해서만 김전세는 진주인의 다른 채권자에 우선되며, 나머지 1,000만원은 일반채무자와 같은 효력이 있다.

(라) 담보물권 : 담보물권이란 채권을 담보할 목적으로 특정물 위에 설정되는 제한물권을 말한다. 용익물권이 물건의 실질적 이용을 내용으로 하는데 반하여, 담보물권은 물건이 갖고 있는 경제적 교환가치를 토대로 채무의 이행을 확보하는 것을 말한다.

① 유치권 : 유치권이란 타인의 물건이나 유가증권을 점유하는 자가 그 물건이나 유가증권에 관하여 생긴 채권이 변제기에 있는 경우에는 그 채권의 변제를 받을 때까지 물건이나 유가증권을 유치하여 간접적으로 변제를 강제하는 권리를 말한다(제320조). 예컨대 카센터 주인이 자동차의 수리대금을 받을 때까지 수리한 자동차를 유치하거나, 세탁소 주인이 세탁물의 세탁요금을 받을 때까지 세탁한 세탁물을 유치할 수 있는 권리이다.

유치권이 성립하기 위해서는 첫째, 유치물과 채권 사이에는 견련관계(牽連關係)가 있어야 하고, 둘째, 채권이 변제기에 있어야 하며, 셋째, 채권자가 그 목적물을 점유하고 있어야 한다.

사례연구 196 **유치권의 견련성(牽連性)**

김임대는 이부동 소유의 낡은 점포를 보증금 1억 원을 주고 임차하여 그곳에 고급식당을 경영하기 위해 이부동의 동의없이 점포를 개조하였다. 그런데 그 개조작업에 있어 수도·가스·옥내외의 장식 등의 시설개수와 전기밥솥·싱크대 등 부속물을 갖추어 영업하여 오던 중 임대기간이 만료하자 이부동은 김임대에게 그 점포의 반환을 청구하였다. 이 경우 김임대는 위 점포개수에 따른 비용상환청구권 또는 부속물의 매수청구권을 확보하기 위하여 그 점포를 유치할 수 있는가?

≫ 민법 제325조에 따르면 임차인이 임차목적물에 관하여 필요비 또는 유익비를 지출한 경우에는 비용상환청구권을 행사할 수 있다. 그러나 이러한 필요비 또는 유익비는 건물 기타 그 공작물의 임차인이 그 사용의 편익을 위해 임대인의 동의를 얻어 임차물인 건물 또는 그 공작물에 부속시킨 비용에 한한다. 그러므로 위 사례에서와 같이 임대인의 동의없이 점포의 개조를 위하여 지출한 대금청구권과는 구별된다. 그러므로 이부동은 비용상환청구권을 행사할 수 없다. 한편 민법 제646조는 "건물 기타 공작물의 임차인이 그 사용의 편익을 위하여 임대인의 동의를 얻어 이에 부속한 물건이 있는 때에는 임대차의 종료시에 임대인에 대하여 그 부속물의 매수를 청구할 수 있다"고 규정하고 있다. 그러나 위 사례에서는 임대인의 동의없이 부속물을 설치한 것이므로 부속물의 매수청구권이 없다고 본다. 결국 김임대는 이부동에 대하여 비용상환청구권 및 부속물의 매수청구권을 행사할 수도 없고, 또한 이를 원인으로 한 유치권의 행사도 할 수 없다고 본다.

② 질 권 : 질권이란 채권자가 그의 채권의 담보로서 채무자 또는 제3자로부터 받은 물건을 점유하고 채무의 변제가 있을 때까지 유치함으로써 채무의 변제를 간접적으로 강제하는 동시에, 채무의 변제가 없는 때에는 그 목적물로부터 우선적으로 변제를 받을 수 있는 권리를 말한다(제329조, 제345조). 즉, 유치적 효력과 우선변제적 효력을 동시에 가지고 있다. 질권은 점유의 목적물에 따라 동산질권과 권리질권으로 나누어진다. 부동산은 질권의 목적물이 될 수 없다.

사례연구 197 **질 권**

A는 약혼반지를 잡히고 B로부터 50만원을 급히 빌렸다. 약혼녀를 만나기로 한 날 약혼반지가 없으면 문제가 될 것 같아 A는 B를 찾아가서 3일 후에 돈을 주겠으니 반지를 되돌려 달라고 하였다. 그러나 B는 들은 척도 하지 않는데, B는 어떤 권리가 있는가?

≫ B는 자기의 채권을 담보하기 위하여 A의 반지를 점유하고, 만약 A가 50만원을 변제하지 않으면 그 반지를 팔아서 그 대금으로부터 우선 변제할 수 있는 권리, 즉 질권을 갖고 있기 때문에 B는 자기의 채권을 변제받을 때까지 목적물을 유치할 수 있다.

③ 저당권 : 저당권이란 채무자 또는 제3자가 점유를 이전하지 아니하고 채무의 담보로 제공한 부동산에 대하여 다른 채권자보다 자기채권의 우선 변제를 받을 수 있는 권리를 말한다(제356조). 즉, 담보의 목적물을 관념적으로만 지배하고 목적물의 사용·수익은 그 소유권자의 수중에 남겨둔다는 점에서 목적물을 사실적으로 인도받아 질권자의 수중에 점유하고 있는 질권과 다르다. 저당권은 담보할 채무의 최고액만을 정하고 채무의 확정을 장래에 유보하여 두는 근저당의 방법으로도 설정할 수 있다.

사례연구 198 저당권

김차용은 이대출에게 자신의 부동산인 뒷동산 임야에 전세권을 설정하고 5천만원을 차용하였다. 그런데 김차용은 부당하게 자신의 임야에서 참나무를 벌채하여 표고버섯 재배자 한건강에게 매각하였다. 이 경우, 이대출이 취할 수 있는 법적 대응방법은 무엇이 있는가?

≫ 이대출은 김차용에게 담보물 제공을 청구할 수 있고(제362조), 잔존부분으로 인하여 완전한 변제를 받을 수 없는 경우에 한해서는 손해배상을 청구할 수 있다. 또한 즉시 저당권을 실행할 수 있고(제388조 제1항), 벌채목의 반출을 금할 수 있다(제370조).

4. 물권의 변동

(1) 물권변동의 의의

물권변동이란 물권의 발생·변경·소멸을 말한다. 물권의 변동은 법률규정과 법률행위에 의하여 일어나게 된다. 법률규정에 의한 물권변동이란 취득시효·무주물선점·유실물습득·상속·가공·혼동·혼화·부합·공용징수 및 몰수 등과 같이 당사자의 의사와는 관계없이 법률상 당연히 물권변동의 효과가 발생하는 것을 말한다. 그리고 법률행위에 의한 물권변동이란 사적자치의 원칙에 따라 당사자 간의 의사표시의 합치에 의한 물권행위를 함으로써 물권변동의 효과가 발생하는 것을 말한다.

(2) 물권변동에 관한 의사주의와 형식주의

물권변동을 일으키는 법률요건 가운데 가장 중요한 것은 물권변동에 관한 법률행위, 즉 물권행위이다. 그런데 물권행위에 의한 물권변동에는 당사자 간의 물권변동에 관한 의사표시의 합치만 있으면 곧 물권변동의 효과가 발생한다고 하는 의사주의와, 물권변동에 관한 의사표시의 합치는 물론 부동산인 경우에는 등기, 동산인 경우에는 인도를 하여야 비로소 물권변동의 효과가 발생한다고 하는 형식주의가 대립되어 있다.

전통적으로 프랑스는 의사주의를, 독일은 형식주의를 따르고 있으며, 우리나라는 독일법상의 형식주의를 채용하고 있다.

사례연구 199 **물권변동의 형식주의**

고우남은 2년전 친구 김죽마로부터 땅 300㎡를 사서 집을 지었으나 세금관계도 있어서 그 땅에 대한 등기이전을 하지 않은 채 지금에 이르고 있다면, 이 땅의 진정한 소유자는 누구인가?

≫ 우리나라는 물권변동에 있어 "부동산에 관한 법률행위로 인한 물권의 득실변경은 등기하여야 그 효력이 생긴다(제186조)"는 형식주의를 채택하고 있으므로 고우남은 김죽마로부터 부동산을 매입하였다 하더라도 소유권이전등기를 하지 않으면 고우남은 진정한 소유권자가 아니다. 만약 고우남과 김죽마가 모두 사망하고 매매를 증명할 수 있는 계약서 또는 영수증 등이 없다면, 김죽마의 후손들이 매수청구나 반환청구를 고우남의 후손에게 하더라도 어쩔 수 없게 되므로 고우남은 빨리 등기를 해야 한다.

(3) 등기와 인도

등기란 등기부라고 하는 공적장부에 일정사항을 기록하는 공법상의 행위를 말한다. 등기부에는 부동산등기부를 비롯하여 법인등기 · 상업등기 · 부부재산계약등기 등 여러 가지가 있다. 인도란 물건의 사실상의 지배를 현실적으로 이전하는 행위를 말한다. 이는 부동산에 있어서의 등기와 같이 공시의 원칙의 한 표현으로서 거래안전을 보호하기 위한 것이다. 인도에는 현실의 인도와 관념상의 인도가 있다. 관념상의 인도란 물건의 장소적 이동 없이 의사표시만으로 사실상의 지배가 이전되는 것을 말하는데, 이에는 간이인도 · 점유개정에 의한 인도 · 목적물반환청구권의 양도에 의한 인도 등이 있다.

사례연구 200 등기청구권과 소멸시효

한태평은 2014년 5월 20일 김우정으로부터 밭 2,500㎡를 매수하여 소유권이전등기를 하지 않은 채 사용·수익하고 있다가 2025년 5월 22일에 김우정에 대하여 소유권이전등기절차를 이행할 것을 청구하였다. 이에 대하여 김우정은 한태평이 매수일로부터 10년도 더 경과한 후에 청구하였으므로 한태평의 소유권이전등기청구권은 시효로 인하여 소멸하였다고 항변하였다. 이 경우 누구의 주장이 받아들여질 것인가?

≫ 우리나라의 대법원 판례의 입장은 "매수인이 매도인으로부터 그 목적물을 인도받아서 사용·수익하고 있는 경우에는 등기청구권은 소멸시효에 걸리지 않는다."고 판시하고 있다(대판 1976. 11. 6. 76다148 참조). 또한 등기청구권을 채권적 청구권으로 보면서도 매수인이 인도받아서 사용·수익 또는 간접점유하는 경우에는 소멸시효가 진행되지 않는다고 한다(대판 1998. 9. 27. 86다카2634). 판례의 입장에 따른다면 한태평은 김우정에게 소유권이전등기에 협력해 줄 것을 청구할 수 있고, 김우정의 소멸시효로 인한 항변은 부정된다.

Ⅱ. 채권법

1. 채권의 의의 및 특징

채권이란 특정인(채권자)이 특정인(채무자)에 대하여 일정한 행위(급부)를 청구할 수 있는 권리를 말한다. 채권은 물권과 함께 재산권을 이루는 것이지만, 양자는 많은 차이가 있다. 즉, 첫째, 물권은 사람과 물건의 관계로서 물건을 직접 지배하지만, 채권은 사람과 사람의 관계로서 채무자의 급부행위를 통하여서만 물건을 간접 지배한다. 둘째, 물권은 배타성이 있으므로 물권법정주의에 따라 일물일권이지만, 채권은 배타성이 없으므로 계약자유의 원칙에 따라 수개의 채권이 발생할 수 있다. 셋째, 물권은 모든 사람에게 주장할 수 있는 대세적·절대적 권리이지만, 채권은 특정인에게만 주장할 수 있는 대인적·상대적 권리이다.

2. 채권의 효력

(1) 대내적 효력

(가) 채무불이행과 그 책임 : 채무불이행이란 채무자가 채무의 내용에 따른 이행이 없는 경우를 총칭하는 개념이다. 채무불이행의 종류에는 첫째. 이행이 가능함에도 이행을 하지 않는 이행지체, 둘째. 이행이 불가능하게 된 이행불능, 셋째. 이행은 있었으나 완전하지 못한 불완전이행 등이 있다. 채무불이행에 대한 채권자의 구제수단으로는 현실적 이행의 강제와 손해배상의 청구 방법이 있지만, 완전이행청구(하자보수청구 · 교체청구)와 계약해제의 방법이 사용되기도 한다.

(나) 현실적 이행의 강제 : 현실적 이행강제는 채무의 성질이 강제이행을 청구할 수 있는 경우에 한한다. 즉, 채무의 성질상 강제이행을 청구할 수 있는 한 채무자가 임의로 채무를 이행하지 아니한 때에는 채권자는 법원에 그 강제집행을 청구할 수 있다.

(다) 손해배상청구 : 손해배상이란 채무불이행으로 인한 손해를 금전으로 배상하는 것을 말한다. 손해배상의 범위는 일반적으로 통상의 손해에 한한다. 통상의 손해란 채무불이행과 그로 말미암아 생긴 손해 사이에 상당인과관계가 있는 손해를 의미한다. 다만 특별한 사정으로 인하여 생긴 손해는 채무자가 알았거나 알 수 있었을 경우에 한하여 이를 배상한다.

(2) 대외적 효력

채무불이행에 대한 구제수단으로서는 강제이행의 청구나 손해배상을 청구할 수 있다. 그런데 강제이행이 불가능하거나 채권자가 이를 원하지 않는 경우에는 금전에 의한 손해배상청구만을 할 수 있게 된다. 이 경우 손해배상을 실효성있게 하기 위한 것은 결국 채무자의 일반재산뿐이므로 채권의 실질적 가치는 채무자의 일반재산의 과소에 의하여 결정된다. 그러나 채무자의 일반재산에 대하여 제3자의 침해가 있는 경우에는 채권자는 소기의 목적을 달성할 수 없게 된다. 그리하여 민법은 채무자의 일반재산을 보호하기 위한 제도로서 채권자대위권과 채권자취소권을 인정하고 있다.

(가) 채권자대위권 : 채권자대위권이란 채권자가 자기의 채권을 보전하기 위하여 채무자에게 속한 권리를 대위하여 행사하는 것을 말한다(민법 제404조).

예컨대 손해배상의 자력이 없는 채무자가 제3자로부터 받을 수 있는 채권이 있음에도 불구하고 이를 행사하지 않는 경우에, 채권자가 채무자를 대위하여 제3자에게 채무자의 권리를 행사하는 경우이다.

사례연구 201 **채권자 대위권**

만석군은 그가 소유하는 토지를 오천석에게 매각하였고, 오천석은 이를 다시 일천석에게 전매하였다. 일천석이 오천석에게 등기에 협력할 것을 요구하였으나 오천석이 이에 응하지 않으므로 만석군에 대하여 채권자대위권을 행사해서 등기를 직접 자기 앞으로 옮겨달라고 청구하였다. 이 청구는 정당한가?

≫ 위 사례에서 토지가 만석군으로부터 오천석에게, 오천석으로부터 일천석에게 전전매매되었으나, 그 등기명의는 만석군에게 있으므로 형식주의를 채용하고 있는 현행 민법하에서는 그 토지의 소유권은 여전히 만석군에게 보유되어 있다(제186조 참조). 그리고 오천석은 만석군에 대하여, 일천석은 오천석에 대하여 토지의 소유권이전등기를 청구할 수 있는 채권을 가지나, 일천석는 만석군에 대하여 이러한 권리를 갖지 않고 있다. 그러나 오천석이 만석군에 대한 소유권이전등기청구권의 행사를 게을리 한 때에는 일천석은 자기의 채권(오천석에 대한 소유권이전등기청구권)을 보전하기 위하여 오천석이 만석군에 대하여 갖는 채권(소유권이전등기청구권)을 대위행사할 수 있다. 다만 여기서 일천석이 만석군에 대하여 채권자대위권을 행사해서 등기를 직접 자기앞으로 옮겨 달라는 청구를 할 수 있느냐가 문제된다. 우리나라 판례의 입장은 중간생략등기의 합의가 없다면 일천석은 오천석을 대위하여 만석군에게 오천석 앞으로의 소유권이전등기를 구할 수는 있을지언정 직접 자기 앞으로의 소유권이전등기를 구할 수는 없다고 한다. 따라서 일천석의 청구는 부당하다.

(나) 채권자 취소권 : 채권자 취소권이란 채무자가 채권자를 해함을 알고 재산권을 목적으로 한 법률행위를 한 때에 채권자가 그 법률행위의 취소 및 원상회복을 청구할 수 있는 권리를 말한다(제406조). 예컨대 채무자가 자기의 유일한 재산을 제3자에게 증여하여 고의로 재산을 감소시킴으로써 채무의 이행이 불가능하게 된 경우에, 채권자가 채무자의 증여행위를 취소하여 원상회복을 청구하는 것이다.

3. 채권의 종류

(1) 채권의 목적

채권의 내용을 이루는 것을 보통 채권의 목적이라 하고, 채권의 목적이란 채무자가 이행하여야 할 행위, 즉 급부행위를 말한다. 급부의 종류에는 일정행위를 필요로 하는 작위와 일정행위를 필요로 하지 않는 부작위가 있다. 민법은 일정한 급부를 내용으로 하는 수종의 채권에 대하여 규정하고, 이 규정들을 채권의 발생원인이 무엇이냐를 묻지 않고 모든 채권에 공통적으로 적용하고 있다.

(2) 채권의 종류

(가) 특정물채권 : 특정물채권이란 이 책 또는 이 자동차와 같이 특별히 정해진 물건의 인도를 목적으로 하는 채권을 말한다.

사례연구 202 특정물채권

A는 자기명의의 주택과 간이창고를 B에게 1억원에 팔기로 매매계약을 체결하였다. A가 여름휴가를 다녀와 보니 홍수로 인해 간이창고의 일부가 붕괴되었는데, 이를 다시 수리하여 인도해야 하는가?

≫ 주택과 간이창고는 이 세상에 단 하나밖에 없는 것이므로 특정물이고, 매매계약과 관련해서 특약이 없는 경우 선량한 관리자로서 주의와 의무를 다해야 한다. 그러나 홍수와 같이 불가항력인 경우에는 어쩔 수 없이 그대로 인도하면 된다. 다만, B는 채무자위험부담주의의 원칙상 간이창고 일부 붕괴에 대한 대금을 지불하지 않아도 된다.

(나) 종류채권 : 종류채권이란 OB맥주 5병과 같이 일정한 종류에 속하는 물건의 일정량의 인도를 목적으로 하는 채권을 말한다. 목적물이 특정되어 있지 않는다는 점에서 이를 불특정물채권이라고도 한다.

사례연구 203 종류채권

안성에 거주하는 포도 농장주인 안거봉은 안성거봉포도 50상자를 상인 김선달에게 250만원에 팔기로 계약을 체결했다. 김선달은 안거봉과의 계약에 따라 250만원을 지불하였다. 안거봉은 안성거봉포도를 운송회사의 X정기화물편으로 김선달의 주소지로 위탁 · 발송하였는데, X정기화물 트럭이 운송도 중 강으로 전복되어 포도상자가 모두 떠내려가 버렸다. 이 경우 안거봉과 김선달의 법률관계는 어떻게 되는가?

≫ 종류채권은 특정에 의하여 특정물의 인도를 목적으로 하는 채권으로 전환된다. 그러므로 특정 이후부터는 특정된 물건이 채권의 목적물로 되고, 채무자는 그것을 인도할 때까지 선량한 관리자의 주의로 보존하지 않으면 안 된다(민법 제374조). 그리고 특정된 물건이 채무자의 선관주의의무 위반으로 멸실된 경우에는 채무불이행이 되고, 귀책사유가 없으면 위험부담의 문제가 발생한다(민법 제537조). 따라서 특정이 있기 전에는 채무자가 소유하고 있는 그 종류의 물건이 모두 멸실하더라도 그 종류물이 거래계에 존재하는 한, 이를 다시 마련하여 급부해야 한다. 본 사례에서 안거봉에 의한 목적물의 위탁발송행위로 특정의 효과는 발생하지 않는다. 그 이유는 안거봉이 김선달에게 종류채무를 부담하고 있고, 변제의 장소에 관하여 안거봉 · 김선달 사이에 특별한 약정이 없으면 안거봉은 지참채무를 지게 되므로 포도 50상자를 발송하였다 하더라도 김선달의 주소에 도달하지 않는 한 특정되지 않기 때문이다. 결국 안거봉은 김선달에게 동등품질의 하자없는 안성거봉포도 50상자를 다시 급부해야 한다.

(다) 금전채권 : 금전채권이란 일정액의 금전을 지급할 것을 목적으로 하는 채권을 말한다. 금전채권은 특약이 없는 한 채무자의 선택에 따라 강제통용력있는 각종의 통화로 변제할 수 있는데 이를 금전채권의 특칙이라 한다.

(라) 이자채권 : 이자채권이란 이자의 지급을 목적으로 하는 채권을 말한다. 이자채권은 항상 원본채권을 전제로 하며, 원본과 기간에 비례하여 산정된다.

(마) 선택채권 : 선택채권이란 수개의 목적물 중에서 어느 하나를 선택하여 지급할 것을 목적으로 하는 채권을 말한다. 예컨대 A라는 말(馬)이나 B라는 소(牛) 중 어느 하나를 선택하여 급부하는 것이다.

사례연구 204 선택채권

방자는 곧 결혼하게 될 조카 방울이에게 결혼 선물로 도자기 1점 또는 냉장고 1대 또는 금전 300만원 중에서 방울이가 원하는 것을 주기로 방울이와 계약을 체결하였다. 그 후 방자는 조카의 결혼선물 문제로 아내인 향단이와 크게 다투게 되었고, 그 과정에서 도자기가 깨졌을 경우, 방자와 방울이의 법률관계는 어떻게 되는가?

≫ 먼저 방울이로서는 방자가 방울이에 대하여 구체적인 급부를 제시하고 있기 때문에 급부의무를 부담하지 않은 단순한 약속으로 보기 어려우므로 방자와 방울이와의 관계는 단순한 호의관계가 아닌 법률관계로 증여계약에 해당한다. 위 사례에서 증여계약을 해제할 수 없는 것으로 가정한다면, 방울이는 도자기 1점 또는 냉장고 1대 또는 금전 300만원 중에서 하나를 선택할 수 있는 선택채권을 갖게 된다. 방울이가 냉장고를 선택한다면 적합한 품질의 물건 중에서 구체적인 것으로 특정해야 하고, 금전 300만원을 선택한다면 금전채권을 갖게 된다. 그러나 멸실된 도자기를 선택한다면 방자에 대하여 채무불이행 가운데 이행불능을 이유로 손해배상을 청구할 수 있다.

4. 채권의 발생원인

민법상 채권의 발생원인으로서는 계약 · 사무관리 · 부당이득 · 불법행위 등 4종류가 있다. 이 중 계약은 법률행위이며, 나머지는 법률행위가 아닌 사실이다.

(1) 계 약

계약이란 서로 대립하는 두 개 이상의 의사표시의 합치에 의하여 성립하는 법률행위를 말한다. 이때 대립하는 의사표시란 청약과 승낙을 말한다. 계약의 내용은 사적자치의 원칙에 따라 당사자의 합의에 의하여 자유로이 결정할 수 있지만, 민법은 전형계약으로서 14가지를 열거하고 있다. 이는 당사자의 합의에 의하여 성립할 수 있는 계약의 중요유형을 편의상 나열한 것에 불과하므로, 반드시 14종에 한정되는 것은 아니다.

민법상의 전형계약으로는 증여 · 매매 · 교환 · 소비대차 · 사용대차 · 임대차 · 고용 · 도급 · 현상광고 · 위임 · 임치 · 조합 · 종신정기금 · 화해 등이 있다.

(2) 사무관리

사무관리란 법률상의 의무없이 타인을 위하여 사무를 관리하는 행위를 말한다(제734조). 예컨대 주인이 여행 중 그 집을 보아주는 자가 폭풍으로 인하여 훼손된 가옥을 수선하거나, 길을 잃은 미아에게 음식물을 제공하는 경우를 말한다. 사무관리를 개시한 자는 그 사무의 성질에 따라 본인에게 가장 이익이 되는 방법으로 이를 관리하여야 하고, 사무관리에 의하여 지출한 필요비나 유익비가 있을 때에는 본인에 대하여 그 상환을 청구할 수 있다.

사례연구 205 사무관리로 인한 비용상환청구권

혼자 사는 A는 지난 여름 제주도로 휴가를 떠났다. 그런데 갑작스런 폭우로 A의 집이 침수되어 쓰러질 위기에 처해 있었다. 그러자 옆집에 살고 있는 B가 침수된 가옥을 수선하기 위해 목수 C에게 그 보수를 부탁하고, 그에게 보수비용 20만원을 지급하였다. 며칠 후 A가 돌아오자 B는 그동안의 사실을 이야기하고 가옥수선에 든 비용 20만원을 요구하자, A는 누가 그런 일을 시켰느냐고 따지면서 비용지급을 거절하고 있다. 이 경우 B는 A에게 비용상환청구권을 행사할 수 있는가?

≫ 민법 제734조 제1항은 "의무 없이 타인을 위하여 사무를 관리한 자는 그 사무의 성질에 좇아 가장 본인에게 이익이 되는 방법으로 이를 관리하여야 한다."고 규정하고, 제739조 제1항은 "관리자가 본인을 위하여 필요비 또는 유익비를 지출한 때에는 본인에 대하여 그 상환을 청구할 수 있다."고 규정하고 있다. 그러므로 위 사례에서 비록 B는 법률상 의무없이 A의 가옥을 수리해 주었다고 해도 민법 제739조 제3항에 의하여 A에게 비용상환을 청구할 수 있고, A는 이를 거절할 수 없다고 본다.

(3) 부당이득

부당이득이란 법률상 원인없이 타인의 재산 또는 노무로 인하여 이익을 얻고 이로 인하여 타인에게 손해를 가한 경우를 말한다. 예컨대 채무자가 이중변제를 한 경우나, 타인의 산림을 자기의 산림으로 생각하고 수목을 벌채한 경우를 말한다. 부당이득을 본 자는 그 이익을 손실자에게 반환하여야 한다. 즉, 부당이득을 본 자가 선의인 경우에는 현존이익의 범위 내에서 반환하고, 악의인 경우에는 그 이익에 이자를 붙여 반환해야 하며, 만일 손해가 발생한 경우에는 손해배상의 책임을 부담한다.

사례연구 206 부당이득

A는 B의 상가점포를 보증금 1억원, 월세 200만원, 기간 1년의 조건으로 계약했으나 장사가 잘되지 않아 문을 닫아야 할 상황이 되었다. 이에 A는 B에게 임대계약 해지를 제안하였으나 B는 다른 세입자가 와야 보증금을 돌려줄 수 있다고 한다. A는 어쩔 수 없이 보증금을 받을 때까지 가게를 열거 놓고 있는데, 이때에도 월세를 지급해야 하는가?

≫ 임차인은 보증금을 받을 때까지 점포를 사용할 권한이 있다. 다만, 월세에 해당하는 이익은 임대인에게 있으므로 임차인이 이를 지급하지 않을 경우에는 부당이득이 된다. 따라서 A가 상가점포를 사용하고 있는 한 계속하여 월세를 지급하여야 한다.

(4) 불법행위

불법행위란 고의 또는 과실에 의하여 타인에게 손해를 가한 행위를 말한다. 본래 불법행위란 고전적 의미에 있어서는 살인이나 폭행과 같이 행위 그 자체가 위법한 것이 보통이었다. 그러나 현대에 있어서는 운전행위·기업의 영업활동·의료행위 등 그 행위자체로서는 적법한 것이지만, 결과에 있어서 중대한 손해가 발생하였다면 거기에 위법성을 추정하여 불법행위를 인정하고 있다.

타인의 불법행위로 인하여 손해를 입은 자는 개인에 대한 책임으로서의 손해배상책임과 사회에 대한 책임으로서의 형사상의 책임을 물을 수 있다. 불법행위로 인한 손해배상청구권의 소멸시효는 그 손해 및 가해자를 안 날로부터 3년, 불법행위가 있었던 날로부터 10년이다(제766조).

사례연구 207 사용자 배상책임

B회사가 그 직원의 야유회를 위하여 A회사로부터 A회사 소속의 운전사와 함께 A회사 소유의 버스를 일시 빌려서 운행 중 운전사의 과실로 인하여 행인을 치어 사망케 하였다. 이 경우, 행인의 사망에 대하여 A와 B는 어떤 책임을 지는가?

≫ 위 사례는 피용자의 불법행위로 인한 사용자의 배상책임에 관한 문제이다. 그런데 운전사와 함께 버스를 일시 대여한 경우에 대여자가 그 운전사와의 관계에 있어서 여전히 사용자의 지위에 서는가, 또 차용자는 그 운전사에 대하여 어떠한 관계인가를 밝힘으로써 본 사례에 대한 결론을 얻을 수 있다. 대법원은 자기회사소속 운전사와 함께 자기회사소속 버스를 일시 빌려준 A회사는 불법행위자인 운전사와 여전히 사용자의 지위에 있다고 판시(대판 1963. 9. 26. 63다455)하고 있다. 따라서 A회사는 행인의 사망에 대하여 운전사의 사용자로서 손해배상책임을 져야 한다. 한편 차용자인 B회사는 위 운전자와의 관계에 있어서 사용자인 A회사에 갈음하여 그 운전사무를 감독하는 자의 지위에 있다고 할 것이므로, B회사 역시 대리감독자로서의 책임을 면할 수 없다. 따라서 이들의 책임은 부진정연대채무이다. A회사와 B회사가 불법행위자인 운전사에 대한 구상권 행사의 여부는 별개 문제이다.

5. 다수당사자의 채권관계

다수당사자의 채권관계란 동일한 채권·채무관계에 대하여 수인의 채권자 또는 채무자가 존재하는 경우를 말한다.

(1) 가분채권관계

가분채권관계(분할채권관계)란 가분급여를 목적으로 하는 채권관계를 말한다. 즉, 하나의 채권관계에 있어서 채권자가 다수 있으면 각자 평등한 비율로 분할된 독립된 채권을 갖게 되고, 채무자가 다수 있으면 각자 평등한 비율로 분할된 독립된 채무를 부담하게 되는 관계이다. 따라서 가분채권관계에서는 특별한 의사표시가 없는 한 각 채권자 또는 채무자는 균등한 비율로 권리가 있고 의무를 부담한다.

(2) 불가분채권관계

불가분채권관계란 불가분급여를 목적으로 하는 채권관계를 말한다. 즉, 하나의 채권관계에 있어서 채권자 또는 채무자가 다수 있더라도 채무의 목적물이 그 성질상 또는 당사자의 의사표시에 의하여 분할할 수 없는 경우를 말한다. 따라서 불가분채권관계에 있어서는 각 채권자는 모든 채권자를 위하여 전부의 이행을 청구할 수 있고, 채무자는 모든 채권자를 위하여 각 채권자에게 전부의 이행을 부담한다.

(3) 연대채무

연대채무란 수인의 채무자가 동일내용의 급부에 대하여 각자 독립적으로 전부의 변제를 할 의무를 부담하고, 그 가운데 한 사람이 변제를 하면 다른 채무자 모두 의무를 면하게 되는 채무를 말한다. 따라서 채권자는 1인의 채무자에 대하여 전부의 이행을 청구할 수도 있고, 또한 채무자 전원에 대하여 동시에 또는 순차로 채무의 전부나 일부를 청구할 수도 있다. 다만 연대채무자의 부담부분은 당사자사이에 특약이 없는 한 균등한 것으로 추정되므로, 1인의 채무자가 변제를 한 경우에는 다른 채무자에 대하여 구상권을 행사할 수 있다.

(4) 보증채무

보증채무란 주된 채무자가 그의 채무를 이행하지 않은 경우에 이를 이행하여야 할 채무를 말한다. 보증채무는 주된 채무와 그 내용은 같지만, 그것과는 별개·독립된 채무이며(독립성), 주된 채무의 담보를 목적으로 하므로 주된 채무와 주종관계에 있고(부종성), 주된 채무가 이전하면 보증채무도 이에 따라 이전하며(수반성), 주채무자가 주된 채무를 이행하지 않는 경우에만 비로소 보증인은 보증채무를 이행한다(보충성). 이 보충성에 의하여 보증인은 최고의 항변권과 검색의 항변권을 가지며, 채무를 변제하였을 때에는 주채무자에 대하여 구상권을 행사할 수 있다.

사례연구 208 **분별의 이익과 보증채무**

B는 A에 대하여 1,000만원의 채무를 지고 있다. C는 단순한 보증인으로서, D는 연대보증인으로서 B의 채무를 각각 보증하고 있다. 이때 B가 변제하지 않을 경우에 A는 C와 D에게 어떠한 청구를 할 수 있는가? 그리고 C가 A에게 1,000만원을 지급했을 경우에 C는 누구에게 어떠한 권리를 청구할 수 있는가?

≫ 본 사례는 A와 B·C·D 사이의 다수당사자의 채권관계에 관한 것이다. 즉, C·D는 B의 채무에 대하여 공동보증관계에 있다. 단순보증의 경우에는 최고·검색의 항변권은 물론 분별의 이익도 갖지만, 연대보증인 경우에는 최고·검색의 항변권은 물론 분별의 이익도 갖지 못한다. 따라서 C는 A에 대하여 500만원의 보증채무를 부담하고, D는 연대채무자와 마찬가지로 1,000만원에 대한 보증채무를 부담한다. 구상권의 행사여부는 별도의 문제이다.

6. 채권양도와 채무인수

(1) 채권양도

채권의 양도란 채권자와 제3자간의 양도계약에 의하여 채권의 동일성을 유지하면서 타인에게 이전하는 것을 말한다. 채무자는 양도계약의 당사자가 아니다. 따라서 채권양도의 사실을 채무자나 제3자에게 대항하기 위해서는 공시방법을 갖추어야 한다. 즉, 지명채권의 양도는 채권자의 통지 또는 채무자의 승낙이 있어야 하며, 지시채권의 양도는 증권의 배서·교부를 필요로 한다. 다만 채권의 성질이나 당사자 간의 특약 및 법률의 규정이 있는 경우에는 채권양도가 금지된다.

사례연구 209 **채권양도**

A는 자신의 아파트를 인테리어 업자 B에게 보증금 1억원, 계약기간 2년으로 전세를 주었다. 그런데 B가 부도가 나자 C라는 사람이 와서 물품대금 채권이 있다면서 전세보증금을 자신에게 달라고 하였고, 또 D라는 사람은 B에게 돈을 빌려 주었으니 자신에게 전세보증금을 달라고 하는데, 누구에게 주어야 하는가?

≫ 전세보증금 반환청구권은 B가 가지고 있는 채권으로 채권자가 누구에게 있는지 정해져 있으므로 지명채권에 해당한다. 임대보증금과 같은 지명채권은 B(임차인)가 A(임대인)에게 통지하거나 A(임대인)가 승낙해야만 양도의 효력이 발생하고 A(임대인) 또는 제3자에 대해서 대항력이 인정되고, 채권양도의 승낙이나 통지는 확정일자가 있는 문서로 해야 된다. A는 B로부터 확정일자 있는 문서로 전세보증금 반환청구권을 누구에게 양도하였다는 통지를 받은 사람에게 주어야 한다. 양도의 의사표시가 명확하지 않은 상태에서 계약이 만료되었다면 법원에 공탁하는 방법도 있다.

(2) 채무인수

채무의 인수란 채권자와 제3자와의 계약에 의하여 채무의 동일성을 유지하면서 타인에게 이전시키는 것을 말한다. 채무인수를 무제한적으로 허용함은 채권자를 해할 염려가 있으므로 일정한 요건을 갖춘 경우에만 인정하는 것이 타당하다. 즉, 첫째, 채권자·채무자·인수인간의 3면계약에 의한 인수, 둘째, 채권자와 인수인간의 계약에 의한 경우에는 구채무자의 동의, 셋째, 채무자와 인수인간의 계약에 의한 경우에는 채권자의 승낙 등이 있어야만 유효하다고 볼 것이다.

7. 채권의 소멸

채권의 소멸이란 채권이 객관적으로 그 존재를 상실하여 이행청구를 할 수 없는 경우를 말한다. 채권의 소멸원인에는 일반적 소멸원인과 특수한 소멸원인이 있다. 특히 특수한 소멸원인은 민법상 채권소멸의 특수한 원인으로써 규정하고 있는 것을 말한다.

민법에서 규정하고 있는 채권의 소멸원인으로는 변제, 대물변제, 공탁, 상계, 경개, 면제, 혼동 등 7가지가 있다.

제 3 절 가족과 법률관계

Ⅰ. 서 설

사람의 사적 공동생활관계는 대체로 재산관계와 신분관계로 구분된다. 재산관계란 앞서 설명한 바와 같이 재화를 생산하고 소비하는 경제적 생활관계이며, 신분관계란 종족의 생식과 보존을 위한 가족적 생활관계이다. 이 가운데 재산관계를 규율하는 법을 재산법이라 하고, 신분관계를 규율하는 법을 신분법 또는 가족법이라 한다. 그리고 가족법 중에서도 혼인을 중심으로 한 부부관계와 이를 기초로 하여 전개되는 친자관계 및 가족관계와 같은 친족관계인 가족법과 이러한 친족관계에 수반되는 재산의 승계 내지 처리에 관한 상속관계인 상속법이 있다.

Ⅱ. 친족법

1. 친족법의 의의

친족법이란 혈연과 혼인으로부터 출발하는 친자관계, 부부관계 등 가족관계의 신분적 공동생활관계를 규율하는 법규를 말한다.

2. 친족관계

(1) 친족의 범위

법률상 친족의 범위는 8촌 이내의 혈족, 4촌 이내의 인척 및 배우자를 말한다(제777조). 혈족이란 혈연관계로 맺어지는 친족관계로써, 자기의 직계존속과 직계비속을 '직계혈족'이라 하고, 자기의 형제자매와 형제자매의 직계비속, 직계존속의 형제자매 및 그 형제자매의 직계비속을 '방계혈족'이라 한다. 그리고 인척이란 혼인에 의하여 맺어지는 친족관계로써 혈족의 배우자, 배우자의 혈족 및 배우자의 혈족의 배우자를 말한다. 배우자는 혼인으로 인하여 결합된 남녀, 즉 부부관계를 말한다.

사례연구 210 **친족의 의의와 종류**

A남은 B녀와 결혼하여 아들 C를 낳았다. 불행히도 B가 사망하자 A는 전 남편과 이혼하고 살고 있었던 D녀와 재혼하고 3년 전에 아들 막둥이를 낳았다. 전처 B가 낳은 아들과 A의 후처인 D 사이에는 모자관계가 인정되는가?

≫ C와 그의 아버지의 후처인 D녀와의 사이는 계모자관계이다. 계모자관계도 1990년 민법 개정 전에는 계모의 출생자와 같이 모자관계를 인정하였으나 이를 삭제하였다. 따라서 후처인 D녀와 전처(B녀)의 출생자인 C 사이는 모자관계가 되지 않고 인척관계가 될 뿐이다.

(2) 친계와 촌수

친계란 친족상호 간의 혈통연락관계를 말하며, 그 간격이 먼 자는 원친, 가까운 자는 근친이라 한다. 친계에는 직계친과 방계친, 존속친과 비속친, 부계친과 모계친 및 적계친과 서계친 등이 있다.

촌수란 친족관계의 긴밀도를 나타내는 척도이며, 친족상호간의 혈통연락의 친소·원근은 촌수에 의하여 표시된다. 즉 혈족의 촌수계산은 직계혈족은 자기로부터 직계존속에 이르고 자기로부터 직계비속에 이르는 세수를 통산하여 그 촌수를 정하고, 방계혈족은 자기로부터 동원의 직계존속에 이르는 세수와 그 동원의 직계존속으로부터 그 직계비속에 이르는 세수를 통산하여 그 세수를 정한다.

인척의 촌수계산은 배우자의 혈족에 대해서는 배우자의 그 혈족에 대한 촌수에 따르고, 혈족의 배우자에 대해서는 그 혈족에 대한 촌수와 같다.

사례연구 211 **촌수**

A의 아내 B는 아이를 낳지 못하였다. 그래서 A는 동생인 C의 자식 중에 D를 양자로 입양하였다. 원래 A와 D의 관계는 3촌인데, 입양하였을 때에는 A와 D 사이에는 몇 촌인가?

≫ 양자는 입양한 날로부터 양부모가 혼인 중에 낳은 자식과 동일한 관계로 보고 촌수가 정해지므로, A와 D간에의 촌수는 3촌 관계가 아니라 1촌간이다.

(3) 가와 가족

(가) 가(家) : 사람의 가족공동생활은 횡적인 결합관계로서 가(家)제도가 있고, 종적인 결합관계로서 가족제도가 있다. 호주제하에서의 가란 호주와 가족을 구성원으로 하여 그들 사이에 인정되는 권리 · 의무에 의하여 법률적으로 맺어진 단체로서 호적상의 형식적 집단을 말하였다. 그러나 개정 가족법에서는 부계와 모계 모두 가족의 범위에 포함시켰으며, 배우자와 직계혈족, 형제자매는 기본이며, 생계를 같이할 경우 사위나 장인, 장모, 처남, 처제, 시동생, 시누이 등도 가족의 범위에 포함 된다(제779조). 가의 종류에는 본가와 분가, 양가와 생가, 부가와 처가, 부가와 모가 등이 있다.

(나) 가족의 범위 : 가족이란 배우자, 직계혈족 및 형제자매이며, 직계혈족의 배우자와 배우자의 직계혈족 및 배우자의 형제자매의 경우는 생계를 같이하는 경우에 한한다(민법 779조).

3. 부부관계

(1) 의 의

부부관계란 건전한 성인남녀 1:1의 혼인관계로부터 발생하는 부부간의 신분상 또는 재산상의 법률관계를 말한다. 본래 혼인은 부부로서 평생을 함께할 것을 목적으로 하는 남녀의 본능적 결합이다. 부부관계는 혼인에 의하여 발생하고 이혼에 의하여 소멸한다. 다만 약혼은 장래 부부관계를 발생시키는 혼인의 예약에 불과한 것으로서 강제이행을 청구할 수 없다.

(2) 약 혼

(가) 약혼의 성립 : 약혼은 당사자 사이의 합의로써 성립하고, 합의의 방식에는 제한이 없으며, 성년에 달한 자는 부모나 후견인의 동의 없이 자유로이 약혼할 수 있다. 그러나 만 18세가 된 사람은 부모나 미성년후견인의 동의를 받아 약혼할 수 있고, 피성년후견인은 부모나 성년후견인의 동의를 받아야 약혼할 수 있다. 이중약혼이나 근친관계에 있는 자 사이의 약혼은 무효이다.

(나) 약혼의 효과 : 약혼당사자는 서로 혼인을 성립시킬 책임이 있으며, 장래 부부공동체를 이룰 의무가 있다. 그러나 당사자의 일방이 의무를 위반하였다고 하여 강제이행을 청구할 수는 없다(제803조). 약혼당사자 사이에는 아직

친족관계도 발생하지 않으며, 약혼 중에 출생한 자는 혼인 외의 자가 된다.

(다) 약혼의 해제

① 약혼의 해제사유: 민법 제804조는 약혼의 해제사유에 대하여 다음 8가지를 들고 있다. 즉 i) 약혼 후 자격정지 이상의 형의 선고를 받은 경우, ii) 약혼 후 성년후견개시나 한정후견개시의 심판을 받은 경우, iii) 성병·불치의 정신병 그 밖의 불치의 병질(病疾)이 있는 경우, iv) 약혼 후 다른 사람과 약혼 또는 혼인을 한 경우, v) 약혼 후 다른 사람과 간음한 경우, vi) 약혼 후 1년 이상 생사가 불명한 경우, vii) 정당한 이유없이 혼인을 거절하거나 그 시기를 늦추는 경우, viii) 그 밖의 중대한 사유가 있는 경우 등이다(제804조).

② 해제의 방법과 효과: 약혼의 해제는 상대방에 대한 의사표시로서 한다. 그러나 상대방에 대하여 의사표시를 할 수 없는 때에는 그 해제의 원인이 있음을 안 때에 해제된 것으로 본다(제805조). 약혼이 해제된 경우에는 당사자의 일방은 과실 있는 상대방에 대하여 이로 인한 손해배상을 청구할 수 있다. 이때의 손해는 재산상의 손해는 물론 정신상의 손해(위자료)도 포함된다(제806조).

사례연구 212 **약혼의 해제사유와 효과**

한국대학교 4학년에 재학 중인 이몽룡과 황진이는 졸업과 동시에 결혼하기로 약속하고 약혼을 하였다. 약혼 후 약 3개월간에 걸친 교제를 하면서 수차의 육체관계를 맺었다. 그러나 4개월째로 접어들면서 남자의 애정에 변화가 일더니 마침내 일방적인 파혼을 통고해 오기에 이르렀다. 파혼의 이유는 첫째 가정환경이 빈약하다는 것과, 둘째 잠자리를 같이해 보니 처녀가 아니더라는 것이었다. 이에 여자는 크게 반발하여 남자를 상대로 가정법원에 혼인예약불이행으로 인한 위자료청구소송을 제기하였고, 남자는 이에 맞서 약혼예물반환청구소송을 제기하였다. 이몽룡과 황진이는 어떤 책임을 져야 하는가?

≫ 약혼이란 장차 결혼할 것을 목적으로 하는 1남 1녀 당사자 사이의 계약인데, 자신의 학력, 직업, 경력 등 혼인의사를 결정하는데 중대한 영향을 미치는 사항에 관하여 이를 상대방에게 고지할 신의성실의 의무가 있다. 그런데, 위 사례에서 이몽룡의 파혼사유 중, 첫째 가정환경이 빈약하다는 것은 헌법이 보장하는 혼인의 순결성에 비추어 부당하고, 둘째, 여자가 처녀가 아니라는 점을 들고 있으나, 그녀가 당시에 처녀가 아니었다는 확증이 없을 뿐만 아니라 수차례에 걸쳐 계속적인 육체관계를 맺어왔다는 점에서 그 정당성을 수긍할 수 없기 때문에 이몽룡은 춘향이에게 위자료를 지급해야한다. 다만, 육체

관계로 인한 처녀성 상실에 대한 대가는 각자의 의사에 의하여 각자의 위험부담 아래 스스로 행한 결과이므로 위자료에 포함될 수 없고, 약혼예물의 반환문제는 유책자에게는 그 청구권이 인정되지 않으므로 이몽룡은 약혼예물의 반환을 청구할 권리가 없고, 황진이는 약혼예물의 반환을 청구할 수 있다.

(3) 혼 인

(가) 혼인의 성립

① 실질적 성립요건: 혼인이 성립하기 위해서는 다음과 같은 실질적 요건을 필요로 한다. 즉 i) 당사자 간에 혼인의사의 합치가 있어야 한다. 따라서 혼인에 대한 의사의 합치가 없는 경우 또는 이른바 정혼은 무효이다. ii) 혼인연령, 즉 만 18세에 달하였어야 한다(제807조). iii) 미성년자가 혼인을 하는 경우에는 부모의 동의를 받아야 하며, 부모 중 한쪽이 동의권을 행사할 수 없을 때에는 다른 한쪽의 동의를 얻어야 하고, 부모가 모두 동의권을 행사할 수 없을 때에는 미성년후견인의 동의를 얻어야 한다. 그리고 피성년후견인은 부모나 성년후견인의 동의를 받아 혼인할 수 있다(제808조). iv) ① 8촌 이내의 혈족(친양자의 입양 전의 혈족을 포함한다) 사이, ② 6촌 이내의 혈족의 배우자, 배우자의 6촌 이내의 혈족, 배우자의 4촌 이내의 혈족의 배우자인 인척이거나 이러한 인척이었던 자 사이, ③ 6촌 이내의 양부모계(養父母系)의 혈족이었던 자와 4촌 이내의 양부모계의 인척이었던 자 사이에서는 혼인하지 못한다(제809조). v) 중혼이 아니라야 한다(제810조). 이는 일부일처제를 혼인의 기본원리로 하고 있기 때문이다. 한편, 종전에는 부성추정의 혼란을 피하기 위하여 여자의 경우에는 재혼금지기간(혼인종료일로부터 6개월)을 두고 있었으나(제811조), 2005년 민법개정에서 삭제하였다.

사례연구 213 혼인의 실질적 성립요건

25세인 이몽룡과 23세인 이몽녀는 부모의 허락도 얻지 않고 간소하게 예식을 올리고 가정을 꾸미었다. 이몽룡과 이몽녀는 정당한 부부인가? 한편 세월이 흘러 이몽룡과 이몽녀는 혼인신고를 하려고 면사무소에 갔더니 담당공무원이 동성동본이라 한다. 이몽룡은 사정을 하여 혼인신고를 마쳤다. 이때 이몽룡과 이몽녀는의 혼인은 어떻게 되는가?

>> 이몽룡과 이몽녀가 8촌 이내의 혈족이라면 그들의 혼인은 무효이고(제809조 제1항), 그렇지 않은 경우에는 담당공무원이 혼인신고를 수리하였다면 민법 제809조(근친혼 등의 금지)에 따른 혼인이라고 취소하지 않는 한 유효한 혼인이 된다. 또한 이몽룡과 이몽녀 사이에 이쁜이가 출생한 경우에는 누구도 취소할 수 없다(제820조).

② 형식적 성립요건 : 혼인은 가정적 공동생활을 목적으로 하는 남녀의 법률적 결합관계를 말한다. 따라서 당사자 간에 혼인의사의 합치가 있거나 기타 실질적 요건을 갖추었다 하더라도 법률이 정하는 적법절차를 거치지 않는 한 법률상의 부부로 인정될 수 없다. 이를 법률혼주의라 한다. 즉, 혼인은 가족관계의 등록 등에 관한 법률에 정하는 바에 의하여 신고를 함으로써 그 효력이 생긴다(제812조). 만일 실질적으로 혼인생활을 영위하고 사회적·관습적으로 혼인관계에 있다고 볼 수 있는 경우에도 혼인신고가 없는 한 법률상의 혼인으로 인정되지 아니하고, 단지 사실혼관계에 불과하다.

사례연구 214 형부와 처제간의 혼인여부

A는 얼마 전 교통사고로 아내를 잃고 어린 자식들과 살아가고 있다. 그러던 중 아이들을 돌보기 위하여 시골에서 미혼인 처제 B가 올라와 아이들의 뒷바라지를 하고 있다. 그런데 아이들도 처제를 잘 따르고 A역시 처제가 죽은 아내와 꼭 닮아 좋아하고 있다. 과연 형부인 A와 처제인 B는 혼인할 수 있는가?

>> 민법 제809조 제2항은 "6촌 이내의 양부모계의 혈족이었던 자와 4촌 이내의 양부모계의 인척이었던 자 사이에서는 혼인하지 못한다"고 규정하고 있다. 여기서 말하는 8촌 이내의 인척이란 ① 혈족의 배우자(며느리, 형수, 외숙모, 고모부, 사위, 형부 등), ② 배우자의 혈족(시부모, 시숙, 시동생, 장인, 장모, 처남, 처제 등), ③ 배우자의 혈족의 배우자(동서, 처남의 처, 남편의 자매의 배우자 등)를 말한다. 민법이 개정되기 전에는 학자들 간에 형부와 처제의 결혼에 대하여 학설이 대립되어 있었으나, 1990년 개정된 민법 제777조 제2호에서 친족의 범위를 4촌 이내의 인척으로 규정하게 됨에 따라 형부와 처제는 혼인할 수 없다는 점을 명확히 하였다.

(나) 혼인의 효력

① 일반적 효력 : 혼인은 그 직접적·기초적인 효과로서 당사자 간에 부부관계를 성립시킴과 동시에 제3자에 대하여도 특수한 관계를 발생시킨다. 즉, i) 혼인에 의하여 배우자로서의 신분을 취득하고 서로 상대방의 8촌 이내의 혈족 및 4촌 이내의 인척과 친족관계가 발생한다. ii) 혼인에 의하여 당사자는 동거·부양·협조의무를 진다. 다만 정당한 이유로 일시적으로 동거하지 아니하는 경우에는 서로 인용하여야 한다(제826조 제1항). 동거의 장소는 부부가 협의에 의하여 정한다(제826조 제2항). iii) 혼인에 의하여 미성년자는 성년으로 의제된다(제826조의2). 그 결과 미성년자도 친권이나 후견으로부터 벗어나 단독으로 유효한 법률행위를 할 수 있다. 그러나 성년의제의 효력은 사법상의 법률행위에 한한다

② 재산상의 효력 : 부부간의 재산관계는 당사자 사이의 계약이나 법률의 규정에 의하여 정하여진다. 전자를 계약재산제라 하고, 후자를 법정재산제라 한다.

(i) 계약재산제 : 부부간의 재산계약은 혼인 성립 전에 체결하고 혼인신고시까지 등기하여야 한다. 등기가 없는 경우에는 당사자간에는 효력이 있지만, 그 승계인이나 제3자에게는 대항할 수 없다. 또한 부부간의 재산계약은 혼인중에는 임의로 변경할 수 없으나, 정당한 사유가 있는 때에는 법원의 허가를 얻어 변경할 수 있다. 그러나 오늘날 부부간의 재산계약은 많이 행해지지 않고 있기 때문에 거의 모든 재산관계는 법정재산제에 의한다.

(ii) 법정재산제

㉠ 부부별산제 : 부부가 혼인 성립 전에 재산계약을 체결하지 않은 경우에는 법정재산제에 따른다. 즉, 민법은 부부별산제를 채용하여, 부부의 일방이 혼인 전부터 가지고 있던 고유재산과 혼인 중 자기명의로 취득한 재산은 각자의 특유재산으로 하고, 그 특유재산은 각자가 관리·사용·수익하도록 하고 있다(민법 제831조). 그러나 부부의 누구에게 속한 것인지 분명하지 않은 재산은 부부의 공유재산으로 추정한다.

사례연구 215 **부부별산제**

부모로부터 건물 한 채를 상속받은 24살의 A녀는 사업을 하고 있던 B남과 결혼하였다. 그런데 B남은 지금까지 하고 있던 사업을 확장하자며 A녀의 재산을 B남의 명의로 하고 은행에서 대출까지 받자고 한다. A녀는 부부는 일심동체라고 하지만 만약을 위해서라도 그 건물을 자기가 명의로 그대로 두고 싶은데 어떻게 해야 하는가?

≫ 혼인할 때 부모님으로부터 받은 재산이나 혼인 전에 직장생활 등으로 취득한 재산은 각자 고유의 재산이 된다. 따라서 A녀의 상속재산은 A녀 개인재산이고, A녀가 스스로 관리 · 사용 · 수익할 수 있도록 되어 있으므로 B남의 명의로 해주지 않아도 된다.

ⓛ 일상가사대리권과 채무의 연대책임 : 부부는 일상가사에 관하여는 서로 대리할 수 있으며, 일상가사에 관하여 부부의 일방이 제3자와 법률행위를 한 때에는 다른 일방은 이로 인한 채무에 대하여 연대책임이 있다(민법 제832조). 그러나 이미 제3자에 대하여 다른 일방의 책임 없음을 명시한 때에는 그러하지 아니하다. 여기서의 일상가사란 부부의 공동생활에 필요한 모든 사항을 말하는 것으로서, 예컨대 생활용품의 구입비, 의료비, 자녀의 교육비, 가옥임대료, 각종 세금과 공과금 및 가족의 오락과 여가에 관한 비용 등을 말한다.

ⓒ 혼인생활비용의 부담 : 부부의 공동생활에 필요한 비용은 당사자 간에 특별한 약정이 없는 한 부부가 공동으로 부담한다.

사례연구 216 **일상가사대리권과 연대책임**

김카사는 처 임마눌과 가구상 이명품으로부터 명품 장농을 1,000만원에 매수하고 대금의 일부인 400만원을 지불하면서 장농을 인도받았으나, 잔대금 600만원을 지불하지 않고 있던 중 김카사와 이혼하였다. 이 경우, 김카사, 임마눌, 이명품 등 3자 간의 법률관계는?

≫ 부부의 일방이 일상가사에 관하여 제3자와 법률행위를 한 때에는 다른 일방도 연대책임이 있다(제832조). 위 사례에서 김카사는 민법 제832조에 의하여 임마눌의 잔대금 600만원에 대한 연대책임이 있다. 그러나 문제는 현재 임마눌과 이혼한 상태에 있는 김카사에게도 잔대금의 지급의무가 있는가 하는 점이다. 부부간의 일상가사채무는 이혼 후에도 존속한다. 다만 부부의 일

상가사대리행위로 인한 채무의 경우에 인정되는 제832조의 연대책임은 이혼에 의하여 민법 제413조 이하에서 규정하는 보통의 연대책임관계로 변화된다. 따라서 김카사·임마눌 간의 특약 또는 연대채무를 부담하기에 이른 법률행위로 인하여 받은 이익비율에 의하여 부담부분을 정하고 그래도 부담부분을 정할 수 없을 때에는 균등한 것으로 추정한다(제424조). 또한 이명품은 김카사 또는 임마눌에게 잔대금의 지급을 최고할 수 있고, 최고기간의 경과 후에도 잔대금을 지급하지 않는 경우에는 계약해제권을 갖는다. 그리고 일상가사에 관한 법률행위로부터 생긴 가구에 대한 소유권은 그것이 배우자 일방의 통상적으로 사용되는 물건인 경우를 제외하고는 공유로 추정된다. 따라서 이혼 후에 공유관계가 유지되는 동안 가구점에 대하여 잔대금을 지급한 자는 상대방의 부담부분인 잔대금의 2분의 1을 구상할 수 있다.

(다) 혼인의 무효와 취소

① 혼인의 무효 : 혼인의 무효란 혼인이 성립할 당시부터 부부로서의 효력이 발생하지 않는 것을 말한다. 무효의 원인으로서는 i) 당사자 간에 혼인합의가 없는 경우, ii) 당사자 간에 8촌 이내의 혈족인 경우, iii) 당사자 간에 직계인척관계가 있거나 또는 있었던 경우, iv) 당사자 간 양부모계의 직계혈족 관계가 있었던 때 등이다.

혼인이 무효로 되면 당사자 사이에서 출생한 자는 혼인 외의 출생자로 되며, 혼인으로 인하여 발생한 모든 효력은 처음부터 무효가 된다. 그리고 일방에게 과실이 있는 경우에는 그에 대하여 손해배상을 청구할 수 있다.

② 혼인의 취소 : 혼인의 취소란 이미 성립한 혼인을 일정사유를 이유로 무효화시키는 것을 말한다. 취소의 원인으로서는 i) 혼인연령에 미달한 경우, ii) 부모 또는 미성년후견인의 동의를 얻지 않은 미성년자 또는 부모나 성년후견인의 동의를 얻지 않은 피성년후견인의 혼인의 경우, iii) 민법 제809조에 의한 근친혼 등의 경우 iv) 중혼인 경우, v) 혼인당시 당사자 일방에 부부생활을 계속할 수 없는 악질 기타 중대 사유있음을 알지 못한 경우, v) 사기 또는 강박으로 인하여 혼인의 의사표시를 한 경우 등이다(제816조).

혼인이 취소되어도 그 효력은 소급하지 않고, 장래에 대해서만 취소의 효력이 미친다. 따라서 혼인에 의하여 출생한 자는 혼인 중의 자의 신분을 상실하지 않는다. 혼인이 취소된 경우에도 일방에게 과실이 있는 경우에는 그에 대하여 손해배상을 청구할 수 있다.

사례연구 217 혼인의 취소

김황당은 한국대학교 법학과에 다니는 황진이를 짝사랑하였고, 사귀자고 청하였으나 거절도 당했다. 더욱이 황진이는 대학 축제에서 미스한국대학교로 뽑혀 더욱더 콧대가 높아졌다. 김황당은 황진이를 모르게 혼인신고를 해버리면 황진이도 '어쩔 수 없겠지!' 하면서 몰래 혼인신고서를 작성하여 혼인신고를 해버렸다면, 동 혼인의 효력은 어떻게 되는가?

≫ 혼인신고는 당사자 쌍방의 합치된 의사에 의해야 하고 만약 혼인의사가 없음에도 불구하고 한쪽 당사자가 한쪽 당사자 모르게 한 혼인신고는 특별한 사정이 없는 한 무효이다(대판 1978.10.31., 선고78므37). 따라서 황진이는 가정법원에 혼인무효확인소송을 제기하면 되고, 법원으로부터 무효판결을 받은 날로부터 1월 이내에 재판의 등본 및 확정증명서를 첨부하여 호적정정을 신청해야 한다. 또한 김황당의 행위는 민법상 불법행위에 해당하므로(제750조) 재산적 손실 이외에 정신적 고통에 따른 위자료도 배상해야 한다(제751조).

(4) 이 혼

(가) 혼인의 해소와 이혼 : 혼인은 당사자의 사망, 실종선고, 이혼 등에 의하여 해소된다. 특히 이혼이란 부부의 생존 중에 당사자의 협의나 법원의 판결로서 부부관계를 인위적으로 소멸시킨다는 점에서, 당사자의 사망이나 실종선고에 의한 혼인의 자연적 해소와 다르다.

(나) 이혼의 형태

① 협의상의 이혼 : 부부는 협의에 의하여 이혼할 수 있다(민법 제834조). 협의이혼인 경우에는 그 원인여부를 묻지 않는다. 따라서 당사자 간에 이혼의사의 합치만 있으면 이혼은 성립한다(제853조). 다만 피성년후견인은 부모 또는 성년후견인의 동의를 얻어야 한다. 미성년자는 혼인에 의하여 성년으로 의제되었으므로 부모나 후견인의 동의를 얻지 않고도 이혼할 수 있다. 협의이혼은 형식적 요건으로서 가정법원의 확인을 받아 가족관계의 등록 등에 관한 법률이 정하는 바에 의하여 이혼신고를 하여야 한다.

② 재판상의 이혼 : 부부가 협의에 의하여 이혼을 할 수 없는 경우에는 당사자 일방의 청구에 의하여 재판상의 이혼을 할 수 있다. 재판상의 이혼은 반드시 법정 이혼사유가 있는 경우에만 가능하다. 우리나라 민법은 법정 이혼

사유를 정하는 입법주의에는 당사자 일방에게 책임이 있는 경우에만 이혼을 청구할 수 있는 유책주의를 원칙으로 하면서 당사자 쌍방 모두에게 아무런 책임이 없어도 더 이상 혼인을 계속할 수 없는 파탄의 지경에 이르렀다면 이혼을 청구할 수 있는 파탄주의를 예외로 하고 있다.

재판상 이혼사유로는, ⅰ) 배우자의 부정행위, ⅱ) 배우자의 악의의 유기, ⅲ) 배우자 또는 직계존속으로부터 심히 부당한 대우, ⅳ) 자기의 직계존속이 배우자로부터 심히 부당한 대우, ⅴ) 배우자의 생사가 3년 이상 분명하지 않은 경우, ⅵ) 기타 혼인을 계속하기 어려운 중대한 사유가 있는 경우 등이다(제840조). 여기서 혼인을 계속할 수 없는 중대한 사유란 추상적 · 상대적인 이혼사유로서 각각의 경우마다 다를 것이므로 결국은 법원의 판단에 맡길 수밖에 없다. 재판상 이혼의 경우에도 가족관계의 등록 등에 관한 법률이 정하는 바에 따라 이혼신고를 하여야 하나, 협의이혼에서와 같은 창설적 신고가 아니고 보고적 신고에 지나지 않는다. 다만 재판상 이혼을 청구하는 자는 우선 가정법원에 조정신청을 하여야 한다. 이를 조정전치주의라 한다.

사례연구 218 이혼사유

A남과 B녀는 대학 같은 학과 커플로 결혼까지 골인하였다. 그런데 유복자면서 외동딸이었던 B녀는 늙은 어머니가 혼자 사는 것을 걱정하여 결혼 후에도 함께 살기로 약속하였다. 흔쾌하게 정성껏 장모를 모시겠다고 약속했던 A남은 결혼 후 몇 년 지나 마음이 변하여 장모와 불화가 발생하고 심지어 욕까지 하며 구박하였으며, 집에도 몇 달째 들어오지 않고 생활비도 보내 주지 않고 있다. 어느 날 우연히 술집 앞에서 여종업원과 키스를 하는 장면도 목격하고 이를 다그치자 구타까지 하였다. 이에 B녀는 이혼을 결심하였는데, 위와 같은 행위로 이혼할 수 있는가?

≫ 위 사례에서 이혼사유가 될 수 있는 것으로는 ⅰ) 장모에게 욕까지 하며 구박한 것은 '자기의 직계존속이 배우자로부터 심히 부당한 대우', ⅱ) A남이 수개월 집에 들어오지 않고 생활비도 보내 주지 않은 행위는 '배우자의 악의의 유기', B녀를 구타한 행위는 '배우자로부터 심히 부당한 대우' 내지 '기타 혼인을 할 수 없는 중대한 사유'에 해당한다. 다만, 아직까지 키스행위만으로 부정한 행위에 해당한다고 판결한 대법원의 판례는 없다. 따라서 단순히 키스한 사실만으로는 재판상의 이혼사유인 '배우자의 부정행위'가 있었다고 볼 수 없다. 다만 키스행위로 인하여 부부간에 회복할 수 없을 정도의

파탄상태에 도달하였다면 이는 '혼인을 계속할 수 없는 중대한 사유'에 해당하여 이혼이 인정될 수도 있을 것이다.

(다) 이혼의 효과

① 일반적 효과 : 이혼이 성립되면 혼인에 의하여 부부 사이에 발생한 모든 권리의무는 소멸한다. 즉, 부부관계와 친족관계는 물론 정조·동거·부양·협조의무와 같은 신분상 및 재산상의 모든 법률관계를 혼인전의 상태로 복귀시킨다.

사례연구 219 **이혼의 효력**

사업하고 있던 A남과 부모로부터 건물 한 채를 상속받은 B녀는 몇 년 연애 끝에 결혼하여 단란한 가정을 꾸미고 살아왔다. 그런데, A남의 사업이 실패하여 채권자들로부터 빚독촉에 시달리자 가장이혼을 하기로 하고 이혼신고를 하였다. 그러나 A남은 채무관계가 어느 정도 해소되었음에도 불구하고 차일피일 재혼신고를 미루고 있는데, B녀는 A남과 했던 이혼의 무효나 취소를 구할 수 있는가?

≫ 이혼합의가 없는 가장이혼일 경우 당연무효가 된다. 이혼의사가 있었는지에 대한 판단에 있어 과거의 판례에는 '혼인의 파탄사실 없이 동거생활을 계속하면서 통모하여 형식상으로는 협의이혼신고를 한 경우'에 무효로 판시하였다. 그러나, 최근에는 '이혼신고의 법률상의 중대성에 비추어 비록 일시적으로나마 법률상 부부관계를 해소하려는 당사자 사이의 합의신고가 된 이상 협의이혼에 다른 목적이 있었다 하더라도 양자 간에 이혼의사가 없다고는 말할 수 없고, 이러한 협의이혼은 무효로 되지 않는다'고 판시하였다.

② 자(子)에 대한 효과 : 자(子)에 대한 공동친권은 이혼으로 인하여 단독친권으로 변경된다. 그러므로 부모가 이혼한 경우에는 친권자와 양육권자를 부모가 협의에 의하여 정하거나, 당사자의 청구에 의하여 가정법원이 이를 결정하며(제909조, 제837조), 부모의 이혼으로 자의 신분에는 영향이 없다. 따라서 부자간·부모간의 친족관계는 그대로 유지되며, 혼인 중에 포태한 자는 이혼 후 출생하였어도 혼인 중의 출생자로 된다.

자를 직접 양육하지 아니하는 부모의 일방과 자는 양육권자에 대하여 면접교섭청구권을 행사할 수 있다(제837조의2). 면접교섭권이란 양육권자가 아니기 때문에 현실적으로 자를 보호·양육하고 있지 않은 어버이가 그 자와 직접 서신교환 또는 접촉할 수 있는 권리를 말한다. 다만 가정법원은 자의 복리를 위하여 필요한 때에는 당사자의 청구에 의하여 면접교섭을 제한하거나 배제할 수 있다.

사례연구 220 **이혼에 있어 자(子)에 대한 효과**

A와 B는 이혼하기로 하였다. 그들 사이에 출생한 자식은 누가 돌보아야 하며, 부(父)인 A가 양육하면서 친권을 행사하기로 하였다면 B녀는 자식을 만나 볼 수 있는가?

≫ A와 B는 누가 자식을 양육할 것인가를 협의에 의하여 정해야 하고, 협의가 이루어지지 않을 경우에는 당사자인 A와 B의 청구에 의해 법원이 양육할 자를 정한다(제837조). 또한 만약 부(父)인 A 또는 모(母)인 B가 양육한다고 할 때, 양육권자가 아닌 모(母) 또는 부(父)는 자식과 왕래, 숙박, 서신교환 등을 할 수 있다. 즉, 면접교섭권이 있다.

③ 재산상의 효과 : 부부가 이혼하게 되면 혼인적 생활공동체는 해체되고 이에 따라 부부가 공동으로 영위해 오던 경제생활관계도 끝나게 되며, 현행 민법은 부부의 재산은 어느 한 사람에 의하여 형성된 것이 아니라 부부의 공동노력, 즉 남편의 소득과 부인의 가사노동의 결과로 형성된 것이기 때문에 이혼시 이 재산에 대한 기여도에 따라 각자의 몫에 해당하는 재산의 분할을 상대방에 대하여 청구할 수 있도록 하였다(제839조의2 제1항). 이를 재산분할청구권이라 한다. 재산분할의 금액은 당사자의 협의에 의하여 정하고, 협의를 할 수 없는 경우에는 당사자의 청구에 의하여 가정법원이 재산의 액수와 재산형성에 기여한 정도 등을 고려하여 구체적으로 결정한다(제839조의2 제2항).

분할의 대상이 되는 재산은 혼인 후 이혼 시까지 부부가 공동으로 마련한 재산이며, 경우에 따라서는 혼인 전에 성립한 재산이라도 그에 협력한 정도에 따라 분할의 대상이 될 수 있다. 그리고 장래의 퇴직금·보험금·연금·의사와 변호사 등의 자격취득에 협조한 비용 등도 포함된다는 것이 오늘날의 경향이다. 재산분할청구권은 이혼한 날로부터 2년이 경과하면 소멸한다(제839조의2 제3항).

사례연구 221 **이혼과 재산분할청구권**

B녀가 20년 동안 가정살림을 충실히 꾸리면서 내조를 한 결과 무일푼으로 시작한 남편 A는 이제 번듯한 집도 장만하고 상당한 재산을 소유하게 되었다. 그러나 남편 A는 얼마 전부터 젊은 여자와 놀아나더니 더 이상 B와는 살 수 없다면서 이혼을 요구해와 B가 부득이 이에 응해 주었다. B는 위자료도 전혀 받지 못한 상태인데 전남편 A의 재산의 일부를 받을 수 있는가?

≫ 현행 민법은 본문과 같이 이혼에 즈음한 재산분할청구권을 규정하고 있으므로 B녀는 위자료 청구와 함께 재산분할도 청구할 수 있다. 즉, 재산분할제도는 위자료제도와는 별개의 문제이다. 재산분할청구는 부동산 등의 재산을 돈으로 환산하여 일정금액의 현금으로 지급청구를 할 수도 있고, 부동산에 대한 지분이전등기를 구하는 방법으로도 할 수 있으며, 재산분할청구권의 소멸시효는 2년이다.

④ 손해배상청구권 : 재판상 이혼의 경우 당사자 일방은 과실 있는 상대방에 대하여 이혼으로 인한 재산상의 손해는 물론 정신상의 손해에 대한 배상을 청구할 수 있다. 앞서 설명한 재산분할청구권과 손해배상청구권은 별개의 것이다. 따라서 이를 각각 분리하여 청구할 수도 있고, 이를 동시에 청구할 수도 있다.

(5) 사실혼관계

(가) 사실혼의 의의 : 사실혼이란 사회적으로는 정당한 부부이지만 혼인신고가 되어 있지 않기 때문에 법률상의 혼인으로 인정되지 않는 남녀의 결합관계를 말한다. 이를 내연관계 또는 준혼이라고도 한다. 사실혼관계는 법률혼주의의 부산물로서 선량한 풍속 기타 사회질서에 반하는 남녀의 결합을 보호·장려할 수는 없기 때문에 법의 목적에 비추어 일정한 한계를 짓지 않을 수 없다.

(나) 사실혼의 효과 : 일반적으로 혼인의 신분적·재산적 효과는 사실혼의 부부에게 인정하여도 무방할 것이지만, 혼인신고를 전제로 하거나 제3자에게 영향을 미치는 것은 인정될 수 없다. 즉, 동거·부양·협조 및 정조의 의무와 같은 신분상의 효과는 물론 일상가사대리권과 그 연대책임·부부간의 특유재산·공동생활비용의 부담 등 재산상의 효과는 사실혼관계에도 그대로 적용

된다. 그러나 호적변동이나 친족관계의 발생, 성년의제, 상속권 등 혼인신고를 전제로 한 경우에는 사실혼관계에는 적용될 수 없다. 그리고 사실혼관계에서 출생한 자도 비적출자로 된다.

그러나 특별법에서는 사실혼부부에게도 법률상의 부부와 동일한 취급을 하고 있다. 즉, 공무원연금법, 국가공무원법, 근로기준법, 선원법 등에서는 배우자의 범위에 사실상 혼인관계에 있는 자를 포함하고 있다.

사례연구 222 사실혼관계의 재산분할청구권

부모형제 없이 고아로 살아 온 한바람과 이순진은 결혼신고를 하지 않은채 3년간 동거를 하면서 열심히 노력한 결과 상가 건물 한 채의 재산도 갖게 되었다. 이순진이 임신 3개월이 되자 아이를 낳은 후 결혼할 것을 약속하였는데, 한바람이 갑자기 젊은 여자와 놀아나더니 같이 살 수 없다고 하여 할 수 없이 헤어지게 되었다. 이런 경우, 이순진은 한바람의 재산 중 일부를 받을 수 있는가?

≫ 혼인은 신고를 전제로 하고 있으므로 사실혼관계는 원칙적으로 인정될 수 없다. 그러나 오늘날의 학설과 판례(서울가정법원 1994.2.25, 92 드 68329)는 사실혼관계가 해소된 경우에도 재산분할청구권을 긍정하고 있다. 그것은 사실혼을 준혼관계로 파악하여 법적 보호를 도모하는 것이 타당하다고 판단되기 때문이다. 따라서 이순진은 한바람에 대한 재산분할청구권 및 위자료청구권을 행사할 수 있다.

4. 친자관계

(1) 의 의

친자관계란 부부관계와 더불어 사람의 혈연적·친족적 공동생활 가운데에서도 가장 기본적인 신분관계로서 부모가 자를 보호·양육한다는 인륜적 자연관계를 말한다. 민법상 친자관계에는 자연적 혈연관계가 있는 친생자와 법률상 친생자관계로 의제되는 법정친자관계가 있다.

친자의 성과 본은 원칙적으로 부의 성과 본을 따르며, 혼인신고시 모(母)의 성을 따르기로 협의 한 경우 또는 부(父)를 알 수 없는 경우에는 모의 성과 본을 따른다. 친자관계로부터 친권·부양·상속의 효력이 생긴다.

(2) 친생자

(가) 혼인 중의 출생자 : 혼인 중의 출생자란 법률상 정당한 혼인관계에 있는 남녀 사이에서 출생한 자를 말한다. 즉, 처가 혼인 중에 부의 자를 포태하여 출생한 자이다. 그런데 민법에서는 혼인 중의 출생자에 대한 모자관계는 당연히 인정하나, 부자관계에 대하여는 부의 자의 추정규정을 두고 있다(제844조). 즉, 처가 혼인 중에 포태한 자는 부의 자로 추정하며, 혼인성립의 날로부터 200일 후 또는 혼인관계종료의 날로부터 300일 이내에 출생한 자는 혼인 중에 포태한 것으로 추정한다.

만일 혼인 중의 자로 추정된 자가 사실은 그 부의 자가 아닌 경우에는 친생부인의 소에 의하여, 혼인 중의 자로 추정 받지 못하는 자에 대하여는 친생자관계부존재확인의 소로서 친생자관계를 부인할 수 있다. 종전에는 친생부인소를 제기할 수 있는 자를 남편에 한정하고 그 소송기간도 출생을 안 날로부터 1년 이내에 하도록 하였으나, 2005년 법개정에 의하여 남편은 물론 부인도 친생부인소송을 제기할 수 있고 그 사유가 있음을 안 날로부터 2년 이내에 할 수 있도록 하였다.

사례연구 223 **혼인 중 출생자의 친생추정**

김유학과 바람녀는 2022년 10월 9일 결혼하였고, 김유학은 한국에 바람녀를 두고 2023년 8월부터 2024년 12월까지 미국에서 유학을 하고 돌아 왔다. 그런데 이게 왠일인가? 아내 바람녀가 2025년 5월 20일 아들을 출산하였다. 김유학은 친생자관계부존재확인의 소를 제기하고자 하는데, 이는 가능한가?

≫ 민법 제844조 제1항은 “처가 혼인 중에 포태한 자는 부의 자로 추정한다”고 규정하고, 제2항은 “혼인이 성립한 날부터 200일 후에 출생한 자녀는 혼인 중에 임신한 것으로 추정한다.”고 규정하고 있으며, 제3항은 “혼인관계가 종료된 날부터 300일 이내에 출생한 자녀는 혼인 중에 임신한 것으로 추정한다”고 규정하고 있다. 본 사례의 경우 아들은 김유학과 바람녀의 혼인성립 후 2년 3개월 만에 출생하였으나, 2024년 12월까지 김유학은 외국 유학중이어서 아들이 김유학에 의하여 포태되었다고 볼 수 없는 명백한 객관적 사정이 있는 경우라고 볼 수 있다. 따라서 김유학은 친생자관계부존재확인의 소에 의하여 아들과의 친생자관계를 부인할 수 있다.

(나) 혼인 외의 출생자 : 혼인 외의 출생자란 법률상 정당한 혼인관계가 없는 남녀 사이에서 출생한 자를 말한다. 예컨대 사실혼, 무효혼, 사통관계 등에 의하여 출생한 자와 판결에 의하여 친생자가 아님이 확정된 자를 말한다. 혼인 외의 출생자에 대하여서도 모자관계는 해산이라는 사실만으로 당연히 인정하나, 부자관계는 그 생부가 이를 인지함으로써만이 법률상 친자관계가 발생한다. 다만 모자관계가 분명하지 않은 고아인 경우에는 모의 인지도 필요하다. 인지란 혼인 외의 자에 대하여 법률상의 부 또는 모를 정하는 제도로서, 이에는 부 또는 모의 의사에 의한 임의인지와 법원의 판결에 의한 강제인지가 있다.

사례연구 224 **사실혼 관계에서 출생한 미성년자의 양육자 지정신청**

방자와 향단이는 혼인은 하였으나 혼인신고를 하지 않은 상태에서 방울이를 출산하였고, 출생신고도 하지 않은 상태에 있다. 방자와 향단이는 상호 성격 차이 및 고부간의 갈등으로 서로 합의하에 사실혼관계를 해소하려 하지만 자(子) 방울이의 양육자 문제가 협의되지 않아 분쟁이 생겼는데, 이 경우에도 가정법원에 양육자지정신청을 할 수 있는가?

≫ 판례에 따르면 "사실혼이란 당사자 사이에 혼인의 의사가 있고, 객관적으로나 사회통념상으로 가족질서적인 면에서 부부공동생활을 인정할 만한 혼인생활의 실체가 있는 경우"이다(대판 1995. 3. 28. 94므1584). 사실혼관계의 배우자 사이의 자(子)는 혼인 외의 자가 되고 부(夫)가 인지함으로써 부와의 친자관계가 성립하며, 부모의 협의로 친권(친권과 양육권을 분리하지 않는 한 친권행사자가 양육권자가 됨)을 행사할 자를 지정하고, 만약 협의를 할 수 없거나 협의가 이루어지지 않는 경우에는 부모의 청구에 의해 법원이 정하게 된다(제909조 제4항). 따라서 위 사례의 경우에는 먼저 자(子)인 방울이를 방자의 자로 인지하도록 한 후 법원에 친권행사자지정신청을 해야 한다.

(다) 준 정 : 준정이란 혼인 외의 출생자가 그 생부와 생모의 혼인을 원인으로 하여 혼인 중의 자로서의 신분을 취득하는 것을 말한다. 즉, 혼인 외의 출생자라도 그 생부와 생모가 법률상 혼인을 하게 되면 그 혼인을 한 때로부터 혼인 중의 출생자로 된다. 준정에는 혼인에 의한 준정, 혼인중의 준정, 혼인해소 후의 준정이 있다.

사례연구 225 준 정

A남과 B녀는 서로 교재를 하던 중 C를 낳았는데, A와 B는 사정이 여의치 않아 결혼을 미루다가 3년 후에 결혼을 하고 혼인신고를 마쳤다면 A와 B의 자식인 C의 신분은 어떻게 되는가?

≫ C는 혼인 외의 출생자이지만, A와 B가 혼인하게 되면 혼인 중의 출생자로서의 신분을 취득하게 되는데(제855조 제2항), 이를 준정이라 한다.

(3) 양 자(법정친자)

(가) 양자제도의 의의와 발전 : 양자제도란 자연적 혈연에 관계없이 인위적으로 법률상의 친자관계를 맺는 것을 말한다. 1989년 개정민법에서는 종래 가본위 양자제도를 근간으로 하였던 사후양자, 유언양자, 서양자, 직계비속장남자의 입양금지, 이성양자의 호주상속금지, 호주가 된 양자의 파양금지 등에 관한 규정을 폐지하고, 입양제도를 조정하는 등 양자제도에 대한 대폭적인 개정이 이루어졌으며, 1999년 민법개정에서도 약간의 개정이 있었다. 그리고 2005년 개정에서는 우리나라도 친양자제도를 도입하였고, 2012년 개정에서는 입양의 요건과 효력, 입양의 무효와 취소 등에서 개정, 신설, 폐지 등이 이었다.

(나) 입양의 성립요건 : 양친자관계는 입양에 의하여 성립되는데 입양의 성립요건은 다음과 같다. 실질적 성립요건으로서, ① 당사자 사이에 입양합의가 있을 것, ② 양친은 성년자일 것, ③ 양자로 될 사람이 13세 미만인 경우에는 법정대리인이 그를 갈음하여 동의 또는 승낙이 있을 것, ④ 성년양자는 부모의 동의를 얻을 것, ⑤ 미성년양자는 부모 또는 다른 직계존속이 없으면 후견인의 동의를 얻고 후견인이 동의를 할 경우에는 가정법원의 동의를 얻을 것, ⑥ 피성년후견인이 양친이 되거나 양자가 되는 경우에는 성년후견인의 동의를 얻을 것, ⑦ 배우자 있는 자가 양자를 할 때에는 배우자와 공동으로 하여야 하고, 양자가 될 때에는 다른 일방의 동의가 있을 것, ⑧ 양자는 존속 또는 연장자가 아닐 것 등이다. 그리고 형식적 성립요건으로는 가족관계의 등록 등에 관한 법률이 정한 바에 따라 입양신고를 하여야 한다.

사례연구 226 **입양의 성립요건**

독신주의자로 살고 있는 A는 현재 35세인데, 성이 다른 25세의 B를 양자로 입양할 수 있는가?

≫ 양부모가 성년에 달하였으면, 성 · 나이 또는 기혼 여부와 관계없이 A와 B 사이에 다른 요건에 장애가 없는 한 입양이 가능하다.

(다) 입양의 효과 : 양자는 입양한 때로부터 양친과 법정친자관계가 발생하고 혼인중의 출생자와 같은 신분을 취득한다. 그리고 양부의 혈족 · 인척과도 친족관계가 발생한다. 종전에는 양자와 생가 사이의 친족관계는 변하지 않았으나, 2005년 친양자제도를 도입하면서 15세 미만 입양자의 경우 친생부모 등과의 친족관계는 종료하고, 양친과의 친족관계만 갖도록 하였다. 그러나 2012년 개정에서는 양자는 입양된 때부터 양부모의 친생자와 같은 지위를 갖고, 양자의 입양 전의 친족관계는 존속하도록 규정하고 있다.

양자는 양가에 입적하고 양친의 친권에 복종하여야 하며, 상호간에 부양의무가 발생한다. 이성양자의 경우라도 양친의 성과 본을 따르도록 하였다.

(라) 파 양 : 파양이란 양친자관계를 인위적으로 해소하는 것을 말하며, 협의상의 파양과 재판상의 파양이 있다. 즉, 당사자 사이의 파양에 대한 합의가 있거나 일정한 법정원인이 발생한 경우 법원의 판결이 있으면, 양친자관계는 소멸되고 부양, 상속, 친권관계도 해소된다. 재판상의 파양의 경우에는 과실 있는 상대방에 대하여 파양으로 인한 손해배상을 청구할 수 있다. 파양도 가족관계의 등록 등에 관한 법률이 정하는 바에 따라 신고하여야 한다.

(4) 친 권

(가) 친권의 의의 : 친권이란 부 또는 모가 미성년의 자에 대하여, 양자의 경우 양부모가 갖는 신분상 · 재산상의 보호와 감독을 내용으로 하는 권리 · 의무를 말한다.

(나) 친권의 행사 : 친권의 행사는 혼인 중인 때에는 부모가 공동으로 행사한다. 부모의 일방이 친권을 행사할 수 없을 때에는 다른 일방이 이를 행사하며, 부모의 의견이 일치하지 않는 때에는 당사자의 청구에 의하여 가정법원이 이를 정한다. 부모가 공동으로 친권을 행사하는 경우 부모의 일방이 공동

명의로 자를 대리하거나 자의 법률행위에 동의한 때에는 다른 일방의 의사에 반하는 때에도 그 효력이 있다. 다만 상대방이 악의인 경우에는 그러하지 아니하다. 혼인 외의 자가 인지된 경우와 부모가 이혼한 경우에는 부모의 협의로 친권을 행사할 자를 정하고, 협의할 수 없거나 협의가 이루어지지 않은 때에는 당사자의 청구에 의하여 가정법원이 정한다.

(다) 친권의 내용 : 친권의 내용은 자의 신분에 관한 사항과 자의 재산에 관한 사항으로 나누어진다. 신분에 관한 사항으로서는 자를 보호하고 교양하는 권리의무, 거소지정권, 징계권, 영업허가권, 신분상 행위의 대리권과 동의권 등이 있고, 재산에 관한 사항으로서는 자의 특유재산에 대한 관리권, 자의 재산행위에 대한 대리권과 동의권 등이 있다. 그러나 친권자가 그 자와의 사이에 또는 그 친권에 따르는 수인의 자 사이에 이해상반되는 행위를 하는 경우에는 친권은 제한을 받게되고, 법원에 그 자에 대한 특별대리인의 선임을 청구하여야 한다.

(라) 친권의 소멸과 상실 : 친권은 자의 사망이나 실종선고, 자의 혼인 및 자가 성년이 된 때에 소멸한다. 그리고 친권자의 사망, 자의 입양, 모의 재혼, 친권상실선고, 친권자의 행방불명이나 피성년후견인 지정 등에 의하여 소멸한다. 전자를 친권의 절대적 소멸이라 하고, 후자를 친권의 상대적 소멸이라고 한다. 친권이 상대적으로 소멸한 경우에는 다른 친권자 및 후견인이 이를 대신한다. 부 또는 모가 친권을 남용하거나 현저한 비행 기타 친권을 행사시킬 수 없는 중대한 사유가 있는 때에는 법원은 일정한 자의 청구에 의하여 그 친권의 상실을 선고할 수 있다. 또한 친권자가 부적당한 재산관리로 인하여 자의 재산을 위태하게 한 때에도 법원은 일정한 자의 청구에 의하여 그 법률행위의 대리권과 재산관리권의 상실을 선고할 수 있다.

사례연구 227 **친권의 상실**

A는 자식 B가 판사가 되기 원하였고, 초등학교 때부터 성적이 조금만 떨어지면 회초리를 들었는데, 고등학교를 가면서 B의 성적은 바닥을 헤매게 되었다. 삶의 낙이 없어진 A는 알코올 중독자가 되어 살림을 부수기도 하고 "공부도 못하는 놈은 돈이나 벌어오라!"고 하면서 심한 매질을 하였다면, B는 A의 말에 복종하고 순종해야 하는가?

≫ 부모에게는 자녀에 대해 보호·교양을 하기 위하여 징계권이 있으나, 징계권의 범위가 어느 정도인지는 명확하지 않지만 A가 정당한 범위를 넘어서 초등학생인 B를 징계하였다면 친권의 남용으로 친권상실의 사유가 될 수 있다. 특히, 알코올 중독자는 자녀를 보호·교양을 할 수 없고, A의 말에 복종하도록 하는 것은 친권의 남용으로서 친권상실의 사유가 되므로 B의 친족이나 검사의 청구에 의하여 A의 B에 대한 친권상실선고를 받게 할 수 있고, 어머니가 있으면 단독친권자가 된다.

(5) 후견과 후견감독인

(가) 후 견 : 후견이란 미성년자·피한정후견인·피성년후견인을 보호·교양하고 그 사람의 행위를 대리하여 재산을 관리하는 것을 말한다. 따라서 미성년자에게 친권자가 있을 때에는 후견인이 필요없다. 후견인의 직무는 친권자의 직무와 대체로 같다. 후견인에는 최후로 친권을 행사하는 자가 유언으로 지정하는 미성년후견인, 지정된 미성년후견인이 없는 경우에는 직권으로 또는 미성년자, 친족, 이해관계인, 검사, 지방자치단체의 장의 청구에 의하여 미성년후견인을 선임한다(제932조 제1항), 그리고 성년후견인은 가정법원이 직권으로 선임한다(제936조 제1항).

사례연구 228 후 견

부부인 A와 B는 미성년자 C와 D를 데리고 여름휴가를 갔다가 돌아오던 중 교통사고로 A와 B는 사망하였고, A의 재산은 상당하였다. 자식 C와 D는 유산상속을 받았으나 누구를 의지하고 살아야 할지 막막하다. 그런데 어느 날 큰 아버지가 C와 D를 거두겠다고 하고, 아이들의 외할머니도 후견인이 되길 원하고 있는데, 이런 경우 누가 후견인이 되는가?

≫ 부모의 사망으로 인하여 신체 및 재산상의 보호를 받을 수 없는 미성년자를 보호·교양하기 위하여 후견인을 둘 필요가 있다. 본문의 설명과 같이, 지정후견인, 법정후견인 및 선임후견인을 둘 수 있다. 위 사례에서는 법정후견인인 큰 아버지가 후견인이 된다.

(나) 후견감독인 : 미성년후견인을 지정할 수 있는 사람은 유언으로 미성년후견감독인을 지정할 수 있고(제940조의2), 미성년후견감독인이 없는 경우에 필요하다고 인정하면 가정법원 직권으로 또는 미성년자, 친족, 미성년후견

인, 검사, 지방자치단체의 장의 청구에 의하여 미성년후견감독인을 선임할 수 있다(제940조의3). 또한 가정법원은 필요하다고 인정하면 직권으로 또는 피성년후견인, 친족, 성년후견인, 검사, 지방자치단체의 청구에 의하여 성년후견인을 선임할 수 있다(제940조의4). 다만, 민법 779조에 따른 후견인의 가족은 후견감독인이 될 수 없다.

Ⅲ. 상속법

1. 재산상속

(1) 상속의 개시

재산상속은 원칙적으로 자연인의 사망에 의하여 발생한다(민법 제997조). 실종선고도 사망으로 간주되므로 실종기간이 만료되면 상속이 개시된다. 인정사망의 경우에도 사망으로 추정되므로 역시 같다. 상속개시의 시기는 피상속인이 사망한 때이며, 피상속인의 주소지에서 상속이 개시된다. 만일 피상속인의 주소지를 알 수 없는 때에는 최후의 주소지 및 거소지를 상속개시의 장소로 본다. 그리고 상속에 관한 비용은 상속재산 중에서 지급한다(제998조의2).

(2) 상속순위와 법정상속분

(가) 일반적인 상속순위와 법정상속분 : 민법상 상속의 순위는 다음과 같다. 그러나 선순위의 상속인이 없는 경우에만 후순위의 상속인에게 그 효력이 있다. ① 제1순위의 상속권자는 피상속인의 직계비속이다. ② 제2순위의 상속권자는 피상속인의 직계존속이다. ③ 제3순위의 상속권자는 피상속인의 형제자매이다. ④ 제4순위의 상속권자는 피상속인의 4촌 이내의 방계혈족이다. 그러나 상속권자에 속하는 자라 하더라도 상속결격사유에 해당하는 때에는 그 지위를 박탈당한다(제1004조). 위의 법정상속인 중 동순위의 상속인이 수인인 때에는 최근친을 선순위로 하고, 동친 등의 상속인이 수인인 때에는 공동상속인이 된다. 만일 법정상속인이 모두 없는 경우에는 국고에 귀속된다.

상속의 비율은 남녀의 성별, 기혼·미혼의 여부, 연령의 고하, 자연혈족·법정혈족의 여부, 혼인 중의 자·혼인 외의 자의 여부를 불문하고 1 : 1의 비율로 받는다. 다만, 공동상속인 중에서 피상속인으로부터 재산의 증여 또는 유증을 받은 자는 그 수증재산(수증재산)이 자기의 상속분에 달하지 못한 때에 한하여 그 부족한 부분의 한도에서만 상속분을 받을 수 있다(제1008조). 또한 1999년 법개정에서는 부모를 모신 상속인은 자기 상속분의 50%를 가산하여 상속받도록 하였다.

사례연구 229 **대습상속**

2025년 항공기 추락사건으로 인해 1,000억원대의 재산을 보유한 한부자가 사망하였다. 같은 사고로 상속권이 있는 아내를 비롯하여 아들, 며느리, 친손자, 친손녀 등 이들의 일가족은 물론 딸과 외손자, 외손녀까지 함께 사망하였다. 한부자는 4명의 형제가 있고, 딸의 배우자(사위)가 있는데, 한부자의 유산은 형제와 사위 중 누가 상속하는가?

≫ 대습상속이란 상속에 있어서 상속개시 이전에 상속인이 피상속인 보다 먼저 사망하거나 상속결격이 된 경우, 그 상속인의 손자, 손녀 등 직계비속이나 며느리, 사위 등 배우자가 이를 갈음하여 상속받는 것을 말한다. 여기에서 문제가 되는 것은 피상속인(한부자)과 그 자녀가 동시에 사망한 것으로 추정되는 경우, 대습상속을 인정할 것인가가 문제인데, 대법원에서는 "민법상 대습상속은 상속인이 될 직계비속이 상속 개시 전에 사망한 경우로 규정되어 있으나 직계비속이 상속개시와 동시에 사망한 것으로 추정되는 경우 대습상속의 범위에 포함되어야 한다"고 판시하였다. 위의 사례에서는 딸의 배우자, 즉 사위가 있으므로 사위가 결격사유가 없는 한 상속을 받게 된다.

(나) 배우자의 상속순위와 법정상속분 : 민법은 배우자의 상속순위와 법정상속분에 대하여 별도의 규정을 두고 있다. 즉, 배우자는 피상속인의 직계비속이 있는 경우에는 그와 동순위, 직계비속이 없는 경우에는 직계존속과 동순위로 공동상속인이 되고, 그 상속인이 없는 때에는 단독상속인이 된다(제1003조). 그리고 배우자의 법정상속분은 직계비속 또는 직계존속과 공동으로 상속하는 때에도 그 상속분의 5할을 가산한다.

사례연구 230 **상속의 순위와 법정상속분**

B녀의 남편 A는 2025년 1월 15일 갑자기 고혈압으로 쓰러져 의식불명 상태에 빠져 있다가 유언도 남기지 못한 채 사망하였다. 남편이 모아 둔 재산은 살고있는 집을 포함하여 약 9억원 정도였다. B는 사후에 자녀들 간에 분쟁이

발생하지 않도록 상속문제를 잘 처리하고자 한다. 상속인으로서는 B 자신과 출가한 딸 및 두 아들이 있다. 각각의 법정상속분은 얼마인가?

≫ 재산상속에서 피상속인이 상속분을 유언으로 지정하지 않은 경우에는 공동상속인의 상속분은 민법 제1009조의 법정상속분에 따르게 된다. 즉, 동순위의 상속인이 수인인 때에는 그 상속분은 균분으로 하며, 피상속인의 배우자의 상속분은 직계비속 또는 직계존속의 상속분에 5할을 가산하게 된다. 따라서 배우자 B의 상속분은 1/3(1.5/1.5+1+1+1)×9억=3억원이고, 자녀들의 상속분은 각각 1/4.5(1/1.5+1+1+1)×9억 = 2억원씩이 된다.

(다) 태아와 대습상속 : 태아는 상속순위에 관하여는 이미 출생한 것으로 본다(민법 제1000조 제3항). 그리고 상속인이 될 직계비속 또는 형제자매가 상속개시 전에 사망하거나 결격자가 된 경우에 그 직계비속이 있는 때에는 그 직계비속이 사망하거나 결격된 자의 순위에 갈음하여 상속인이 된다(제1001조). 또한 위의 경우에 상속개시 전에 사망 또는 결격된 자의 배우자는, 사망 또는 결격된 자의 직계비속과 함께 동순위로 공동상속인이 되며, 그 직계비속이 없는 때에는 단독상속인이 된다(제1003조). 이를 대습상속이라 한다.

(3) 상속의 효과

상속인은 상속이 개시된 때로부터 피상속인의 재산에 관한 포괄적인 권리의무를 승계한다. 그러나 피상속인의 일신에 전속된 권리의무는 상속의 대상이 되지 않는다(제1005조). 상속인이 수인인 경우 그 상속재산은 공동상속인의 공유로 되고, 공동상속인은 각자의 상속분에 따라 피상속인의 권리의무를 승계한다(제1007조).

또한 분묘에 속한 1정보 이내의 금양임야와 600평(약 2,000m^2) 이내의 묘토인 농지, 족보와 제구의 소유권은 제사를 주재하는 자가 이를 승계한다(제1008조의3). 이는 종래 호주상속인에게 당연히 승계되는 것으로 하였으나, 호주승계제도로 바뀌면서 실제로 제사를 주재하는 자에게 승계되도록 한 것이다.

(4) 상속의 포기와 한정승인

상속의 승인이란 피상속인에게 속했던 재산상의 모든 권리의무를 상속인에게 귀속시키는 효과를 선언하는 것으로서 단순승인과 한정승인이 있다. 단순승인은 피상속인의 권리의무를 무제한·무조건으로 승계하는 상속방법이고(민법

제1025조), 한정승인은 상속인이 상속으로 인하여 취득한 재산의 범위 내에서 피상속인의 채무와 유증을 변제할 것을 조건으로 승계하는 상속방법을 말한다(제1028조). 그리고 상속의 포기란 상속개시에 의하여 발생한 상속의 효과를 상속개시 당시에 소급하여 소멸시키는 의사표시를 말한다(제1042조).

단순승인이 되면 상속의 효력은 피상속인의 적극재산뿐만 아니라 소극재산에도 미치게 된다. 따라서 상속인은 피상속인의 채무에 대하여도 책임을 지게 되므로, 상속인이 상속채무가 상속재산을 초과할 때에는 그 사실을 안 날로부터 3개월 이내에 상속을 포기할 수 있고, 다만 그 기간은 이해관계인 또는 검사의 청구에 의하여 가정법원이 이를 연장할 수 있다.

사례연구 231 사망한 부모의 빚을 물려받지 않기 위한 방법

A의 부친 B는 사업을 하다가 실패하여 많은 채무를 지고 이를 갚지 못하여 번민하다가 얼마 전에 돌아가셨다. 부친 B는 많은 채무만 남겨 놓았으며 A의 능력으로는 도저히 B의 채무를 갚을 길이 없다. 과연 어떻게 하면 좋은가?

≫ 상속의 법적 효력에 의하여 상속인인 A는 피상속인인 B의 권리의무를 모두 물려받게 된다. 즉, 토지나 집과 같은 적극재산은 물론 채무나 보증채무 등 소극적 재산도 포괄적으로 상속받게 된다. 그러나 위 사례에서와 같이 적극재산보다 소극재산이 많을 경우에는 상속을 받지 않는 것이 오히려 나은 경우가 있는데, 이때 A가 취할 수 있는 방법으로는 상속의 포기와 상속의 한정승인이 있다. 상속포기를 하면 피상속인의 사망으로 일단 발생한 상속의 효력이 소급하여 무효가 된다. 그리고 상속의 한정승인을 하면 상속의 효력은 발생하지만 적극재산의 한도 내에서만 채무를 변제하게 된다. 이러한 상속의 포기나 한정승인은 피상속인이 사망한 날로부터 3개월 내에 법원에 신고하여야 한다.

(5) 기여분과 특별연고자에 대한 분여

(가) 기여분 : 기여분이란 공동상속인 중에 피상속인의 재산의 유지 또는 증가에 관하여 특별히 기여를 하였거나, 피상속인을 특별히 부양한 자는 법정상속분 외에도 일정액의 기여분을 별도로 더 받을 수 있는 제도를 말한다. 이는 자녀 중 특별히 부모를 부양하였거나 또는 상속재산의 형성에 특별히 공헌하였음에도 재산상속시 이를 고려하지 않는다면 형평에 어긋나기 때문이다.

기여분의 액은 공동상속인들의 협의로 정하고, 협의가 이루어지지 않은 경우에는 기여분자의 청구에 의하여 가정법원이 기여의 시기·방법 및 정도와 상속재산의 액 기타의 사정을 참작하여 결정한다(제1008조의2).

(나) 특별연고자에 대한 분여 : 지금까지는 법이 정한 일정기간 내에 재산상속권을 주장하는 자가 없을 경우 그 재산은 국가에 귀속하도록 하였다. 특히 사실혼관계에 있는 배우자는 사실상 부부로서의 공동생활을 영위하였고, 또한 피상속인의 재산형성에 협조하였음에도 불구하고 상속권을 주장하지 못하였다. 그리하여 법정상속인이 아니면서도 피상속인과 생계를 같이 하고 있던 자, 피상속인의 요양간호를 한 자, 기타 피상속인과 특별한 연고가 있던 자는 가정법원에 상속재산의 전부 또는 일부의 분여를 주장할 수 있는데, 이를 특별연고자에 대한 분여제도라 한다.

사례연구 232 상속비율과 기여분

A는 고등학교를 졸업하고 홀로되신 아버지 X를 모시며 아버지의 사업을 10여년간 열심히 도와드린 결과, 아버지의 재산도 꾀 많이 증가하였다. 그러나 A의 형인 B와 C는 대학을 졸업하고 각각 결혼하여 서울에서 직장생활을 하며 살고 있었는데, 아버지 X가 갑작스럽게 교통사고를 당하여 사망하게 되자, 평소에는 연락도 없었던 형 B·C는 아버지의 재산을 놓고 똑같이 나누어야 한다고 주장하고 있으나 아버지의 사업을 돕느라 결혼도 하지 못하고 모은 재산도 전혀 없는데, 형 B·C와 똑같이 나눈다는 것은 불공평하다고 생각하고 있는데, 이는 타당한가?

≫ 현행 민법은 본문에서 설명한 바와 같이 기여분제도를 두고 있는 바(제1008조의2). A의 기여분의 액은 상속인들의 협의로 정하고, 상속인들간에 기여분에 대한 협의가 되지 않거나 협의를 할 수 없는 경우에는 가정법원에 청구하여 정하도록 하였다.

2. 유언과 유류분

(1) 유 언

(가) 유언의 의의 : 유언이란 유언자의 사망과 동시에 일정한 법적 효과를 발생시킬 것을 목적으로 하는 요식의 단독행위이다. 만 17세에 달한 자는

정상적인 의사능력이 있는 한 독립하여 유언을 할 수 있다(민법 제1061조). 따라서 유언능력에 관하여는 미성년자 · 피한정후견인 · 피성년후견인에 대한 행위능력제한 규정의 적용이 배제된다.

(나) 유언의 방식과 내용 : 민법은 한편으로는 유언의 방식을 엄격히 함으로써 유언자의 진의를 보장하고, 다른 한편으로는 유언의 내용을 제한하여 법정사항에 대해서만 유언으로써의 효력을 인정하고 있다. 즉, 유언은 자필증서 · 녹음 · 공정증서 · 비밀증서 · 구수증서의 다섯 가지 방식만을 인정하고(민법 제1065조), 유언의 내용은 ① 재단법인의 설립, ② 친생부인, ③ 인지, ④ 후견인의 지정, ⑤ 상속재산의 분할방법의 지정 또는 위탁, ⑥ 상속재산 분할금지, ⑦ 유언집행자의 지정 또는 위탁, ⑧ 유증, ⑨ 신탁 등이다.

사례연구 233 **유언의 방식**

A는 욕심 많고 돈많고 문제아인 장남 B와 마음씨 착하고 나이 어린 차남 C 등 2명의 아들을 두고 있는데, 평소 B와 C는 사이가 좋지 않았다. A는 자기가 죽고 난 후 B가 C를 내쫓거나 구박할 것을 염려하여 "나의 모든 재산은 B에게 1/3, C에게 2/3씩 상속한다"는 취지의 각서를 한 장 작성하여 보관하고 있었다. 그런데 B가 이 각서를 보고 "모든 재산은 집안의 대를 이을 B에게 상속한다"라고 고쳤고, 이 각서는 A가 사망한 후 발각되었다. 이 경우 각서 등의 효력은?

≫ 민법은 유언의 존재여부 및 위조 · 변조를 방지할 목적으로 자필증서 · 녹음 · 공정증서 · 비밀증서 · 구수증서 등 일정한 형식을 갖추도록 하고 있다. 위 사례는 '자필증서에 의한 유언'의 효력문제인데, 이 경우에는 유언의 내용이 되는 내용의 전문과 연 · 월 · 일, 주소, 성명 등을 자신이 작성하고 날인한 유언서를 말한다(제1066조). 따라서 A의 각서는 자필증서에 의한 유언의 요건을 충족하지 못하기 때문에 무효이다. 다만, A가 요건을 충족하여 유언장을 작성하여 공증하였는데, B가 이를 위조하였다면 상속결격 사유에 해당한다(제1004조).

(다) 유언의 효력과 철회 : 유언은 유언자가 사망한 때로부터 생긴다(민법 제1073조). 따라서 유언에 의하여 이익을 받는 자라도 유언자가 사망할 때까지는 아무런 권리도 취득하지 못한다. 그리고 유언자는 유언의 방식에 의하여 언제든지 자유롭게 유언의 전부 또는 일부를 철회하거나 변경할 수 있다.

(라) 유 증 : 유증이란 유언에 의한 재산의 무상증여를 말하며, 계약인 증여와는 달리 단독행위이다. 유증은 포괄적 유증과 특정유증으로 나누어진다. 전자는 상속재산의 전부 또는 일부에 관한 권리의무를 일괄하여 유증하는 경우를 말하며, 후자는 개개의 재산상의 이익을 개별적으로 특정하는 방법에 의하여 유증하는 경우를 말한다. 예컨대 상속재산의 3분의 1 또는 30%를 준다는 형태의 유언은 전자의 예이고, 특정부동산이나 토지를 준다든가 또는 자동차를 준다는 형태의 유언은 후자의 예이다. 유증의 효력발생시기는 유언과 같고, 또한 유증의 효력은 상속인과 동일한 권리의무가 있다.

(2) 유류분

(가) 유류분의 의의 : 유류분이란 상속인이 상속인으로서 법률상 그 취득이 보장되어 있는 상속재산상의 이익에 대한 일정액을 가리키며, 피상속인의 유증 또는 증여에 의하더라도 그 이익을 침해할 수 없는 것을 말한다. 따라서 상속인은 그가 갖는 유류분의 한도 내에서는 피상속인이 행한 유증 또는 증여를 일정범위 내에서 제한하고 그 부족분의 반환을 청구할 수 있다(제1115조).

(나) 유류분 권리자와 그 비율 : 유류분 권리자는 ① 피상속인의 직계비속, ② 피상속인의 배우자, ③ 피상속인의 직계존속, ④ 피상속인의 형제자매 등이다. 태아도 살아서 출생하면 유류분 권리자가 된다. 그리고 유류분의 범위는 피상속인의 직계비속과 배우자는 자기의 법정상속분의 2분의 1이며, 피상속인의 직계존속과 형제자매는 자기의 법정상속분의 3분의 1이다(제1112조).

사례연구 234 유언과 유류분

X에게는 상속인으로서 자(子) A · B · C가 있는데, 자기의 재산 3억원 중 A에게 상속개시 4년 전 1억 5천만원을 주고, 상속개시 2년 전 내연의 처 Y에게 9천만원을 주었다. X는 B와 C에게는 그 후 증가될 재산을 주려고 하다가 사망하였는데, 남은 재산은 6천만원 뿐이었다. 이 경우 B와 C는 A 또는 Y에게 유류분에 기한 반환을 청구할 수 있는가?

≫ 이 사례에서는 우선 X가 행한 증여가 유류분권리자인 B · C의 유류분을 침해한 것인가를 살펴보아야 한다. 직계비속의 유류분권은 자기의 법정상속분의 2분의 1이다(제1112조 제1호). 따라서 직계비속이 수인인 경우에는 법정상속분의 규정에 따라 배분되기 때문에 B · C는 각각 6분의 1 (1/2×1/3)의

유류분을 갖는다. 그런데 유류분액의 산정을 위해서는 B·C의 상속분 6분의 1이 피상속인의 어느 시점의 어느 범위의 재산을 대상으로 할 것인가를 확정해야 한다. 유류분은 피상속인의 상속개시에 있어서 가진 재산의 가액에 증여재산의 가액을 가산하고 채무의 전액을 공제하여 이를 산정한다(제1113조 제1항). 산입될 증여는 상속개시 전의 1년간에 행한 것에 한정된다. 다만 증여 당사자 쌍방이 유류분권리자에 손해를 가할 것을 알고 증여를 한 때에는 1년 전에 한 것도 기초재산에 산입되며(제1114조), 또한 공동상속인이 상속재산 중에서 이미 증여받은 것, 즉 특별수익분에 대하여는 1년 전에 증여받은 것이라도 모두 산입의 대상이 된다(제1118조). 그러므로 위 사례에서 A가 받은 증여분은 유류분산정의 기초재산에 산입된다. 그러나 X의 Y에 대한 증여는 B·C가 X·Y 사이에 악의가 존재한다는 사실을 증명하지 못하는 한 유류분 산정의 기초재산에 산입될 수 없을 것이다.

결국 B·C는 각각 2억 1천만원(기초재산액)×1/6(1/2×1/3 : 유류분의 비율) - 3천만원(B·C의 순상속액) = 5백만원을 A에게 청구할 수 있다. 따라서 A는 1천만원만 반환하면 된다. 반환청구권은 유류분권리자가 상속개시와 반환하여야 할 증여 또는 유증을 한 사실을 안 날로부터 1년, 상속이 개시된 날로부터 10년을 경과하면 시효에 의하여 소멸한다(제1117조).

제 4 절 민사특별법

Ⅰ. 주택임대차보호법

1. 의 의

다른 사람의 주택에 세를 들어 사는 경우의 법률관계는 원칙적으로 민법상의 전세권이나 임대차규정에 규율되는 것이다. 민법은 근본적으로 개인주의적 법률사상을 기초로 하고 있기 때문에 형식적으로는 세를 들어 사는 세입자와 주택소유자 당사자 사이의 법률관계가 평등하게 규율된다. 그러나 현실적으로 보면, 경제적 강자인 주택소유자의 자의에 의하여 경제적 약자인 세입자가 부당한 요구를 강요받거나, 전세보증금의 반환에 있어서 피해를 야기함으로써 심각한 사회문제를 야기하게 되었다.

결국 주택의 이용관계에 있어서 임차인의 주거생활과 경제적 지위를 보장하여야 한다는 사회법적인 차원으로의 전환이 절실히 요구되어, 1981년 3월 5일 무주택 임차인의 권리와 지위를 보호하는 것을 내용으로 하는 주택임대차보호법이 제정되어 시행하고 있다.

2. 적용범위

주택임대차보호법은 다음의 경우에 해당되면 이 법에 의한 보호를 받을 수 있다.

주거용 건물인 주택의 임대차에 한하여 적용된다. 주거용 건물은 사회통념상 건물로 인정되기에 충분한 요건을 구비하고 주거용으로 사용되고 있는 것이면 족하다. 따라서 가옥대장이나 건축물대장의 용도란에 '주거용'으로 기재되지 않거나 무허가건축물 또는 창고용 건물의 일부를 구조변경하여 사실상 주택으로 사용하고 있는 경우에도 이 법의 적용을 받는다.

미등기주택도 적용을 받는다. 왜냐하면, 공사완공 후 준공검사를 받았으나, 소유권보존등기를 하지 않았더라도 그 주택의 소유권을 이미 취득한 것이기 때문이다.

임차주택의 일부가 주거용 건물과 함께 사용되는 것인 이상 임차주택의 일부가 비주거용까지 적용된다. 따라서 주택에 딸린 가게에서 소규모 영업이나 공장을 경영하는 자도 이 법의 보호대상이 된다.

사례연구 235 주택임대차의 적용범위

현재 주택의 일부를 미니슈퍼로 개조한 건물을 임차하여 입주와 동시에 전입신고를 마치고 그 곳에서 거주하면서 미니슈퍼를 경영하고 있는 경우에 주택임대차보호법의 적용을 받을 수 있는가?

≫ 주택임대차보호법 제2조 단서는 임차주택의 일부가 주거 이외의 목적으로 사용되는 경우에도 같은 법이 적용된다고 규정하고 있기 때문에 위의 경우에는 동법의 적용을 받을 수 있다고 하겠다(대판 1995. 3. 10. 94다52522).

3. 임차인의 법적 보호내용

(1) 대항력

주택임대차는 전세등기가 없는 경우에도 주택의 인도와 주민등록의 전입신고를 마친 때에는 그 다음날로부터 제3자에 대하여 효력이 생긴다. 따라서 임차기간 중에 주택의 소유자가 바뀌더라도 주택의 임대관계는 신소유자에게 포괄적으로 이전하는 것으로 본다.

그러나 임차인이 입주와 전입신고를 하기 전에 이미 그 집이 저당권등기나 가압류, 압류등기, 가등기 등이 행하여져 있고 그 결과 경매나 가등기에 의해 본등기로 소유권자가 변경된 경우에는 임차권은 소멸되어 임차인의 신소유권자에게 대항하지 못한다. 그러므로 주택을 임대차하고자 할 때에는 미리 등기부를 열람하여 저당권 설정이나 가등기 여부를 반드시 확인할 필요가 있다.

사례연구 236 **대항력의 우선순위**

주택임대차계약을 체결하고 입주와 주민등록 전입신고를 모두 마치고 그 다음날 계약서에 확정일자는 받았는데, 그 당일(확정일자와 같은 날) 저당권이 설정된 경우에 우선순위를 주장할 수 있는가?

≫ 판례는 임차인이 주택의 인도를 마치고 주민등록을 한 다음날 제1의 저당권이 설정된 경우에 임차인의 대항력은 주민등록을 마친 날의 다음날 오전 0시부터 발생하므로 임차인은 저당권에 대항할 수 있다고 판시하였다(대판 1999. 5. 25. 99다9981). 따라서 임차인은 우선적으로 배당을 받을 수 있다고 하겠다.

(2) 우선변제권

주택임대차보호법에 의하면, 주택의 임차인이 주택의 인도와 주민등록의 전입신고를 마치고 임대차계약증서상의 확정일자를 갖추었을 경우, 경매 또는 공·경매시의 임차주택의 환가대금에서 후순위담보권자 기타 채권자보다 우선하여 보증금을 변제받을 수 있다.

여기서 임대차계약증서상의 확정일자란 법원, 등기소 및 공증인법에 따른 공증인, 주택 소재지의 읍·면·동주민센터에서 그 날짜 현재에 임대차계약서가 존재하고 있다는 것을 증명하기 위하여 확정일자부의 번호를 써넣거나 일자인을 찍는 것을 말한다. 이러한 확정일자를 받기 위해서는 임대인의 동의를 필요로 하지 않는다.

사례연구 237 '주택임대차보호법'상의 보호내용

한임차는 중소기업을 운영하는 김벤쳐 사장 소유의 아파트를 3천만원에 임차하였다. 한임차는 잔금을 치렀지만 사업 상 종전의 주소지에 그대로 두고 아내인 신세입만 새 주소로 전입신고를 마치고 그 계약서에 부동산 중개소 명의의 확정일자를 받아 두었다. 그런데 한임차는 사정이 생겨 3개월 후에 계약한 아파트로 이사하기로 결정하였고, 잔금을 치른 후 1개월이 지나갈 무렵 김벤쳐는 자금사정이 여의치 않아 아파트를 담보로 은행에서 대출을 받으려 하고 있다. 한임차는 법적 보호를 받을 수 있는가?

≫ 주택임대차보호법의 대항요건은 주택인도와 주민등록 이전(전입신고)이고, 대항요건과 임대차 계약증서상의 확정 일자를 갖춘 경우, 경매나 공매시 후순위 권리자 보다 우선하여 보증금을 변제받을 권리가 있다. 따라서 위 사례에서 김벤쳐가 은행으로부터 담보대출을 받는 경우 담보물권이 채권보다 우선하기 때문에 은행이 선순위 권리자가 되므로 보증금을 모두 반환받기 어려울 수 있다. 따라서 한임차는 김벤쳐의 동의를 얻어 전세권 설정등기를 할 필요가 있고, 이 경우 전세권은 물권이므로 은행보다 우선순위이다. 또한, 한임차는 전입신고 및 실제거주와 함께 계약증서상에 확정일자를 받아 두어야 하고, 확정일자는 동주민센터, 등기소, 공증사무소 등에서 가능하고 부동산 중개소에서는 가능하지 않다. 한편, 아내만 전입신고를 한 경우 대법원은 "주택임대차보호법 제3조 제1항에서 규정하고 있는 주민등록이라는 대항요건은 임차인 본인뿐만 아니라 그 배우자나 자녀 등 가족의 주민등록을 포함한다(대판 1996. 1. 26. 95다30338)"고 판시한 바, 한임차가 신세입과 함께 입주한 후 아내만 주민등록을 마친 경우 아내의 주민등록 전입신고를 기준으로 대항력이 발생한다.

(3) 임대기간

주택임대차보호법은 임차인의 주거생활안정을 위해서 임대차기간이 정해져 있지 않거나 그 기간을 2년 미만으로 정한 경우에는 그 기간을 2년으로 본다(주임법 제6조 제1항). 또한 임차인은 1회에 한하여 계약갱신요구권을 행사할 수 있는데, 갱신되는 임대차 존속기간은 2년으로 본다(주임법 제6조의3 제2항).

임대인이 임대차기간 만료 전 6월부터 2월까지 임차인에 대하여 갱신거절의 통지 또는 조건의 변경에 대한 통지를 하지 아니한 경우에는 그 기간이 만료된 때에 전임대차와 동일한 조건으로 다시 임대차한 것으로 보며, 이 경우에 임대차의 존속기간은 2년으로 한다(주임법 제6조). 이 경우 임차인은 언제든지 임대인에 대하여 계약해지의 통고를 할 수 있고, 임대인이 그 통고를 받은 날로부터 3월이 경과하면 그 효력이 발생한다.

사례연구 238 **계약의 묵시적 갱신**

임대인으로부터 임대기간이 끝나기 불과 며칠 전에 임대보증금을 인상하여 주거나 그것이 불가능하면 기간 만료와 동시에 집을 비워달라는 통지를 받은 경우 임대기간이 끝나면 집을 비워 주어야 하는가?

≫ 이 경우 임대인은 계약이 묵시적으로 자동갱신되는 것을 막기 위해서는 임차인에게 임대기간 만료시의 명도 또는 계약갱신거절의 통지를 임대기간 만료 전 6개월부터 최소한 2개월 사이에 하여야 하는데(동법 제6조), 이를 위반하였기 때문에 임차인은 종전과 동일한 조건으로 2년간 계속 점유할 수 있다(대판 1992. 1. 17. 91다25017; 대판 2002. 9. 24. 2002다41633).

(4) 차임증액청구권의 제한

차임의 증액청구는 임대차계약 또는 약정한 차임의 증액이 있은 후 1년 이내에는 하지 못하고, 비록 1년 후 인상하는 경우에도 기존 차임의 5%를 초과할 수 없도록 하고 있다(주임법 시행령 제8조). 그러나 현실적으로 이 조항은 잘 지켜지지 않고 있다.

(5) 임차권의 승계

민법에 의하면, 사실상 혼인관계에 있는 자는 재산상속권이 없기 때문에 주택임차권 및 보증금의 반환청구권은 국가에 귀속하게 된다. 따라서 민법의 규정을 적용하게 되면, 사실상의 혼인관계에 있는 자는 임차인의 사망으로 그 임차주택에서 쫓겨나게 되어 생존에 막대한 위협을 초래한다.

주택임대차보호법에서는 이러한 불합리한 점을 제거하고 사실상의 혼인관계에 있는 자를 보호하기 위하여 임차인이 상속권자 없이 사망하더라도 사실상 혼인관계에 있는 자에게 주택임차권 및 보증금반환청구권의 승계를 인정하고 있다(주임법 제9조 제1항). 그리고 상속권자가 있는 경우에도 그 자가 임차인과 함께 살고 있지 않을 때에는 임차권은 사실상 혼인관계에 있는 자와 비동거자인 상속권자 중 2촌 이내의 친족이 공동으로 승계하도록 하고 있다(동법 제2항).

Ⅱ. 상가건물 임대차보호법

1. 의 의

상가건물에 관하여 민법상의 임대차 규정으로는 임대인의 해지권남용에 대한 대응책의 부재, 임차권존속기간의 불안정성 등 각종 불이익을 감수하고 있는 사회적 · 경제적 약자인 임차인을 보호하기 위하여 상가건물 임대차보호법이 상가건물 임대차에 관하여 민법에 대한 특례를 규정함으로써 국민 경제생활의 안정을 보장함을 목적으로 국회를 통과함으로써 영세상인들이 훨씬 안정된 속에서 생계를 유지해 나갈 수 있게 되었다. 이 법은 2003년 1월 1일부터 시행되었다.

2. 적용범위

상가건물 임대차보호법에 의하면 임대차는 상가건물의 임대차에 대하여 적용되고, 상가건물에 대하여 등기가 없는 경우에도 임차인이 건물의 인도와 부가가치세법 제8조, 소득세법 제168조 또는 법인세법 제111조의 규정에 의한 사업자등록의 대상이 되는 상가건물의 임대차에 적용된다.

3. 임차인의 법적 보호내용

(1) 대항력

임대차는 그 등기가 없는 경우에도 임차인이 건물의 인도와 부가가치세법 제8조, 소득세법 제168조 또는 법인세법 제111조의 규정에 의한 사업자등록을 신청한 때에는 그 다음 날부터 제3자에 대하여 효력이 생기며, 임차건물의 양수인(그 밖에 임대할 권리를 승계한 자를 포함한다)은 임대인의 지위를 승계한 것으로 본다.

임대차가 종료된 후 보증금을 반환받지 못한 임차인은 임차건물의 소재지를 관할하는 지방법원 · 지방법원지원 또는 시 · 군법원에 임차권등기명령을 신청할 수 있다.

(2) 우선변제권

위의 대항요건을 갖추고 관할 세무서장으로부터 임대차계약서상의 확정일자를 받은 임차인은 민사집행법에 의한 경매 또는 국세징수법에 의한 공매시 임차건물(임대인 소유의 대지를 포함한다)의 환가대금에서 후순위권리자 그 밖의 채권자보다 우선하여 보증금을 변제받을 권리가 있다. 그러나 임차인은 임차건물을 양수인에게 인도하지 아니하면 보증금을 수령할 수 없다.

(3) 임대기간

상가건물 임대차보호법은 임차인의 경제생활 안정을 위하여 기간의 정함이 없거나 기간을 1년 미만으로 정한 임대차는 그 기간을 1년으로 본다. 다만, 임차인은 1년 미만으로 정한 기간이 유효함을 주장할 수 있다. 임대차가 종료한 경우에도 임차인이 보증금을 반환받을 때까지는 임대차관계는 존속하는 것으로 본다.

임대인이 기간 내에 임차인에 대하여 갱신거절의 통지 또는 조건의 변경에 대한 통지를 하지 아니한 경우에는 그 기간이 만료된 때에 전임대차와 동일한 조건으로 다시 임대차한 것으로 보며, 이 경우에 임대차의 존속기간은 1년으로 한다(상임법 제10조 4항). 임차인은 언제든지 임대인에 대하여 계약해지의 통고를 할 수 있고, 임대인이 그 통고를 받은 날로부터 3월이 경과하면 그 효력이 발생한다.

임차인의 계약갱신요구권은 최초의 임대차 기간을 포함한 전체 임대차 기간이 10년을 초과하지 않는 범위 내에서만 행사할 수 있으며, 갱신되는 임대차는 전 임대차와 동일한 조건으로 다시 계약된 것으로 본다.

사례연구 239 **'상가건물임대차보호법'상의 보호내용**

회사의 구조조정 대상이었던 무재주는 제일 만만하다고 생각한 통닭집을 운영하기 위해 최부자의 상가 점포를 보증금 5,000만원과 월세 200만원에 2년간 임차하기로 약속하였다. 무재주는 세금이 많이 나올 것을 우려한 최부자의 요청에 따라 보증금 3.000만원과 월세 50만원으로 계약서를 작성해 주었고, 확정일자까지 받아 두었다. 무재주는 약 4,000만원의 인테리어 비용을 들여 개조한 후 사업자등록신청을 한 후 영업 중 인데, 계약 만료 2개월 전 최부자로부터 계약만료와 함께 가계를 비워달라고 한다. 아직 인테리어 비용도 회수하지 못한 상태인데, 무재주는 점포를 계약만료와 함께 최부자에게 명도해야 하는가? 또한 실제보다 낮게 작성한 보증금 계약서의 효력은 어떻게 되는가?

≫ 상가건물 임대차보호법에 의하면, 임대인은 임차인이 임대차기간 만료 전 6월부터 1월까지 사이에 행하는 계약갱신 요구에 대하여 위에서 설명한 것과 같은 사항을 제외하고는 정당한 사유없이 이를 거절하지 못한다. 따라서 무재주는 10년 이내의 범위 내에서 계약갱신요구권을 행사할 수 있다. 한편, 실제 지급한 임차보증금액 보다 낮게 작성한 임대차계약서를 가지고 확정일자를 받았다면 계약서 상에 '표기된 보증금액(보증금 3,000만원)'을 기준으로 경매 또는 공매시 후순위 권리자 보다 우선하여 보증금을 변제받을 권리가 있을 뿐이다.

(4) 차임증자청구권의 제한

약정한 차임 또는 보증금이 임차건물에 관한 조세·공과금, 그 밖에 부담의 증감이나 경제사정의 변동으로 인하여 상당하지 아니하게 된 때에는 당사자는 장래에 대하여 차임 또는 보증금의 증감을 청구할 수 있다(상임법 제11조 제1항).

약정한 차임 또는 보증금의 증액청구는 청구 당시의 차임 또는 보증금의 100분의 5의 금액을 초과하지 못하고, 임대차계약 또는 약정한 차임 등의 증액이 있은 후 1년 이내에는 증액청구를 하지 못한다(상임법 제11조 제2항·상임법 시행령 제4조).

Ⅲ. 방문판매 등에 관한 법률

1. 의 의

유통시장의 개방과 더불어 다양한 판매방식이 개발되고 있는데, 그 중에서도 특히 유통질서를 어지럽히고, 소비자보호 차원에서 사회적으로 물의를 일으키고 있는 판매방식이 방문판매, 통신판매 및 다단계판매(소위 피라미드식 판매도 이 유형이다)이다.

이러한 방문판매, 통신판매, 다단계판매에 의한 상품의 판매 및 용역의 제공에 의한 거래를 공정하게 하여 소비자의 이익을 보호하고 상품의 유통 및 용역의 제공을 원활히 함으로써 국민경제의 건전한 발전을 도모하기 위한 목적으로 제정한 법률이 바로 「방문판매 등에 관한 법률」이다(방문판매 등에 관한 법률 제1조).

2. 적용범위

판문판매 등에 관한 법률은 방문판매, 통신판매 및 다단계판매에 관하여 적용된다. 다만, 농·수·축·임·광산물로써 제조업에 의하여 생산되지 아니한 것, 의약품, 보험·유가증권·어음·채무증서, 주문에 의하여 개별적으로 제조 또는 제공되는 것의 판매에는 적용되지 않는다(방문판매 등에 관한 법률 제3조).

3. 법적 보호내용

방문판매 등에 관한 법률에서는 모든 판매에 대하여 판매업자가 특정인에게 자신의 권유에 의하여 순차적·단계적으로 가입한 자 중 자신이 직접 권유한 가입자가 아닌 다른 가입자가 행한 판매실적에 의해서도 이익을 얻을 수 있다고 권유하여 상품을 판매하는 방식인 이른 바 '피라미드식 판매'를 금지하고 있다. 다음에서도 판매의 종류에 따른 소비자의 보호내용을 개관하기로 한다.

(1) 방문판매·전화권유판매

방문판매 또는 전화권유판매(방문판매 등에 관한 법률 제6조)를 하고자 할 때에는 미리 자신의 성명과 상품의 내용을 밝혀야 하며, 상대방이 계약의 의사를 밝혔을 경우에는 방문판매자는 계약을 체결하기 전에 상대방이 계약내용을 이해할 수 있도록 판매가격, 대금지급방법, 철회방법, 계약금, 계약해제사유 등을 서면으로 알려 주어야 하며, 계약의 철회와 해제에 관한 사항은 붉은 색으로 테두리를 치도록 하여 소비자가 쉽게 인식할 수 있게 하여야 한다(방문판매 등에 관한 법률 제7조).

원칙적으로 방문·전화권유판매계약서를 교부받은 날로부터 14일 이내에는 그 계약에 관한 청약을 철회할 수 있고, 이 기간 안에 철회의 의사표시가 기재된 서면을 반송하면 계약이 체결되지 않은 것으로 간주된다(방문판매 등에 관한 법률 제8조). 철회권이 행사된 경우에는 당사자는 상품과 그 대금을 서로 반환하도록 하고, 판매업자는 위약금 또는 손해배상은 청구할 수 없다. 방문·전화권유판매자는 재화 등을 반환받은 날부터 3일 이내에 이미 지급받은 대금을 환급하여야 한다. 이 경우 소비자에게 재화에 대한 대금의 반환을 지연하면 그 지연기간에 따라 100분의 40 이내의 범위에서 은행법에 따른 연체금리를 대통령령으로 정하는 비율(100분의 15)을 곱하여 산정한 지연이자를 지급하여야 한다(방문판매 등에 관한 법률 제9조).

사례연구 240 **'방문판매 등에 관한 법률'상의 보호내용**

한국대학교 3학년 재학 중인 김철회는 취업으로 고민하던 중, X회사 외판사원으로부터 Y자격증 시험준비를 위한 교재와 테이프를 80만원에 충동적으로 구입하여 포장를 뜯고 내용도 살펴 보았다. 그런데 그 자격증이 취업에 별로 도움이 될 것 같지 않고, 내용도 부실한 것 같아 고민하다가 10일 뒤에 계약을 철회하기로 마음먹고 영업사원에게 연락을 했으나 '포장도 뜯었고, 벌써 10일이나 지나서 철회할 수 없다'고 하는데 어떻게 해야 하는가?

≫ 방문판매나 통신판매의 경우 물건을 잘 확인할 수 없는 경우가 많고 판매사원의 권유에 의해 충동적으로 물건을 구입하는 경우가 많다. 방문판매 등에 관한 법률에 의하면, 방문판매 등에 의해 재화를 구매하기로 한 계약을 체결한 경우, 소비자는 계약서를 교부받은 날로부터 14일 이내에 계약에 관한 청약을 철회할 수 있고, 이 경우에 아무런 위약금이나 손해배상책임이 없다. 청약 철회는 일반 우편이 아닌 내용증명우편, 즉 언제, 누구에게 어떤 내용의 문서를 발송했다는 사실을 우체국이 보증해 주는 특수우편제도를 활용해야 한다.

(2) 다단계판매

다단계판매란 자기 회사 제품을 구매한 사람을 판매원으로 활용하여 또 다른 구매자를 끌어들여 판매하는 방식을 말한다. 다단계 판매업을 하고자 하는 자는 시·도지사에게 등록하여야 하고, 자본금이 3억원 이상이어야 하며, 다단계 판매조직의 관리·운영에 필요한 요건을 갖추어야 한다(방문판매 등에 관한 법률 제13조). 이러한 다단계판매계약을 체결하고자 할 때에는 상대방이 계약의 내용을 이해할 수 있도록 다단계판매자 또는 다단계판매조직을 개설한 자의 주소와 대표자성명, 상품의 종류, 계약금, 대금지급방법, 다단계판매에 따른 이익 및 부담, 철회방법, 계약해제사유 등을 미리 서면으로 알려 주어야 한다.

원칙적으로 다단계판매계약서를 체결한 날로부터 14일 이내에는 그 계약에 관한 청약을 철회할 수 있고(방문판매 등에 관한 법률 제17조, 제8조), 이 기간 내에 철회의 의사표시가 기재된 서면을 발송하면 계약이 체결되지 않은 것으로 본다.

만약 철회권이 행사된 경우에는 상품과 대금을 서로 반환하면 되고 위약금 또는 손해배상은 청구할 수 없다. 다단계판매계약이 해제된 경우에는 다단계판매자가 재화에 대한 대금의 반환을 지체하는 경우에 소비자가 지연에 따른 손해배상의 청구범위는 방문・전화권유판매와 동일하다(방문판매 등에 관한 법률 제18조).

Ⅳ. 할부거래에 관한 법률

1. 의 의

할부거래법은 할부계약에 의한 거래를 공정하게 함으로써 소비자의 권익을 보호하고 시장의 신뢰도를 높여 국민경제의 건전한 발전에 이바지함을 목적으로 한다(할부거래에 관한 법률 제1조).

이러한 할부매매는 보통의 매매와는 달리 매매대금을 일정기간 동안 분할하여 일정기마다 계속하여 지급할 특약이 붙은 매매를 말한다.

할부매매는 매도인이 대금을 완불받기 전에 매수인에게 미리 상품을 인도함으로써 매수인에게 상당기간 신용을 주는 것이다. 따라서 매도인은 대금채권의 확보를 위해서 매도인에게 소유권을 유보하고 담보물이나 보증인을 요구하거나, 매수인이 할부금의 지불을 지연할 것에 대비하여 엄격한 거래조건을 정해 놓는 것이 일반적이다. 그런데 이러한 대금확보를 위한 수단들은 지나치게 할부판매업자의 이익만을 고려한 것이 대부분이므로 경제적 약자인 매수인을 적절히 보호하고 할부거래의 질서를 확립하기 위하여 1991년 「할부거래에 관한 법률」을 제정하여 시행하고 있다.

2. 적용범위

할부대금은 2월 이상의 기간에 걸쳐 3회 이상 분할하여 지급하면서 대금을 완납하기 전에 물건을 인도받거나 용역을 제공받는 형태의 계약에 대하여는 그 명칭이나 형식에 관계없이 할부거래에 관한 법률을 적용하되(할부거래에 관한 법률 제2조), 사업자가 상행위를 목적으로 물건을 인도받거나 용역을 제공받는 할부계약에 대하여는 할부거래에 관한 법률을 적용하지 않는다(할부거래에 관한 법률 제3조).

3. 할부매매의 계약체결

할부거래에 관한 법률에서는 계약체결 전 매수인을 보호하기 위해서 매도인이 매수인에게 할부거래의 구체적인 내용과 조건을 주지시키기 위한 조치로서 '할부거래의 표시'와 '할부거래의 서면주의'를 규정하고 있다(할부거래에 관한 법률 제6조). 즉 할부계약시 현금가격, 할부가격, 지급회수, 할부수수료율, 계약금 등을 미리 매수인에게 알려주어야 하고, 서면으로 계약을 체결하여야 한다.

4. 할부계약의 효과

할부매매가 성립하면, 매수인은 대금완제라는 조건의 성취로 소유권을 취득하게 되는 기대권을 가지게 되며, 자유로이 목적물을 사용·수익할 수 있다.

또한 할부거래에 관한 법률에서는 충동구매나 비합리적인 결정으로 인한 매수인의 불이익을 예방하기 위해서 계약체결 후 7일 이내에는 그 계약을 철회할 수 있게 하고 있다(할부거래에 관한 법률 제8조). 그러나 ① 자신에게 책임 있는 사유로 목적물이 멸실 또는 훼손된 경우, ② 사용에 의하여 그 가치가 현저히 감소할 우려가 있는 선박, 자동차, 낱개로 밀봉된 비디오물, 소프트웨어 등, ③ 설치에 전문인력·부속자재 등이 요구되는 전기냉방기·보일러·고압가스안전관리법에 의한 냉동기, ④ 할부가격이 10만원(신용카드의 경우에는 20만원) 이하인 것은 매수인이 철회권을 행사할 수 없다(할부거래에 관한 법률 제16조, 동법 시행령 제11조). 철회권이 행사된 경우에는 목적물과 할부금을 서로 반환하면 되고, 위약금 또는 손해배상은 청구할 수 없다.

할부수수료의 실제 연간료율은 연 100분의 25를 넘지 않는 범위 내에서 공정거래위원회가 정하는 최고이율을 초과하지 않는 범위 안에서만 그 효력이 인정된다(할부거래에 관한 법률 제7조, 동법 시행령 제5조). 한편 할부금을 정해진 기한에 납입하지 않음으로써 할부계약이 해제되는 경우의 손해배상액은 '통상의 사용료 - 계약체결 및 이행에 필요한 통상의 비용 - 할부금체납에 따른 지연손해금'의 범위 안에서 청구할 수 있다(할부거래에 관한 법률 제12조, 동법 시행령 제9조).

사례연구 241 '할부거래에 관한 법률' 상의 보호내용

일명 '된장녀(?)'인 이명품은 인터넷 포털사이트인 '네버'로부터 '샤넬' 명품 가방을 500만원에 10개월 할부로 구입하였다. 명품 가방이 도착하자 포장지를 뜯고 신이 나서 가방을 메고 외출하여 친구도 만났다. 그런데 10여일 들고 다니다 보니 싫증이 나서 반품하고자 하는데, 이는 가능한가?

≫ 소비자를 보호하기 위해 관련법에서는 소비자가 일정기간 내에 아무런 위약금이나 손해배상 책임이 없이 계약을 취소할 수 있는 청약철회제도를 두고 있다. 철회기간은 분야별로 각각 다른데, 할부거래나 통신판매의 경우에는 계약서를 교부받은 날 또는 계약서를 교부받은 때보다 상품이 늦게 도달한 때에는 도달한 날로부터 7일 이내에 청약을 철회할 수 있도록 규정하고 있으므로(할부거래에 관한 법류 제7조, 전자상거래 등에서의 소비자보호에 관한 법률 제17조) 가방을 반품할 수 없다. 그 밖에 다단계판매, 방문판매 및 전화권유판매 등은 계약서를 교부받은 날 또는 계약서를 교부받은 때보다 상품이 늦게 도달한 때에는 도달한 날로부터 14일 이내에 청약을 철회할 수 있다.

찾아보기

ㅁ

ㅂ

ㅅ

ㅊ

ㅌ

ㅍ

ㅎ

임 윤 수

가천대학교 법과대학 졸업(법학사)
동 대학원 법학박사 졸업(법학박사)
(사)한국법학회 부회장
(사)한국법이론실무학회 감사
한국감정평가학회 부회장
한국감정평가협회 감정평가적정성심의위원
한국공인중개사협회 공제위원
서울특별시 지역상권위원회 위원장
중랑구 고충처리위원장
남양주시 분양가상한제심의위원회 위원장
서일대학교 보육교사교육원장 역임
서일대학교 기획홍보처장, 사무처장 역임
서일대학교 인권센터장 역임
서일대학교 교무처장
서일대학교 부동산법률학과 교수

[저서 및 논문]
민법강의(형설출판사)
부동산공시법(형설출판사)
공동주택관리법론(형설출판사)
주택임차인의 지위강화에 관한 연구
부동산집행절차와 유치권자의 지위
상가건물임차인의 권리금에 관한 연구
부동산취득시효에 관한 연구
가등기의 실체법적 효력에 관한 연구
주택임대차3법의 쟁점분석 외 다수

원 영 철

청주대학교 법정대학 법학과 졸업
동 대학원 법학과 수료(법학박사)
6·7·9급 공무원시험 출제위원
민주평화통일정책자문회의 자문위원
원주시공무원인사위원회 부위원장
상지영서대학교 교수협의회 공동대표·평의원회 의장
원주시의회 행동강령운영 자문위원회 위원장
상지영서대학교 교수·기획처장
상지대학교 법학과 교수
2022년 강원도 교육감 인수위원회 인수위원
상지대학교 세종창의교양대학 교양학부 정교수

[저서 및 논문]
삼위일체 국제법(대왕사)
교사들의 든든한 버팀목, 알면 힘이 되는 법이야기(삼영사)
국제기업의 국제법적 규제에 관한 연구
해양투기에 의한 해양오염의 국제적 규제
국제법상 해양환경보전을 위한 지역적 협력 방안에 관한 연구
난민의 국제적 보호에 관한 연구 외 다수

저자와의
협의하에
인지생략

생활과 법률[제8판]

2009년 8월 20일 1판 1쇄 발행
2010년 8월 20일 2판 1쇄 발행
2011년 8월 20일 3판 1쇄 발행
2014년 2월 25일 4판 1쇄 발행
2016년 8월 16일 5판 1쇄 발행
2019년 2월 25일 6판 1쇄 발행
2023년 2월 10일 7판 1쇄 발행
2025년 2월 5일 8판 1쇄 인쇄
2025년 2월 17일 8판 1쇄 발행

저 자 임 윤 수 · 원 영 철
발행인 고 성 익
조 판 해 인 기 획

발행처
05027
서울특별시 광진구 아차산로 335 삼영빌딩
도서출판 三 英 社
등 록 1972년 4월 27일 제2013-21호
전 화 737-1052·734-8979 FAX.739-2386

정가 23,000원

ISBN 978-89-445-0587-4-93360